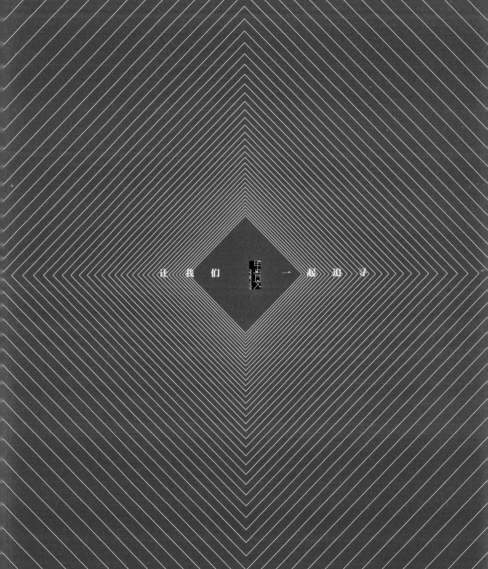

让我们 一起 追寻

〔美〕蒂莫西·斯奈德　　著

黎英亮　冯茵　　译

THE
Red Prince
THE SECRET LIVES OF
A HABSBURG ARCHDUKE

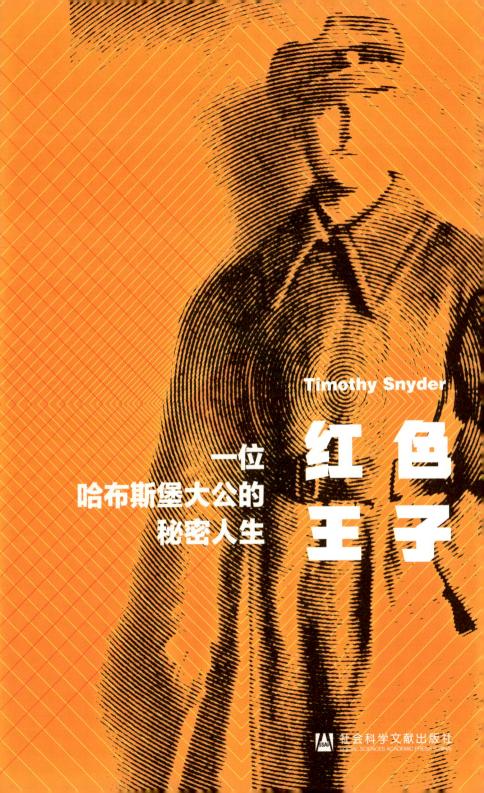

Timothy Snyder

红色王子

一位
哈布斯堡大公的
秘密人生

社会科学文献出版社
SOCIAL SCIENCES ACADEMIC PRESS (CHINA)

本书获誉

一部辉煌壮丽又稀奇古怪的著作。

——《哈珀斯》杂志

很少有历史学家具备蒂莫西·斯奈德这般出类拔萃的语言能力、自由挥洒的叙事能力以及条分缕析的洞察能力。在《红色王子》中，他为我们奉献了难得的瑰宝。

——《卫报》（英国）

深刻的研究与精彩的撰述，《红色王子》捕捉到了古老欧洲濒临死亡、欧洲大陆野蛮沉沦的浮光掠影。此书塑造了许多让人难忘的人物，从残忍嗜血的民族主义独裁者到阴险冷峻的密谋者，从香艳诱人的交际花到纵情声色的旧贵族。作为耶鲁大学屡获赞誉的历史学家，斯奈德不仅写就了引人入胜的传记，而且栩栩如生地描绘了一个时代，更提供了某种鞭辟入里的观察意见，让我们得以窥见个人身份与民族认同的多种可能性。

——《西雅图时报》

此书真正优胜之处在于它能够引领读者，从炫目浮华的19世纪，穿越炮火连天的20世纪初，围观20世纪30年代王室浪荡子在巴黎的放浪生活，窥视纳粹德国的秘密政治，最终见证苏联统治下的战后东欧。斯奈德把威廉生前身后所有宏大历史叙事镶嵌于精美的框架中，结局发人深省，让我们思考过去与现在的关系。

——《外交事务》杂志

斯奈德讲述了威廉的华丽人生，以及浮华表象下的隐忍悲哀。威廉的政治团体有时让人生厌，但斯奈德将其活动置于特定的历史背景下，从而让人产生同情性的理解：这位贵族出身的君主主义者出人意料地让人同情，他全身心投入乌克兰的建国大业，而不是仅仅投机取巧……在《红色王子》中，历史缺失的章节被演绎得栩栩如生，并且与我们身处的时代息息相关。

——《波士顿环球报》

斯奈德对哈布斯堡家族种种奇闻逸事的描写可谓引人入胜。

——《星期日泰晤士报》（英国）

史学家不同于小说家，通常是不苟言笑、欠缺幽默的。偶尔说几个笑话是被允许的，但绝大多数研究晚期奥匈帝国的史学家都在细致剖析帝国内部的民族冲突，认真考量当时当地的政治权谋，激烈争辩帝国解体的前因后果。蒂莫西·斯奈德，一位专门研究东欧边境问题的耶鲁历史学家，勇敢冒险地打破了这一传统。他的新作《红色王子》绝非哗众取宠的调侃之作：它实际上指向一个深沉的悲剧。但此书是关于一个天真汉的生平——通过这个天真汉让人笑中带泪的冒险人生，折射出他所置身的那个时代。

——《纽约书评》

蒂莫西·斯奈德是一个才华横溢的讲述者。

——《每日电讯报》（英国）

斯奈德很可能是当今最为睿智、最为敏锐的中东欧历史学家，他尤其适合讲述这个故事。他发掘出大量鲜为人知的事实和引人入胜的细节……一部精妙绝伦的作品，一次扣人心弦的阅读体验，充满拍案惊奇的意外和过目难忘的片段，此书弥补了我们的知识缺陷，提供了深入浅出的路径，让我们走近那段几乎被人遗忘的欧洲历史。

——《观察家报》（英国）

斯奈德所撰写的传记，巧妙地引导读者深入主题，从而让读者知晓 20 世纪欧洲的历史真相和政治现实。

——《泰晤士报》（英国）

非常偶然地读到这本并非大部头的作品。如果你喜欢欧洲历史，你会翘首企盼这部（《红色王子》）……文采飞扬，叙事流畅……研究那段历史的学界同仁必读之书。

——《星期日论坛报》（爱尔兰）

在同时代研究东欧问题的史学界同行中，蒂莫西·斯奈德足以跻身最为杰出、最具原创性的历史学家之列。他的作品值得我们给予关注。

——蒂莫西·加顿·艾什，

著有《自由世界》和《波兰革命》

蒂莫西·斯奈德已经向读者证明他有足够的聪明睿智，能够把握复杂的议题，比如中东欧的身份认同问题。他如今再次证明，他能够讲好一个故事：条分缕析、生动活泼、引人入胜。《红色王子》深入钻研这片绝大多数西方读者并不熟悉的历史领域。其努力终于结出硕果，此书富有教益、长于叙事、饱含趣味。

——诺曼·戴维斯，

著有《胜利来之不易》和《二战欧洲战场》

他是一位笔耕不辍的杰出历史学家——耐心、坚定、细致、聪明。在每一年里，我会有多少次转述未曾听说过的故事？并不多。因此，小心读了会上瘾！现在，我准备读他的其他作品——我相信你也会的。

——艾伦·福斯特，

著有《波兰军官》和《驻外记者》

《红色王子》肯定会吸引那些对中东欧历史感兴趣的读者。但此书探讨的范围已经超越了中东欧的历史。此书是出色研究、广博知识、绝佳文笔的结合。一个非常卓越的成就。

——约翰·卢卡奇，
著有《伦敦五日》

（斯奈德是）21世纪最具天赋和创新精神的历史学家之一。

——尼尔·弗格森

《红色王子》不仅是鲜为人知的威廉·哈布斯堡的传记。蒂莫西·斯奈德，一位杰出的耶鲁历史学家，在欧洲历史的巨幅画布上，描绘出那位大公及其家族的故事。此书绝非故纸堆的精心罗列，亦非学究气的陈词滥调，此书本身就堪称一部罗曼史。

——《冷战研究杂志》

斯奈德巧妙地把关于民族身份和性别认同的复杂议题融汇于这一个人的非凡人生中。

——《柯克斯书评》

致 I. K. ，致 T. H. ，致 B. E. ，
感念既往，
期盼将来。

此生即永生！

——尼采

目　录

序　章　　　　　　　　　　　　　　　　　　　　*1*

金色篇章：皇帝之梦　　　　　　　　　　　　　*8*

蓝色篇章：海上孩童　　　　　　　　　　　　　*37*

绿色篇章：欧洲东部　　　　　　　　　　　　　*64*

红色篇章：披甲王子　　　　　　　　　　　　　*95*

灰色篇章：影子君王　　　　　　　　　　　　　*120*

白色篇章：帝国掮客　　　　　　　　　　　　　*145*

紫色篇章：同好巴黎　　　　　　　　　　　　　*179*

褐色篇章：束棒贵族　　　　　　　　　　　　　*220*

黑色篇章：对抗强权　　　　　　　　　　　　　*246*

橙色篇章：欧洲革命　　　　　　　　　　　　　*285*

终　章　　　　　　　　　　　　　　　　　　　*320*

致　谢　　　　　　　　　　　　　　　　　　　*326*

谱　系　　　　　　　　　　　　　　　　　　　*330*

传　略　　　　　　　　　　　　　　　　　　　*333*

哈布斯堡王朝年表　　　　　　　　　　　　　　*349*

术语及语言　　　　　　　　　　　　　　　　　*354*

注　释　　　　　　　　　　　　　　　　　359

参考文献　　　　　　　　　　　　　　　384

索　引　　　　　　　　　　　　　　　　396

序　章

曾经，在一座城堡里，住着一位青春可人的公主，芳名 1
玛丽亚·克里斯蒂娜（Maria Krystyna），她在那座城堡里读
过不少书，她总喜欢从终章读起。这本书是她的家族史，我
们就从终章开始倒叙吧。

1948 年 8 月 18 日午夜前一小时，一位乌克兰上校倒毙
于基辅的苏联监狱。他曾是一个出没于维也纳的间谍，在第
二次世界大战期间反抗希特勒，在冷战初期反抗斯大林。他
曾在盖世太保手中逃脱，却未能躲过苏联的反间谍机关。有
一天，这位乌克兰上校告诉同僚，他要出去吃午饭，之后便
再也没有在维也纳出现过。他被苏军士兵捕获，被送上飞机
押往苏联，受到不眠不休的审讯。他丧生于监狱医院，葬身
于无名墓穴。

这位乌克兰上校有一位兄长。兄长也曾是上校，也曾抵
抗纳粹。兄长勇气卓绝，在德国的监狱和集中营中熬过第二
次世界大战。盖世太保拷问者让兄长落下半身不遂、单目失
明的残躯。战争过后，兄长回乡，试图取回家族地产。这片

地产位于波兰，而兄长自命为波兰人。这片地产于 1939 年被纳粹没收，又于 1945 年被新政权充公。得知兄长的家族有德国背景，纳粹审讯者试图让兄长承认自己在种族上是德国人。兄长断然拒绝。如今，他在新政权这里又听到同样的说辞。他们说他在种族上是德国人，因此无权在新波兰拥有地产。纳粹曾经做过的，新政权一脉相承。

与此同时，这位波兰上校的孩子们也无法融入新秩序。为了报读医学院，女儿必须填写家庭成分。选项包括工人、农民以及知识分子——这是官僚部门的标准分类。犹豫再三之后，一片茫然的女孩填上"哈布斯堡"。确实如此。这位医学院申请人就是年轻的公主——玛丽亚·克里斯蒂娜·哈布斯堡。她的父亲，就是那位波兰上校；她的叔父，就是那位乌克兰上校；她是哈布斯堡的公主，皇帝的后裔，欧洲最显赫家族的成员。

她的父亲阿尔布雷希特（Albrecht）和叔父威廉（Wilhelm）出生于 19 世纪末，正值帝国林立的年代。那时候，父辈的家族仍然统治着哈布斯堡君主国，那是欧洲最为自豪也最为古老的王朝。北至乌克兰的连绵山脉，南至亚得里亚海的温暖海滨，哈布斯堡君主国坐拥十几个欧洲民族，以及延续不断的六百年正统王权。乌克兰上校与波兰上校——威廉与阿尔布雷希特——幼承庭训，立志于在民族主义盛行的年代，捍卫和扩大他们的家族帝国。他们将会成为波兰王子与乌克兰王子，忠诚于庞大的君主国，效忠于哈布斯堡皇帝。

序　章

这种王室民族主义则是他们的父亲斯特凡（Stefan）的发明。正是斯特凡摒弃了帝国王室传统的世界主义，选择做一个波兰人，希望能够成为波兰摄政或者波兰君主。长子阿尔布雷希特是他忠实的继承人；幼子威廉却相当叛逆，他选择了另一个民族。尽管如此，两个儿子都接受了父亲的基本设想。父亲认为，民族主义的崛起乃是必然，而帝国的解体却未必。为每个民族缔造一个国家，并不意味着少数民族分离。正好相反，父亲预见到，民族分离只会导致欧洲出现诸多弱国，而这些弱国只有依附强国才能生存。斯特凡相信，欧洲人还不如把他们的民族热情寄托于对帝国的更高忠诚，尤其是效忠于哈布斯堡君主国。在这不尽如人意的欧洲，哈布斯堡君主国是民族戏剧的较好舞台，除此之外也没有更好的选择了。斯特凡认为，让民族政治继续发酵吧，但只在这个宽松帝国的舒适疆界内就好，毕竟这个帝国还有出版自由和议会民主。

第一次世界大战，既是哈布斯堡家族斯特凡这一分支的悲剧，也是王朝本身的悲剧。战争期间，哈布斯堡的敌人——俄国、英国、法国、美国，都把民族情绪引向帝国王族。战争过后，哈布斯堡君主国被分解、被掏空，民族主义统治了欧洲。1918年的战败，让幼子威廉创痛最深，因为他自命为乌克兰人。第一次世界大战前，乌克兰的土地曾被哈布斯堡君主国与俄罗斯帝国瓜分。这引出了威廉的民族之问：乌克兰能否被统合、被纳入哈布斯堡君主国？他能否替哈布斯堡统治乌克兰，正如父亲希望统治波兰那样？在很长一段时间内，他似乎是可以做到的。

红色王子

　　威廉开创了哈布斯堡家族乌克兰支系，他学习乌克兰语，在第一次世界大战期间指挥乌克兰部队，他极力亲近自己选择的这个民族。1917 年，当布尔什维克革命摧毁俄罗斯帝国的时候，通向光荣之路的大门忽然打开，乌克兰似乎唾手可得。1918 年，威廉接受哈布斯堡皇帝派遣，前往乌克兰草原，致力于唤醒农民的民族意识，帮助穷人保住从富人手中夺来的土地。他成为这个国家的传奇——说乌克兰语的哈布斯堡家族成员，热爱普通人的大公，红色王子。

　　威廉·冯·哈布斯堡（Wilhelm von Habsburg），红色王子，他可以穿着奥地利军官制服、佩戴哈布斯堡大公的王室徽章，也可以穿着巴黎浪荡子的便装、佩戴金羊毛骑士团的领饰，甚至偶尔以女装示人。他能够挥舞军刀，摆弄手枪，操纵船舵，甚至经营高尔夫俱乐部。出于需要，他能够摆布女人；为求愉悦，他能够玩弄男人。他对身为大公夫人的母亲说意大利语，对身为大公的父亲说德语，对来自英国王室的朋友说英语，对他父亲希望统治的波兰人说波兰语，对他自己希望统治的乌克兰人说乌克兰语。他并非白璧无瑕，何况白璧无瑕之人无力缔造国家。每次国家鼎革，如同每次露水情缘，总会对前任有所亏欠。每一位建国之父都会留下野生种子。在政治忠诚与性爱忠贞上，威廉都表现得足够无耻。旁人根本无法定义他的忠诚，也无法压抑他的欲望。然而，正是这漫不经心的肤浅表象，掩盖了他始终不渝的伦理信条。凭借巴黎旅馆房间里的香水气息，凭借奥地利护照上伪造者的点滴墨迹，他拒绝了国家权力对个人自由的定义。

4

序　章

归根到底，威廉在身份认同问题上，与兄长阿尔布雷希特大同小异。阿尔布雷希特是个顾家的男人，他忠诚于波兰，是父亲的好儿子。在强权主义盛行的年代，兄弟俩分道扬镳、背道而驰，但又殊途同归。他们都知道民族身份是可以改变的，却拒绝在威胁之下做出改变。阿尔布雷希特在纳粹拷问者面前拒绝承认自己是德国人。尽管他的家族统治德国的土地长达数个世纪，但他拒绝纳粹的种族观念，即以血统界定民族。他选择了波兰。威廉冒着巨大风险从事反对苏联的间谍活动，寄希望于西方国家能够保护乌克兰。苏联秘密警察对他进行了长达数月的审讯，其间他坚持只说乌克兰语。兄弟俩都未能从强权主义的虐待中恢复过来，实际上，他们所代表的欧洲亦未能复原。纳粹把民族当作亘古不变的历史事实，而非当下民众意愿的体现。由于它们暴力统治幅员辽阔的欧洲，其种族观念仍然残留于我们心中——历史的鬼手还在牵扯我们，而我们却浑然不觉。

哈布斯堡家族成员拥有更为生动的历史观念。许多王朝都能够长期存续，难得的是这个王朝自信能够经历惊涛骇浪。斯大林统治了四分之一个世纪，希特勒只统治了八分之一个世纪；而哈布斯堡家族已统治了数百年。斯特凡及其儿子阿尔布雷希特和威廉，都出生于 19 世纪，他们没有理由认为，20 世纪将是他们家族的最后一个世纪。毕竟，这个家族发源于目睹神圣罗马帝国崩溃的神圣罗马皇帝，出身于在宗教改革中幸存的天主教统治者，脱胎于历经法国大革命和拿破仑战争却未消亡的王朝保守派，民族主义对他们来说又算得了什么？早在第一次世界大战前，哈布斯堡家族就已

5

适应现代观念，就像水手迎战未知的风浪那样。航程将会继续，航向稍有不同。当斯特凡及其儿子投身于民族事业时，他们并没有历史的宿命感，并未认为民族的来临与胜利意味着帝国的震荡与崩溃。他们认为波兰与乌克兰的自由与哈布斯堡王朝在欧洲的扩张并不矛盾。他们的时间观念中永远充满无限可能，相信生命是由无数曙光初露的光辉时刻构成的，如同一滴朝露，等待清晨的阳光映照出七彩的光芒。

即使这滴露珠被长筒军靴踩在脚下，那又如何？这些哈布斯堡家族成员输掉了他们的战争，也未能在生前为他们的民族争取到自由；他们，连同他们所选择的民族，都被纳粹踩在脚下。然而，那些审判与裁决他们的人亦已作古。纳粹的恐怖让我们难以把 20 世纪的欧洲历史看作一个向前迈进的过程。出于同样的原因，我们也难以把 1918 年哈布斯堡王朝的崩溃视为自由时代的开端。那么，如何评价欧洲当代史？或许这些哈布斯堡家族成员，以及其令人厌烦的永恒观念和满怀希望的多彩时刻，能够提供某种思路。毕竟，过去的每个时刻，都充斥着当时并未发生和永远未能发生的可能，比如乌克兰君主国，比如哈布斯堡复辟。过去的每个时刻，也包含着看似不可能但最终实现了的可能，比如统一的乌克兰，比如自由的波兰，它们都融入了统一的欧洲。如果这些时刻在过去是真实的，那么这些时刻在如今也是真实的。

现在，历经长期流亡后，玛丽亚·克里斯蒂娜得以再次入住她年轻时居住过的那座波兰城堡。父亲的波兰事业已告胜利，甚至叔父那充满异国情调的乌克兰独立之梦亦成现实。波兰已加入欧盟。乌克兰民主派在国内发起抗议，挥舞欧盟旗帜，争取自由选举。祖父关于爱国主义与欧洲忠诚并无矛盾的预言，似乎也离奇地应验了。

2008 年，玛丽亚·克里斯蒂娜安坐在祖父的城堡中，娓娓追述往事。但她并不知晓，也无从讲述她的叔父红色王子的故事。这个故事于 1948 年终结于基辅，以死亡为结局。这个故事开局很早，早于她的出生，始于叔父威廉对祖父波兰计划的反叛，始于叔父选择乌克兰而非波兰。甚至还要继续追溯，始于弗兰茨·约瑟夫（Franz Josef）皇帝对多民族帝国的漫长统治，这个帝国允许波兰人和乌克兰人设想未来的民族解放。1860 年，斯特凡出生时，弗兰茨·约瑟夫在执政；1895 年，威廉出生时，弗兰茨·约瑟夫还在执政。斯特凡决定举家成为波兰人时，弗兰茨·约瑟夫在统治；威廉选择成为乌克兰人时，弗兰茨·约瑟夫还在统治。因此，故事也许应该从一个世纪前讲起，1908 年，斯特凡及其家人在一座波兰城堡安家，威廉开始构想自己的民族王国，弗兰茨·约瑟夫庆祝登基六十周年。

金色篇章：皇帝之梦

在欧洲各大王朝中，国祚最长的是哈布斯堡王朝，而在哈布斯堡历代帝王中，治国最久的是弗兰茨·约瑟夫皇帝。1908 年 12 月 2 日，帝国的上流精英云集维也纳的宫廷剧院，庆祝皇帝陛下登基六十周年。贵族与王子、武官与文官、主教与政客，纷纷前来，祝愿这位蒙上帝恩典、降临人世、统治世人的君主万寿无疆。庆典举行的地点既是一座音乐殿堂，也是一座永恒不朽的圣殿。与弗兰茨·约瑟夫统治期间于维也纳建成的其他宏伟建筑类似，宫廷剧院极具历史韵味，建筑仿照文艺复兴风格，却正对着全欧洲最美丽的现代林荫大道。宫廷剧院如同指环上的一颗宝石，而这指环就是弗兰茨·约瑟夫统治期间奠下基石的环城大道，这条大道勾勒出内城的轮廓。自此以后，直至今日，下至贩夫走卒，上至达官贵人，每个人都能搭上有轨电车，沿着环城大道持续不停地绕行，仿佛人人手持通往永恒天国的车票。

致敬皇帝陛下的庆典从前一夜即已开始。维也纳的市民，无论住在环城大道周边还是城市周边，都会在每扇窗户旁边点燃一根蜡烛，微微烛火在黑夜映衬下泛出点点金光。

在维也纳，这一习俗形成于六十年前，当时弗兰茨·约瑟夫在革命和战乱中登上哈布斯堡君主国皇位，在他漫长的治世期间，这一习俗逐渐传遍全国。不仅在维也纳，而且在布拉格、克拉科夫、利沃夫、的里雅斯特、萨尔茨堡、因斯布鲁克、卢布尔雅那、马里博尔、布尔诺、切尔诺夫策、布达佩斯、萨拉热窝，以及中欧东欧无数城市、城镇、村庄，忠诚的哈布斯堡臣民以此表达尊敬、展现忠诚。如今六十年过去了，弗兰茨·约瑟夫已成为他治下绝大多数臣民唯一知晓的统治者，而这数百万臣民包括德意志人、波兰人、乌克兰人、犹太人、捷克人、克罗地亚人、斯洛文尼亚人、斯洛伐克人、匈牙利人、罗马尼亚人。然而，在维也纳，那点点金光只不过是怀旧之举。在城市的正中央，数以千计的微微烛火被数以百万计的电灯夺去光芒。环城大道上所有宏伟建筑都被数以千计的电灯照亮。广场和路口装点着巨大的星形电灯。就连皇帝陛下的宫殿——霍夫堡皇宫都被电灯的光芒覆盖。上百万民众涌上街头观看巡游。

8

　　12月2日早晨，在位于环城大道上的霍夫堡皇宫里，弗兰茨·约瑟夫皇帝接受诸位大公和女大公的致敬：大公和女大公其实都是王子和公主，他们都拥有王族血统，都是皇帝本人以及历代哈布斯堡君主国皇帝的正统后裔。尽管绝大多数大公和女大公在维也纳都有宫殿，但他们还是从帝国各地赶来，那里有他们逃避宫廷生活的庇护所，或者有他们实现政治野心的策源地。例如，斯特凡大公在帝国南部的亚得里亚海滨就有两处宫殿，在帝国北部的加里西亚山谷还有两座城堡。当天早晨，斯特凡与妻子玛丽亚·特蕾莎（Maria Theresia）带领着他们的六个孩子前往霍夫堡皇宫，去向皇帝陛下致敬。这对夫妻最小的儿子叫威利（Willy），当时才满十三岁，按照宫廷仪轨，刚刚到了可以入宫觐见的年纪。威利在蔚蓝的大海边长大，此时发现自己置身于一片金碧辉煌之中，而这些镀金装饰是为了彰显其家族权势极盛、国祚绵长。这是非常罕见的场合，威利亲眼看见父亲斯特凡身着全套礼服。父亲佩戴着金羊毛骑士团的领饰，这是所有骑士团体中最为高贵的徽章。威利似乎与这庄严肃穆的氛围有点格格不入。当他抓住机会观察皇帝陛下的珍宝，包括宝座和宝石时，他只记得这场仪式的主角活像个金色的大公鸡。

到了晚上，在宫廷剧院，皇帝陛下再次接见诸位大公，这次是在诸多观众的见证下。及至六点整，其他宾客陆续入场就座。七点整将至，诸位大公和女大公，包括斯特凡、玛丽亚·特蕾莎以及他们的孩子等候入场。在合适的时刻，诸位大公和女大公仪态庄重地步入大厅，昂首阔步地走向各自的包厢。斯特凡、威利及其家人步入左侧的包厢，但并未落座。及至此时，弗兰茨·约瑟夫皇帝姗姗来迟。他是一个年届七十八、掌权六十年的老人，已显驼背，但仍然硬朗，连鬓胡子让他看起来威风凛凛、仪表堂堂，给人留下高深莫测的形象。他向旁听席上鼓掌欢迎的观众致以答谢，并伫立良久。弗兰茨·约瑟夫以其岿然不动而知名：他在所有仪式上都保持站立，谢天谢地，所有仪式因此都变得出奇地简短。弗兰茨·约瑟夫亦以其屹立不倒而知名：他经历过兄弟、妻子以及独生子的横死暴毙，但他仍然幸存。他超越了民族，跨越了世代，似乎还能够战胜时间。然而，如今，在七点整，他总算坐下来了，因此其他所有人都能够安心落座，而另一场表演也终于能够拉开帷幕。

当帷幕被拉起，观众的视线从现在的皇帝转向过去的皇帝。《皇帝之梦》(*The Emperor's Dream*)，是为庆祝皇帝陛下登基六十周年而专门创作的独幕剧，讲述剧中英雄、哈布斯堡王朝首位皇帝鲁道夫 (Rudolf) 的故事。观众能够辨认出谁是鲁道夫，从公元 13 世纪起，正是鲁道夫把哈布斯堡家族提升为统治至今的哈布斯堡王朝。1273 年，鲁道夫被同侪邦君们推选为神圣罗马帝国皇帝，他是哈布斯堡家族中首个登上帝位的人。尽管在大小邦国林立的中世纪，与皇帝虚衔相对应的政治实权相当有限，但皇帝虚衔的拥有者能够宣称自己是早已崩溃的罗马帝国遗产的继承者，以及整个基督教世界的领导者。1278 年，也正是鲁道夫凭借武力从令人生畏的捷克国王奥托卡 (Ottokar) 手中夺取了奥地利各领地。这些领地将成为世袭领土的核心地域，鲁道夫将其传给诸子，诸子再将其传给哈布斯堡家族全体后裔，直至传给弗兰茨·约瑟夫皇帝。

在舞台上，鲁道夫皇帝开始高声道出他对这些奥地利领地的担忧。他的文治武功已成往事，他忧心领地的未来。他托付诸子的领土将会如何？他们将会是合格的继承者吗？哈布斯堡家族将何去何从？鲁道夫，一个伟岸、瘦削、冷酷的人物，此时由一名矮小、肥胖、和蔼的演员来扮演。一个在 10

11

现实中残酷无情的大丈夫，在舞台上变成急需补眠的好伙伴。他在宝座上酣然入梦。未来神从他身后登场，告诉他哈布斯堡王室今后数百年间将会迎来的荣耀。随着柔和的音乐响起，鲁道夫请求未来神为他指点迷津。然后，未来神为他呈现五幅梦中画卷，向他再次保证，他所创造的丰功伟业，将会得到珍惜和保护。[1]

第一幅梦中画卷是两个伟大王室家族缔结婚约。1515年，哈布斯堡家族与雅盖洛家族，即波兰的统治者和东欧的头等家族，达成了一个冒险的对赌约定。通过双重联姻，哈布斯堡家族以自身的王家行省为赌注，换取赢得雅盖洛家族王家行省的可能性。雅盖洛家族的路易（Louis）曾是波兰、匈牙利和波希米亚国王，在1526年的莫哈奇之战中，路易领兵对抗奥斯曼帝国。结果路易兵败，死于逃亡路上，他的尸体浸在水中、压于马下。按照婚约，路易的妻子是出身于哈布斯堡家族的人；在路易死后，妻子的兄弟索取波希米亚王位和匈牙利王位。波希米亚和匈牙利由此成为哈布斯堡王家行省，并为历代哈布斯堡统治者所保有，直至传给弗兰茨·约瑟夫皇帝。15世纪，匈牙利国王马蒂亚斯·科菲努斯（Matthias Corvinus）曾写道："且让别人开战吧！你们奥地利就爱愉快地联姻。战神玛尔斯授予别人的，爱神维纳斯将会授予你。"科菲努斯笔端所指的是哈布斯堡家族获得西班牙的过程，当时一位哈布斯堡家族成员迎娶了一个西班牙女孩，这个女孩是西班牙王位第六顺位继承人，而前面五个继承人都识趣地去世了。然后，科菲努斯自己的匈牙利王国也步了西班牙王国的后尘。

金色篇章：皇帝之梦

然而，正如未来神对鲁道夫所做的解释，掌握匈牙利绝非等闲之事。哈布斯堡君主国与奥斯曼帝国爆发了战争。1683 年，奥斯曼帝国十万大军已兵临维也纳城下。在哈布斯堡王朝各领地，教堂的钟声紧急响起，又归于沉寂，在城镇陷落于土耳其人之手前发出最后的警报。维也纳被围，哈布斯堡家族被困。此时，哈布斯堡家族等来了北方天主教盟国波兰的援兵。波兰国王率领他那令人生畏的骑兵部队飞驰南下，在俯瞰城市的山丘上安营扎寨。他麾下的骑士在奥斯曼帝国营地里横冲直撞，正如穆斯林编年史家的叙述，如同黑色的沥青到处流淌，所到之处都被融化。维也纳由此得到解放。在第二幅梦中画卷里，未来神为鲁道夫展示哈布斯堡皇帝与波兰国王会晤的场景。奥斯曼帝国被击败了，哈布斯堡家族成为匈牙利和中欧地区当仁不让的统治者。

在赢得战争后，哈布斯堡家族却在婚姻方面遇到麻烦。正如未来神对鲁道夫解释的那般，他们面临继承危机。哈布斯堡以一个家族的两个支系统治欧洲大部和世界上的其他广大区域：一个支系产生西班牙及其辽阔殖民地的统治者，另一个支系产生神圣罗马帝国皇帝以及中欧地区的统治者。1700 年，哈布斯堡家族西班牙支系绝嗣，中欧支系在争夺西班牙及其海外帝国控制权的斗争中落败。而且，哈布斯堡家族中欧支系也没有男性继承人。在未来神描绘的第三幅梦中画卷里，解决问题的方法是实用主义的安排。在画卷中，皇帝陛下在年方八岁的女大公玛丽亚·特蕾莎（Maria Theresia）面前，正式宣布她将会成为帝国继承人。1740 年，玛丽亚·特蕾莎登上哈布斯堡君主国的宝座，成为哈布

11

斯堡家族最为声名显赫的统治者。未来神向鲁道夫做出保证，玛丽亚·特蕾莎将会以铁腕治国。

正如未来神在第四幅梦中画卷里为鲁道夫揭示的，玛丽亚·特蕾莎女皇把联姻帝国主义的家族原则发挥到了极致。画卷展示了玛丽亚·特蕾莎及其家人于 1763 年为正在演奏钢琴的青年莫扎特（Mozart）鼓掌欢呼的场景。画卷中还有玛丽亚·特蕾莎的十六个孩子。在画卷中提到莫扎特，聪明地暗示了哈布斯堡家族是文明的统治者和艺术的庇护人，但画卷的核心信息是玛丽亚·特蕾莎凭借自己的子宫和智慧，在欧洲扩展哈布斯堡家族的权势。她教育长子如何治国，然后与长子共治帝国，她还尽可能把女儿们嫁到欧洲各君主国。她的长子约瑟夫（Josef），与母亲一样都是开明专制者，希望能把杂乱无章的哈布斯堡君主国领土改造为治理良好的国家。她最为年幼的女儿名叫玛丽亚·安东尼娅（Maria Antonia），也许这个女孩的法语名字更为人们所熟知，那就是玛丽·安托瓦内特（Marie Antoinette），她在法国大革命中成为众矢之的。

玛丽亚·特蕾莎让女儿嫁给法国王位继承人，正是哈布斯堡联姻外交的典型例证。法国是哈布斯堡王朝的世仇宿敌。尽管法国和哈布斯堡君主国都是天主教国家，但当信奉伊斯兰教的奥斯曼大军向维也纳逼近时，法国却站在奥斯曼帝国那边。法国外交官甚至试图以坐地分赃为诱饵劝阻波兰介入维也纳保卫战。在 16～17 世纪的宗教战争期间，法国支持新教诸侯对抗哈布斯堡王朝。法国波旁王朝，正是哈布斯堡王朝在欧洲大陆追逐权力的主要对手。在与哈布斯堡王朝的长期对抗中，法国发明了现代外交，提出了国家利益高于一切的外交格言。与这种冷酷无情的做法恰成对照，哈布斯堡家族送出了一个赤身裸体的女孩。1773年，在莱茵河畔，当玛丽亚·安东尼娅脱去娘家的衣裳，她就象征性地变身为法国王妃玛丽·安托瓦内特，通过两个最为显赫的王室家族的联姻，再次确认了旧秩序的合法性。

玛丽亚·特蕾莎曾试图以自己的女儿为礼物，消除波旁王朝对哈布斯堡王朝的敌意。孰料十六年后，波旁王朝竟然在法国大革命中被推翻。玛丽·安托瓦内特不再是法国王后，而是作为普通公民受到叛国罪以及莫须有的指控。她的许多亲人和朋友都被推上了断头台。1792年，在监狱里，她被迫亲吻一位公主被砍下的头颅，当时人们谣传，这位公主是她的同性恋人。1793年，她被宣判犯有反革命罪，以及性虐待其亲生儿子的罪名。她在革命广场被送上断头台。[2]

18世纪90年代，随着法国大革命走向恐怖以及独裁，拿破仑·波拿巴（Napoleon Bonaparte）及其大军试图推翻欧洲旧秩序。他带来了新的政治模式，由声称代表人民大众而非神圣等级的君主来施行统治。1804年，拿破仑首先为自己加冕，然后又把皇亲国戚扶上几个新王国的王位，这些新王国正是建立在拿破仑从哈布斯堡王朝以及其他竞争者手上夺取而来的领土上。1810年，哈布斯堡家族再次试图联姻，把奥地利皇帝的女儿许配给拿破仑。这桩交易由聪明睿智的哈布斯堡外交官克莱门斯·冯·梅特涅（Klemens von Metternich）安排。一对新人最终喜结连理，而且婚后尚算

13

美满。1812 年，在取得哈布斯堡王朝严守中立的保证后，拿破仑大军向莫斯科进发。这场针对俄罗斯帝国的侵略战争最终演变成一场灾难，使得攻守形势逆转。1813 年，哈布斯堡王朝加入胜券在握的反拿破仑同盟，拿破仑最终一败涂地。

法国大革命和拿破仑战争引出未来神向鲁道夫呈现的第五幅梦中画卷：1814 年至 1815 年的维也纳会议。在二楼的一间会议室里，有三扇遥望帝国首都的窗户，天花板上有四片供梅特涅的间谍们偷听的格栅，还有五扇让谈判代表进场的大门，欧洲和平就在此达成。会议的指导原则是依法而治，由君主统治君主国；还有势力均衡，任何一国都不应独霸欧洲大陆。未来神向鲁道夫展示的这最后一幅梦中画卷可谓满怀希望。历经拿破仑战争的哈布斯堡王朝不仅是胜利者，而且是仲裁者。这个国家关切欧洲各国的稳定，视之为自身的利益；这个国家关切欧洲各国的利益，以维系自身的稳定。在最终的同盟中，这个国家的盟友英国、俄国、普鲁士都同意这一安排。王政复辟后的法国，重新跻身欧洲列强。

未来神所呈现的世界可谓尽善尽美。鲁道夫凭借诡计和武力建立的领地，后人借助幸运的联姻、女性的力量、灵活的外交予以维持和扩大。当这出戏剧临近尾声的时候，鲁道夫对其王朝的美好结局倍感欣慰，声称自己已厌倦战争，乐于看到和平得以实现。

这出戏剧的作者是一位伯爵夫人，她是在一个政府委员会的协助下进行创作的，这出戏剧回避了那些不那么光彩的细枝末节，只强调缔造和平的主旋律。哈布斯堡王朝在维也纳会议上收获颇丰，在北方确认了对波兰故土的所有权，在南方确认了对亚得里亚海滨地区的所有权。尽管帝国领土有所扩大，但哈布斯堡王朝仍然只是一个中欧帝国。

观众们都知道，从鲁道夫到弗兰茨·约瑟夫，历位皇帝 14 都曾提出过更为广阔的领土要求，也确实统治过更为广阔的领土。好几位皇帝声称自己是基督教世界的统治者，实际上犹有过之。卡尔皇帝（Karl von Habsburg）① 的帝国横跨新旧两大陆，帝国领土上太阳永不落下，他为自己选择的励志格言是"超越极限"（Plus ultra）。他的儿子腓力（Philip）铸造了一块圆形徽章，上面镌刻着"四海未够我纵横"（Orbis non Suffict）。更为响亮的口号是腓特烈三世（Friedrich von Habsburg）那著名的元音字母缩写格言 AEIOU：无论是按照 15 世纪的拉丁语（Austriae est imperare orbi universo），还是按照 16 世纪的德语（Alle Erdreich ist Österreich untertan），甚至是按照我们这个时代的全球性语言（Austria's empire is our universe），该格言都意为"奥地利帝国就是我们的宇宙"。

AEIOU 的另一种解释（Austria erit in orbe ultima）也许更加接近弗兰茨·约瑟夫内心的想法："奥地利将比任何

---

① 即神圣罗马帝国皇帝查理五世、西班牙国王卡洛斯一世，他还拥有奥地利大公卡尔一世等诸多头衔，被认为是"哈布斯堡王朝争霸时代"的主角。——译者注

事物都长久"，或者"奥地利将存在至世界末日"。这是弗兰茨·约瑟夫的父亲最喜欢的格言，以至于弗兰茨·约瑟夫为自己的长子取名为鲁道夫（Rudolf），以此向首位哈布斯堡皇帝致敬。早在二十年前，也就是1888年，皇储鲁道夫就曾激烈地批评自己的父亲自动放弃帝国的昔日荣光，让哈布斯堡君主国心甘情愿沦为欧洲的二流国家。正如鲁道夫所说，传统的无尽野心与历来的外交妥协，两者根本难以调和。某种程度上，也正是这种挫败感，让这位现代鲁道夫、弗兰茨·约瑟夫的儿子和皇储，于1889年选择饮弹自尽。[3]

　　或许弗兰茨·约瑟夫能够接受昔日荣光趋于暗淡。或许这反而正是他的伟大之处。尽管如此，弗兰茨·约瑟夫想必也注意到这出戏剧的其他细节。这是一出为他的庆典而写就的戏剧。然而，那几幅梦中画卷完全不涉及他长达六十年的统治。确实如此，《皇帝之梦》的叙事截止于1815年，也就是从他降生那年再上溯十五年。他本人被抹去了，就连他漫长生命中的重大事件和伟大成就，也一并被抹去了。

　　弗兰茨·约瑟夫降生于民族主义崛起的年代，1830年，16 巴黎爆发的革命推翻了复辟王朝，波兰爆发的起义几乎结束了俄罗斯帝国的占领。哈布斯堡王朝曾在维也纳会议上开疆拓土，此时也要面对意大利、德意志、波兰以及南部斯拉夫（南斯拉夫）的民族问题。

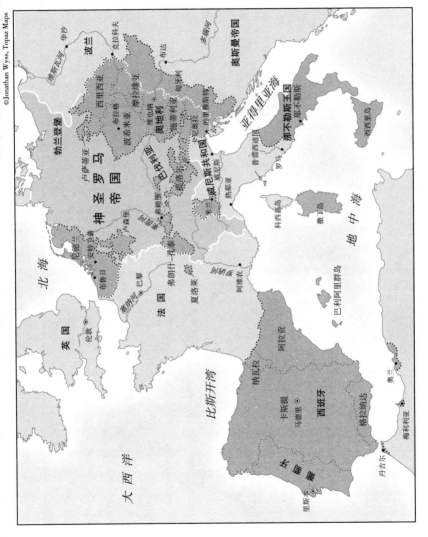

哈布斯堡的世界，约 1580 年（1）

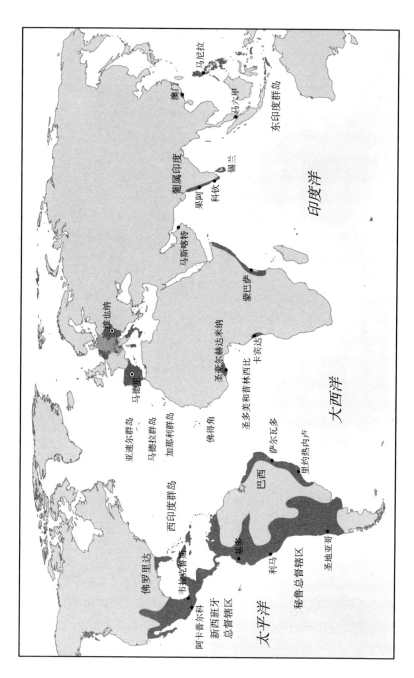

哈布斯堡的世界，约 1580 年（2）

马尼拉
澳门
马六甲
东印度群岛
印度洋
葡属印度
果阿 科钦 锡兰
马斯喀特
蒙巴萨
维也纳
圣乔尔赫达米纳
卡宾达
马德里
圣多美和普林西比
大西洋
亚速尔群岛
马德拉群岛
加那利群岛
佛得角
萨尔瓦多
里约热内卢
巴西
西印度群岛
波多
圣地亚哥
佛罗里达
韦拉克鲁斯
利马
秘鲁总督辖区
阿卡普尔科
新西班牙总督辖区
太平洋

20

金色篇章：皇帝之梦

某种程度上，这些民族问题都是拿破仑带来的"礼物"。他自立为意大利国王。他解散了神圣罗马帝国以及数十个德意志小邦国，从而为德意志统一铺平了道路。他创立了伊利里亚王国，这是南部斯拉夫地区的别称，当地人后来被称为塞尔维亚人、克罗地亚人、斯洛文尼亚人。他部分恢复了波兰，这个在18世纪后期因为列强瓜分而从地图上被抹去的国家，此时被称为华沙大公国。在摧毁这些由拿破仑建立的政治实体后，哈布斯堡王朝及其盟友把民族主义视为蔓延欧洲的革命思潮。梅特涅此时贵为首相，他命令警察逮捕煽动者，命令审查官删去书报上动机可疑的页面。弗兰茨·约瑟夫年轻时的哈布斯堡君主国是个警察国家。[4]

19世纪30年代和40年代，当弗兰茨·约瑟夫学习如何治理一个保守帝国的时候，各民族的爱国者们已在描绘一幅模糊不清的未来欧洲地图，各地方的五彩版图逐渐渗透各帝国的黑色疆界。1848年2月，巴黎再次爆发革命。在哈布斯堡君主国领土内，那些具有光辉历史和庞大贵族阶层的民族，比如德意志人、波兰人、意大利人和匈牙利人，抓紧机会以抗议和起义挑战哈布斯堡王朝。他们用为人民争取民族自由的新颖修辞包装贵族要求更大地方自治权的传统诉求。梅特涅不得不藏身于洗衣车内逃离维也纳。

弗兰茨·约瑟夫在年方十八的青春岁月登上皇位。他反对那些桀骜不驯的显贵民族，转而帮助罗马尼亚人、克罗地亚人、乌克兰人和捷克人。有些民族背叛皇帝，但有些民族仍然忠诚于他，但忠诚与背叛都彰显了这些民族的存在。因此，尽管叛乱民族在战场上被击败，民族主义原则还是得到普及和确认。而且，哈布斯堡王朝也悄无声息地开启了社会革命。为了争取农耕民族支持，他们解除了农民对地主承担的传统义务。农民的子孙将会成为安居乐业的自耕农民甚至市镇居民。那些没有古老贵族阶层的族群将会自视为拥有权利的民族。

1848 年，各民族的爱国思潮引起巨大回响，但也暴露出实践中的自相矛盾。那些有能力以民族解放为名义奋起反抗皇帝的民族，都希望压迫其他民族：匈牙利人欺负斯洛伐克人，波兰人欺负乌克兰人，意大利人欺负克罗地亚人，凡此种种，不一而足。在这种情势下，弗兰茨·约瑟夫能够在充满敌意的处境中纵横捭阖，重新树立最高权威。匈牙利人拉起了一支最令人印象深刻的军队，他们最终被效忠于君主国的军官和士兵击败（尽管弗兰茨·约瑟夫同样羞愧难当地请求邻近的俄罗斯帝国出手相助）。民族问题，能够由作家来提出，由暴民来施压，却只能由君主和将军来解答。

1848 年的革命被视为民族之春，这给欧洲各国帝王上了一课。1848 年过后，君主们开始懂得民族主义带来的风险和机遇，而各国君主之间也展开新一轮竞争。既然各民族未能选择自己的统治者，那么现在就由统治者来选择自己的民族。优胜者的奖品是德国，它由 30 多个邦国组成，一旦完成整合，将会成为欧洲最富庶、最强大的国家。19 世纪 50 年代，弗兰茨·约瑟夫试图把所有德意志邦国统合在他的权杖之下，但他未能让各邦君主俯首称臣。

德国统一与哈布斯堡王朝毫无关系。普鲁士，一个年轻而灵活的德意志王国，找到了王朝统治与德意志民族主义的

17

整合之道。普鲁士曾是个庞大的德意志君主国，首都设在柏林，由霍亨索伦王朝施行统治。霍亨索伦家族曾臣服于哈布斯堡家族，后来崛起成为对手。当哈布斯堡家族需要投票以维持神圣罗马帝国的时候，他们不得不给予霍亨索伦家族好处。当哈布斯堡家族在西班牙王位继承战争期间需要支持的时候，他们不得不同意授权霍亨索伦家族建立王国。最伟大的霍亨索伦统治者腓特烈·威廉（Friedrich Wilhelm），树立起国家权力的两大支柱——财政和军队。1683 年，当哈布斯堡家族不得不把圣物熔炼成金子，以充当奥斯曼大军围城期间保卫首都的军费时，普鲁士正在建立税收制度。1740 年，普鲁士拒绝承认《国事诏书》的有效性，起而挑战玛丽亚·特蕾莎的统治权力，继而袭击哈布斯堡君主国，最终几乎完全夺取西里西亚这个富庶省份。此时霍亨索伦家族已不仅是一支王族，而且是一股在战场上击败哈布斯堡王朝的强大势力。[5]

　　1866 年，威廉一世（Wilhelm Ⅰ）领导的普鲁士王国进攻弗兰茨·约瑟夫领导的哈布斯堡君主国。在萨多瓦，兵力处于劣势的普鲁士军队凭借武器和组织优势赢得决定性胜利。普鲁士军队本来可以在维也纳长驱直入，但普鲁士首相奥托·冯·俾斯麦（Otto von Bismarck）并不希望摧毁哈布斯堡王朝。他希望保留哈布斯堡君主国，将其作为抵御俄罗斯帝国和奥斯曼帝国的屏障，与此同时，他将把其余德意志领地整合为一个民族君主国。1870 年，当俾斯麦挑起并赢得普法战争之时，他就已达到目的。这场战争把许多德意志小邦国推到俾斯麦那边，这场胜利也让普鲁士成为欧洲首屈一指的军事强国。1871 年 1 月，在凡尔赛宫的镜厅，德国

18

统一宣告完成。一位伟大的普鲁士将军说过，王位的安全要靠诗歌来保障。最伟大的德国诗人弗里德里希·席勒（Friedrich Schiller）相信，一旦德国拥有民族剧场，德意志就会成为民族。其结果便是，对外战争成为民族剧场。钢笔配上钢刀将更加雄浑有力。

1866 年的惨败，以及哈布斯堡王朝被排除在德意志之外的事实，对哈布斯堡家族的下一代人产生了深远影响。1860 年，斯特凡大公降生，而俾斯麦完成民族统一那年，斯特凡还是个孩子。在 1866 年战争中，普鲁士军队迅速通过斯特凡家所在的摩拉维亚省，那里也是签订和平条约的地方。19 世纪 70 年代，当斯特凡在摩拉维亚读书的时候，这个省份旁边就是令人羡慕的强大德国。德国统一似乎让哈布斯堡君主国永远处于防守态势。这个国家要么成为反抗德国的孱弱对手，要么成为入伙德国的虚弱盟友。弗兰茨·约瑟夫那代人知道，成为世界霸主早已是遥不可及的帝国旧梦，但及至 1866 年，他们仍然梦想成为欧洲强国或者德意志强邦。斯特凡这代人以大公的身份长大成人，却首次生活在一个已不再是欧洲强国，甚至已不再是统治德意志的候选邦国的国家。

甚至包括联姻，这个哈布斯堡君主国扩张的传统工具，如今也只能让人想起战败的屈辱。1886 年，斯特凡迎娶一位哈布斯堡女大公，对方还是一位托斯卡纳公主，他就把自己的命运与另一场民族统一运动的产儿意大利联结在一起了。当斯特凡的童年蒙上俾斯麦缔造新德国的阴影时，在意大利，他的未婚妻玛丽亚·特蕾莎的童年却被法兰西民族帝国主义改变。法国皇帝拿破仑三世（Napoleon Ⅲ）一度煽动意大利爱国主义，甚至与皮埃蒙特－萨丁尼亚王国（又称撒丁王国）结盟，其实是企图从哈布斯堡王朝手中夺取意大利北部。1859 年，法撒联军在索尔费里诺战役中击败奥地利军队。这场战役引发意大利人"复国运动"的洪流，他们试图把半岛上的小邦国统一为意大利。意大利人在缔造自己的国家时，搭了德国人的便车。1866 年，当普鲁士军队在斯特凡的家乡摩拉维亚击败哈布斯堡军队时，哈布斯堡王朝同时失去了威尼斯。哈布斯堡王朝将威尼斯割让给法国，以换取法国中立，却眼睁睁地看着法国把威尼斯转交给意大利。

意大利正成为一个统一的民族君主国。在胜利的鼓舞下，意大利爱国者转而力争让所有外国势力撤出意大利，其中就包括法国势力。1870 年，当普鲁士进攻法国时，法国军队不得不从罗马撤回本土，以保卫法国。尽管如此，普鲁士军队最终还是占领了巴黎。法国与哈布斯堡君主国，曾是争夺欧洲统治权的世仇宿敌，如今双双落败，而新崛起的德国却成为欧洲大陆上无可匹敌的强国。玛丽亚·特蕾莎的祖父和外祖父都曾统治意大利领地，而如今这两个家系都无从继承统一的意大利王国。因此，她与斯特凡的婚姻，也就意味着哈布斯堡家族从他们再也无力统治的意大利撤退出来。

梦中画卷至 1815 年戛然而止，避开了民族主义噩梦的开端。弗兰茨·约瑟夫降生于一个警察国家，这个国家试图保住手上仅存的领土，而当他登基时，又正值革命年代。在　20

他统治期间，没有和平，只有失败；没有稳定，只有损失；没有普世帝国，只有末世情调。似乎每个君主国都掌握了民族主义话语，通过建立民族君主国在现代欧洲找到光荣的位置，只有弗兰茨·约瑟夫的君主国是个例外。这似乎并非收入梦中画卷的合适主题。

在这出戏剧中，弗兰茨·约瑟夫统治的六十年不得不以另一种艺术形式予以呈现。在《皇帝之梦》临近尾声的时候，鲁道夫声称自己对梦中画卷感到满意，进而追问故事的结局。未来神通情达理地呈现了另一种形式的荣光，一种不需要领土扩张亦能达致的荣光，让弗兰茨·约瑟夫能够以最伟大的哈布斯堡君主的形象载入史册。鲁道夫面对皇帝陛下，张开双臂高声朗诵《圣经·新约》，声称爱是人世间最高的美德和成就。未来神对此表示同意，声称鲁道夫和弗兰茨·约瑟夫就像历代哈布斯堡君主那样，深受各族臣民爱戴。[6]

然后，爱神出场了。爱神由一位说德语的女士扮演，这位女士步入未来神和鲁道夫让出的舞台中央。她要说出关于皇帝及其各族臣民的最后致辞。爱神飞越高山深谷，穿越长河深海，爱神说，她看到弗兰茨·约瑟夫谦卑臣民的日常生活。她以安慰和鼓励的语气说，各族臣民都热爱他们的皇帝。这出戏剧的最后几句话，是借爱神之口，代表各族臣民对皇帝陛下表达谢意。及至此时，观众们也都完全清楚，此处所指的皇帝陛下并非鲁道夫，而是弗兰茨·约瑟夫。正是爱，以看似无害的主题，联结了过去和现在，并把哈布斯堡王朝的历史引领到尚可庆幸的结局。[7]

这并不完全是文过饰非。哈布斯堡家族的确关爱其各族

臣民，至少在王家行省，在其力量和财富所及之地确是如
此。好几个世纪以来，哈布斯堡家族都善于使用各种语言，
吸纳各种习俗，以便于其施行统治。他们的爱是四海一家
的、不偏不倚的、自私自利的、粗心大意的，因此在某种程
度上是恰到好处的。他们几乎无法被归类为任何一个种族。
正如威利所知："我们家族的种族成分非常复杂。"因此在 21
某种程度上，哈布斯堡家族拥有某种经过遗传而获得的民族
性，他们自成一族。现代民族主义通过家族隐喻来发挥作
用，断言民族同胞都是兄弟姐妹，拥有共同的祖国。哈布斯
堡家族就很符合这个隐喻，这个家族的确世世代代都在统
治；那么到了 20 世纪，他们的皇帝还把自己视为数百万臣
民的父亲或者祖父吗？他们的祖国就是他们祖祖辈辈走过的
土地，他们举步踏遍欧洲，扬帆航向世界。其臣民的民族主
义能够被放任，能够被容忍，也许终有一天能够被驯服。[8]

　　爱的主题能够让哈布斯堡王朝的历史从一个时代过渡到
下一个时代。好几个世纪以来，哈布斯堡家族的爱意味着与
领土相关的联姻。在 19 世纪，成为问题的不再是待字闺中
的哈布斯堡公主与外国统治者之间是否有爱，而是哈布斯堡
各族臣民与他们自己的统治者弗兰茨·约瑟夫之间是否有
爱。爱不再能够扩张帝国，但也许能够维系帝国。自从
1848 年以来，弗兰茨·约瑟夫的统治历史就是其各族臣民
出现民族主义倾向的历史，而他的统治是否成功，取决于他
能否使民族主义顺从于更高层次的忠诚，忠诚于他，忠诚于
君权。正因为哈布斯堡君主国拥有数十个民族，不可能成为
民族国家，弗兰茨·约瑟夫及其政府试图寻找出路，想方设

法让民族差异服从于民族团结，因而此后的五十年成为民族和解的时代。

自从在战场上败给意大利和普鲁士以后，哈布斯堡王朝在谈判桌上就处于弱势地位，弗兰茨·约瑟夫及其内阁成员对一个又一个民族屡屡做出让步。1859 年，在败给意大利之后，弗兰茨·约瑟夫皇帝于 1860 年颁布《十月诏书》，这是类似于宪法的文件。诏书向哈布斯堡王家行省内某些省议会授予了一些权限，以此平息那些古老民族的传统贵族统治阶层的怨气。诏书表明，尽管皇帝权力在原则上是专制权力，但在实际上可以跟地方权威妥协折中。1866 年，在败给普鲁士之后，弗兰茨·约瑟夫跟最庞大也最麻烦的显贵民族匈牙利达成妥协。1848 年革命期间，匈牙利人闹得最凶。根据 1867 年的妥协条款，匈牙利贵族取得半个帝国的控制权。[9]

1867 年以后，哈布斯堡君主国就被称为奥匈帝国，并因其各民族分崩离析的历史而声名在外。匈牙利奉行中央集权政策，旨在把权力和财富保留在匈牙利贵族手中。帝国的另外一半虽然没有正式名称，但通常被称为"奥地利"，那里盛行迥然不同的原则。奥地利是个奇怪的政治实体，它从东北面到西南面环抱着匈牙利，就像一个斜靠在石头上的撩人艳妇。奥地利的王家行省包括东北面的加里西亚，这是从波兰瓜分而来的土地，这里生活着波兰人、乌克兰人以及犹太人；奥地利的王家行省还包括西南面的伊斯特里亚和达尔马提亚，这里曾是威尼斯的领土，生活着克罗地亚人、斯洛文尼亚人以及意大利人；两者之间就是古老的哈布斯堡王家行省，这是德意志人和捷克人支配的省份。犹太人散布于各个省份，但在加里西亚和维也纳尤其人数众多；实际上，所有民族的成员都散布于几乎所有省份。同化吸收和双语教育相当普遍。庞大的帝国官员和帝国军官阶层，自视为超越民族属性的群体，是哈布斯堡王朝的忠实仆人。

©Jonathan Wyss, Topaz Maps

哈布斯堡的欧洲，1908 年

29

　　弗兰茨·约瑟夫的民族政策，尽管不适合放在梦中画卷里，却同样是不乏壮丽庄严的伟业。他在主持一场空前伟大的实验：一个多民族帝国能够在民族国家林立的欧洲幸存吗？如果能够，那么这个多民族帝国的立国原则是什么？第一条原则是与富有历史底蕴的民族妥协，即授予那些拥有庞大贵族阶层且声称拥有传统权利的民族自治权。哈布斯堡王朝在授予匈牙利及其贵族阶层内部主权不久后，又授予波兰贵族加里西亚自治权。第二条原则是扶持农民社群以平衡显贵民族。1848 年，弗兰茨·约瑟夫就已废除残余的农奴制。1867 年，他颁布了一部具有宪法性质的法律，正式宣告各民族一律平等。自 1879 年起，弗兰茨·约瑟夫的内阁成员逐步推行全体成年男子平等投票权，及至 1907 年选举，最

23　终实现全体成年男性公民普选。国会下院代表的是君主派而非贵族派的利益。

　　第三条原则是不断与捷克人谈判。捷克人生活在波希米亚和摩拉维亚，位于君主国的心脏地带，而且他们居住的土地最为富庶也承担了最重的赋税。捷克人不仅因为其身份和住地，而且因为其代表性而尤为重要。捷克人是个斯拉夫民族，因此代表着这个君主国的未来。既然哈布斯堡王朝已与德意志和意大利割裂，那么他们注定要统治一个以斯拉夫人口为主的帝国。这个君主国几乎半数人口都是斯拉夫人（捷克人、斯洛伐克人、波兰人、乌克兰人、斯洛文尼亚人、克罗地亚人以及塞尔维亚人）；只有四分之一人口是德

24　意志人，另外四分之一人口是匈牙利人。哈布斯堡王朝不得不保持斯拉夫臣民的忠诚，这就意味着不得不满足捷克民族

运动的勃勃野心。如果个别斯拉夫民族得不到满足，他们也许就会联合起来反对哈布斯堡王朝，声称这个王朝是德意志人的压迫性王朝。斯拉夫人也可能会联合哈布斯堡疆界外的斯拉夫国家，比如俄罗斯帝国或者塞尔维亚。1905 年，在斯特凡的家乡摩拉维亚省，德意志人与捷克人在政治上分立为不同的政治团体，为成年公民分别举行选举，为少年儿童分别开设学校。[10]

20 世纪初是民族复兴的年代，诗人和史家编纂民族历史，吸引普罗大众投身集体行动。民族戏剧永远包括三个场景：被外族入侵打断的黄金时代，被外国暴君统治的黑暗现实，以及必将迎来解放的美好未来。当作家以民谣为民族编织被遗忘的光荣的美好年代时，哈布斯堡王朝则像个经验丰富的炼金术师，以其专业眼光冷眼旁观。哈布斯堡王朝希望把每个民族的戏剧冲突压制在地方层面：例如，让捷克人只抱怨当地的德意志人，而非把哈布斯堡家族视为残暴的德意志王朝；或者让生活在加里西亚的乌克兰人把波兰贵族视为屈辱的根源，而非把矛头指向授予波兰人统治权的哈布斯堡家族。如果故事被这样讲述的话，哈布斯堡君主国就能充当上演民族戏剧的欧洲舞台，而非某个可能会被踢下舞台的演员。

通过讨好显贵民族，哈布斯堡家族希望能够满足他们，以免他们要求完全的民族独立。通过支持农耕民族，哈布斯堡家族希望在民众投身政治活动之前收买人心。他们相信，这些农民社群将会把忠君爱国的传统习惯带入民主政治时代。在王家行省内，争端将得到审理，妥协将被达成，维也纳将会承担仲裁者的角色。哈布斯堡家族将会继续秉中持正，平衡彼此敌对的显贵民族和农耕民族，赢得两者的忠诚，让两者不再对维也纳怀有敌意，而是彼此敌对。

25   尽管努力适应民族主义的现代政治，但正如弗兰茨·约瑟夫对西奥多·罗斯福（Theodore Roosevelt）所说的那样，他自己就是最后一位老式君主。一位富有声望的传记作家说过，弗兰茨·约瑟夫是个老顽固，因为他对当时的思想观念一无所知。皇帝陛下不会使用电话或电梯。甚至在夜间生病时拒绝传召御医，除非御医身穿正式的双排扣长礼服入宫面圣。他仍然是专制君主，坚持君权神授学说。宪法文件、男子普选、议会本身，都被视为最高统治者恩赐给臣民的礼物。既然能够恩赐，也就能够收回。君主选择按照他自己钦定、由议会通过的宪法文件来施行统治。弗兰茨·约瑟夫选择默许投票权的逐步推广，认为这会扩充他的实际权力。他的格言是"合众之力，为我所用"（Viribus unitis）。

弗兰茨·约瑟夫的统治还是成功的，尽管放在梦中画卷里难免过于单调乏味。正因如此，在最后一幕，鲁道夫向弗兰茨·约瑟夫致意，以此掩盖充满戏剧冲突的19世纪，而爱神在戏剧结束时赶紧上场，引导观众的注意力转向他们的君主。当然，在场的所有观众都知道，帝国复杂的制度安排是各方势力妥协折中的结果。古老民族拥有地方议会，新兴民族则在帝国议会拥有投票权。古老民族选派官员进入弗兰茨·约瑟夫的内阁，新兴民族则选举议员制定进步的法律。古老民族拥有亲近皇帝的席位，新兴民族拥有培育后代的学校。无可避免地，每次妥协都在解决危机，但每次妥协都在制造新的危机，而危机必须在君主国的法律和政治框架内处理。现实并不完美，但还可以接受：民族主义者感到高兴，因为他们取得了阶段性的成功；皇帝陛下也感到高兴，因为他享有数十年的权威。这格局已延续很久，也许还能延续更久。[11]

斯特凡大公在包厢里鼓起掌来，尽管他心里仍怀隐忧。他深知爱神意味着民族妥协，意味着两边讨好；但他也意识到，民族妥协的年代即将结束。他知道所谓的哈布斯堡舞台，各民族能够展示旗帜、发起诉求、解决争议的舞台，有着暗无天日的后台入口。 26

在哈布斯堡王朝的领土内，民族妥协有理有效，但这无法阻止来自这个君主国疆界范围外的民族挑战。来自北部和西部边境的民族主义威胁，已把哈布斯堡王朝赶出德意志和意大利；其他威胁将会来自东部和南部边境。德国和意大利的统一大功告成，但另外两个民族还在等待时机：波兰和南部斯拉夫（或称南斯拉夫）。斯特凡在巴尔干地区有产业，他最为担心的是哈布斯堡王朝的南部邻国塞尔维亚，这个国家由憎恨哈布斯堡家族的王朝实行统治，而且对哈布斯堡王朝的领土虎视眈眈。夹在哈布斯堡君主国与塞尔维亚之间的，是具有争议的省份波斯尼亚和黑塞哥维那，哈布斯堡王朝刚刚在数周之前，即 1908 年 10 月，吞并了这两个省份。此时，1908 年 12 月，新闻报纸上充斥着开战的谣言。当天晚上来到宫廷剧院的还包括哈布斯堡君主国的总参谋长，他想要对塞尔维亚发动预防性的战争。[12]

《皇帝之梦》的落幕掌声尚未停息，弗兰茨·约瑟夫就收到了坏消息。维也纳让他沐浴在金光中，剧院上演着国泰民安的颂歌。然而，同样在帝国境内，并非每个地方都其乐融融地庆祝他的登基六十周年。在布拉格，这出戏剧同时上演，捷克人却发起抗议并引发骚乱。哈布斯堡王朝的黑金双色旗原本隆重地悬挂在现场，却被人们撕碎并践踏。有些旗帜甚至被焚烧，如同在塞尔维亚那样。确实如此，部分捷克人已决定把塞尔维亚人的事业当成他们自己的事业。人们抗议奥匈帝国吞并波斯尼亚和黑塞哥维那，人们高呼："塞尔维亚万岁！"[13]

弗兰茨·约瑟夫来不及过多考虑。布拉格已宣布戒严。在维也纳，在宫廷剧院，大幕重新升起，第二场演出开始了。这是一出芭蕾舞剧《来自故乡》（*From the Homeland*），身穿民族服装的歌舞演员纷纷登台亮相，表达各民族对皇帝陛下的爱。芭蕾舞剧结束时，歌舞演员们聚集成一个巨大的合唱团，面向皇帝陛下，表达他们对皇帝陛下的忠诚。斯特凡在包厢里看着这一幕。他看到君主国的十几个民族，穿着十几种民族服装。他当时佩戴着金羊毛骑士团的领饰，这是哈布斯堡王子的标志，但他知道这身打扮是会改变的。他自己宁愿那是某种不可预知的改变。在加里西亚，在他自己的城堡，他更喜欢临时起意的化装舞会，他就像个爱开玩笑的弄臣，总是打扮成小丑的样子。

斯特凡能够理解何谓皇帝之梦：尽管存在民族主义，但各族臣民仍然忠诚于统治者的帝国。他有自己的梦。民族主义是无可避免的，民族统一是无可避免的，但这并不意味着削弱哈布斯堡王朝。德国和意大利让民族主义的矛头指向哈布斯堡王朝，但波兰和南部斯拉夫地区尚未如此。这些民族问题于 1815 年被维也纳会议所遏制，也在梦中画卷里被遏制，只有通过子弹和刺刀在现实当中上演。弗兰茨·约瑟夫认为妥协让步乃长治久安的良方；但哈布斯堡家族成员仍未找到真正的解决办法，要么让带着民族热情的炽烈颜料附着于描绘静谧的梦中画卷所必需的冰冷调色板上，要么让歌颂民族解放的雄壮乐曲糅合于传统帝国那和谐融洽的交响乐中。

斯特凡相信，波兰仍然是最后的希望。斯特凡认为，他已找到民族妥协与帝国荣光相结合的正确道路。他会让这个民族与他和谐一致，而他也将投身于波兰的民族事业。他不会等待臣民来崇拜他，而是主动走到人民中去。他将会放弃哈布斯堡的精致舞台，而投身于民族政治的艰苦现实。在皇帝登基六十周年庆典后，他将会离开首都，回到加里西亚的王家行省，他既是哈布斯堡大公，但也是波兰王子。他已学会波兰语，而且研究过波兰的艺术和历史。他已按照波兰风格重建他的城堡，并为他的孩子们聘请波兰家庭教师。他让自己的三个女儿接待来访的波兰贵族后裔。斯特凡会让别人参与即将来临的巴尔干战争，他宁愿看着自己的孩子们好好联姻。他将会为这个民族创建一个王室家族，尽管这个民族尚不知晓自己需要一个王室家族。

波兰是个想象中的王国，斯特凡对它有美好的想象。他 28
已经历过丰富的人生。孩提时代，他在摩拉维亚，亲眼看着普鲁士人羞辱哈布斯堡王朝，建立起他们的德意志帝国。青春岁月，他迎娶一位从意大利半岛逃离的公主，公主见证了哈布斯堡君主国在当地统治的崩溃。他把公主带到亚得里亚海边的行宫，在那里他们见证了塞尔维亚的崛起，以及南斯拉夫统一事业造成的威胁。波兰将会是下一个。斯特凡将会做好准备，他的家庭亦复如是。

威利是斯特凡最小的儿子，他也有自己的美好想象。在斯特凡所有孩子中，威利继承了父亲的想象力。他正当少年初长成，能够理解父亲的计划，能够模仿父亲的计划，也几乎到了叛逆的年龄。这次叛逆将会以加里西亚为开始，以哈布斯堡君主国极北之地一座冰冷城堡为起点，他决定投身于父亲忽略的民族——乌克兰人。然而，威廉的乌克兰之梦，如同父亲的波兰之梦，是从帝国的南方开始，是在亚得里亚海的温暖海滨生根发芽的。在那里，梦中画卷闪烁着粼粼波光，如同金色的阳光挥洒在海浪之上。

蓝色篇章：海上孩童

1908 年 12 月，斯特凡·冯·哈布斯堡（Stefan von
Habsburg）端坐在宫廷剧院的包厢里，佩戴着金羊毛骑士团
的领饰，观看《皇帝之梦》。在舞台上，未来神引领着鲁道
夫皇帝穿越数个世纪，向他展示哈布斯堡家族将要迎来的荣
光。未来神向皇帝陛下展示了战争的胜利、都市的崛起、贸
易的繁荣。在戏剧尾声，未来神指向亚得里亚海，他在那里
看见"海面蓝色的波浪上，港口深色的柏树后，是天下无
敌的海军舰队"。斯特凡曾在那片蓝色海面上航行，亲手种
下那些柏树，并在海军服役。那片蓝色世界是他养育孩子的
地方。正是在那里，儿子威廉度过了几乎整个孩提岁月。

1934 年 7 月，威廉·冯·哈布斯堡置身于一个光怪陆
离的蒙马特俱乐部，挥霍着父亲的遗产。建筑物被红色霓虹
灯照亮，在暗黑的夜幕下，红磨坊又开始它慵懒怠惰的循
环。威廉与一名记者朋友闲坐聊天，后者也是一个传记作
家。某时某刻，威廉抬手看表，他的袖口下面露出船锚文
身。邻座一位女士捕捉到这个细节。她以为自己坐在一个粗
鲁的水手旁边，叫来侍应提出抱怨。威廉及其朋友开怀大

笑，巴黎报纸的读者第二天就会读到这则笑谈。

30　　1947 年 8 月，威廉·冯·哈布斯堡坐在一辆便衣警车的后排座椅上，警车飞速驰向一座苏联监狱。当卫兵替威廉摘去手表的时候，他们肯定留意到他手上的船锚文身。在随后的审问中，威廉提到父亲斯特凡，也提到他在海上的孩提岁月。这对于他的审问者来说毫无价值，他们只是急于证实他是个乌克兰民族主义者，因此是斯大林的敌人。他肯定有罪，但他何以至此？他的民族之旅开始于海边，在哈布斯堡王朝统治的温暖土地上，在父亲的影响下。那个船锚文身记录着一段追求海权的往事，而这段已被遗忘的往事造就了这对父子。那是故事的结局，但也揭示了故事的开端。[1]

斯特凡和威廉是最后试图掌握海权的哈布斯堡家族成员，但他们不是最早的先驱。早在 16 世纪，哈布斯堡家族最为辉煌的岁月里，哈布斯堡王朝就是引领世界的海权大国。及至 18 世纪，哈布斯堡家族失去西班牙、葡萄牙和尼德兰，哈布斯堡王朝也在欧洲沉沦，再也无法号称自己是世界帝国。在拿破仑战争中的胜利，让哈布斯堡王朝获得了宜人的出海口，那就是亚得里亚海的东西两岸。哈布斯堡王朝把威尼斯作为海军基地和主要港口。然后，在 1848 年革命期间，意大利起义者谋杀了哈布斯堡王朝驻威尼斯海军司令。帝国需要更理想的港口，海军需要更安全的基地。[2]

在亚得里亚海最北端，哈布斯堡王朝把的里雅斯特重建为现代化的海港。及至 1859 年，的里雅斯特通往维也纳的铁路建成通车；1869 年，在苏伊士运河开通后，从的里雅斯特出海的船只可以直航亚洲和非洲。通过这紧锣密鼓的两步，哈布斯堡王朝进入全球化时代。在此期间，19 世纪 50 年代和 60 年代，哈布斯堡王朝重建了亚得里亚海东岸的普拉（Pula）村，将其作为海军基地。重建工程开始时，普拉只有数百居民以及无数鬼魂。在金羊毛的传说中，正是在普拉这个地方，美狄亚（Medea）背叛自己的兄弟，导致兄弟死于伊阿宋（Jason）之手。普拉有一个古罗马人修建的广场，它后来成为拜占庭帝国和其后神圣罗马帝国的行省政府所在地。此后数百年间这里发展缓慢，还保留着传统的生活 ³¹ 方式。重建工程开始时，普拉的古罗马遗迹还能传出羊叫的回响。短短二十年间，普拉就变得像的里雅斯特一样，成为一座现代化和多民族的城市，拥有数万居民。[3]

新兴的亚得里亚海帝国不得不防范意大利民族主义的威胁。1848 年，意大利人发动反抗哈布斯堡王朝的起义；1859 年，意大利人甚至击败了哈布斯堡王朝。意大利统一是一个没有自然终点的进程。意大利爱国者看不到任何让新兴的民族王国在亚得里亚海沿岸停止扩张的理由，他们可以占据的里雅斯特，占据普拉，甚至扩张到更南边的东部海岸。在意大利人的想象中，东西海岸并无差别。即使在哈布斯堡王朝统治下，亚得里亚海东岸的城市人口也都说意大利语，这是威尼斯统治当地数百年的遗产。务必与意大利海军保持均势，这是迫在眉睫的任务，不仅事关安全，而且事关荣誉。与意大利进行海军军备竞赛是哈布斯堡王朝能够赢得的竞争，而且它也的确赢了。民族统一时代迫使哈布斯堡王朝控制海洋。在 1866 年战争中，哈布斯堡王朝把德意志领导权拱手让给普鲁士，把威尼斯控制权拱手让给意大利，那么他们至少要在海上击败意大利。[4]

哈布斯堡海军改革由马克西米利安（Maximilian）大公主持，他是弗兰茨·约瑟夫皇帝的弟弟。1848 年革命后，正是他为普拉的新海军兵工厂奠下基石；1859 年惨败后，正是他总结出哈布斯堡王朝必须控制亚得里亚海，也正是他出面说服弗兰茨·约瑟夫相信现代化的战列舰队不仅可能建成，而且必须建成。马克西米利安研究过美国内战期间铁甲舰队是如何调度部署的，他深知木制战舰时代早已过去。他是 1862 年海军预算案的幕后功臣，此举确保哈布斯堡王朝将会在此后数年建成铁甲舰队。当时，马克西米利安心中所想的正是哈布斯堡海军的光荣往昔。他在的里雅斯特修建自己的行宫，即外形如同舰船的米拉马宫，这座宫殿拥有圆形的窗户，如同舰船的舷窗。即使在宫殿内部，人们也会感觉仿佛身处幽深的船舱内，脚步声带有轻微的回响。他以西班牙哈布斯堡家族祖先的画像装饰大厅，他们是大西洋世界的统治者。他命令人们建造一艘木制船，以哈布斯堡王朝在大航海时代的名舰"诺瓦拉"（Novara）为其命名，准备进行环球航行。[5]

然后，马克西米利安模仿西班牙哈布斯堡家族建立丰功伟业的机会来了，这次他摇身一变成为墨西哥皇帝。当时，墨西哥是已经独立但负债累累的国家，这个国家的欧洲债主们，尤其是法国人，希望能够收回债款。法国人向马克西米利安呈上某些精心挑选的墨西哥权贵起草的建议书，请求马克西米利安来墨西哥当皇帝。他有所犹豫，但其妻子想成为

哈布斯堡的亚得里亚海，约1908年

哈布斯堡的亚得里亚海，约 1908 年

皇后，所以他最终同意了。1864年4月，他搭乘"诺瓦拉"号前往墨西哥，沿途有法国军队保护。他的帝国受到墨西哥共和派的强烈抵制，而法国人未能震慑墨西哥共和派。1867年2月，法国人离开墨西哥；5月，墨西哥人抓住马克西米利安。当他高声宣布其家族特权时，捉拿者们大笑不已。他曾把共和派领袖判处死刑，这次他亲自宣判了自己的死刑。

1867年6月19日早晨，在克雷特罗沙丘上突然响起七次枪声。其中五颗子弹正中马克西米利安的身体。他跌倒后，还在喘气，还在说话，就像他在西班牙学到的那样，这关乎统治者的尊严。一名军官把军刀刺入马克西米利安的心脏，一名士兵再仁慈地补了一枪，墨西哥帝国就这样灰飞烟灭。直到最后，马克西米利安的确保住了某种尊严。行刑之前，他原谅了七位行刑者，赠送他们每人一枚金币，并请求对方不要射击他的头部。"诺瓦拉"号就此返航奥地利，载着马克西米利安的遗体踏上归程。[6]

墨西哥的惨剧让哈布斯堡海军失去了伟大的领导者，也让海军在这个统治家族内部失去一位贵为大公的特殊利益代言人。哈布斯堡家族下一代中似乎有合适的替代者，那便是年轻的斯特凡大公。斯特凡生于1860年，继承了哈布斯堡家族的尚武传统。斯特凡是卡尔·冯·哈布斯堡（Karl von Habsburg）大公的孙子，而卡尔正是在阿斯佩恩战役中击败拿破仑的英雄。斯特凡在父亲去世后，改由叔叔阿尔布雷希特（Albrecht）大公收养并教育，阿尔布雷希特是哈布斯堡陆军元帅，还是一位作风正派的军事战略家。阿尔布雷希特

把斯特凡及其三个兄弟姐妹都培养成了领导者。斯特凡的哥
哥腓特烈（Friedrich）成为陆军元帅。斯特凡的弟弟欧根
（Eugen）成为条顿骑士团大团长。斯特凡的姐姐玛丽亚·
克里斯蒂娜（Maria Christina）继承了马克西米利安功败垂
成的事业。她嫁给西班牙国王，重建了哈布斯堡家族与西班
牙的联系。[7]

　　斯特凡身材高大、英气逼人、体格健壮，他加入海军，
继承马克西米利安另一项功亏一篑的事业，即替哈布斯堡王
朝控制亚得里亚海。在帝国海军见习两年后，1879 年，斯
特凡被授予军衔。尽管斯特凡连连升迁，并且仍然深受年轻
军官爱戴，但他的上级似乎不太喜欢他。他是皇家与王家快
艇分遣队的创始人之一，这是一个与海军没有正式关系的荣
誉社团。当时，绝大多数贵族都认为快艇是可怕的资产阶级
时尚，因此斯特凡支持这项运动，以表达其开明进步的立
场。他被视为具有现代思想观念的男子汉。[8]

　　斯特凡在爱情方面却是传统的，他向托斯卡纳公主玛丽
亚·特蕾莎女大公表明心迹。玛丽亚·特蕾莎的祖父是利奥
波德二世（Leopold II von Habsburg），他是最后一位托斯卡
纳大公，于 1859 年被推翻。玛丽亚·特蕾莎的外祖父是费
迪南多二世（Ferdinand II of Bourbon），他是两西西里国
王，因为残酷镇压 1848 年起义而被称为"炸弹国王"。玛
丽亚·特蕾莎生于 1862 年，当她还是个小女孩的时候，意
大利正在形成统一王国，不再需要外来王朝。她幸运地得到
斯特凡的垂青。如果她追随斯特凡到普拉，到哈布斯堡王朝
统治下的亚得里亚海滨，她就能继续说母语意大利语了。两

人的结合也意味着哈布斯堡王朝作为海上强权的抱负得以延续。

玛丽亚·特蕾莎与她的追求者在血缘上相当亲近。斯特凡的祖父卡尔正是她的外曾祖父。玛丽亚·特蕾莎与斯特凡因此是一级隔代表亲。这也是哈布斯堡家族的婚配传统。两位哈布斯堡家族成员的婚姻注定是门当户对的，必定能够让维也纳宫廷感到满意。弗兰茨·约瑟夫皇帝迅速向全国达官贵人发出御笔手书的结婚公告，并给这对新人送来一套精美的白银器皿。美国总统格罗弗·克利夫兰（Glover Cleveland）致信祝福斯特凡和玛丽亚·特蕾莎家庭幸福美满。这对新人对未来的生活充满美好愿景。1886 年 2 月 28 日，两人在维也纳的帝国皇宫举行婚礼。斯特凡其实略有高攀：他的新娘与皇帝陛下的血缘关系比他更近，因此与宫廷的关系也比他更近。玛丽亚·特蕾莎发现自己正处于哈布斯堡家族新野心的中心位置，这个家族想要控制亚得里亚海。这对夫妇定居在普拉。他们正好在此繁衍哈布斯堡家族的后代，以实现哈布斯堡家族的现代抱负。[9]

斯特凡·冯·哈布斯堡与玛丽亚·特蕾莎·冯·哈布斯堡的婚姻，可以说为这个厄运连连的王朝增添了一点喜庆。这对年轻夫妇把衰落中的哈布斯堡领地整合起来，新娘失去了意大利，却在哈布斯堡王朝的亚得里亚海滨找到替代品；新郎亲历哈布斯堡陆军的惨败，却得到了稳步增长的现代化海军作为补偿。海军舰队及其设想中的远航，至少能够创造一种回归国际舞台的新气象。斯特凡把自己大部分的青春岁月用于环地中海航行，他还曾航向拉丁美洲。

但对于绝大多数哈布斯堡家族成员来说，这个君主国似乎仍是一个平庸无奇的陆地帝国，而且他们经常感到不堪重负。弗兰茨·约瑟夫的君主国在盟友德国面前低声下气，在与国内各民族的妥协让步中左支右绌，根本无法满足绝大多数哈布斯堡王子的雄心。这个帝国出卖荣誉，苟延残喘，放弃作为世界帝国的古老梦想，换取在欧洲苟且偷安的暗淡前景。数百年来，这是第一次，哈布斯堡大公的婚姻没能带来王位，他们也不再率领强大的军队去赢取伟大的胜利。他们受到似乎战无不胜的欧洲对手的遏制，也无望继承皇帝陛下那似乎永不交出的皇位。

因此，才华远比皇帝本人出众的皇弟马克西米利安大公，才会到新大陆去追寻他的墨西哥之梦，至死方休。鲁道夫大公是皇储，也是弗兰茨·约瑟夫的独生子，也同样因为其雄心壮志无法施展而痛苦万分。就像绝大多数储君那样，他与父亲的关系非常紧张。弗兰茨·约瑟夫颇为赏识皇储的家庭教师，当时皇储才十几岁，此人会在三更半夜以手枪的枪声惊醒皇储，然后强迫皇储在雪地里锻炼。鲁道夫是思想上的叛逆者，而非行动上的叛逆者。他相信人权和民族权利。但只要他的父亲还在统治，他对于统治政策就无从置喙。他会在新闻报纸上发表匿名文章，批评政府的政策。他尤其反感哈布斯堡君主国与德国结盟。他宁愿与法国交好，在他看来，法国是自由主义和民主政治的故乡，而这正是他倾心支持的。他也很可能妒忌德国皇帝威廉二世（Wilhelm Ⅱ）。威廉二世几乎与他同龄，但早已大权在握。

1888 年，鲁道夫已年届三十：三十而不立，这让他尤

36

感羞耻，而他父亲十八岁登基践祚，则让他更感屈辱。他与妻子关系疏离，早就动了离婚的念头。妻子为他生下一个女儿，他却让妻子染上他的性病，导致妻子永远失去再生一个儿子的可能。教皇把他的离婚请愿书转交给他的父亲，这肯定加重了他那种孩子气的无力感。鲁道夫选择以酒精、吗啡、女人来寻求慰藉，这些恶习却反过来加重了他的痛苦。性病可能让他疯狂。在他众多的情人中，芳龄十七、带有一半希腊血统的男爵之女玛丽·维特塞拉（Mary Vetsera）还不是他最钟爱的。他最钟爱的情人，可能也是他毕生所爱，是米奇·卡斯珀（Mizzi Casper）。鲁道夫曾送给米奇一处位于维也纳的宅邸，那是她的居所，但她还跟好友在那里经营一家高级妓院。在鲁道夫情绪最为低落的日子，他带着米奇出入红酒俱乐部，演唱流行曲。但当鲁道夫请求米奇跟他双双自杀殉情时，米奇不仅嘲笑他，而且通知警察，希望警察能够制止他。另一方面，玛丽·维特塞拉是个名副其实的妖精荡妇，激起了鲁道夫的死亡幻觉。1889 年 1 月 30 日，弗兰茨·约瑟夫收到可怕的消息，他的独生子在梅耶林狩猎场倒地身亡。法医检查发现，鲁道夫和维特塞拉双双头部中枪，而鲁道夫的右手旁掉落着一把手枪。[10]

皇储之死让皇帝陛下绝嗣。弗兰茨·约瑟夫及其妻子伊丽莎白（Elizabeth）皇后①已不可能再有子嗣。皇后太老了，而且夫妻感情也很疏离。弗兰茨·约瑟夫每天早上在硬板床上醒来，独自洗冷水浴，然后安排每天的会议日程和文书工

---

① 即茜茜公主。

作。伊丽莎白每天照镜子、做健美操，以此维持她 19.5 英寸的腰围。皇后曾忏悔道："我是我头发的奴隶。"她的长发长及脚踝，需要持续不断的细致护理。她收集其他美人的画像，要求派驻伊斯坦布尔的哈布斯堡外交官想方设法弄到"土耳其后宫美人的照片"。她喜欢亲吻女孩。她在远离维也纳的地方打发时间，经常坐船前往南方海洋，遨游在希腊各岛屿之间。19 世纪 90 年代，当她总算出现在维也纳时，她以面纱遮挡自己已显迟暮的面容。1898 年 9 月 10 日，在日内瓦登上一艘蒸汽轮船时，她被一个意大利无政府主义者刺杀，对方以一把木工常用的尖锥刺了她一下。她死于内出血，完全没有意识到那尖细的锋刃早已刺穿她的心脏。[11]

弗兰茨·约瑟夫皇帝先后失去了弟弟马克西米利安、儿子鲁道夫、妻子伊丽莎白。当然，这是个人悲剧。但这些变故也让哈布斯堡王朝面临挑战。弗兰茨·约瑟夫治世已久，但他终有一日会死。那么，谁来继承皇位？除了马克西米利安，皇帝陛下还有两位皇弟。两人当中比较年轻的那位是路德维希·维克托（Ludwig Viktor）大公，此人收集艺术作品，建造宫殿行馆，作为大公这还无可厚非。但他还喜欢穿着女装，更喜欢勾引男人。如果他足够收敛的话，这种恶行还不至于让他失去继承资格，但路德维希·维克托从来不知收敛。他在维也纳中央浴场留下斑斑劣迹，不得不被送往萨尔茨堡附近的一座城堡。他邀请陆军军官与他同往，而他总有各种诡计让他们脱去裤子。只剩下另一位皇弟还有继承皇位的可能，但这位卡尔·路德维希（Karl Ludwig）大公是狂热的天主教信徒，并最终因此断送了性命。1896 年，他喝下神圣而又受到污染的约旦河水，然后一命呜呼。

尽管卡尔·路德维希不可能成为下一位皇储了，但他先后有过三个妻子，而第二个妻子又为他生下三个儿子：弗兰茨·斐迪南（Franz Ferdinand）、奥托·弗兰茨（Otto Franz），以及斐迪南·卡尔（Ferdinand Karl）。奥托·弗兰茨是三个儿子当中最出名的，他喜欢在咖啡馆里面跳裸舞，曾把一盘菠菜倾倒在皇帝的半身像上。他干的另一桩荒唐事是不尊重自己已怀孕的妻子，结果被弗兰茨·约瑟夫当面扇了耳光。现在已搞不清楚，到底是奥托·弗兰茨还是弗兰茨·斐迪南，为了验证自己的马能跳多高，让自己的马横穿送葬队列，跳过死者棺材。无论如何，弗兰茨·斐迪南尽管没有弟弟那么花样百出，但同样声名狼藉。不过他总算还活着，而且他是皇帝陛下最年长的侄子，那么皇储就是他了。[12]

奥托·弗兰茨是个梅毒病人，最终痛苦病死。他的哥哥——皇储弗兰茨·斐迪南也患上肺结核，为了呼吸新鲜空气而南下亚得里亚海滨。在那里，弗兰茨·斐迪南见到了表姐玛丽亚·特蕾莎，还跟她的丈夫斯特凡扬帆出海。弗兰茨·斐迪南发现这个家庭有着与众不同的氛围。在远离帝国首都维也纳的环境中，在温暖而安全的避风港普拉，斯特凡和玛丽亚·特蕾莎刷新了哈布斯堡家族的气象，树立了令人钦佩的家风。他们的孩子陆续降生，短短九年之间便有六个孩子出世。

长女埃莉诺拉（Eleanora）生于 1886 年。长子卡尔·阿尔布雷希特（Karl Albrecht）生于 1888 年，就在鲁道夫自杀数月之前。卡尔·阿尔布雷希特得名于两位哈布斯堡家族的军事英雄：阿尔布雷希特，是他父亲的叔父和监护人；卡尔，是他父亲的祖父和母亲的外曾祖父。这种取名方式符合传统，是对祖先的致敬。就阿尔布雷希特这个名字而言，当时老阿尔布雷希特尚在人世，因此这个命名是审慎而明智的举动。斯特凡并非哈布斯堡诸位大公中的富贵显赫之辈，但在养父老阿尔布雷希特去世后，他还是继承了多得让人难以置信的财富。继卡尔·阿尔布雷希特之后，玛丽亚·特蕾莎又生了两个女儿：蕾娜塔（Renata）和梅希蒂迪丝（Mechtildis）。梅希蒂迪丝这个名字同样是向老阿尔布雷希特致敬。老阿尔布雷希特的女儿梅希蒂迪丝意外身故，她不想让老父亲看见自己抽烟，结果烟头却把她的衣服点着了。

斯特凡正在构想一个未来的王朝，而对两个幼子的取名，揭示了一个强大的政治构想。第二个儿子生于 1893 年，他被取名为莱奥·卡尔·玛利亚·西里尔-美多德 39（Leo Karl Maria Cyril-Methodius）。西里尔和美多德是两兄弟，而且都是圣人，尽管不是天主教的圣人，而是与天主教敌对的东正教的圣人。他们是一千多年前向斯拉夫人传教的传教士，这两兄弟还创造了东正教的传统布道语言。尽管他们的生卒年月都早于基督教会大分裂的 1054 年，但他们的成就与此后的东正教会密切相关。莱奥出生于东正教节日 7 月 5 日。按照传统，东正教徒庆祝这个节日，而这个节日刚刚得到天主教会的承认，这是在巴尔干半岛东正教信徒中收拢人心的策略性举动。正是教皇利奥十三世（Leo XIII）发出了承认节日的教谕，这似乎也解释了莱奥这个名字的由来。莱奥的全名还包含玛利亚，似乎是指圣母玛利亚，在当时，这个名字更能得到天主教徒而非东正教徒的崇敬。尽管如此，按照历史传说，西里尔和美多德的父亲就叫莱奥，母亲就叫玛利亚。正因如此，听到莱奥和玛利亚这两个名字，天主教徒会联想起在任的教皇和圣母玛利亚，而东正教徒也会有他们自己的联想：这四个名字（莱奥、玛利亚、西里尔、美多德），能够被认为是两位东正教圣人及其父母的名字。[13]

　　名字在大分裂的基督教会之间架起了桥梁。1054 年以来，欧洲基督教会就分裂为东西两部。斯特凡的儿子莱奥，是欧洲最重要的天主教家庭的继承人，如此命名，是寄希望于终有一日他能号令东正教徒。在 19 世纪后期的巴尔干半岛，宗教典故也是民族政治的表现形式。斯特凡为哈布斯堡家族解决"东欧问题"提供了答案，而这正是当时最为迫切的外交问题。在东南欧，哈布斯堡王朝的传统对手奥斯曼帝国早已江河日下。东方问题其实就是奥斯曼帝国巴尔干领土的命运问题，那里绝大多数居民都是东正教徒。他们会被塞尔维亚这样的民族君主国所掌握吗，还是会被俄罗斯帝国掌握呢？要知道俄罗斯帝国本身就是东正教国家，它迫不及待地想把同样信奉东正教的塞尔维亚变成代理人。斯特凡知道，继意大利和德意志之后，民族统一运动将会继续威胁哈布斯堡君主国的安全。克罗地亚人生活在哈布斯堡君主国的南方，他们与哈布斯堡家族一样信奉天主教，但他们使用与已书面化的塞尔维亚语非常类似的方言。一个被塞尔维亚统一的"南斯拉夫"或者南部斯拉夫民族国家将会占据亚得里亚海滨，包括普拉以及斯特凡自己居住的宫殿。

　　莱奥就是斯特凡对东方问题的答案：让民族主义继续发酵，让民族主义者统一领土，让南斯拉夫变成现实，整合塞尔维亚人和克罗地亚人，整合东正教徒和天主教徒，但这必须在哈布斯堡王朝的统治下发生，而哈布斯堡王朝的统治者就是他的儿子。新近统一的各民族领地将会成为哈布斯堡的王家行省，既满足他们的地方诉求，也让他们共同建设和平而繁荣的帝国，以及一个更高级的文明。

　　斯特凡并非唯一有此想法的哈布斯堡家族成员。鲁道夫皇子曾坚信哈布斯堡王朝应该成为巴尔干半岛的支配力量，正如他于 1886 年声称的那样："成为东欧最高主宰。"这一支配地位将会通过与巴尔干民族君主国结盟的政策来实现，辅以经济渗透，以及在巴尔干半岛把德语作为文化语言予以推广。鲁道夫皇子的后继者弗兰茨·斐迪南也有类似想法。19 世纪 80 年代末 90 年代初，弗兰茨·斐迪南经常与斯特凡在亚得里亚海上驾驶游艇航行，弗兰茨·斐迪南很可能提到了他关于把南部斯拉夫领地和平纳入哈布斯堡君主国的想法。在这个计划里，奥地利－匈牙利二元君主国将会变成三元君主国，即奥地利－匈牙利－南斯拉夫君主国。哈布斯堡王朝将会以某种方式征服巴尔干半岛上的东正教国家，也许是在奥斯曼帝国最终崩溃所造成的危机期间趁机动手，并把当地各民族纳入新的哈布斯堡王家行省。斯特凡似乎比鲁道夫和弗兰茨·斐迪南走得更远，他试图为将来的巴尔干地区准备一位哈布斯堡君王。最有可能的是，莱奥在父亲斯特凡的安排下，成为某个哈布斯堡巴尔干王国的摄政王。[14]

　　斯特凡在其幼子威廉的名字上也寄托了类似野心，威廉

出生于 1895 年 2 月 10 日。威廉也是 14 世纪末一位哈布斯
堡大公的名字，此人曾准备通过联姻获取波兰王位。他与年
轻的波兰女国王雅德维嘉（Jadwiga）订婚，因为波兰此前
从未有过女主当国，因此雅德维嘉的称号是国王而非女王。
1385 年，威廉进入波兰境内，准备与这位年方十一的女孩
完婚，却被波兰贵族逮捕，并被驱逐出境。这无疑是深思
熟虑的结果，贵族们希望看到女国王另嫁他人。女国王转
而嫁给了立陶宛大公，这对夫妇开创了统治波兰以及东欧
大片地区长达两个世纪的雅盖洛王朝。1526 年，正是雅盖
洛王朝把波希米亚和匈牙利割让给哈布斯堡王朝。尽管受
此重创，波兰本土仍然在此后维持了长达两个世纪的国家
独立。[15]

斯特凡家族群像，1895 年
自左至右：蕾娜塔、莱奥、威廉、玛丽亚·特蕾莎、埃莉诺
拉、阿尔布雷希特、斯特凡、梅希蒂迪丝

　　静待时机的哈布斯堡王朝，于 18 世纪就波兰领土达成
了一笔理想交易，与邻近帝国联手瓜分了古老的波兰。及至
19 世纪，波兰原有国土仍然分别掌握在哈布斯堡君主国、
德国以及俄罗斯帝国手上。斯特凡深知，这绝非长久之计。　42
斯特凡的养父老阿尔布雷希特在哈布斯堡王朝分得的波兰领
土，即加里西亚，拥有大片地产，斯特凡也曾去那里看望养
父。斯特凡本该知道波兰人反抗帝国统治的漫长历史。拿破
仑曾号召波兰人反抗这三个压迫者。1809 年，拿破仑建立
的华沙大公国的军队，甚至一度入侵哈布斯堡王朝统治下的
加里西亚。1830 年和 1863 年，波兰人曾试图推翻俄罗斯统
治。19 世纪 90 年代，德国境内的波兰人反抗柏林试图买下
他们的土地、削弱他们的天主教会的运动。而在哈布斯堡领
地内，波兰文化的处境要好得多，波兰人投身政治生活的机
会也多得多。波兰人自行治理加里西亚省，而且有权选派两
名内阁大臣。某些波兰人相信，也许终有一日，哈布斯堡王
朝将会对他们的忠诚给予回报，支持他们在广大的哈布斯堡
君主国内部创建统一的波兰王国。[16]
　　卡尔·斯特凡认为自己的家庭正好能够满足这一民族愿
望。在 1894 年至 1895 年玛丽亚·特蕾莎怀上威廉期间，斯
特凡就知道自己的命运将会与波兰紧密相连。老阿尔布雷希
特已至弥留之际。威廉出生八天后，老阿尔布雷希特就去世
了，斯特凡继承了他在加里西亚的产业。斯特凡知道，作为
大公，自己正是解决波兰问题的合适人选，继东方问题之
后，波兰问题是欧洲当时最为迫切的民族问题。他在巴尔干
半岛的经验，让他懂得如何构想民族统一。早在南方时，斯

特凡就已演绎出一套理念，即未来的民族统一应该在哈布斯堡王朝的庇护下进行。威廉生来就是波兰问题的答案。波兰问题在于：波兰原有国土的三个部分能否重归统一，如果能够，是作为独立国家统一，还是作为帝国内部的王家行省统一？斯特凡的答案是：波兰应该统一，让它作为哈布斯堡的王国来统一，让波兰成为哈布斯堡王家行省，让波兰摄政王出身于他的家族。斯特凡所有的孩子都将学习波兰语，但只有威廉从降生开始就学习波兰语。

43　　斯特凡的计划取决于俄罗斯帝国将来能否崩溃，因为俄罗斯帝国占据波兰原有国土一半以上。这也取决于德国的良好意愿，因为德国也参与了瓜分波兰。威廉的名字碰巧也和德国有关。1895 年，最为著名的威廉就是德国皇帝威廉二世。1879年，哈布斯堡王朝与德国签订同盟条约。19 世纪 90 年代，德国与哈布斯堡君主国的关系更趋接近，某种程度上还得归功于斯特凡的私人外交。斯特凡的儿子出生数周后，斯特凡指挥小型船队航向德国，庆祝连接北海和波罗的海的运河开放通行。斯特凡是比威廉二世更为优秀的水手，但位于基尔的帝国军港还是让他深受触动。基尔军港让哈布斯堡的海军基地普拉军港相形见绌，德国海军更是让哈布斯堡海军自惭形秽。1866 年战争表明，奥地利在陆地上绝非德国对手，斯特凡此时亲眼看到，在公海上亦复如是。如果哈布斯堡君主国无力对抗德国，那么最好跟德国结盟。斯特凡告诉德国皇帝，自己刚出生的儿子也叫威廉，这是宾主尽欢的好事。这将被视为一种巧妙姿态，结盟的一方向另一方表达忠诚。[17]

　　后来，斯特凡就从海军退役了。或许德国之行让他确信，自己在海军已难有作为。海军只是让他对蔚蓝的大海有了惊鸿一瞥，而哈布斯堡家族的祖先却曾控制海洋。更有可能的是，斯特凡此时看到统治海洋的野心如同镜花水月，尤其在蒸蒸日上的德国海军映衬下更是如此，更加不要说英国海军了。斯特凡本人是亲英派，他从英国订购游艇，能说地道的英语。如果海洋无法提供让人满意的出路，那么民族可以。或许民族妥协的年代将会让位于民族光荣的年代。他的退役也意味着哈布斯堡梦想的结束，指望一位年富力强的大公就能制服海洋，这是根本不可能的。但此时斯特凡有了新的梦想。他非常富有，婚姻美满，还有六个身体健康的孩子。他已三十六岁，足够成熟，足以理解世事变迁；他也足够年轻，尚且能够引领潮流。[18]

斯特凡离开海军，试图在民族政策上有所作为，而且这对 44 他本人及其家族统治的帝国都有好处。他已给儿子们取了富有象征意义的名字，寄希望于他们统治帝国边境的新王国：一个巴尔干王国和一个波兰王国。如果民族统一无可避免，那就让民族统一在大公的指引下进行，在扩大的哈布斯堡领地内进行。如果民族主义必将到来，那就让民族主义为帝国的扩大而非帝国的瓦解发挥作用。为了让这样的计划奏效，哈布斯堡大公们将不得不改变自己，首先把自己变成民族领袖。正如斯特凡指明的道路那样，王子们将会舍弃作为军队统帅的传统角色，转而成为民族领袖，以争取新的尊严。作为权力属性转化的假设，这个设想相当高明。他万事俱备，只欠试验场。

在亚得里亚海上的洛希尼岛（Lošinj），斯特凡修建了他的退隐别墅，这里将会成为伊甸园，他可以在里面培育他关于现代君主国的奇思妙想。这座岛上只有小径，没有正式的道路，数百年来被反复修筑的石篱笆去掉了岛上原有的土层，让地面变得支离破碎。斯特凡的别墅叫作波杰沃里（Podjavori），意思是"月桂树下"，它距离海岸很远，位于松林深处，其选址与气候学有关。对于这个有肺结核病史的家庭来说，这里的湿度应该是比较理想的。如果要拜访斯特凡的别墅，访客必须从港口出发西行，沿着崎岖山路爬上骑士山，最好雇一个人，拉上一头毛驴，以便驮运行李。

波杰沃里是个人造天堂，目的是让居住者保持身心健康。它与文明世界保持距离，但又不至于沦落蛮荒。就算是最为粗心的观察者，也会留意到自然因人力而改变。斯特凡从外面的世界带来两百多种植物，他的维也纳建筑师和意大利园艺师改造了别墅周围的地形，建成了壮观的花园。某些最有生气的植物是本地品种，比如黑色花瓣包围蓝色花瓣的蜘蛛兰。一名冬季来此教授英语的女家庭教师发现这个海岛如同"令人愉悦的美梦"。她写道："空气中弥漫着柑橘、香橼、玫瑰和含羞草的芬芳。"[19]

45　　　这位女家庭教师是欢快开朗的年轻女子，名叫内莉·瑞恩（Nellie Ryan），她一到达此地就得面对斯特凡在岛上为家人创造的光彩照人又光怪陆离的世界。斯特凡的侍从武官向她致以问候，武官轻吻她的手，向她表示歉意，因为武官会说的英语只有三个单词："我爱你。"她第一次见到斯特凡，这位大公就坚持跟客人立刻去打网球。在网球场上，这位大公是个绝对的统治者，棕榈树排列成行，四名身穿民族服装的球童随时候命，他们高举长杆以撑起球网。在与这位

斯特凡在洛希尼岛的宫殿，从阳台上看到的景象

大公赛过一局后，她写道："这是一场美妙的比赛，但我很快发现，他是个输不起的人。"[20]

　　数日后，斯特凡忽然来到女教师的房间。他曾设计女教师下榻房间的家具。他解释道，女教师陈设家具的方式"不够艺术"，他把她的随身行李扔在房间正中央。当时他气喘吁吁、大汗淋漓，女教师担心他的妻子会看见他这狼狈的样子。玛丽亚·特蕾莎恰好进来，但她只是对丈夫神经质的举动开怀大笑。片刻过后，一位访客带来翌日狩猎活动的消息。斯特凡仿佛忘记自己正在干什么。他把众人晾在身后，粗鲁地打着手势，领着来访者步入大厅。[21]

　　斯特凡似乎已不务正业。他每天晨起后，穿上画家工作服：松松垮垮的灯芯绒裤子、变形走样的外套，还有草帽。

46

然后把画布夹在腋下，带上跟班出门去。他并不会因为自己完全缺乏艺术天赋而感到气馁。有时候，他会晨起航向亚得里亚海，然后数日或者数周后回来，带着几幅新画作。到了晚上，斯特凡会漫无目的地围着房子瞎转悠，或者弹奏钢琴，或者举行聚会。[22]

他的真正事业是培养孩子。每一天，他都会把孩子们的活动严格规定到每一分钟，尽管并非每一分钟都让人不愉快。六个孩子的昵称分别是莉诺拉、卡尔、蕾娜塔、蒂迪丝、莱奥和威利，他们在家里接受教育，教师选自低级贵族和资产阶级。正如他们的女家庭教师所说，由于他们是由当地的奶妈带大的，"满身贵族脾气"，因此需要由更具活力的阶层来教育他们。孩子们每天六点起床，七点集合，八点上课，十点吃一块三明治、喝一杯红酒（就算是小孩也总是喝红酒），十一点边说外语边散步，十二点吃午饭并喝更多红酒，然后打网球或者溜冰，下午三点半喝茶吃蛋糕，三点三刻上课，七点吃晚饭。[23]

威利及其兄弟姐妹在午餐和晚餐时必须穿着正装，通常由女仆和男仆服侍他们更衣。就算没有客人在家里用餐，他们也必须按照正确次序列队步入餐厅。每逢近亲的哀悼日，他们必须身着黑衣，而这种日子是相当频繁的。每逢父亲的生日，每个孩子都要以不同的语言向父亲写贺信。孩子们说意大利语，那是母亲的语言，也是亚得里亚海滨的语言；孩子们说德语，那是父亲的语言，也是帝国的语言；孩子们还说法语和英语，在斯特凡看来，那是文明人的语言。1895 年以来，孩子们还要学波兰语。一天下来，孩子们彼此之间要说德语、意大

利语、法语、英语以及波兰语。某种意义上，这五门语言都是 47
他们的母语；某种意义上，他们根本没有母语。[24]

在洛希尼岛，斯特凡还是一名水手。他会经常跟艺术家出海，有时还带其他客人出海，比如弗兰茨·斐迪南。斯特凡也教三个儿子航海。他按照自己制定的规格在英国船坞订制游艇。他用英语写信给造船者，要求进行细微的修改，解释道"这会让船的外观更好看"。新游艇的交付仪式总是让人兴奋。这个家庭环绕亚得里亚海航行，前往的里雅斯特、威尼斯或者意大利的其他地方。有一次，这个家庭到访巴里，去看圣尼古拉大教堂。在那里，斯特凡突发奇想，坚持买下一只黑山羊。[25]

1900年夏天，这个家庭前往圣彼得堡，那是俄罗斯帝国——哈布斯堡王朝在东方的强邻和对手——的首都。哈布斯堡君主国与俄罗斯有着漫长的东部边界，而且两国关系相当紧张。这两个帝国在巴尔干半岛同样是对手：俄罗斯希望巴尔干半岛上的东正教君主国多多益善并忠于俄国；而奥地利则希望亲手控制亚得里亚海沿岸地区，趁着奥斯曼帝国衰落之际赶紧下手。两国在波兰问题上同样有所竞争。俄国追求严格的中央集权政策，对于波兰人在加里西亚享有的自由深感疑虑。如果加里西亚成为波兰统一的基础，那么波兰的扩张必将以俄国的损失为代价。[26]

斯特凡对大海的热爱，促使他与其他王室成员保持接触，促使他思考通向权力之路。1902年，斯特凡前往马德里，以奥地利代表的身份出席其外甥——西班牙国王阿方索十三世（Alfonso XⅢ）的成人礼，阿方索拥有波旁家族和哈布斯堡家族的血统。阿方索的父亲在阿方索出生前就已去世，因此他生来就是国王，他的母亲玛丽亚·克里斯蒂娜在他年满十六之前担任摄政太后。玛丽亚·克里斯蒂娜是斯特凡的姐姐，她把儿子培养成了国王。斯特凡心里五味杂陈。孩子们长大后会知道他们的表亲是国王。阿方索生来就已拥有王位，而威利生来就要创造王位。[27]

48　　从洛希尼岛出发环绕欧洲进行的海上航行，也给孩子们将来实现这种成就提前上了一课。为了重划欧洲版图，孩子们不得不学会视乎场合变换自己的身份和举动。在这个家庭旅行途中，斯特凡让威利及其兄弟懂得如何及何时变换公开身份，最自然的莫过于乔装打扮。例如，1905 年，斯特凡及其家人前往巴黎"匿名旅行"。斯特凡使用假名字，因此他此次到访巴黎就不会被视为官方访问。精妙的外交安排，让法国政府的接待义务大为减轻，毕竟他们以为自己不是在接待大公和女大公。这也有点滑稽：当一位哈布斯堡大公"匿名"抵达港口时，地方当局仍然要等接到通知时才知道发生了什么。这是哈布斯堡外交部的任务，当大公们身处国外时，外交部要负责监督大公们的言行举止。[28]

　　旅行也是威利所接受的政治教育的组成部分。无论威利及其家人去往何处，接待他们的都是王室贵胄和国家元首，因为他们本身就是王室贵胄。他们被称为"帝国及王国的殿下"，因为他们是帝国及王国的大公和女大公，未来有可能成为统治者。曾有国王与王后在游艇上拜访他们。孩子们懂得世界上的国家可以分为三类：由哈布斯堡家族或其亲戚统治的帝国和王国，并非由哈布斯堡家族或其亲戚统治的帝国和王国，还有像法国这样的共和国。孩子们通过游艇旅行来获取新知，肯定比洛希尼岛上日复一日的刻板讲授有趣得多。雇请来的水手还会教他们如何预测风云变幻。[29]

1906 年夏天，又一次远航准备开始了，威利已可以在甲板上搭把手了。父亲计划进行一次航向伊斯坦布尔的伟大旅行。又一次，斯特凡渴望进行"匿名"旅行，在通报有关方面他将会携同家人和仆人抵达一处主要港口后，他打算视情况进行伪装。在这次旅行中，他化名为"日维茨伯爵"。这其实是一个真实身份。日维茨（Żywiec）是斯特凡在加里西亚的产业所在的城镇和地区的波兰语地名。他在致哈布斯堡外交部的信件中使用这个假名，而且信件也用波兰语书写。当时的外交大臣确实是波兰人，但如同所有哈布斯堡官员那样，他以德语作为工作语言。信件不得不被翻译成德语，好让一头雾水的外交部同僚能够回信。1906 年，当斯特凡的孩子们成长为少男少女时，他决定让孩子们优先使用波兰语而非德语。[30]

1906 年，威利十一岁。他是个快乐的海上孩童：晒成棕褐色的皮肤，略带金黄的红色头发，湛蓝的双眼，人人都说他长得漂亮。在亚得里亚海上，他可以在清澈见底的海水里自由畅泳，盐度极高的海水足以浮起像他这样瘦弱的男孩。那里有很多海豚。渔民们静静等待他们所说的蓝鱼上钩，其实蓝鱼就是沙丁鱼。时间是由天气来界定的，即使在威利的母语意大利语里面也是如此，尤其是关于风的词语特别多，每种风都有其独特的名字：来自北方群山的蛮族风，来自非洲的希罗科热风，来自东北方向的凛冽的布拉风。威利有点"生不逢地"：他是要到北方的加里西亚去的，但他

49

在南方海洋上长大；他虽生于普拉，却要前往波兰。早在1895年，父亲就给威利取了波兰语名字；但直到1907年，这个家庭才把加里西亚作为主要居住地。

就在那一年，斯特凡开始强调这个家庭的波兰属性，并开始为自己争取波兰王位。对于一个男孩来说，在伊斯特拉半岛度过孩提时代后，于此时移居加里西亚肯定是个挑战，甚至可以说是场休克，仿佛突然打断了他悠长的孩提时代。但威利已懂得如何迎接改变，在早年的日子里，他绝大多数时候都过着每天说五种语言、每天换三套衣服的生活。无论在家还是在外，他都学会既遵守规矩又懂得变通，两者都是为了更高的目的，即实现这个家庭的抱负。为了长治久安就必须与时俱进，而与时俱进就是为了长治久安。哈布斯堡家族把自身置于这种良性循环中，在某种程度上摆脱了时间的桎梏。[31]

然而，斯特凡拥抱波兰民族的方式，与哈布斯堡家族获取权力的惯常伎俩有所不同。这一举动放弃了追求永恒的稳定感，放弃了能够获取无限权力的大海，放弃了能够完善人类心性的海岛。这个家庭将会经历奔涌前行的民族解放时代。斯特凡将会在加里西亚找到他能够加入其中的波兰民族，尽管这个民族绝非像他整理花园或者驾驶游艇那样能够轻易驾驭。在他的新家园里，就连这个家庭都可能颠沛流离。威利将会拒绝他的波兰使命，转而选择波兰的对手：乌克兰。

斯特凡和威利跳到岸上寻找民族王国。正如水手站在甲板上那样，他们发现脚下的土地也在摇晃。威利跟随父亲向前跳跃，跳向民族国家的动荡未来，但他手腕上还留着帝国孩提时代的不朽印记：船锚固定着港口里轻轻摇晃的船，北极星在黑暗中指引着未知航程的方向。蓝色早已渗入他的皮肤，也会永远留在他体内，在巴黎餐厅的阴影里，会被神经紧张的女士那警觉的眼睛偶尔瞥见，或者在审讯室的刺眼灯光里，被漠不关心的斯大林下属在无意间发现。

绿色篇章：欧洲东部

51　　1906 年秋天，斯特凡大公携同家人开始了从洛希尼岛前往伊斯坦布尔的海上旅行，他们将会拜见奥斯曼帝国苏丹。威利愉快地登上甲板，斯特凡扬帆往南，穿越亚得里亚海口。航程中，斯特凡与船员用来福枪驱逐海盗。威利与兄弟们肯定喜欢这惊心动魄的紧张场面。当枪声的回响渐趋平息，他们就已驶入地中海，环绕希腊航行，穿越神话王国。

　　斯特凡在希腊的科孚岛下锚，前往参观一座为伊丽莎白皇后修建的宫殿。皇后曾把这座宫殿命名为阿喀琉斯宫，以此纪念特洛伊战争传说中的希腊英雄阿喀琉斯。特洛伊战争的起因在于希腊众女神彼此争论谁为最美，这个故事非常适合伊丽莎白，因为她毕生都在担心自己是不是欧洲各国女主人中最为美丽者。阿喀琉斯如同伊丽莎白那样，自私又任性。在特洛伊，阿喀琉斯要么投入战斗，要么出于微不足道的原因躲在帐篷里生闷气。这正是伊丽莎白通过在科孚岛修建宫殿来重现的传奇故事。伊丽莎白曾像许多欧洲人那样，极力说服现代希腊人他们是古代希腊人的后裔，古典传说并不仅仅属于欧洲，而且尤其应该属于希腊民族。[1]

在科孚岛，斯特凡盛赞伊丽莎白宫殿的所有细节。对于斯特凡和伊丽莎白这两位哈布斯堡家族成员来说，古希腊是欧洲文明的起源，但也是哈布斯堡家族的未来。对于斯特凡来说，他还身为金羊毛骑士团的成员，这是一个由哈布斯堡家族领衔、以希腊英雄伊阿宋以及阿尔戈五十勇士的神话故事命名的骑士团。在古代传说中，伊阿宋召集人世间最伟大的英雄，率领他们登上"阿尔戈"号帆船，然后向东航行，寻找神奇的金羊毛。1430 年，这个中世纪骑士团创立时，骑士们认为伊阿宋的旅程正是基督教十字军应当效法的模范。骑士们发誓攻取奥斯曼帝国的首都伊斯坦布尔，使其重归基督教王国。16 世纪 70 年代，当西班牙哈布斯堡王朝国王腓力二世（Philip Ⅱ）在地中海以海军击败奥斯曼帝国时，他重新建造了一艘壮观的战舰，并将其命名为"阿尔戈"号。尽管奥斯曼帝国在海上被这奇怪的象征物所击败，但它在陆地上仍然对哈布斯堡王朝构成威胁。1683 年，奥斯曼帝国军队包围了维也纳。斯特凡曾学习波兰史，他知道当时波兰骑士拯救了哈布斯堡王朝。波兰国王那位十几岁的王子也为解救维也纳而奋战，他也是金羊毛骑士团成员。斯特凡的儿子们不久后也将加入这个骑士团。[2]

阿喀琉斯和伊阿宋都是神话里的英雄，都带着征服欲启程东航。阿喀琉斯因为狂怒而征服特洛伊，击杀了特洛伊最伟大的战士，把对方赤身裸体的尸首拖在马车后绕城狂奔。伊阿宋引诱了美狄亚，诱使美狄亚背叛家庭，帮助伊阿宋取得金羊毛。哈布斯堡家族眼中的十字军文明，有时要借助英雄的宝剑，更多要借助爱神的弓箭，十字军文明针对伊斯兰教，针对东方，尤其针对奥斯曼帝国这个持久威胁。奥斯曼帝国在近东建立霸权，几乎与此同时，哈布斯堡王朝在中欧成为强国。五百年间，两个王朝在陆地和海洋上彼此交战，双方的敌对界定了东南欧的全部历史。

然而，此时已是 20 世纪，是民族主义时代，早已物是人非。强势的伊斯兰教国家曾威胁哈布斯堡王朝的安全，而此时弱势的伊斯兰国家也对哈布斯堡王朝构成威胁。奥斯曼帝国是哈布斯堡王朝的麻烦邻居，不是因为它从基督教帝国夺取领土，而是因为它不得不向新兴的基督教民族王国割让领土。首先是希腊，它远离哈布斯堡君主国，作为一个迷人的国度加入欧洲地图。伊丽莎白最为仰慕的艺术家之一是英国浪漫主义诗人拜伦（Byron）勋爵，他就是在希腊独立战争中英勇献身的。然而，另一个独立王国塞尔维亚就完全是另一回事了。塞尔维亚与哈布斯堡君主国接壤，而且塞尔维亚居民所说的语言非常接近哈布斯堡君主国南部居民所说的语言。1903 年起，塞尔维亚由一个充满敌意的王朝统治，这个王朝赤裸裸地企图以周围的帝国为代价进行领土扩张。塞尔维亚，以及各种民族主义，对哈布斯堡王朝和奥斯曼帝国同样构成威胁。

尽管向东航行会让人想起阿喀琉斯和伊阿宋，但斯特凡的旅行动机完全不同。他偕同家人前往奥斯曼帝国，肩负着缔造和平与发展旅游的使命。威利当时还是个十一岁的男孩，他果然被伊斯坦布尔的景色迷住了。堕落颓废的情调自有其魅力，对于年轻人来说尤其如此。这个年轻男孩或许毫不关心其政治衰落，反而被苏丹的宫廷、索菲亚教堂和蓝色清真寺所吸引。就像古往今来的旅行者那样，他被叫卖地毯的商人招呼到店里查看商品。对于威利及其兄弟姐妹来说，这是他们第一次接触到伊斯兰世界，但不会是最后一次。1907 年，这个家庭还会航向阿尔及利亚和突尼斯。北非给威利留下最为深刻的印象，他成年后也对北非保留着天真烂漫的回忆。他对阿拉伯人的喜爱持续终生。[3]

斯特凡也算是个东方学家，尽管他对东方的梦想最远只及波兰。这个家庭在马耳他岛上找到了斯特凡一直追寻的东西，他们于 1907 年到访此地。马耳他和波兰似乎没有什么共同点，唯一的例外就是马耳他和波兰字母表里面都有个"Ż"。碰巧的是，马耳他恰好体现了斯特凡想要运用和实现的那种帝国民族主义。马耳他是欧洲最南端的岛屿，也是英国的领地。过去二十年来，英国在岛上推广英语，培养起独特的马耳他民族认同。尽管马耳他的受教育阶层说意大利语，但推广英语使得马耳他人与意大利的民族统一运动隔绝。马耳他的例子说明，民族统一运动可以被遏制，民族认同可以服务于帝国利益。年轻的威利对此无法理解。然而，威利确实变成一名亲英派人士，他欢迎英国王室到他家的游艇上做客。他或许也留意到，除了他在岛上所说的英语和意大利语，马耳他人还说他们自己的语言，那是某种起源于阿拉伯语的语言。[4]

54

1909 年，当这个家庭重返北非时，威利已十三岁，斯特凡正在驾驶一艘有着波兰语名字的游艇。父子俩都在维也纳看过《皇帝之梦》，斯特凡开始意识到自己在加里西亚的波兰之梦。即使在斯特凡领着威利以及其他家庭成员环游东地中海期间，他的仆人和工人还在为这个家庭建造一座新宫殿，这座宫殿位于遥远北方的加里西亚。移居波兰无疑成为这个家庭内部争吵的根源，而海上旅行能够让家庭内部的气氛有所缓和。听着宣礼塔上召集信众前来祈祷的呼喊，年轻的威利仿佛忘记了在哈布斯堡王朝统治下的加里西亚，忘记了天主教会那相当僵硬呆板的宗教仪式。[5]

这片波兰故土位于哈布斯堡君主国的边缘地带，人们认为当地人普遍愚昧落后，而且狗熊遍地。更荒诞的是，人们认为那里有北极熊出没，因为在维也纳居民看来，东加里西亚如同哈布斯堡境内的西伯利亚。但对于威利来说，由于这几年他乘坐火车往返于伊斯特拉半岛与加里西亚之间，而且他走海路见识过伊斯兰世界，因此波兰成为最没意思的东方景致。父亲把他带离寄托着他少年时代的海滨，带到被陆地包围的边境之地，与此同时，却让他对伊斯兰东方的景致心驰神往。早在波兰成为这个家庭的固定居所之前，这个新家就被来自东方的暖风吹散了。威利从未在加里西亚定居下来，实际上也从未在别处定居下来，但他对东方的渴望从未消散。

当威利学会到处游荡的时候，父亲却终于决定要安定下来，在哈布斯堡王朝统治下的加里西亚，为这个家庭创造一个微缩版的波兰王国。斯特凡在日维茨的两座城堡都有附属领地：四万公顷森林，几乎相当于列支敦士登公国的四倍，或者美国罗得岛州的五分之一。这个小王国甚至拥有自己的经济体系，斯特凡继承了叔父于1856年创办的啤酒厂。斯特凡对这个啤酒厂追加了大量投资，购买了最新设备，安装了电气照明，采购

哈布斯堡的加里西亚，约 1908 年

了铁道车辆。这些铁道车辆也用于从大片森林产业里运送木材。

他运用从企业获得的利润为"新城堡"增光添彩，新城堡建于 56
19 世纪，他选择此地作为这个家庭在波兰的府邸。[6]

红色王子

日维茨新城堡

斯特凡的建筑师为城堡增建了外围建筑，给家中每个孩子都准备了套房。斯特凡请画家为家人画像，家人的画像就挂在波兰历代国王画像旁边，而这些国王画像是他游历欧洲期间收集的。城堡的墙壁将会混合展示哈布斯堡王室风格、波兰王室风格，以及斯特凡的家族风格。建造在花园中的建筑物，让人联想起周围群山中的旅舍。斯特凡为妻子建造了一座波兰文艺复兴风格的礼拜堂。玛丽亚·特蕾莎以其熟悉的意大利语致信教皇，请求教皇准许她在私人礼拜堂里每天举行三次弥撒。教皇准许了她的请求，尽管他们都知道城堡外面就有一座极好的天主教堂，但城堡外面已非这些哈布斯堡家族成员购买、建造和控制的世界。[7]

据波兰设计师和建筑师所知，斯特凡还善变到让人难以置信。他曾发来加急电报，就为了改动一扇窗户的位置，这一改动不仅是个美学难题，而且是个力学难题，尤其因为这

绿色篇章：欧洲东部

Stary Zamek.

日维茨旧城堡

是一座石砌建筑。他以现代设计师的资助人自居，而且他确实身体力行。他曾接触加里西亚最出色的波兰现代画家，为了这些画家，他把城堡画室变成美术沙龙。他似乎更重视画家们的波兰属性而非现代风格。尽管他资助最新风格的作品，但他还是禁不住颇有微词。他曾说为女儿埃莉诺拉的房间配置的新艺术风格家具仿佛是"用神经坏死的骨架打造的"。[8]

　　如果斯特凡继续因为这些鸡毛蒜皮的小事而大发雷霆，他就会继续做出荒唐可笑的安排。他把城堡里的一个房间辟作火车游戏室，微缩版的蒸汽火车行驶其间，按照他制定的火车时刻表运行，但这些火车最终总是撞成一团。在户外，斯特凡此时迷上汽车，就像当年他曾迷上游艇那样。他到欧洲各地去试车，参观英国和法国的汽车工厂，并拥有按照他个人喜好设计的汽车。1910 年夏天，他组织了一次"老友记车友会"，吸引哈布斯堡君主国、德国和俄国的驾车贵族们来到日维茨，以参加这新奇的庆典。有一天，他要去克拉科夫观看一出由浪漫主义诗人排演的悲剧，第二天，他还要去日维茨为一座爱国主义雕像剪彩，为了展示波兰人的民族勇气，他都设法开车前往。[9]

58　　　坐在父亲座驾的后排，威利看到绿色的风光。城堡位于山谷中，位于众山环绕的城镇里，周围是喀尔巴阡山脉贝斯基德山的平缓山坡。云杉森林从山脚蔓延到山顶，冬天白雪盖顶，但其余时节尚可通行。天气允许的时候，这个家庭会到周围的群山里徒步旅行。他们会到山顶去野炊，仆人会从篝火的余烬里端来热腾腾的汤、香肠和土豆。冬季，这个家庭会在小河上溜冰，或者在城堡花园里玩雪橇。

家族群像，1911 年，威廉坐在前排

好几年过去了，每天都是日常的琐事和惯常的乐事。在这个家庭里，女孩在圣诞节期间想要小马就能得到小马。每当圣诞节过后，巨大的圣诞树要被放倒，斯特凡通常把树烧掉。这个家庭甚至拥有一棵紫杉树。这棵树从未因为圣诞节而被砍伐。这棵树生长在洛希尼岛上，生长在斯特凡设计的花园里，在那个更为温暖的松林密布的世界里。[10]

在斯特凡的空想王国里，孩提时代似乎永不结束，但事实上它终究还是要结束的。这六个孩子在父亲建造的府邸里长大成人，而此时，他们要准备好面对父亲为他们安排的更为广阔的世界。在加里西亚，威利亲眼看着三位姐姐出面迎接经过精挑细选的、出身于波兰贵族阶层的追求者。这是巧妙的安排。在维也纳宫廷看来，前来求婚的波兰王子们显然配不上威利的三位姐姐，因为她们是哈布斯堡家族的女大公。斯特凡知道，将欲取之，必先予之。如果他的女儿下嫁波兰贵族，那么她们的儿子将无权统治哈布斯堡君主国。另一方面，这种婚姻会让这个家族看上去更加波兰化，也许会产生好几位未来的波兰王位候选人：他自己，他的儿子们，他的女婿们，他的外孙们。

哈布斯堡家族是靠联姻来维持统治的，而且婚姻安排得相当迅速。1908 年 9 月，斯特凡和玛丽亚·特蕾莎宣布，女儿蕾娜塔与一位波兰王子希罗尼穆斯·拉齐维沃（Hieronymus Radziwiłł）订婚。拉齐维沃出身于旧波兰一个最为显赫的家族，这个家族培养出许多王子、主教和骑士。这个家族情场老手辈出。早在 19 世纪，德国皇帝就曾对一位拉齐维沃家族的女士神魂颠倒；而在 20 世纪，一位拉齐维沃家族的男士迎娶了杰奎琳·布维尔（Jacqueline

Bouvier）的姐妹。在完婚之前，希罗尼穆斯和蕾娜塔必须经历一系列令人尴尬的宫廷程序。希罗尼穆斯的各种头衔都得不到维也纳的承认。蕾娜塔不得不声明放弃自己的头衔，包括"帝国及王国殿下"的头衔。这对夫妇还不得不接受一份分家析产的婚前协议。[11]

斯特凡帮助波兰社会理解即将发生什么。1909 年 1 月 15 日，蕾娜塔结婚前夕，哈布斯堡君主国、俄罗斯帝国和德意志帝国的波兰语报纸同时宣布，这场联姻将会紧密联结"哈布斯堡王室家族与波兰显贵家族"。当蕾娜塔和拉齐维沃在日维茨城堡礼拜堂举行婚礼时，他们就创造了新生事物：哈布斯堡家族波兰支系。来自拉齐维沃那方的宾客身穿毛皮服装，头戴高耸的羽饰冬帽，发出热烈的欢呼，以表达喜悦之情。通过与最伟大家族的联姻，他们得以融入这个大家庭。希罗尼穆斯给新婚妻子送上毛皮大衣，另一名拉齐维沃家族成员给斯特凡送上以熊皮镶边的雪橇。

60 　　对于斯特凡和哈布斯堡家族来说，这是一个需要运用外交技巧的时刻。哈布斯堡宫廷把这个新家族排除在皇位继承权之外，但又想与新近出现的哈布斯堡家族波兰支系保持联系。弗兰茨·约瑟夫皇帝知道波兰统一运动在三个帝国都甚为活跃，哈布斯堡家族波兰支系的出现，让他与俄国皇帝和德国皇帝相比稍占上风。他自己的民族让步政策允许他对波兰的民族事业给予某种小心谨慎的支持。皇帝特使机智巧妙地以法语而非德语致祝酒词。日维茨非常靠近德国边境，波兰人在学校和教堂里被迫使用德语。轮到斯特凡自己致辞时，他先后使用波兰语和法语。[12]

　　梅希蒂迪丝很快也迎来了与历史悠久的波兰统治阶层的联姻。1911 年，她与她的订婚者奥尔吉耶德·恰尔托雷斯基（Olgierd Czartoryski）经历了相同的程序。与蕾娜塔相同，梅希蒂迪丝也失去了她的头衔，以及孩子们继承哈布斯堡皇位的权利。她不得不亲口宣读放弃声明，今生最后一次使用王家自称"吾等"，她读道："吾等，梅希蒂迪丝，蒙上帝恩典，帝国公主及奥地利女大公，匈牙利王国及波希米亚王室公主……"她的新郎出身于波兰东部另一个王室家族，即使在波兰亡国后仍然保住了财富和声望。奥尔吉耶德·恰尔托雷斯基不得不经历与希罗尼穆斯·拉齐维沃相同的令人苦恼的程序。因为波兰早已亡国，因此没有波兰宫廷能够承认他的王子头衔。[13]

　　又一位哈布斯堡公主与又一位波兰王子的联姻，壮大了波兰的王室家族。斯特凡的计划得到更大范围的回响和承认。1913 年 1 月 11 日，当这对新人举行婚礼时，主持仪式的波兰主教身穿克拉科夫王家城堡收藏的古老法衣。弗兰茨·约瑟夫皇帝派出特使，送上钻石项链。西班牙的玛丽亚·克里斯蒂娜王后，即斯特凡的姐姐和新娘的姑妈，送上钻石和蓝宝石镶嵌的胸针。教皇为两个伟大的天主教家族的结合送上祝福，寄来了亲笔书信，信件写在压印了哈布斯堡王朝盾形纹章的羊皮纸上，信纸上还有恰尔托雷斯基家族的格言："无所畏惧。"[14]

　　威利见证了这桩婚姻，也许他还孤身一人，但他不是唯一的局外人。埃莉诺拉是他的长姐，也是他感情最好的姐姐，似乎对这些身份高贵的访客无动于衷。1912 年秋天，

61

**奥尔吉耶德·恰尔托雷斯基与出身于哈布斯堡家族的
梅希蒂迪丝·恰尔托雷斯卡**

当妹妹步向婚姻的殿堂时，人们就已议论纷纷：埃莉诺拉已二十四岁，再不出嫁就变成老姑娘了。美丽的埃莉诺拉有自己的秘密。九年前，埃莉诺拉年方十五的时候，就已接受一个水手的求爱。在孩提时代的家庭旅行期间，她就已爱上父亲游艇的艇长、海军军官阿尔方斯·克洛斯（Alfons Kloss）。梅希蒂迪丝准备结婚的时候，埃莉诺拉就已在信件中无意间吐露过与克洛斯订婚的事实。她的父亲也知道了她或许已订婚的消息。作为波兰统治者，斯特凡有充分的理由对此表示失望，因为他失去了与波兰贵族家庭进行第三次联姻的机会。作为哈布斯堡家族的叛逆者，斯特凡想必也会对

62

埃莉诺拉的见识胆量大为折服。埃莉诺拉想成为历史上第一位得到皇帝允许而下嫁平民的哈布斯堡女大公。[15]

斯特凡致信宫廷，请求获得结婚许可。弗兰茨·约瑟夫皇帝打趣道，斯特凡总算是自作自受。皇帝允许埃莉诺拉结婚，但也提出条件。哈布斯堡宫廷认为埃莉诺拉和克洛斯并不般配，但没有比蕾娜塔和梅希蒂迪丝与其下嫁的波兰王子更不般配。拉齐维沃王子和恰尔托雷斯基王子心里是什么滋味就不得而知了。两位王子高攀了哈布斯堡家族，而今又不得不与普通的海军军官成为一辈子的连襟。然而，埃莉诺拉深受老丈人的宠爱，这是他们未来幸福的关键，而克洛斯是一个直率而有趣的伙伴、一个异常坚韧的男子汉。或许他们只能像哈布斯堡家族其他成员那样，尽量去磨合适应。就像民族主义那样，浪漫爱情同样是现代性的魔咒，当你拥抱前者，自然不可能抵御后者。[16]

1913 年 1 月 9 日，埃莉诺拉和克洛斯举行了小型的家庭婚礼。婚礼很简短，也不拘形式。维也纳与日维茨之间的书信往来也是忙中出错。埃莉诺拉放弃荣衔的声明在婚礼结束后才送达维也纳。埃莉诺拉原本想跟梅希蒂迪丝同一天举行婚礼，但最后不得不提前两天举行。这或许是为了让埃莉诺拉比妹妹稍为优先，或许这是为了不让埃莉诺拉在一场姐妹婚礼中因为宾客稀少而感到失落。然而，埃莉诺拉的命运不可能是悲伤失落的。婚礼当天，她被"爱和快乐所围绕"。埃莉诺拉和克洛斯前往亚得里亚海滨的家族别墅生活。婚礼结束九个月后，他们迎来了第一个孩子。[17]

在婚礼照片上，年轻的威利显得局促不安，原因不难想

为梅希蒂迪丝和埃莉诺拉举行的两场婚礼，右起第三人为威廉

象。他最喜爱的姐姐，将要返回寄托着他们童年记忆的、阳光普照的伊斯特拉半岛。他或许还对那两个进入他们家族的趾高气扬的波兰人充满愤恨。他们把威利的另外两个姐姐带回各自的领地，还在父亲的波兰计划中取代了他的位置。他曾生来便是波兰问题的答案。他在斯特凡继承波兰产业的时候来到这个世界，他的名字取自一位本有可能成为波兰国王的哈布斯堡家族成员，他是家中唯一自降生以来就要学习波兰语的孩子。而今，随着两位姐姐的出嫁，他想象中的波兰王位恍如惊梦。突然之间，他的王位继承顺序不仅落后于父亲，而且落后于两位比他更为年长的姐夫，同样落后于姐夫与姐姐的孩子们。姐姐们分别在他十四岁和十七岁时结婚，威利眼睁睁地看着孩提时代尚算安全的继承顺序土崩瓦解。家族利益并不等同于他本人的利益。命定之子成了多余之人。为了寻找自己的出路，他将寻找自己的民族。

63

1909 年至 1912 年，随着姐姐们陆续订婚和结婚，威利倍感煎熬。当女孩子们留在日维茨城堡迎接追求者并准备结婚时，威利及两位兄长离家到军校上学。1909 年，威利入 64 读摩拉维亚省赫拉尼采（Hranice）镇的一所军校。就像西格蒙德·弗洛伊德（Sigmund Freud）的父母那样，斯特凡也是土生土长的摩拉维亚人，此地深处内陆，绝大多数人说捷克语，是帝国中部的王家行省。正如驾驶游艇和驾驶汽车那样，把儿子们送进军校同样体现了斯特凡的进步创新理念，而且他选择了距离自己儿时故乡不远的学校。尽管哈布斯堡大公们通常会指挥陆军或者海军，但他们没有接受军事训练的传统。斯特凡引以为豪的航海家祖先通常都是业余爱好者，天赋或高或低。斯特凡自己在海军学校只是个旁听生，却希望自己的儿子接受完整的军事教育。他把威利送到自己从未上过的学校，或至少是从未寄宿过的学校。[18]

威利开始到赫拉尼采上学时才十四岁，而当他考试不及格被迫离校时才十七岁。对于任何男孩来说，这都是生命中的尴尬经历：一个没有能力掌控世界的孩子，不得不屈服于一个没有能力掌控自己的男人。威利对这几年的经历没有留下只言片语的书面记载。这种异乎寻常的沉默，以及他的提前离校，意味着这是他的艰难时期。

关于这所军校，最让人难忘的描述来自当时最伟大的奥地利小说家罗伯特·穆齐尔（Robert Musil），他把这所军校形容为"恶魔的屁眼"。穆齐尔自己就是这所军校的校友，他那文辞优美、引起轰动的首部小说《学生特尔莱斯的困

红色王子

学童威廉

惑》（*The Confusions of Young Törless*）出版于 1906 年，实际上就是基于他在这所军校的亲身经历改编而成。在小说中出现了年轻的"H 王子"。穆齐尔写道："他行走时，不得不蹑手蹑脚，蜷缩身体，一路穿过许多空荡荡的厅堂，在那些空荡荡的地方，其他人就像被看不见的角落阻隔一般。"在故事里，"H 王子"并不开心，最终离开学校。这个故事讲述了抑制不住性冲动的十几岁男孩拉帮结派羞辱同性，无可避免地造成性欲和心智的双重扭曲。威利在小说出版三年后入读那所军校，他身材修长、满头金发、双眼湛蓝、容貌俊秀。他是优雅的王子，还是受辱的男孩？或许两者皆有之。

威利成长于同性恋者、王室贵胄、职业军人密不可分的中欧地区。1907 年，与威利同名的德国皇帝威廉二世就曾 65 卷入一桩同性恋丑闻。在一系列持续到 1909 年为止的诉讼中，皇帝身边最为私密的几位小圈子成员，包括皇帝最为亲密的朋友和主要民政顾问，都被揭露为同性恋者。那个朋友名叫菲利普·冯·欧伦贝格（Philipp von Eulenberg），皇帝在信件中总是称他为"小可爱"。欧伦贝格事件被报纸捅出来后，在德国乃至欧洲都引发巨大关注。威廉二世，这个喜欢为妻子选择帽子的男人，始终未能摆脱同性恋的嫌疑。[19]

1907 年，在维也纳同样爆发了同性恋丑闻。一份读者甚众的报纸从 4 月起陆续刊发小道消息，透露哈布斯堡君主国的政治和财政精英中有许多同性恋者。这些文章颇有敲诈勒索的嫌疑，因为"与同性发生淫乱行为"在国内属于刑事罪行。有人自动对号入座，发现自己是这个同性恋精英群体的成员。化名"茉薇奥拉伯爵夫人"（Countess Merviola）的消息人士告诉报纸读者，把"暖心兄弟"送进监狱将会是个巨大错误。难以想象"最受尊敬的国务活动家，最古老家族的贵族后裔，百万富翁和商界巨子"都会因为同性 66 恋行为而受到揭发。尽管那位伯爵夫人以香甜的香水纸寄出信件，但信件中带着要挟的气息。假如说维也纳精英是"暖男"，那也意味着这帮"暖心兄弟"必将互相照料。就算"暖心兄弟"变成热锅蚂蚁，也必然是难兄难弟。[20]

上述桃色绯闻都只是 1913 年雷德尔事件的前奏，此事开启了 20 世纪对同性之爱与间谍恐慌之间的密切联系。阿尔弗雷德·雷德尔（Alfred Redl）上校是一名铁路职员的第九个儿子，他被擢升到哈布斯堡军事情报部门权势熏天的首脑位置。他狂热地追逐男色，喜欢穿着女性晚礼服，包养了数十名男性情人。与许多军官类似，他过着他根本不可能负担的奢侈生活，也许比绝大多数军官更加挥霍无度。与他有染的军官都把借债视作家常便饭，更把同性之爱视作成年人之间的私事。雷德尔为了维持他的生活水平，只能向俄罗斯帝国出售秘密情报。1913 年 5 月，他的罪行终于败露，雷德尔最后自杀身亡。事件的细节被哈布斯堡陆军和宫廷严密封锁。斯特凡作为大公以及后来的海军上将，很有可能知道全部内幕。丑闻爆发的时候，斯特凡、玛丽亚·特蕾莎以及威利都在维也纳。他们把威利从赫拉尼采接到维也纳，这样他就能在更为安静的环境中跟随家庭教师完成学业。正当威利准备考试的时候，雷德尔用子弹射穿了自己的脑袋，这给威利上了最后一课。[21]

在这浑浑噩噩的青春期里，未来的波兰王冠已然遥不可及，当下的军校教育更是苦不堪言，威利自我安慰的办法就是构想完全属于自己的王国。他发现自己为了成为波兰国王而习得的技能，完全可以用来达成其他目的。回到洛希尼岛，他所接受的波兰语课程只不过就是花园漫步时所说的波兰语，完全脱离千里之外的波兰现实社会。这种语言虽然非常艰深，却似乎纯粹而抽象。在加里西亚，威利在任何地方都能听到波兰语：波兰人管理这个行省，这是学校的语言、法庭的语言，在绝大多数城市，还是街头巷尾的语言。

然而，威利肯定隐约感觉到，加里西亚还是其他民族的 67
家园。实际上，附近就住着乌克兰人。父亲城堡周围的山区
住着高地牧羊人和猎人，他们分成许多部落。某些人说清晰
可辨的波兰语，其他人则说某种更为轻柔的语言。威利似乎
从当地孩子那里学过片言只语，也许他刚开始时还不知道这
些字词是什么意思。母亲玛丽亚·特蕾莎喜欢这种语言的轻
柔声调，她知道这是乌克兰语。这种语言让她想起自己的母
语意大利语，一种她过去在亚得里亚海滨的家中每天都会说
的语言，而今她住在群山之中，也开始想念海边了。[22]

威利通过波兰文学作品得知，自古以来，波兰人与乌克
兰人就曾为他们都称作家园的土地而争斗。在亨利克·显克
微支（Henryk Sienkiewicz）的小说《火与剑》（*With Fire
and Sword*）中，威利读到发生在 17 世纪乌克兰境内的往
事，当时乌克兰哥萨克发动了反抗波兰贵族的伟大起义。尽
管显克微支作为古往今来波兰最受欢迎的小说家，明显站在
波兰的立场上写作，但他并未否认哥萨克那种狂野的人性尊
严。威利并非第一个亦非最后一个在这个故事中被乌克兰人
的狂野情感打动的读者。文明的波兰贵族与野蛮的乌克兰哥
萨克的对立，在文学题材中屡见不鲜，在现实中表现为威利
与两位姐夫的对话。这些波兰贵族都是豪门贵胄，家中拥有
数以万计的乌克兰农奴。两位姐夫告诉威利，乌克兰人是野
蛮的"土匪民族"。这种描述引起了威利的"兴趣"，他决
定"自探究竟"。既然威利知道波兰贵族非常讨厌他们，他
就很容易把哥萨克视为自己的英雄。

　　某时某刻，很可能是在 1912 年，威利十七岁那年，他决定为乌克兰这个"土匪民族"寻找据点。威利研究家中收藏的加里西亚地图，发疯似的想找到这些野蛮人。这年夏天，威利独自东行。一如父亲的做法，他"匿名旅行"，坐上火车的二等车厢，前往喀尔巴阡山脉的沃罗赫塔（Vorokhta）。他独自穿越绿色的松林。他发现胡特苏勒部落（Hutsul clan）的乌克兰人，他们是靠狩猎和耕作生活的自由民，而非他所期待遇到的野蛮人。他喜欢这些热情好客的人，也喜欢他们的歌声。他跟这些人说波兰语，其实波兰语跟乌克兰语非常相近，他也趁此机会学到了更多乌克兰语字词。威利很有语言天赋，而以波兰语为母语的人，其实是很难完全听懂乌克兰语的。威利回到日维茨时"就像脱胎换骨似的"。他发现了一个没有王国的民族。他曾看过《皇帝之梦》，众多民族敬畏他们的最高统治者。他也曾分享父亲的民族之梦，即波兰将会出现哈布斯堡统治者，继续忠诚于哈布斯堡君主国。为何乌克兰人不能有自己的哈布斯堡统治者？[23]

　　如果要像威利在那年夏天般拥抱乌克兰人，就必须重新审视加里西亚。民族主义的放大镜总是聚焦于某个群体而忽略其他群体。威利的父亲和两位姐夫把加里西亚视为波兰的土地。实际上，加里西亚也是乌克兰人、犹太人以及其他许多民族的家园。只要临时打断一下，挪一挪放大镜，就能看见他们。日维茨本身是波兰贸易城镇，拥有足以自豪的巴洛克式天主教堂，也没有多少犹太人或者乌克兰人，但在附近的某些乡村里有精美的乌克兰木制教堂，它们有着洋葱头屋顶，装饰着精美的金属十字架。由于威利已偏离父亲和波兰

68

姻亲的计划，他自己就以乌克兰人的角度观察加里西亚。通过见其父亲之所未见，通过认同波兰王子们所鄙弃的民族，他自我提升了自己在家族中甚至王朝中的地位。他是哈布斯堡王室外围支系中最小的孩子。然而，既然没有乌克兰哈布斯堡王朝，就让他成为这个王朝的开创者。[24]

威利在潜意识里想要加入某个社群，以便"更加接近这个民族"，这种想法相当叛逆。加里西亚是由波兰贵族管治的，他们奴役着大量的乌克兰农民。波兰民族主义者拒绝承认独立的乌克兰民族的存在，认为乌克兰人只不过是些原材料，迟早会被蒸蒸日上的波兰民族同化掉。然而，威利的乌克兰认同并不意味着对哈布斯堡王朝的背叛。正好相反，乌克兰哈布斯堡王朝或许会成为君主国内极其复杂的民族政治的有用资产。[25]

随着君主国的政治逐步走向民主化，像乌克兰人这样的民族的声音和票数将会日益重要。根据 1910 年人口普查的结果，乌克兰语使用者的人数占据奥匈帝国奥地利部分总人口的 6%；按照 1907 年首次一人一票大选的结果，乌克兰政治家分配到 6% 的国会议员席位。19 世纪后期，乌克兰人曾是执政联盟的中流砥柱，乌克兰人在选举中的比重正日益上升。在未来的自由选举中，乌克兰政党肯定还会拿下更多国会议员席位。既然如此，威利或许是对的，他自己的王朝将不会排斥乌克兰成员。[26]

哈布斯堡王朝不得不从内外政策的角度考虑乌克兰问题。如同斯特凡试图解决的波兰问题和南斯拉夫问题那样，乌克兰问题不仅涉及哈布斯堡君主国，而且涉及相邻的帝国。威廉听说喀尔巴阡山脉里住着乌克兰人，而说这种语言不同方言的人，还散布在山脉以东两千公里以内，深入俄罗斯帝国境内。这是东欧人种学大发展的时代，这门科学如今叫作人类学。人种学家不惜进行长途旅行，以证明共同的语言和文化可以跨越政治疆界。人种学家的学说得到人口学家的佐证，人口学家在哈布斯堡君主国境内统计到数百万乌克兰人，在俄国境内却有数千万乌克兰人。[27]

民族主义让各大帝国不可能再故步自封。一旦各民族跨越了帝国疆界，帝国政策就不得不对进退得失进行深思熟虑。维持稳定似乎不再可能。乌克兰民族问题既可能削弱也可能加强哈布斯堡君主国，唯独不可能保持中立。如果乌克兰政治实体变成现实，那就必然会向哈布斯堡君主国或俄罗斯帝国索取领土，或者同时向两者索取领土。因此，维也纳和彼得堡都想方设法确保任何变动都对己方有利，比如允许某种程度的民族统一，但必须在帝国的统治和支持下。俄罗斯帝国试图让哈布斯堡君主国境内的乌克兰人相信他们属于东正教民族大家庭，应该对沙皇感恩戴德。哈布斯堡王朝则支持独立的乌克兰教会，即东仪天主教会。东仪天主教会的乌克兰领导人是聪明绝顶的安德烈·舍甫季茨基（Adrii Sheptytsky）大主教，他希望让俄罗斯帝国改信东仪天主教。俄国与哈布斯堡君主国都不可能放弃乌克兰领土，而都想通过吸纳对方的领土来解决乌克兰民族问题。[28]

比年轻的威利身份更为显赫的哈布斯堡王子早就研究了乌克兰问题。弗兰茨·斐迪南皇储曾有乌克兰政治顾问。弗兰茨·约瑟夫皇帝因为担忧即将到来的战争，早就开始关注乌克兰。1912 年，也就是威利独自旅行的那个夏天，巴尔干战争爆发。奥斯曼帝国崩溃，哈布斯堡君主国不得不与俄国争夺巴尔干控制权。尽管巴尔干半岛可能会成为维也纳与彼得堡角力的场所，但哈布斯堡君主国与俄罗斯帝国在那里并没有共同边界。两国的共同边界在加里西亚东部边境。因此，一旦与俄国爆发战争，战斗就将沿着乌克兰战线展开，乌克兰领土注定会在两国之间反复易手。[29]

对哈布斯堡王朝来说，为了争夺乌克兰而爆发战争，可不是什么美妙的前景。陆军由多民族、多语言的兵员组成，但那些古老的显贵民族在军官团里滥竽充数。每五百名军官才有一名军官说乌克兰语。在乌克兰境内的东部战线为哈布斯堡王室培养乌克兰军官是很有意义的。弗兰茨·约瑟夫皇帝找到了合适人选。1912 年秋天，他要求威利研究乌克兰问题。第二年，威利入读位于维纳－诺伊施塔特（Wiener－Neustadt）的帝国军事学院，准备受训成为军官。[30]

威利看似叛逆的举动竟然直接变成帝国使命。作为军事学院的候补军官，他继续学习乌克兰语言和文化。尽管多了额外的功课，但从绝大多数方面来看，威利只是个候补军官而已，完全符合父亲对他的期望。他与班上其他年轻同学作息完全一致：每天早上五点起床，六点至下午一点上课，下午三点至六点继续上课。威利喜欢地理课和法律课。他取得优异成绩，非常接近班级头名，尽管这也未必能说明什么。哈布斯堡大公有时会获得学位，但并不总是在学习。被迫出 71

题考大公的老师处境窘迫，已成为哈布斯堡领地内的笑料，根据一则茶余饭后的笑话所述，老师给大公出的经典考试题目是："七年战争持续了几年?"[31]

与之前在赫拉尼采的预备军校相比，威利似乎更喜欢在维也纳－诺伊施塔特的军事学院。威利和几位同学借了校长的汽车，在外面旅行了九个晚上。他热爱骑马、击剑、游泳。与之前的学校相似，维也纳－诺伊施塔特也存在同性恋现象，但也许没那么具有攻击性。年长的学员有权选择他们喜欢的年轻学员，舍监收受贿赂，允许两个男孩共用一间禁闭室。作为年满十八的年轻男子，如果威利对他的新学校有任何不满，他可以找到切实可行的方法表达不满。维也纳的条件比赫拉尼采好得多，哥哥莱奥也于同年入读军事学院。兄弟俩每逢周日离校，利用周日探望父母。斯特凡和玛丽亚·特蕾莎此时通常住在维也纳，在斯特凡位于维德纳大街61号的宫殿里。此地距离弗兰茨·约瑟夫皇帝居住的霍夫堡皇宫也就是乘坐出租马车便可到达的极短距离。威利也和他最喜爱的姐姐埃莉诺拉重逢了。埃莉诺拉从伊斯特拉半岛前来，她和威利会在维也纳一起漫步。[32]

这种漫步曾是威利所接受的教育的重要组成部分。他已是个年轻男子，能够留意到社会差距，他与心爱的姐姐共度时光，而姐姐却嫁给身份低微得多的男人。威利与埃莉诺拉一起流连的这座城市是庞大的都会，是两百万市民的家园。当姐弟俩从父亲的宫殿往南走，远离霍夫堡皇宫和环城大道的时候，他们很快就会抵达马尔加雷滕和法沃里滕，这两个街区挤满了日益壮大的工人阶级。那时候，威利开始阅读奥

地利马克思主义者的著作。这是社会主义运动内部的特殊群
体，他们在民族问题上的立场很对威利的口味。奥地利马克 72
思主义者希望，作为民主议会立法的结果，帝国将会变成民
族宽容的社会福利国家。威利把社会主义者的计划运用于他
所钟爱的乌克兰民族身上，后者是帝国境内最为贫穷、最依
赖于农耕的民族。[33]

　　尽管威利有点离经叛道，但他的能量早已被导入更大的
系统。更准确地说，他小小的叛逆行为，为他提供了所需的
能量，让他成为一个技巧娴熟的年轻男子，这些技巧终有一
日将会服务于他的帝国。他正受到关注和栽培。他不再是其
中一位潜在的波兰大公，而是哈布斯堡家族唯一可能的乌克
兰王子。他不再是波兰王位的末位继承人，而是乌克兰王位
的首位继承人。一位与农耕民族站在同一阵线的大公，一位
让旧王朝与新民族连成一线的大公。在合适的时刻，威廉及
其选择的民族或许会为古老的帝国注入年轻的活力。

　　在小说《没有个性的人》（*The Man without Qualities*）
中，罗伯特·穆齐尔描述了一个正在筹备弗兰茨·约瑟夫登
基七十周年庆典的委员会。在讨论了血亲之间错综复杂的关
系，考虑了父辈人物的影响，离题万丈地讨论了一通政治哲
学后，这个委员会没有提出任何实际方案，却在世界文学史
上留下孤例，即关于一个委员会如何理解现实的生动例证。
一位职业外交官试图解释外交的本质：不要去做你想做的事
情。小说的主人公则界定了何谓行动：并非你正在做的事
情，而是你将要做的事情。穆齐尔试图揭示哈布斯堡王朝的

处事原则：总是控制不住每处细节，但总是能够把握住大局，永远保持机智圆滑，永远保持灵巧机敏，对外面的世界漠不关心，只对家族的权力孜孜以求。

在穆齐尔的小说里，永恒不朽是由弗兰茨·约瑟夫的漫长统治所体现的，异乎寻常的漫长统治让这个王朝自带永恒不朽的光环。及至20世纪，绝大多数哈布斯堡臣民只记得这个皇帝。然而，这是个人老而不死造就的永恒不朽，而非对王朝后代同样优秀充满信心造就的永恒不朽。因此，弗兰茨·约瑟夫老而不死，但他的继承人弗兰茨·斐迪南鲁莽浮躁、不得人心。帝国早已失去全球争霸的雄心，沦落为局促于中东欧的帝国，统治者越来越感到走投无路，因为其他正在崛起而非正在衰落的强国正将其逼入绝境。

与永恒不朽的感觉相伴而行的是末日将至的感觉。20世纪早期，哈布斯堡君主国已被卷入欧洲结盟体系，被卷入两大国家集团扩军备战的竞争。哈布斯堡外交通常软弱无力而非聪明睿智，完全失去了回旋余地。德国统一后，法国在东方寻找盟友，搭上了俄国。19世纪末，哈布斯堡君主国与德国结盟对抗俄国和法国。1904年，英法两国达成协约，协约的本意是避免两国在帝国领地问题上发生分歧，但预示着两国更为紧密的政治合作。1907年，英国与俄国签订类似协约。这些协约缔造了并非正式但显而易见的英法俄同盟。德国是个强国，但还没有强大到足以对抗这个同盟。德国早已跟英国展开海军军备竞赛，但德国输掉了这场竞赛，然后又于1911年展开传统军备竞赛，这次就连它的盟友哈布斯堡王朝也被卷了进来。

绿色篇章：欧洲东部

当这五个国家各自寻找盟友的时候，第六个传统强国却从欧洲大陆撤退。奥斯曼帝国正在失去其欧洲领地。1908年7月，奥斯曼帝国陆军军官们假借改革名义发动政变，哈布斯堡君主国趁机在10月吞并波斯尼亚和黑塞哥维那。早在三十年前，哈布斯堡王朝就通过条约获得占领这两个省份的权利，当时这两个省份在法律上仍然属于奥斯曼帝国。此时，哈布斯堡王朝单方面宣布吞并这两个省份。奥斯曼帝国已持续衰弱两个世纪，其他强国早已就重新瓜分其领土达成一致。因此当奥斯曼帝国这个强权销声匿迹的时候，另一个强权哈布斯堡王朝打破游戏规则，自行把占领变成吞并。俄国对奥斯曼帝国欧洲领地内的东正教民族感兴趣，因而对此感到屈辱。俄国迅速与塞尔维亚接近。塞尔维亚把波斯尼亚视为自身的利益范围，实际上它将其当作未来大塞尔维亚国家的一部分。[34]

然后，巴尔干政治的主导权，乃至欧洲政治的主导权，都从大国手中悄悄溜走了。1912年，四个巴尔干民族君主国结成同盟，包括塞尔维亚、黑山、希腊和保加利亚，同盟进攻奥斯曼帝国，夺取其绝大多数欧洲残余领土。这场冲突被称为第一次巴尔干战争，表明欧洲能够被小型民族国家改造，而民族主义能够摧毁帝国。1913年，巴尔干国家之间又爆发第二次巴尔干战争。当尘埃落定时，主要胜利者是塞尔维亚，其领土扩大一倍，其人口增加一半。哈布斯堡陆军总参谋部坚持要对塞尔维亚发动先发制人的战争。如果君主国不迅速行动起来，亲手除掉塞尔维亚这样的民族主义害虫，那么可想而知，哈布斯堡王朝将会遭遇与奥斯曼帝国相同的命运。总参谋部已厌倦了让君主国充当欧洲病夫。如果不得不重建均势，他们宁愿冒险走钢丝，发动一场讲究策略的战争。走钢丝的人至少还得向前走，而且他手上拿着棍子。1913 年至 1914 年，总参谋长至少提出了二十五次针对塞尔维亚发动战争的建议。[35]

时间回到 19 世纪 90 年代，在那个相对温和的年代，弗兰茨·斐迪南与斯特凡一边泛舟亚得里亚海上，一边讨论巴尔干政治。在波斯尼亚吞并危机期间，两人书信往返，担心战争爆发。弗兰茨·斐迪南不相信战争能够解决巴尔干问题。他认为，把塞尔维亚纳入哈布斯堡领地只会带来新问题。塞尔维亚只出产"杀人犯、流氓无赖以及少量李子"。斯特凡在亚得里亚海滨居住了二十年，他比弗兰茨·斐迪南更加亲近巴尔干民族。他曾用西里尔和美多德的名字为儿子取名，此二人是东正教土地上最受崇敬的圣人。然而，他的想法发生了变化。1907 年，也就是吞并危机前一年，他离开可能会产生南斯拉夫的巴尔干半岛，前往可能会产生波兰的加里西亚。[36]

75 威利明白父亲的想法，而且他与父亲同样异想天开，也同样活泼善变。父亲那代人或许不把乌克兰视为一个民族，但界定民族的标准正在改变。这是民主时代，人口与财产同等重要；这是种族时代，文化能够取代传统；这是科学时代，人口学能够较为精确地统计民族人口。威利把乌克兰视为民族，它与波兰民族具有同等地位和权利。民粹主义者认为他们的学说只能吸引那些以平民之友自居的年轻人。那么，按照当时人们的说法，乌克兰这个"没有历史的民族"

激起了威利年轻的热情。威利认为，乌克兰是个自然民族，是个生机勃勃的民族，是个年轻的民族，能够乘风而起。而波兰属于腐朽文明。两年后，他写道："波兰！是的，我必须承认，波兰曾是个拥有高度文明的民族，但如今已近秋凉。其文化如今已成多余，如今已经颓废堕落。"[37]

　　哈布斯堡王朝的历史表明，衰落可以是个无比漫长的过程。三个世纪以前，威利的祖先、皇帝马克西米利安二世（Maximilian Ⅱ）曾资助阿尔钦博托（Arcimboldo）描绘著名的四季图：春天以鲜红嫩绿的蔬菜水果来表现，秋天以丰收的葫芦、薯蓣、葡萄来表现，两者都组合成男性形象。随着时间流逝，再也没有兴衰荣辱。但对于所有画家来说，他们画笔下的时间仿佛无休止的季节变换。然而，哈布斯堡王朝的确抵达了转折点——圆形的切点、关键的时刻——永恒不朽的王朝将被卷入灾难与救赎的激烈场景。

　　1914 年夏天将会割裂春与秋、父与子、新与旧，哈布斯堡王朝发动的战争将会终结旧欧洲。但在 1913 年，斯特凡和威利的选择并未表现为彼此敌对，亦未表现为对王朝不忠。如果正如总参谋部所渴望的那样，哈布斯堡君主国发动的这场战争能够征服塞尔维亚，那么哈布斯堡军队也就能够征服俄国。战胜俄国将会同时增加哈布斯堡领地内的波兰人口和乌克兰人口，从数百万到数千万不等。如果哈布斯堡王朝赢得这场战争，并向东向北扩张，大公们也许真的能够以忠于皇帝的摄政王身份，统治大波兰或者大乌克兰的王家行省。

　　斯特凡和威利采取的行动作用于两个时代：他们所处的

时代，以及即将到来的时代。他们的行迹，暗示着新时代的到来：他们降生时盛行的理念早已过时，那个年代只记载了一个永恒王朝梦中画卷的日期和细节；他们亲手培育的理念正当其时，这个年代把进步带给民族国家。斯特凡成为波兰人，期待创建新的王家行省。威廉成为乌克兰人，期待推出新的民族国家。然而，正是技巧和声望，既允许他们帮助君主国，又为他们准备了没有帝国的欧洲，波兰和乌克兰都将成为独立国家。尽管威利和斯特凡从未提及哈布斯堡君主国的衰落，以及波兰的独立和乌克兰的崛起，但他们的波兰或乌克兰追随者无疑将会提及此事，而且必将付诸实施。

1913 年，威利十八岁了，仍然未能让自己的野心摆脱家族的宏愿。他既天真烂漫又悲观厌世，拥有难得的机会来背叛自己所体现的传统。父亲让他变成波兰人，他就变成乌克兰人。父亲让他变成军官，他就作为候补军官投入自杀式战争。斯特凡预见了民族世界的到来，而今这个世界近在眼前。威利选择了自己的民族，他只能从戏剧、旅行、书本中了解这个民族，那是一个像他自己那样年轻、那样青春的民族。

父子二人，只能像其他哈布斯堡家族成员那样，准备迎接新的时代。

红色篇章：披甲王子

1914 年 6 月 28 日，皇储弗兰茨·斐迪南·冯·哈布斯
堡（Franz Ferdinand von Habsburg）前往萨拉热窝出席周年
庆典。十四年前的这一天，皇帝陛下准许他迎娶意中人索
菲·霍泰克（Sophie Chotek）。索菲曾是弗兰茨·斐迪南前
未婚妻的宫廷侍女，由于皇储与宫女地位悬殊，皇储不得不
宣布放弃其后裔的皇位继承权。这桩婚姻对索菲来说也相当
尴尬。尽管她身为皇位继承人的配偶，但她的身份比所有大
公和女大公都要低，甚至比未成年的孩子还要低。她在进入
霍夫堡皇宫各处厅堂时，必须跟在小男孩和小女孩身后。霍
夫堡皇宫通常凉风习习，但索菲感觉冷风阵阵。在维也纳举
行国务活动期间，她与丈夫不得不分别乘坐不同的汽车。在
萨拉热窝，在哈布斯堡王朝新近兼并的波斯尼亚省，这些繁
文缛节可以有所放宽。弗兰茨·斐迪南把索菲带在身边，观
看军事演习。在巴尔干的土地上，弗兰茨·斐迪南可以表明
自己为妻子感到自豪。那天，两人一起乘坐敞篷车。

在萨拉热窝，塞尔维亚民族主义者也有他们想要纪念的
日子。五百二十五年前，奥斯曼帝国军队在科索沃战场击败

了巴尔干联军。塞尔维亚民族主义者把科索沃战役视为这个英雄民族的受难日，以及屈服于残暴的外国统治者的亡国纪念日。6月28日也是圣维达斯节，被塞尔维亚人视为民族节日。塞尔维亚人在政治上当然也会有所抱怨。大约五年多以前，哈布斯堡王朝吞并了波斯尼亚。这个王朝偏袒省内信奉天主教的克罗地亚人，通过波斯尼亚的穆斯林地主施行统治，并不信任信奉东正教的塞尔维亚人。对于内德利科·查布里诺维奇（Nedeljko Čabrinović）这样的塞尔维亚民族主义学生来说，弗兰茨·斐迪南的到访是肆无忌惮的挑衅行为。这天本该是纪念塞尔维亚人反抗外国暴君的日子，却变成了欢迎外国君主的日子。

查布里诺维奇与其他塞尔维亚民族主义者都相信，波斯尼亚和黑塞哥维那应该脱离哈布斯堡君主国，转而加入塞尔维亚。他与几名志同道合的朋友向黑手社求助，后者是在塞尔维亚境内策划阴谋活动的民族主义恐怖组织。黑手社由阿匹斯（Apis）上校领导，他是塞尔维亚总参谋部的情报头子。阿匹斯其实是个绰号，取自埃及神话中力大无穷的公牛神。阿匹斯上校参与策划了即将进行的、反对哈布斯堡王朝谋取塞尔维亚王国的刺杀行动。阿匹斯确实讨厌哈布斯堡家族，但他尤为怨恨弗兰茨·斐迪南。他把皇储视为血气方刚的未来统帅，将会指挥哈布斯堡军队，他还认为弗兰茨·斐迪南想要吞并塞尔维亚，创建奥地利－匈牙利－南斯拉夫君主国。当民族主义学生带着刺杀弗兰茨·斐迪南的计划找上门来时，他自然乐意提供协助。黑手社提供了枪械和炸弹。[1]

1914年6月28日，查布里诺维奇怀揣炸弹前来。当弗

红色篇章：披甲王子

兰茨·斐迪南和索菲坐在敞篷车内，沿着码头缓缓前进时，查布里诺维奇向这对夫妇乘坐的汽车扔出炸弹。司机看见不明物体飞来，赶紧加速通过。炸弹碰到车顶，却被反弹回来。炸弹当场爆炸，炸伤了随行车辆上的军官和街道两旁的群众。炸弹的碎片擦伤了索菲，索菲受伤流血。

20 世纪早期是政治恐怖主义的年代，政治暗杀可谓家常便饭。此前四年间，就发生了五次针对哈布斯堡家族的刺杀行动。母亲出身于哈布斯堡家族的西班牙国王阿方索，就亲身经历过五次政治暗杀，其中一次还是在他的婚礼上。西 79班牙恐怖活动如此盛行，就连国王也要学会如何应对袭击，在一次马球练习中，阿方索策马踩踏一个准备动手的刺客。然而，这还是一个帝王故作勇敢而非预加防范的年代。弗兰茨·斐迪南的反应也不出所料，他命令司机继续前进。根本就没有应急预案。他与索菲按照原定计划，继续沿着码头前往市政厅，他将在那里发表演讲。然后，他决定去看望被炸弹炸伤的军官。从市政厅出发，他的座驾应该另选路线前往医院，以便避开码头。可他偏要原路返回。在一处路口，他的司机迷路了，汽车停了下来，开始倒车。

第二名塞尔维亚学生加夫里洛·普林西普（Gavrilo Princip）从人群中冲出。他携带手枪前来。普林西普直接站在汽车前方，近距离向索菲和弗兰茨·斐迪南射击。夫妻二人都受了致命伤，但首先都想到对方的安危。索菲问弗兰茨·斐迪南伤势如何。弗兰茨·斐迪南恳求索菲，为了孩子，她必须活下去。一颗子弹射穿索菲的紧身胸衣，直穿索菲的腹腔，另一颗子弹穿透弗兰茨·斐迪南的颈静脉。他的身体慢慢向前倾倒，血流如注。他的帽子从头上跌落。绿色的羽毛跟红色的血迹在车厢地板上粘连不清。他最后一句话是："不要紧。"负责查验尸体的法医从他脖子上摘下七个用黄金和白金打造的护身符，这些护身符都未能为他挡开厄运。他左臂上方还有个色彩斑斓的中国龙文身。

那天是星期天，也是维也纳社交季节的最后一天。在普拉特公园，交响乐团正在演奏。四轮马车正在巡游，朋友之间正在交谈。皇储之死未必意味着世界末日。弗兰茨·斐迪南性格善变、情绪激动、不得人心。以前也有许多大公壮烈惨死，但王朝和王国安然无恙。弗兰茨·约瑟夫皇帝还很健康，至少所有维也纳市民都认为如此。皇帝最为年长的侄孙、深得人心的卡尔（Karl）大公顺理成章地成为皇储。卡尔是声名狼藉的奥托·弗兰茨的儿子，奥托·弗兰茨死于梅毒，真是死得其所。然而，卡尔是个英俊潇洒、善解人意的男子汉，他的妻子则是充满活力、漂亮迷人的齐塔（Zita），已为他生育了好几个健康的孩子。[2]

80

公众舆论仍然平静，王朝继承仍然清晰，但普林西普的子弹可谓击中要害。普林西普以及其他恐怖分子的目的是挑起哈布斯堡王朝的过激反应。无论何时何地，恐怖分子都希望四两拨千斤，引诱大国采取罔顾自身利益的行动。他们希望哈布斯堡王朝在波斯尼亚强力镇压，预期镇压行动会让当地的塞尔维亚人支持他们的民族主义事业。他们的挑衅远比想象中更为成功。弗兰茨·斐迪南实际上是巴尔干战争的反对者，此时已被除掉。多年以来，哈布斯堡总参谋部都在谋划对塞尔维亚发动先发制人的战争，此时也找到了关键理由。与此同时，哈布斯堡王朝的德国盟友早就在培育针对英、法这两个殖民大国的不满情绪，期待在欧洲爆发全面战争，让德国赢得日光下的地盘。危机提供了机会。7 月 23日，哈布斯堡君主国对塞尔维亚发出最后通牒。塞尔维亚的答复模棱两可，维也纳于五天后宣战。次日早晨，哈布斯堡海军开始炮轰塞尔维亚首都贝尔格莱德。

然后局面开始失控。在法国的鼓励下，俄国动员军队，以保卫塞尔维亚。德国要求俄国停止备战。俄国拒绝，德国于 8 月 1 日对俄国宣战。这让法德两国必有一战。法俄两国是盟友，两面包围德国。德国的战争计划要求迅速击败法国，避免两线作战。入侵法国的必经之路是中立国比利时。德国破坏比利时中立，导致英国于 8 月 4 日卷入战争。数周之内，一桩谋杀案引发巴尔干地区战争；数日之内，地区战争变成争夺大陆霸权的欧洲战争。

第一次世界大战并非哈布斯堡的将军们能够预见的冲突。他们设想速战速决，从而把握战争的政治后果。他们以为能够在数日之内迫使塞尔维亚屈服。然而，哈布斯堡军队的进攻行动惨遭失败。塞尔维亚军队经历过两次巴尔干战争的试炼，由经验老到的将军指挥，建立起坚不可摧的防线，并于 8 月 19 日的采尔山战役中击败哈布斯堡军队。在袭击南方小国塞尔维亚后，哈布斯堡君主国才发现自己不得不与俄国交战，后者是位于其东北方的庞大帝国。哈布斯堡军队在铁路线上乱作一团，有些部队从塞尔维亚战线开往俄国战线，有些部队从俄国战线开往塞尔维亚战线。更何况俄国早已全盘掌握哈布斯堡军队的动员日程和战争计划，这些都是

81

卖国贼雷德尔上校的功劳，他曾靠出卖情报换取金钱来包养男宠。哈布斯堡君主国的宣战目的是击败塞尔维亚，但局势已非哈布斯堡君主国所能掌控。

在哈布斯堡君主国的某种想象中，南线和东线存在解决民族问题的好办法：击败塞尔维亚，将会允许哈布斯堡君主国向南扩张，拥抱巴尔干半岛的南部斯拉夫人，允许他们实现民族统一，但必须在哈布斯堡王朝统治下；战胜俄国，将会允许哈布斯堡君主国向东北扩张，从而解决乌克兰问题和波兰问题。如果哈布斯堡王朝能够从俄国得到充足的土地，新的波兰王家行省和乌克兰王家行省将能够满足波兰和乌克兰的民族诉求。波兰和乌克兰在哈布斯堡君主国内部的冲突，将会通过击败俄国而得到解决：因此奥地利首相同时对波兰人和乌克兰人做出相似保证。[3]

乌克兰政治家和波兰政治家过去习惯于就加里西亚这个单一省份争得不可开交，此时听说他们不久后将有机会瓜分取自俄国的大片领土。这是诱人的前景，而且还得到政策支持。哈布斯堡君主国批准创建和训练波兰辅助部队，1914年8月，辅助部队被重新命名和改编为波兰军团。乌克兰民族委员会于同月成立，并开始招募乌克兰军团。与波兰军团类似，乌克兰军团也服务于政治目的。这些作战单位的存在，说明皇帝关心哈布斯堡臣民的民族诉求，而对俄国臣民来说，他们可以借助哈布斯堡武装部队之手实现民族解放。

然而，民族政策也要靠军事胜利来支撑，开战才几个星期，形势就急转直下。甚至当哈布斯堡军队还被拖在塞尔维

红色篇章：披甲王子

亚的时候，俄国军队就已入侵加里西亚。陷入恐慌的哈布斯堡士兵通过简易审判处决那些所谓通敌的乌克兰平民。在这种情况下，哈布斯堡王朝已顾不上解决民族问题。手头的紧迫任务是阻挡俄国进攻。由于大量德国军队正在进攻法国，哈布斯堡君主国发现自己不得不在东线迎战数量庞大的俄国军队。哈布斯堡的将军们因为得不到德国支持而垂头丧气。然而，还是德国，而非哈布斯堡，在东线赢得第一个重大胜利。埃里希·鲁登道夫（Erich Ludendorff）将军和保罗·冯·兴登堡（Paul von Hindenburg）将军联手指挥德国第八集团军，在坦能堡击败俄国第二集团军，从而赢得巨大威望。尽管他们在抵达战场之前几乎没有制订过任何作战计划，但鲁登道夫和兴登堡还是成为德国的民族英雄，而哈布斯堡君主国在战争最初几周的浴血抵抗却已被人遗忘。[4]

　　然而，德国在西线却未能取得如此具有决定性的胜利。正如哈布斯堡君主国以为能够在战争初期迅速抹掉塞尔维亚那样，德国也以为自己能够粉碎法国。但是，1914 年 9 月，德国军队在马恩河战役中一败涂地。速战速决、先发制人的计划失败了。德国和哈布斯堡君主国不得不打一场持久战，面对来自四面八方的敌人，还要忍受英国海军的封锁。现代化的哈布斯堡舰队被堵在亚得里亚海内。英国皇家海军具有压倒性的实力，而伦敦的法国盟友也拥有自己的地中海舰队。意大利的情况也是一样，等到战争爆发第二年，意大利将会背弃与哈布斯堡王朝的盟约，并对哈布斯堡王朝宣战。与此同时，哈布斯堡君主国的常备军已在战争头几个月里被俄国和塞尔维亚摧毁。及至 1914 年圣诞节，在哈布斯堡武装部队原有的步兵单位中，大约 82% 的兵力已伤亡殆尽。大约一百万人或阵亡，或负伤，或患病。接下来的战争就要指望后备兵员、平民百姓以及刚刚完成训练的军官了。[5]

其中一位军官就是年轻的威廉大公。1914 年秋天，威廉开始他在军事学院第二年也就是毕业班的训练。据他后来回忆，他的同学都热切期待战争爆发，但他并不期待。他在军事学院里最好的朋友已在军事行动中阵亡。尽管如此，仍然不难理解，只要威廉完成来年春天的训练，他就会尽快奔赴战场。在他最后学期的秘密评语中，教官形容他"在每个可能的场合，都主动表达成为战士和军官的意愿"。他的家人也同样期待。1915 年 2 月，威廉二十岁，已达到哈布斯堡家族的成年标准，他马上加入金羊毛骑士团和国会上议院。他已是个男子汉，也要在战争年代表现得像个男子汉。[6]

战时服役也是哈布斯堡大公的使命。1911 年，威廉的父亲斯特凡被擢升为海军上将，尽管他实际上已退出海军现役部队，但他还是要负责照顾君主国境内的战争伤员。（玛丽亚·特蕾莎协助丈夫的方式则是在医院里"匿名"充当护士。）威廉的伯父腓特烈大公出任哈布斯堡武装部队总司令。威廉的叔父欧根大公则先后在巴尔干和意大利指挥哈布斯堡部队。威廉的长兄阿尔布雷希特在炮兵部队服役，先后奔赴俄国和意大利战线，并被擢升为上校。另一位兄长莱奥同样在军事学院完成学业。1915 年 3 月 15 日，威廉和莱奥正式毕业。[7]

威廉此时身为少尉，他奉命在一个乌克兰主力步兵团里指挥一个排。1915 年 6 月 12 日，他来到部队，开始对部下进行政治动员。他要求士兵们以他的乌克兰语名字"瓦西里"（Vasyl）称呼他。他对士兵们说乌克兰语。他在军官制服里穿上乌克兰绣花衬衣。衬衣的漂亮领子环绕他的脖子，既向所有乌克兰人传递了明确的信息，又让其他人感到迷惑。他给部下分发蓝黄两色的臂章，这是乌克兰国旗的颜色。不出所料的是，波兰军官以及加里西亚的波兰地方当局反对这种标新立异的行为，正是他们最早把威廉称为"红色王子"。他并不介意与社会主义扯上关系，乌克兰是帝国境内最为贫苦的民族之一，对他们的任何支持必然关乎社会正义。威廉回忆道，他对农民士兵的尊敬礼遇，早就足以让他的波兰对手确信他是个危险的激进分子。[8]

威廉错过了上一个冬季那场恐怖的喀尔巴阡战役。俄国军队深入加里西亚，甚至占领了威廉伯父腓特烈指挥下的普热梅希尔要塞。1915 年 5 月，在收复要塞后，腓特烈指挥了一场大反攻。当威廉开始指挥他的小部队时，哈布斯堡军队正在行军路上，他们向东进发，要把俄国人赶出加里西亚。1915 年 6 月 16 日，即威廉成为现役军官四天后，哈布斯堡军队收复行省首府利沃夫（Lviv）。

在收复加里西亚其余地区的战斗中，威廉为自己的部下感到自豪，他把乌克兰人视为最好的士兵。他保护部下免遭地方民政当局的迫害，因为地方官员通常是波兰人。当然，他无法替部下挡住俄国人的子弹。威廉并不了解战争。五年后，他在备忘录中写道："我对战斗的印象是这样的：首先，人们不可能习惯战斗。第一场战斗的忐忑感反而最轻。""我的战斗经历本来还算令人满意，但失去忠实战友的生命让人沮丧。"[9]

　　1915 年夏天，随着俄国军队向东节节败退，乌克兰问题再次被提出。威廉正在领导一支乌克兰部队横穿加里西亚，把这个哈布斯堡行省从俄国人的统治下解放出来。早在战争爆发前，加里西亚就由波兰精英管治。然后，加里西亚被俄国人占领。此时，哈布斯堡势力回来了，谁会控制这个行省呢？像过去那样，由波兰人控制，还是由乌克兰人控制呢？

86　　波兰问题和乌克兰问题难分难解，而哈布斯堡王朝的政策不得不顾及德国人的意愿。当俄国人在哈布斯堡军队面前撤出加里西亚时，俄国人也在德国人面前撤出旧波兰其他地区。及至 1915 年 8 月，德国人已占领波兰故都华沙，过去一个世纪，华沙曾是俄罗斯帝国的一座主要城市。随着军事天平向维也纳和柏林倾斜，这对盟友将会决定如何处置波兰和乌克兰。独立的波兰和乌克兰当然不允许存在，但帝国必须利用民族感情，不幸的是，很难同时利用两种民族主义，因为乌克兰爱国者和波兰爱国者很可能会对同一片领土提出声索。

　　维也纳早有计划：从俄国手上夺取的波兰领土，将会组成哈布斯堡君主国境内的波兰王国。柏林方面最初接受这个"奥地利－波兰"方案。然而，如果波兰是个王国，那就需要国王。斯特凡大公显然是合适人选：他是哈布斯堡波兰王室的鼻祖，而且是德国皇帝的朋友。波兰地方议会的贵族们准备仿照波兰古老传统选举他为国王。占领波兰期间，早就有谣言说他已被加冕为王。然而，奥地利－波兰方案意味着弗兰茨·约瑟夫皇帝本人成为波兰国王，而非由皇帝的亲戚

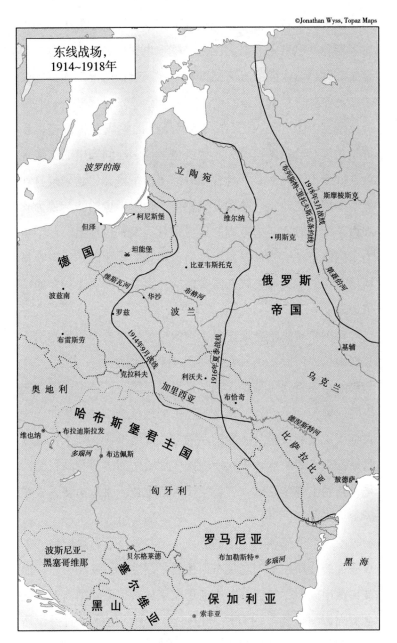

©Jonathan Wyss, Topaz Maps

东线战场，1914～1918 年

出任国王。一位过分亲近德国的哈布斯堡摄政王似乎不够可靠。斯特凡已准备妥当，但皇帝陛下也许未必。弗兰茨·约瑟夫此时已八十四岁，有点举棋不定。哈布斯堡王朝就此失去占据波兰王位的最好机会。[10]

及至 1916 年，德国在波兰问题上的立场发生改变，也许是由于对哈布斯堡王朝感到失望。德国在同盟中的支配地位在战场上得到应验。与此同时，德国军事部门越来越喜欢插手德国外交政策。德国开始把处于依附地位的波兰视为欧洲内部大德意志势力范围的组成部分。某种程度上，这个势力范围甚至把哈布斯堡君主国也包括在内。德国开始把哈布斯堡君主国视为武力改造欧洲的实施要素，而不是纯粹的军事盟友。

87 　　德国希望把哈布斯堡君主国改造成德意志少数民族居于支配地位的国家。这种倾向明显不利于奥地利－波兰方案。如果哈布斯堡君主国扩大到包括波兰王国，帝国境内斯拉夫臣民的地位会上升，而德意志臣民的地位会下降。然而，哈布斯堡王朝解决自身民族问题的方法却要求扩大领土，以满足斯拉夫人的民族诉求，而德国干涉哈布斯堡事务的目的却是维持领土现状，以维持德意志人的地位。可想而知，分歧导致紧张局势。[11]

哈布斯堡王朝与德国的分歧让斯特凡处于尴尬境地。未来波兰的性质在德国与哈布斯堡君主国之间引发冲突，而他被夹在中间。尽管他是哈布斯堡家族成员，但德国人认为他会赞同德国对波兰的看法。1916 年 6 月，柏林方面提议斯特凡出任未来波兰王国的摄政王。这让斯特凡更加受到弗兰茨·约瑟夫皇帝的猜忌，皇帝陛下拒绝了德国的提议。哈布斯堡王朝试图说服德国接受折中方案，也许建立一个波兰立宪君主国。

这种混乱状况甚至持续到波兰王国成立后。1916 年 11 月，德国和哈布斯堡君主国共同宣布成立波兰王国。哈布斯堡王朝提议设立摄政王，该摄政王同时向柏林和维也纳汇报。更让人恼火的是，维也纳提议让斯特凡的女婿奥尔吉耶德·恰尔托雷斯基出任此职。在斯特凡两个女婿中，奥尔吉耶德似乎更加支持哈布斯堡王朝。另一个女婿希罗尼穆斯·拉齐维沃在德国有产业，而且其父亲活跃于德国政坛。如果这个提议试图在新兴的波兰王室内挑拨离间，那么可以说其并未得逞。斯特凡很聪明，从未表现出对任何一个女婿的偏爱。与此同时，波兰境内形成了支持斯特凡的宣传攻势。华沙市民纷纷表示支持他出任国王。但在当时，斯特凡似乎不愿意匆匆接受波兰王位，除非君主国对他的权威给予清晰界定。他或许希望摆脱自己仅仅是个德国傀儡的印象。1916 年 12 月，威廉在信中提到："他们告诉他，或许他可以去统治波兰，但父亲断然拒绝。"[12] 88

1916 年，波兰王国宣告成立，开启了威廉所受政治教育的新阶段。他把自己界定为乌克兰人，他与自己麾下的乌克兰士兵交朋友。他试图对乌克兰政策施加影响，但纯粹停留在个人层面。他曾致信身为哈布斯堡武装部队总司令的腓特烈，讨论乌克兰问题。在为乌克兰士兵授勋的事情上，他显然征求过弗兰茨·约瑟夫皇帝的意见。然而在前线，他没有多少机会从政治角度思考乌克兰的未来。正如一位乌克兰政治家所说，他对乌克兰人的看法，带有"人种学"含义，或者我们会说，带有人类学含义。他为孩提时代就接触过的小玩意感到着迷，比如歌曲和故事，比如服装和旅行。然而，他终究会从人类学层面的兴趣跃升到政治学层面的行动，他正准备纵身一跃。[13]

1916 年，随着俄国军队反攻加里西亚，威廉从前线被召回，他被擢升为中尉，并被安排到更安全的岗位。他开始与乌克兰知识分子和政治活动家建立联系并听取意见。其中一位是哈布斯堡陆军少将卡济米尔·胡兹霍夫斯基（Kazimir Huzhkovsky）男爵。威廉与胡兹霍夫斯基分享他的短暂经历：与士兵们打成一片，唱他们的歌曲，说他们的语言。他写道，每天晚上入睡时，他都坚信终有一日"梦想成真"，乌克兰将会得到自由。及至 1916 年年底，他仍未开始思考将来。然后，波兰王国宣告成立，就像"晴天霹雳"，清楚警示他有必要进行政治思考。就像为他充当顾问的乌克兰人那样，威廉也担心新近成立的波兰王国也许会独占整个加里西亚，这会让加里西亚东部的乌克兰人沦落到任由波兰国王处置的境地。[14]

让威廉感到便利的是，波兰国王很有可能就是他的父亲，他能够在维也纳见到父亲。1916 年 12 月，威廉请了病假，以便治疗肺结核，他在父亲位于维也纳市内维德纳大街 61 号的宫殿里住了四个月，又到附近的巴登疗养。这是威廉成年后第一次在维也纳居住，而且因为他的身份而备受礼遇。作为国会上议院成员，他会见大公、主教以及地主。无论他到访哪座府邸，守门人都会响铃三次，这是大公和红衣主教才能享受的礼遇。在首都，威廉开始考虑解放乌克兰的问题，不仅要靠戏剧性的军事胜利和良好意愿，而且要靠极具创意和策略的计划。

他决定，合适的路径是在哈布斯堡体制内着力。保护乌克兰人免遭波兰王国迫害的最好出路是建立一个全新的乌克兰省份，包括加里西亚东部以及整个布科维纳省。如果这个省份得以建立，那么即使西加里西亚并入波兰王国，也不会对乌克兰人造成损害。1916 年 12 月底，威廉的方案显然已得到父亲同意。然后，他开始设想哈布斯堡王朝战胜俄罗斯帝国后对东欧领土的处置方案。他提议建立一个由奥地利、波希米亚、匈牙利和波兰王国以及"乌克兰君主国"组成的哈布斯堡君主国。每个王国都会由一位大公出任摄政王。波兰王家行省摄政王和乌克兰王子当然是斯特凡和威廉。威廉对此心满意足。1917 年年初，威廉已看到欧洲的轮廓，这个欧洲将会符合父亲的期望，但又不会忽略他的存在。[15]

1916 年 11 月 21 日，弗兰茨·约瑟夫皇帝驾崩，卡尔继承皇位。在乌克兰同志的帮助下，威廉准备亲自向新皇帝呈上计划。弗兰茨·约瑟夫曾鼓励威廉学习乌克兰语，并成为乌克兰军官，但老皇帝的大方向总是太过亲近波兰，这不符合威廉的口味。战争期间，威廉曾觐见弗兰茨·约瑟夫，威廉感觉自己完全无法提出政治问题。此时，乌克兰政治家把威廉视为接近卡尔皇帝的突破口。卡尔只比威廉大八岁，两人自孩提时代便已相识。胡兹霍夫斯基男爵介绍威廉与具有贵族血统的乌克兰政治家相识，比如尼古拉·瓦西里科

90

（Mykola Vasylko），他是资深国会议员，又是外交大臣的校友；又比如埃文·奥列斯涅茨基（Ievhen Olesnytsky），他曾是弗兰茨·斐迪南的顾问。在他们的请求下，威廉向卡尔皇帝提交请愿书，恳请在哈布斯堡君主国内部创建乌克兰王家行省。

1917 年 2 月 2 日，威廉觐见卡尔，被允许坐在桌子旁，他知道这是破格的恩典。弗兰茨·约瑟夫每次与人会晤都站着，迫使他的对话者都得站着，这倒是让他的会晤简短得让人欣喜。经过漫长的交流，威廉确信卡尔能够理解乌克兰民族问题，东加里西亚不可能并入波兰，乌克兰王家行省将在未来某个时刻得以创建。在卡尔看来，这次会面也相当有趣。他很可能知道威廉接受过如何领导乌克兰人的教育，但可能想不到威廉已走得这么远。威廉既是哈布斯堡大公，又是乌克兰军官，当时哈布斯堡武装部队正在攻占俄罗斯帝国境内的乌克兰人居住区。会面数日后，卡尔亲自指挥哈布斯堡武装部队。威廉将会成为他在军队里的联系人，一个熟知内情而且怀有清晰政治抱负的联系人。[16]

威廉是在别人以为他卧病在床的时候卷入高层政治的。在医院里，威廉由一名犹太医生照料，威廉对他颇有好感，认为他是一个"非常睿智的人"。大约与此同时，威廉还决定结识另一个犹太医生——西格蒙德·弗洛伊德。1916 年冬季学期，弗洛伊德正在开设讲座课程，课程将会持续到1917 年 3 月。威廉在巴登疗养痊愈后，很可能出席了他最后几次讲座，然后就于 1917 年 4 月回去指挥部队了。弗洛伊德认为，文明是性冲动与性压抑无可避免的紧张状态的结果。这种观点给威廉留下多少印象已无从稽考。他是个年轻军官，关爱他的部下；他出身于哈布斯堡家族，正在这个家族历史悠久的联姻帝国中寻找自己的位置。如果说他跟男性部下的亲密关系与他为哈布斯堡家族传宗接代的使命之间有矛盾的话，至少这矛盾在当时并不明显。无论如何，要征服乌克兰，靠的是武力，而不是婚姻。乌克兰不可能在婚床上得到，只能在大获全胜的战后和约中得到。[17]

91

　　然而，如果哈布斯堡王朝将在乌克兰兴盛起来，那就意味着俄国罗曼诺夫王朝要在乌克兰衰败下去。罗曼诺夫王朝果然衰败了。1917年3月初，俄国军队的哗变从前线蔓延到首都彼得格勒。本来被派去镇压缺粮民众的士兵却加入示威者的行列。沙皇尼古拉二世宣布退位，他的弟弟拒绝继位，罗曼诺夫王朝就此走到尽头。俄国临时政府接手统治。英法两国都是俄国盟友，两国反复施压，试图让俄国军队留在战场上。3月14日组成的俄国新政府寄希望于最后一次进攻。

　　与此同时，俄国新政府还要尽力处理这个幅员辽阔的大陆帝国的遗产，而俄罗斯人只占这个帝国一半人口而已。在旧帝国西部和南部，各政党试探性地声称自己有权决定非俄罗斯民族的未来。3月20日，乌克兰中央委员会在基辅成立。这正是哈布斯堡君主国境内许多乌克兰政治家期待已久的时刻。乌克兰似乎已走到了民族独立的边缘。只要轻轻往前一推，他们就能成为独立建国的民族。如果哈布斯堡军队能够进入乌克兰，他们也许能够跳出加里西亚的界限，建立一个伟大的乌克兰国家。

弗兰茨·约瑟夫死后，罗曼诺夫王朝倒台后，在这个充满希望的时刻，威廉重返战场。1917 年 4 月 3 日，他离开维也纳前往基辅。他于两天后与部下会合，从首都给他们带去啤酒和烈酒。他早就懂得取悦士兵的诀窍，此时更学会某些政治伎俩。他终于懂得乌克兰的政治困境，并与父亲和卡尔皇帝都交流过。他再次来到变化莫测的东部战线，但他对政治更为老练。当有重要消息从波兰传来时，他再也不会大惊小怪。1917 年 4 月，柏林和维也纳原则上同意斯特凡成为波兰国王。1917 年 5 月，由德奥这两个占领国成立的波兰摄政会议准备以合适的步骤任命君主。就在这个月，德国皇帝威廉二世授予威廉铁十字勋章。尽管父子俩同时被授予荣誉，但对波兰和乌克兰的政治处置远未结束，斯特凡和威廉对此心知肚明。[18]

回到维也纳以后，威廉的乌克兰朋友发现有新的途径可以施加影响。卡尔皇帝决定重开国会。几乎从战争爆发以来，他的奥地利领土就处于帝国军事独裁统治之下，其间没有召开过立法会议。1917 年 5 月 30 日，国会下议院自 1914 年以来首次重开。乌克兰各政党呼吁在君主国内部成立乌克兰省，并表达了他们对俄国境内乌克兰民族自决的支持。然而，波兰政党，而非乌克兰政党，组成了新的联合政府，同时掌握了通过法案所必需的足够票数。在这种情况下，乌克兰人和波兰人同时对政府施压，哈布斯堡王朝既要在国外赢得战争，又要在国内维持和平。唯一能够让波兰人和乌克兰人都满意的出路是兼并俄国领土，然后分别划给新近成立的波兰王家行省和乌克兰王家行省。[19]

（左侧边码）92

因此，当乌克兰和波兰的国会议员在维也纳争论不休时，他们都把东进视为唯一出路。威廉在加里西亚杀出一条血路，已深入旧俄国领土，在乌克兰爱国者之中赢得声望。他仍然把理想主义挂在口边，致信乌克兰朋友时提到"我生命的目的就是要让民众幸福"。但他也相当自觉地谋求自抬身价的机会，动用他在乌克兰的人脉到处进行游说。威廉此时认为，短期之内，解决哈布斯堡君主国境内民族问题的最好办法是在哈布斯堡领土上成立奥地利 - 匈牙利 - 波兰三元君主国，但东加里西亚划归奥地利而非波兰。作为哈布斯堡家族成员和乌克兰人，他当然认为这个解决乌克兰问题的办法能让他的家族和民族同时受益。[20]

皇帝陛下知道事情没那么简单。卡尔皇帝不得不想办法让乌克兰人支持哈布斯堡王朝的事业。威廉显然是理想的工具。卡尔给威廉打电话，问威廉是否愿意跟随他到加里西亚来一场随时停车的旅行，这是他的前任不可能去做的，弗兰茨·约瑟夫连电话都不会用。两人在维也纳火车站碰头，卡尔皇帝向他的表亲致以和蔼可亲的问候："亲爱的威廉，你也知道的，我与你同行，是为了让乌克兰人看到我对那里的土地和人民的关心。"1917 年 7 月至 8 月，当这两位年轻的哈布斯堡家族成员穿越东加里西亚时，卡尔答应乌克兰人，他们会受到哈布斯堡军队的良好对待，哈布斯堡王朝会重建统治秩序。[21]

数周以后，卡尔再次召见威廉，交给他另一项乌克兰政治使命。威廉将要去结识安德烈·舍甫季茨基，即那位东仪天主教会大主教，东仪天主教也是加里西亚的乌克兰民族宗教。舍甫季茨基的大教堂位于利沃夫，这是其教会的主要基地。战争爆发初期，在俄国人占领加里西亚期间，他曾被俄国人逮捕。这并不让人意外。俄国人早就知道，舍甫季茨基希望借助哈布斯堡王朝的胜利，把东仪天主教从加里西亚传播到俄罗斯帝国。此时，在俄国二月革命后，舍甫季茨基被释放出狱。他回到加里西亚，回到利沃夫，回到他的大教堂。因为哈布斯堡王朝需要乌克兰人的支持，卡尔希望摆出欢迎的姿态。他把威廉派到利沃夫，去向著名的乌克兰宗教领袖致意。

利沃夫圣乔治大教堂

红色篇章：披甲王子

安德烈·舍甫季茨基大主教，威廉的精神导师

1917年9月10日午后，威廉抵达利沃夫火车站，他坐上被鲜花整饰一新的轿车，前往欢迎宴会，还有乐队伴奏。他用乌克兰语和德语向舍甫季茨基致意，以取悦乌克兰围观者和大主教本人。舍甫季茨基此前从未见过威廉。此时，在他面前忽然站着一位年轻英俊的大公，说着地道的乌克兰语，在簇拥而来的群众面前以最高统治者的名义向他致意。大主教和群众还看到，威廉在制服里穿着乌克兰绣花衬衣。"维什凡尼"（Vyshyvanyi），围观者喊出这种绣花在乌克兰语里的说法，这将会成为威廉的乌克兰姓氏。突然之间，他有了完整的乌克兰身份：瓦西里·维什凡尼（Vasyl Vyshyvanyi）。

舍甫季茨基成为威廉新的保护人和引路人。舍甫季茨基开始把威廉视为乌克兰全境解放计划的代理人。从战争爆发时起，舍甫季茨基就希望，一位哈布斯堡军官也许能够代表

95

哈布斯堡王朝统治乌克兰。此时，他已找到这位哈布斯堡军官，他不仅自愿成为乌克兰人，而且天生就是大公。没有比这更理想的候任国王了。[22]

在卡尔皇帝派威廉去处理乌克兰事务期间，他还要考虑更大范围的欧洲和平问题。战争已摧毁俄国的罗曼诺夫王朝。短期来看，这对哈布斯堡王朝来说是个好消息，但这也是个不好的预兆，欧洲各大王朝必须应对接下来的战争和饥荒。卡尔担心旷日持久的战争将会导致革命爆发和王朝倾覆。1917年4月，卡尔的外交大臣在致德国皇帝威廉二世的备忘录中写道："如果中欧强国君主们未能在今后几个月缔造和平，各民族就会自行其是，到时革命浪潮将会把今天我们的兄弟和儿子为之战斗和牺牲的一切一扫而空。"[23]

然而，德国是同盟盟主，而威廉二世还不想结束战争。无论如何，德国此时的政策掌握在鲁登道夫和兴登堡这两位将军手上。他们把持着德国及其盟友，使其符合战争逻辑：在任何特定时刻媾和都是没有意义的，因为再坚持下去就能取得战场上的胜利，从而赢得更有利的条款。卡尔未能说服德国人缔造总体和平，但至少为波兰争取到政治安排。1917年10月，两国政府同意，卡尔能够统治波兰，条件是维也纳和柏林建立更为紧密的政治经济联系。鲁登道夫和兴登堡驳回了这项安排。他们希望把波兰变成卫星国，让波兰男人变成炮灰。德国属意的国王人选是斯特凡。通过认可斯特凡，德国人似乎接受了奥地利－波兰方案。实际上，两位将军的意图是让哈布斯堡皇帝无法染指这顶王冠，并以他们认为合适的方式利用波兰。

1917年11月，德国对待盟友的强硬态度似乎被证明是正确的，足以赢得战争的重大突破似乎近在眼前。那年春天，德国外交部偶然想到，把名叫弗拉基米尔·列宁（Vladimir Lenin）的俄国流亡者用密封列车送回祖国。刚刚回国，列宁就在《四月提纲》里声称，俄国应该马上退出战争。11月8日，列宁及其领导的布尔什维克党推翻了临时政府，建立了新的共产主义秩序。

布尔什维克革命正是德国政策所期待的结果，但哈布斯堡王朝在俄国仍然有牌可打：乌克兰民族运动。11月，威廉被擢升为上尉，可谓胜利在望。1918年1月，位于基辅的乌克兰中央委员会宣布乌克兰独立。威廉听从舍甫季茨基的建议，意识到新乌克兰亟须援助，以便在布尔什维克红军即将发动的进攻中幸存，关键在于新国家要得到中欧强国的承认。如果威廉能够从战场指挥官变成秘密外交官，他就能赢得乌克兰。1月7日，威廉及其部下庆祝东仪圣诞节。1月12日，威廉离开部队，从此全身心投入争取乌克兰独立的外交活动。[24]

1918年年初，德国、哈布斯堡君主国及其两个东部对手展开布列斯特－里托夫斯克（Brest Litovsk）谈判。第一个谈判对手是布尔什维克党，该党让俄国退出战争的政策符合德国和哈布斯堡君主国的利益。第二个谈判对手是新近成立的乌克兰人民共和国，该国寻求保护，以免受到布尔什维克的进攻。威廉及其盟友、加里西亚乌克兰政治家尼古拉·瓦西里科让来自基辅的乌克兰外交官明白，

97 　他们的国家是远近闻名的农业经济强国，这让他们的谈判
地位比表面上更强势。哈布斯堡君主国急需食物供应。英
国海军的封锁正让这个国家挨饿，而战争期间哈布斯堡君
主国的小麦产量几乎下跌了一半。1918 年 1 月 20 日，正
值谈判期间，十一万三千名工人在维也纳发起罢工，要求
获得食物。次日，哈布斯堡总参谋部写道，军队"只能勉
强糊口"。[25]

　　得知实情的乌克兰外交官大胆提出两项要求。第一项要
求是独立的乌克兰国家应该包括某些被波兰人视为波兰领土
的西部地区。第二项要求是哈布斯堡君主国承认单独的乌克
兰省份。1 月 22 日，哈布斯堡外交大臣把这两项要点呈报
维也纳。政府陷入绝望，予以全盘接受。1918 年 2 月 9 日，
德国、哈布斯堡君主国以及乌克兰外交官签订所谓"面包
和约"。德国和哈布斯堡君主国同意承认乌克兰人民共和
国，而在秘密协定中，哈布斯堡君主国承诺在东加里西亚和
布科维纳创建乌克兰王家行省。

　　与此同时，布尔什维克与乌克兰军队之间爆发战争。就
在条约签订当天，红军攻占基辅，这座城市本来会成为独立
后的乌克兰的首都。乌克兰外交代表团为这个国家争取到国
际承认，虽然这个国家无力抵挡布尔什维克的进攻，在边界
问题上肯定会冒犯波兰人，而且有权干涉哈布斯堡内政。上
述所有让步，只换来乌克兰国家供应粮食的承诺，但这个国
家根本缺乏运送粮食的基础设施。这明显是外交讹诈，威廉
对此却很高兴。每一项由乌克兰提出的主要政治要求都已得
到满足。他帮助两个乌克兰政治实体奠定基础，东边独立的

乌克兰人民共和国，以及哈布斯堡君主国境内的乌克兰王家行省。毫无疑问，他希望终有一日，这两个政治实体合二为一，也许会合并成他的"乌克兰君主国"。毕竟，君主国将会需要君主。考虑到东边的革命气氛，这个君主应该是个红色君主。 98

对于威廉来说，"面包和约"的签订，"对于我这个乌克兰人来说，是生命中最美妙的一天，而且我真的感觉自己是个乌克兰人了"。[26]在威廉为战争所写的诗集中，他浪漫地断言，乌克兰的未来能够从"一滴红色的鲜血"中得以窥见，也能够从他的部下所受的痛苦中得以窥见。士兵们肯定有助于他成为名副其实的乌克兰军官，他们教他唱歌，给他讲故事，给他某种值得效忠和珍爱的目标。然而，他在布列斯特－里托夫斯克取得的胜利，更加得益于他从乌克兰政治家、哈布斯堡皇帝以及父亲身上所受的政治教育。1918 年 2月，乌克兰人民共和国得到承认，这是威廉作为年轻外交官取得的胜利。这个共和国比 1916 年 11 月成立的波兰王国还要大得多，这是合法的独立国家，而且似乎更能得到来自维也纳和柏林的安全保证。

威廉已经超越父亲，而且避免了与父亲正面对垒的局面。

灰色篇章：影子君王

　　从一开始，乌克兰人民共和国就是个保护国。1918 年 2 月 9 日，通过所谓"面包和约"，德国和哈布斯堡君主国对乌克兰政府予以承认，然后就要厘清该国与布尔什维克的疆界。2 月 18 日，在乌克兰政府邀请下，德军士兵穿过乌克兰边界。十天后，哈布斯堡君主国的军队也进入乌克兰。随着两支盟国军队横穿乌克兰国境向俄国推进，布尔什维克不得不提出媾和。1918 年 3 月，根据与德国和哈布斯堡君主国签订的和约条款，布尔什维克割让乌克兰。东线战争结束，柏林和维也纳赢得胜利。

　　然而，获胜的盟友也出现分歧。德国未等哈布斯堡君主国就率先进入乌克兰；哈布斯堡君主国不得不紧跟德国，以防止德国竭泽而渔。德国军队与哈布斯堡军队彼此冲撞，由此导致误解和冲突。在长达一个多月里，德军总参谋部与哈布斯堡总参谋部未能就占领区的划分达成一致。德国将会占领基辅及其以北地区，哈布斯堡君主国将会占领基辅以南地区，两国共同控制黑海港口，比如敖德萨。德国和哈布斯堡君主国都在基辅设立外交机构。[1]

灰色篇章：影子君王

柏林与维也纳的乌克兰政策存在根本分歧。哈布斯堡君主国希望乌克兰成为政治独立的国家，进而成为德奥两国 的盟友，以反对革命后的俄国，以后还能反对德国。哈布斯堡君主国对乌克兰南部的占领因此别出心裁。尽管哈布斯堡君主国各民族正处于饥饿之中，但粮食征购并未以哈布斯堡驻乌克兰的士兵优先。按照哈布斯堡军队总参谋长的说法，此举目的在于"强化乌克兰民族分离主义者的分离意识"。哈布斯堡驻基辅全权公使写道："战争期间，乌克兰民族意识的觉醒，肯定会导致正确的和成功的反俄行动。"此时，同样的政策将会用于削弱德国。乌克兰民族主义将会得到支持，乌克兰权力机关将会得到建立，成为对抗哈布斯堡近日盟友的坚固堡垒。正如负责乌克兰方面的哈布斯堡情报军官写道："我们，作为乌克兰军事部门的最早创建者，将会以领导者的身份进入乌克兰，以领导反德行动！"[2]

德国自有其更为简单的政策。对于柏林来说，乌克兰是粮食来源，乌克兰人是为德国人耕种的农民。德国的乌克兰政策走得很远。当哈布斯堡君主国把新乌克兰国家视为战略收获时，德国却把它视为征粮工具。德国人认为，如果乌克兰政府未能完成征粮任务，那就换一个政府。当哈布斯堡君主国认为发扬乌克兰民族主义符合自身利益时，德国则乐于在俄罗斯人、波兰人甚至犹太人当中寻找盟友和代理人。哈布斯堡君主国同样担心，其德国盟友在赢得东线战争后，并未试图寻求和平，而是将乌克兰作为通向高加索和伊拉克油田的通道，从而把战争继续下去，并试图夺取世界霸权。[3]

　　总体而言，德国人占尽上风。哈布斯堡武装部队不得不接受德国人发号施令。1918 年 4 月 29 日，德国解散乌克兰政府，而这个政府之前还是德奥两国的谈判对象。乌克兰人民共和国当局对此肯定无能为力：共和国总统是个历史学家，他喜欢把电话听筒挂起来，这样他就能不受干扰地订正他书中的历史证据。然而，这至少还是个合法政府，它由许多政党组成，它们都怀着代表乌克兰各民族发声的良好愿望。政变过后，乌克兰在形式上还是个独立国家，但其政府由外国势力选任。德国人抬出彼得·斯科罗帕茨基（Petro Skoropadsky），建立了一个军事独裁傀儡政权。他采用乌克兰传统的"哥萨克酋长"（Hetman）称号，其政权也被称为"哥萨克酋长国"（Hetmanate）。[4]

　　创建哥萨克酋长国完全是德国政策，与哈布斯堡毫无瓜葛。然而，哈布斯堡君主国并非表面上那么软弱。卡尔皇帝还设下一个圈套。

　　1918 年 2 月 18 日，也就是德军开入乌克兰当天，卡尔发出电报，在维也纳召见威廉。卡尔告诉威廉，自己组建了一个"威廉大公战斗集群"，由约四千名乌克兰官兵组成。这个战斗集群已包含乌克兰军团，即战争爆发时组建的用于情报和宣传的特殊部门。这支部队将会马上东进乌克兰，威廉将在那里加入部队并领导他们。威廉将会成为卡尔的耳目，随时向卡尔汇报乌克兰事务，这是哈布斯堡家族成员之间的汇报。

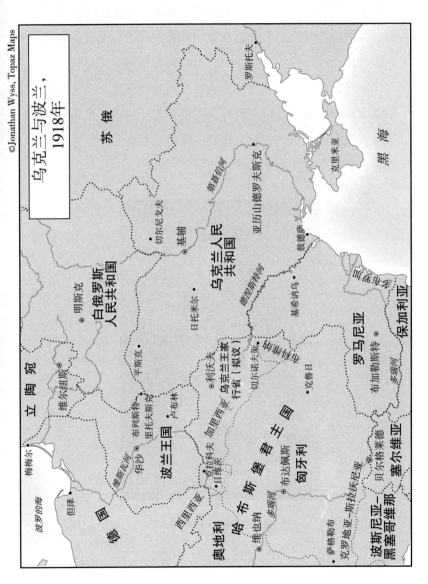

乌克兰与波兰，1918 年

威廉同样支持乌克兰民族事业，他言行一致，不惜运用各种他认为合适的方法。正如威廉写道："承蒙皇帝陛下厚爱，我得以在乌克兰领受这项军事和政治任务，通过这种联系，他赋予我无限的行动自由，以此彰显他对我的信任。"[5]

威廉后来声称，两人从未谈及在乌克兰扶植出身于哈布斯堡家族的国王，这很可能是真实的。对于这两位哈布斯堡家族成员来说，这种讨论完全是多余的。显而易见的是，两人都会认真考虑王朝扩张的机会。

威廉戎装照，1918 年

1918 年 3 月底，威廉动身与其部队会合，他扬帆横渡黑海的灰色海面，前往敖德萨。他登岸以后直奔内陆，前往乌克兰大草原，往东北方向寻找他的乌克兰军团。1918年4月1日，就在古城赫尔松（Kherson）城外，他找到部队。尽管乌克兰军团招募而来的士兵不是太小就是太老，甚至包括大批戴眼镜的年轻军官，威廉还是把部下视为"漂亮而健康的年轻男孩，他们展现出森严的纪律，比哈布斯堡军队更好"。他与部下都为置身于乌克兰而感到高兴。此时威廉正发号施令，而军团也并入他麾下更为庞大的战斗集群，部队从赫尔松开拔，前往乌克兰最具民族象征意义的地点：古老的哥萨克堡垒塞契（Sich）① 要塞。6

哥萨克是靠战争、捕鱼和耕种谋生的自由民，他们是乌克兰历史的骄傲。对于信奉东正教的乌克兰农民来说，塞契要塞曾意味着自由。好几个世纪以来，农民要活下去只有两条路可走：要么成为波兰地主及其犹太管家手下的农奴，要么逃跑失败沦为鞑靼穆斯林的奴隶。唯一的避难所就是塞契要塞，在那里农民有机会成为哥萨克。17世纪中叶，哥萨克奋起反抗波兰统治。这场起义导致许多乌克兰人惨死于血泊之中，并招致俄国对哥萨克的镇压。然而，英勇哥萨克挑战颓废波兰贵族的传说，不仅吸引着威廉，而且吸引着绝大多数乌克兰爱国者。乌克兰军团甚至援引乌克兰独立传奇中的历史颂词，自称为"乌克兰塞契神枪手"。

哥萨克的往事不仅在时间上非常久远，而且在空间上也相去甚远。军团成员都是加里西亚人，而加里西亚从未有过

---

① 在乌克兰历史上，被称为塞契的哥萨克堡垒不止一处，而且本书并未指明塞契要塞的确切地点，但根据扎波罗热军团的动向来判断，本书提及的塞契要塞很有可能在第聂伯河东岸的扎波罗热附近。

哥萨克。起码到此时此地为止，他们对哥萨克往事的致敬，只具有理论意义。回到哈布斯堡君主国，在那个由咖啡馆、大学校园、政府办公室构成的世界，乌克兰军团的创建者其实都是些知识分子，他们非常自觉地援引哥萨克的英雄传说，将其视为营造乌克兰民族自豪感的途径。此时军团成员置身于乌克兰，置身于塞契要塞，与英灵们一起安营扎寨。威廉写道："巨大的喜悦洋溢在我们中间，正是我们，有幸占领这片著名的土地。"他与军团前往古老的要塞进行日落旅行，并在山上竖起十字架。人们不由自主地沉浸于昨日重现的浪漫遐想，一个湮没于历史的民族将会得到重生。[7]

他们的司令官威廉知道只有历史还不够。哈布斯堡的政策是缔造一个乌克兰民族，这意味着必须在此时此地采取行动。在塞契要塞，威廉要把说乌克兰语的农民变成乌克兰农民，手段就是所谓的"乌克兰化"政策。正如他写道："只有两条路可走：要么敌人把我赶走并把此地俄罗斯化，要么我留在此地并把此地乌克兰化。"乌克兰民族并不等同于现存的乌克兰国家，那只是德国人依赖俄国官员建立起来的傀儡政权。倒不如说乌克兰民族是一个愿景，将来整个辽阔的国家都会变得像威廉及其部队的小小占领区那样。在塞契要塞周围的小小地区，威廉必须迅速缔造乌克兰。

威廉的政策与任何地方、任何时代的民族缔造者相似：坚决果敢的行动、铺天盖地的宣传、历史传奇的追溯。他按照种族成分清洗官员队伍，以乌克兰人充任乡村管理者。他借助媒体传播民族解放的消息，创办一份以乌克兰民族语言编印的新闻报刊。他认为下一代人应该以不同于父母的眼光看世界，因此他派军官前往学校教书。他的军团与当地农民亲如兄弟，并为他们赋予乌克兰政治认同。这种军民鱼水情表现为许多形式，有些甚至表现为戏剧形式。威廉的部下花费大量时间编写和排演戏剧，在因地制宜的场地为当地观众进行表演，戏剧每隔一周就在当地的马厩上演一回。正如威廉回忆："我们的男孩与当地的女孩嬉戏到凌晨。"[8]

因此，乌克兰就在马厩中诞生了，随后诞生的还有基督教信仰。正当威廉在哈布斯堡与俄罗斯旧国境两边的民众中传播乌克兰民族意识时，他还参与制定了一项政策，试图弥合千百年来基督教信仰的分歧。乌克兰长期位于东西方的边境、天主教与东正教的边境，也是宗教融合的传统试验田。16世纪的失败尝试并不是宗教融合，而是创造出第三个教会——"东仪天主教会"，这个教会听命于梵蒂冈，但使用类似于东正教会的礼拜仪式。19世纪，哈布斯堡收编了东仪天主教会，培养教会神父，并将其命名为希腊天主教会。及至20世纪，希腊天主教已成为哈布斯堡君主国境内乌克兰人的民族宗教。

正是安德烈·舍甫季茨基大主教，即威廉于数月前在利沃夫欢迎的那位大主教，把希腊天主教会变成乌克兰民族教会。此时正值1918年，舍甫季茨基有个庞大计划。他将会把前俄罗斯帝国境内的东正教转变为希腊天主教，并将其置于天主教会领导之下，从而结束宗教分歧。如果俄罗斯帝国境内的乌克兰人从东正教改宗希腊天主教，那么必将有助于哈布斯堡控制乌克兰，因为希腊天主教的宗座利沃夫，就位于哈布斯堡君主国境内。

105

红色王子

　　舍甫季茨基为威廉引荐了一个搭档——比利时至圣救主会的弗朗索瓦－格扎维埃·邦内（François-Xavier Bonne）神父。邦内与其他几位至圣救主会成员一样，接受了希腊天主教仪轨和乌克兰民族身份。在乌克兰，他是威廉形影不离的伙伴。两人很快意识到，轻率匆忙地宣传希腊天主教并无意义。在乌克兰东部，东正教会就是乌克兰人的信仰，引入天主教或者希腊天主教的观念只会造成混乱。威廉和邦内发现，乌克兰当地人并未对来自西方的宗教表现出任何兴趣，他们反而想让威廉皈依东正教！[9]

　　两人同样发现，追随威廉的乌克兰人并不介意他的天主教信仰，因为威廉正是他们想要的那种革命领袖。对于乌克兰农民来说，财产比宗教或民族更重要，威廉似乎对此心知肚明。在威廉的私人占领区，农民能够保住 1917 年革命期间从地主手中夺取的土地。他防止乌克兰国家境内出现旧地主收回土地的情形，为此不惜得罪当地贵族。他甚至阻止哈布斯堡武装部队在当地征购粮食。邻近地区反抗征粮的农民开始涌入威廉的占领区。威廉甚至为保卫农民免受哈布斯堡武装部队侵害的游击队领袖提供庇护。[10]

　　威廉对待农民财产的态度让他在乌克兰成为传奇人物，成为一个出身于王室的罗宾汉。位于基辅的哈布斯堡当局警觉地提醒，威廉的塞契要塞已变成"乌克兰所有异见分子的目的地"。他们警告道，威廉对所有反对占领的异见分子都具有"吸引力"。军事部门关注到在乌克兰政治家当中已形成"严肃的圈子"，他们把威廉视为候任乌克兰国王。德国人对此也感到焦虑，因为"威廉大公越来越受民众欢迎，人们称他为瓦西里王子"。[11]

　　德国人无意中帮助威廉在塞契要塞招募到更多的乌克兰士兵。1918 年 3 月至 4 月间，德军占领南方的战略要地克里米亚半岛，命令乌克兰部队扎波罗热（Zaporizhian）军团移防到别处去。4 月 29 日，斯科罗帕茨基政变期间，军团司令官害怕部队被德国人解散，于是向塞契要塞进发。与加里西亚人组成的乌克兰军团类似，扎波罗热军团的军官们忠诚于哥萨克传统。"扎波罗热"意指"跨越急流"，而此时，他们"跨越急流"奔向塞契要塞。扎波罗热人剃头削发、佩戴弯刀，看上去比戴眼镜拿课本的加里西亚人可怕多了。扎波罗热人带刀进教堂，甚至带刀做忏悔。他们解释道，他们的刀有太多罪过需要忏悔，这也许非常符合事实。[12]

　　1918 年 5 月初，塞契要塞为来自东方与西方的乌克兰士兵的离奇相遇提供了神话般的舞台。5 月初，扎波罗热人邀请威廉及其军团赴宴。弗谢沃洛德·彼得罗夫（Vsevolod Petriv）上校回想自己麾下的东乌克兰士兵与面容清秀的大公初次见面的情形："那是一场大聚会：我们那些大块头男孩，都长着饱满的乌克兰面容，此时大公突然出现在人群中，他是个身材苗条的年轻人，长着略带红色的头发，没有蓄胡子，他的奥地利军服里面套着乌克兰衬衣。"威廉给人留下极为出色的第一印象。部下告诉彼得罗夫，威廉主动与他们说话，分担他们的政治忧虑，了解他们的国家，还说着他们的语言。最为引人注目的是，他们感觉到他是这个民族的一员。"他是个简单的人，就像我们一样！"他们大声惊叹、大为惊讶，但

107

129

也心悦诚服。他们的印象并非完全错误。威廉富有魅力、机智圆滑，但他绝非狡猾诡诈，亦非表里不一。[13]

在随后的第二次宴会中，威廉的高超骑术给乌克兰骑兵留下深刻印象。扎波罗热人自视为哥萨克，保持着哥萨克的骑术传统。常见的游戏是全速策马前进的同时弯腰捡起地上的帽子。哥萨克能够蜷缩在马的一侧，以此装死，或者躲避箭雨或炮火，某些人甚至能够攀附在马肚皮上。他们能够在马鞍上调整姿势，从面向前方转身面向后方，与此同时胯下的马匹正全速狂奔。威廉曾在父亲那座封闭的城堡花园里学习骑马，老师是个肥胖的波兰人，他从未见过人们在开阔的草原上表演马上绝技。又一次，威廉轻而易举地与士兵们打成一片，并与当地农民开怀畅饮啤酒。

通过向乌克兰人展示自己是他们的一员，威廉也在展示自己也许能够统治他们。乌克兰士兵自行得出了这样的结论。在一次聚会中，他们把威廉拥上王位，这个王座是他们从克里米亚带回来的，他们把威廉抬起来，高喊"光荣"！在另一次聚会中，威廉得到一顶哥萨克皮帽，还有一件被称为布尔卡的哥萨克长斗篷。与许多乌克兰文化现象相似，布尔卡这个词语也来自穆斯林。尽管对阿拉伯人来说，布尔卡是妇女穿着的覆盖全身的罩袍，但对乌克兰人来说，布尔卡是民族风格的大衣，只有武士和首领才能穿着。穿上布尔卡，戴上皮帽，威廉如愿以偿地成为一位东欧王子。他从小就对东方怀有梦想，而且也拥有渴望得到乌克兰王位的年轻野心，此时梦想似乎唾手可得。人们看到威廉这副打扮，有点不知轻重地说这是威廉的"加冕礼"。[14]

108

灰色篇章：影子君王

一次隆重适宜的加冕礼，正是彼得罗夫上校的同僚彼得·波尔波尚（Petro Bolbochan）上校心中所想。在与威廉会面后，波尔波尚向彼得罗夫提议利用威廉推翻德国人扶植的哥萨克酋长国。波尔波尚问道："能否策划一场小型暴动，然后声称瓦西里·维什凡尼才是全乌克兰的酋长？"他提议建立一个立宪民主君主国。威廉将会签订一部钦定宪法，这部宪法的有效期到能够举行民主选举为止。

两位东乌克兰上校向威廉提出上述计划。威廉给予他们模棱两可的答复，并于 5 月 9 日和 11 日两次发电报给卡尔皇帝请求指示。卡尔回电，他希望威廉继续执行其亲乌克兰政策，但应避免采取任何危及德奥同盟和粮食供应的行动。威廉并未采取兵行险着的行动。假如一名哈布斯堡家族成员有望获得王位，但又转瞬丢失王位，这会对整个王朝的威望造成损害。关键是选择合适的时机。威廉并不打算迈出"决定性的步骤"，至少"暂时不宜轻举妄动"。[15]

在威廉的小小剧场之外，哈布斯堡王朝对乌克兰南部的占领简直就是一场灾难。威廉能够以乌克兰人的身份示人，而且能够保护农民。其他军官就没有这么幸运了。总体而言，军队没有办法展现其良好意愿，却有尽可能收集粮食的迫切需求。哈布斯堡士兵最初是被当成解放者受到当地民众欢迎的，但很快就变成掠夺者。农民在出售谷物和牲畜时，并不愿意接受哈布斯堡货币，俄国卢布也形同废纸。农民把谷物藏在地窖里。铁路工人也在罢工。哈布斯堡士兵命令乌克兰警察焚毁那些反抗征粮的农民居住的村庄。士兵们自己

也在挨饿，他们吃掉绝大多数能够收集到的食物。按照
"面包和约"的条款，乌克兰承诺在夏天前为中欧同盟提供
一百万吨粮食。真正能够运到的不及十分之一。由于乌克兰
政府未能兑现承诺，哈布斯堡也就翻脸不认人了。"面包和
约"的秘密条款，即以谷物换取在哈布斯堡君主国境内成
立乌克兰王家行省的承诺，也被德国外交部焚毁了。[16]

109

焚毁村庄，焚毁文件，都无法控制乌克兰。起义农民自发
寻找起义领袖，有些是布尔什维克党员，他们教农民如何运用
游击战术。1918 年 6 月，一份相当典型的哈布斯堡报告写道，
在一处村庄，两名宪兵被谋杀，而在报复行动中，他们以绞刑
处决了十三名村民。7 月，一名铁路官员受到抢劫，并被捆住
手脚扔在铁路轨道上。哈布斯堡和德国部队都未能抓到罪犯。
同一个月，哈布斯堡士兵使用大炮平定一处村庄。他们再也无
法区分游击队员与其他平民，而针对平民的报复行动却又驱使
更多年轻人逃入森林对抗占领者。及至 8 月，哈布斯堡军事情
报部门报告道："针对地主、警察、官员的谋杀，以及其他针
对中欧同盟部队的恐怖敌对行动，可谓无日无之。"[17]

有些反游击行动如同闹剧，比如 5 月底在胡莱波莱
（Hulai Pole）村发生的事件。哈布斯堡部队受到四面包围和
火力压制，只能在几所房屋里寻找掩护。一名士兵被派去请求
投降。那名士兵身首异处，并在其他士兵的眼皮底下被砍成尸
块。剩下的士兵在枪口威胁下走出房屋，然后被就地处决。哈
布斯堡讨伐队杀死四十九名村民，无法判断他们是否与事件有
关。哈布斯堡军官对于当地政治几乎一无所知，几乎无法确定
敌人是谁。在这次事件中，他们认为游击队员是布尔什维克，

但实际上，胡莱波莱村是无政府组织的重要据点。[18]

哈布斯堡军官把乌克兰视为即将爆发的火山。留在乌克兰只会招致更多不满，离开乌克兰将会引起群众暴力。他们担心，如果中欧同盟撤退，地主和犹太人将会遭到集体屠杀。威廉的政策似乎只能加剧这种恐慌困境。他庇护反抗征粮的农民，他帮助游击队对抗祖国的军队。他甚至同情那些在胡莱波莱村犯下谋杀罪的无政府主义者，认为他的祖先鲁道夫皇帝在创立哈布斯堡王朝时也采取过相似的手段。哈布斯堡占领当局不得不怀疑这位年轻大公意欲何为。6月中旬，哈布斯堡部队司令终于直接对他提出质问，但威廉拒绝回答。哈布斯堡外交官也向皇帝汇报，请求皇帝陛下把威廉调离乌克兰。[19]

110

德国盟友也大为紧张。就在德军开入乌克兰的当天，德国人收到第一份情报，当中提到威廉登上乌克兰王位的密谋。他们最初低估了这桩密谋的可能性，但还是留意到越来越多蛛丝马迹。3月，早在威廉抵达之前，德国外交官就已正确地断定，哈布斯堡王朝"在乌克兰南部追求广泛的政治目标"。5月13日，德国军事部门注意到，"个人与乌克兰联合的想法，流传于奥地利的头面人物当中"，意指建立由哈布斯堡家族成员出任国王的乌克兰王国。就在当天，德国外交官汇报道，威廉将会非常乐意成为德国扶植的哥萨克酋长的继任者，而那位哥萨克酋长才刚刚掌权两个星期。[20]

德国人惊讶于威廉造成的威胁。他是个红色王子，出身于统治阶级，却抓住了革命时机，实施激进的社会和民族政策。德国人当然知道布尔什维克已被赶出乌克兰，但布尔什维克可以从那些反抗德国剥削政策的人物那里争取支持。德国人能够随时收听布尔什维克的电台宣传，也能够阅读布尔什维克的电报内容，因为政委们，甚至包括身为政委的约瑟夫·斯大林（Joseph Stalin），根本懒得使用密码。布尔什维克主义并不让德国人感到意外。然而，德国人尚未做好准备，如何面对左翼君主主义，如何面对这位哈布斯堡家族成员，尽管他影响范围有限，但他与布尔什维克一样，对这个被战争和占领折腾得奄奄一息的国家做出如下承诺：土地、和平，以及民族自由。[21]

备受挫折的德国人彼此相告，威廉"跟他父亲一样"，是个"幻想家"。这句话符合事实，却于事无补。由于无法说服卡尔把威廉调离乌克兰，德国人不得不派遣特务前往塞契要塞，监视威廉的一举一动，但他们获得的可不是什么好消息。一个间谍报告道：威廉"深受乌克兰人爱戴"，他被"认识他的人们视为将来的酋长或国王"。另一个线人报告道："他和蔼可亲，机智圆滑，他同情乌克兰人，他的私人生活极端简朴，这位大公已有能力赢得巨大声望，不仅在他周围的人群中，而且在绝大多数乌克兰人口中。"那位特工继续写道："关于这位热爱冒险的王子的种种传说已传遍乌克兰，这位乌克兰之友，他将要在古老的塞契要塞开创自己的丰功伟业。"结论是不可避免的："威廉大公的巨大威望，将会对我们缔造的国家造成巨大危险。"这意味着斯科罗帕茨基酋长的傀儡政权已危在旦夕。[22]

德国人不愿意承认他们对哈布斯堡盟友心怀顾虑，他们宁愿谈及对亲手扶植的傀儡统治者斯科罗帕茨基的担忧。德

国人认为斯科罗帕茨基酋长"天生神经质"，把威廉视为
"黑色的虫子"。这种担忧是有根据的。斯科罗帕茨基本来
就是个骄傲自大又生性多疑的人，他认定威廉是王位觊觎
者。他正确地估计到威廉已得到哈布斯堡宫廷和希腊天主教
会的支持。德国人试图移除威廉掌权的军事基础，以此安抚
斯科罗帕茨基。及至 6 月，德国人解散了集中于塞契要塞周
围的乌克兰部队，命令扎波罗热军团移防到北部的新防区。
威廉身边只剩下四千人的战斗集群。然而，到那个时候，巨
大的政治和心理伤害早已造成。6 月，有人在媒体上运作了
一场恶作剧，他们在欧洲的新闻报刊上登载假新闻，声称斯
科罗帕茨基已辞去酋长职务，让位于威廉。大约与此同时，
布尔什维克刺杀了德军驻乌克兰司令官。斯科罗帕茨基对此
怒不可遏，而他的德国庇护人也开始感到担忧了。[23]

　　然而，卡尔皇帝不愿意调走威廉。让德国人以及勃然大
怒的斯科罗帕茨基感到担忧，也许正中卡尔下怀。如果德国
人的占领政策真的搞砸了，那么他们最终也许要求助于乌克 112
兰哈布斯堡王朝。与此同时，威廉在乌克兰的活动，是卡尔
少数能够吸引德国盟友注意的手段之一。1918 年 7 月，卡
尔假装屈从于德国的压力，他致信德国皇帝威廉二世，声称
威廉将会前往西线，并对威廉的擅自行动做出辩解。

　　实际上，卡尔决心继续实行他个人制定的东方政策，借
此机会实现普遍和平。卡尔认为，德国人剥削乌克兰的粮
食，剥削波兰的兵源，却并未给予这两个国家以必要的政治
自主权。卡尔确信哈布斯堡王朝能够以比德国人柔软得多的
方式同时统治波兰和乌克兰，最终至少能为哈布斯堡王朝赢

得波兰王冠，也许还能赢得乌克兰王冠。更为迫切的是，卡尔希望德国人能够在维也纳和柏林尚且有领土可争的情况下结束战争。在他看来，每个月都意味着风险增加和机会流失，是时候达成停战协定了。

正是在这种心境下，卡尔把威廉召回维也纳，在扔给威廉一叠从乌克兰寄来的告密信后，私下对他予以嘉许，然后把他派往比利时的德军总部，当面向德国皇帝威廉二世解释缘由。在那里，威廉能够解释卡尔的处境，还有自己的处境。威廉接受皇帝指派的使命，烧掉那些告密信，然后动身西行。[24]

在从乌克兰到比利时，从东线到西线的路上，威廉追随着数十万德军士兵的足迹。1918 年 2 月至 3 月间，乌克兰与苏俄签订和约，让德国人得以抽调四十四个师开往西线，并在 1918 年春季和夏季对法国发动五次总攻击。及至 6 月，德军距离巴黎已不足四十英里，几乎已把巴黎重重包围。然而，英法两国还在战斗，而且美国人也来了。德军在这次进攻中付出了一百万人伤亡的代价，已没有士兵可以补充了。与此同时，一百万美军抵达法国。

113　　1918 年 8 月 8 日，威廉抵达斯帕，觐见德国皇帝。在德国人看来，这正是整场战争中最糟糕的一天。当天早晨，英、法、美三国军队在巴黎北面一百二十公里处的法国城市亚眠发起一次总攻。这是第一次世界大战期间规模最大的一次坦克战，而且所有坦克都在德国的敌人手中。及至下午，当德国皇帝在帐篷中接见威廉时，德军已伤亡数万人，后撤八英里。在这痛苦的一天，德军司令部怒火冲天，因为哈布斯堡君主国在西线无所作为。[25]

当德国人因为自身问题责怪哈布斯堡时，威廉来到斯帕，负有哈布斯堡的微妙使命。亚眠战役表明，卡尔要求媾和是正确的，但德国人无法承认这一点，尤其是在这个时刻。德国军官与威廉交谈，提及卡尔关于实现普遍和平的意愿。威廉确实就自己在乌克兰指挥军队的事情向德国皇帝做出解释，他接受德国皇帝的祝福，然后动身返程。德国皇帝的扈从认为威廉比其他哈布斯堡家族成员更好说话。德国皇帝带着欣赏的语气亲笔写道，如此"年轻而富有朝气"的军官应该返回前线统领部下。德国皇帝似乎相当高兴，难得找到一位富有魅力、战意高昂的哈布斯堡家族成员。[26]

五天后，卡尔皇帝抵达斯帕，请求立即媾和。此前一天，亚眠战役结束，德军遭遇惨败。已没有多少德军将领认为己方能够赢得战争。德国皇帝威廉二世仍然拒绝承认战争的现实，还试图在波兰问题上威吓卡尔。卡尔决不让步。然而，这种争论已毫无意义。此时此地，东方事务已无关紧要。战争的结局将在西线决定。德国人每天都在节节败退。战争爆发四年来，德军士兵首次大批投降。乌克兰的粮食或者波兰的兵源都无补于事。德国人想要哈布斯堡王朝在西线出力，但当饥饿的民众发起暴动时，哈布斯堡王朝也需要军队在本土维持秩序。两位皇帝唯一达成的共识是，在西线战局出现下一次胜利时再做决定。但在西线，再也不会有下一次胜利。[27]

两位皇帝交谈的时候，威廉正在返回乌克兰的路上，他几乎每走一步都会遇到官僚机构设置的障碍。德国和哈布斯

114

137

堡的外交官和军官试图在每一处地点拖延威廉，从斯帕，到柏林，到维也纳，都是如此。每个人都知道德国人的说法，威廉想当乌克兰国王。当哈布斯堡官员请求自己的皇帝阻止威廉返回乌克兰时，卡尔却回应道，威廉二世已对威廉返回乌克兰予以认可。卡尔身边的官员提醒卡尔，德国皇帝的声明不过是一纸空文。没有任何德国或哈布斯堡官员敢于挑战君主统治的合法性，但随着战局发展，君主本人也底气不足。长达四年的血腥残忍又漫无目的的战争，已挖空了帝国当局的内核。[28]

德国和哈布斯堡官员都害怕威廉出现在乌克兰将会导致哥萨克酋长国倒台，进而导致整个国家陷入全面混乱。哈布斯堡外交官解释道，"在乌克兰，所有人都把大公视为候任国王"，而威廉的回归将会对酋长造成"致命一击"。总之，威廉还是回来了，并于9月初与其部下会合。他知道酋长的担忧，自愿前往基辅，亲自做出解释。哈布斯堡和德国外交官却把这次到访视为政变前兆，都认为此举"非常令人遗憾"。德国人宣布，如果威廉抵达基辅，他将会得到符合其军衔（上尉）的接待，但不是作为哈布斯堡王室的帝国大公和王国大公受到礼遇。政府并不把王朝当回事。[29]

虽然德国人试图让威廉远离基辅，他们却试图引诱威廉的父亲斯特凡前往华沙。8月28日，当一位德国外交官抗议威廉计划到访乌克兰首都时，另一位德国外交官却向斯特凡呈上德国允许他得到波兰王位的条件。

115 　　这是个非常棘手的局面。因为支持乌克兰人民共和国，德国和哈布斯堡君主国已疏远了波兰政治家。哈布斯堡武装部队中的波兰部队已出现兵变，波兰士兵拒绝加入德国组建的部队。哈布斯堡君主国建立的波兰军团由约瑟夫·毕苏茨基（Józef Piłsudski）领导，但他因为拒绝向德国宣誓效忠而被关进德国监狱。斯特凡也看到，在这次战争期间，任何性质的波兰王国，都只不过是德国殖民地。他在战争期间为波兰伤兵筹集款项、发放抚恤，他可不想看见更多波兰男孩为德国人的事业而致死致残。德军司令官计划割占波兰西部领土，剥夺当地波兰地主的财产，然后把他们驱逐出境。这绝对不是一位有自尊心的波兰君主能够接受的政策。斯特凡与卡尔皇帝讨论此事，卡尔建议他不要接受波兰王位。[30]

斯特凡画像，1918 年

1918 年 9 月，斯科罗帕茨基酋长亲自前往德军司令部，得到德军司令官亲口承诺，威廉将会离开乌克兰。然而，即使在这种情况下，卡尔仍然拒绝在德国压力下退让。德军司 116

令官鲁登道夫和兴登堡曾阻止卡尔成为波兰国王，但未能强迫他在乌克兰放弃王朝利益。驻乌克兰的奥地利军队司令官终于找到理由，说服其君主调走威廉。1918 年 9 月 23 日，奥军司令官告诉卡尔，由于革命四处蔓延，他无法继续保证威廉的人身安全。10 月 9 日，威廉及其部下从敖德萨扬帆出海，离开了他们亲手缔造的乌克兰。[31]

威廉被调往切尔诺夫策（Chernivtsi），那里是奥地利布科维纳行省的首府。威廉一病不起，非常担心乌克兰人民共和国的未来。威廉担心他的撤退意味着倒计时响起，乌克兰终将被布尔什维克推翻。既然红色王子不得不离去，他开始预见到布尔什维克治下的乌克兰，以及共产主义在欧洲的前景。他同样担心哈布斯堡王朝的前景。他利用晚上的时间与当地省长谈论君主国的未来。他们一起读报，新闻报纸上有许多值得讨论的话题。威廉缺少现金，他向当地省长借了些钱。他还想方设法为自己搞到一辆汽车。[32]

德国人此时直接与美国人谈判，谈判基础就是美国总统伍德罗·威尔逊（Woodrow Wilson）的和平条件，即"十四点和平纲领"。威尔逊曾标榜民族自决原则，即各民族应该选择他们能够被接纳为公民的国家。德国人普遍相信这项原则能够让他们得到体面的、合意的和平。威尔逊的第十点和平纲领是哈布斯堡领土内的民族自治。哈布斯堡王朝始终相信，如有必要，他们能够遵守这项要求。美国人对于自治的标准肯定不会太高。毕竟，当威尔逊首次在美国参众两院联席会议上公布"十四点和平纲领"时，没有一位众议员或

117

者参议员是非裔美国人。另一方面，卡尔也有一个促使他制定少数民族政策的国会，以至于民族解放本来就是战争期间哈布斯堡王朝的政策目标。

此时，卡尔遵守了威尔逊其中一项要求。1918 年 10 月 16 日，卡尔颁布法令，其奥地利领土将会改组成民族行省组成的联邦。威廉正躺在切尔诺夫策的病榻上，他也支持这项倡议，认为乌克兰王家行省作为联邦主体被纳入哈布斯堡君主国，就能使其免受布尔什维克主义影响，且不论革命的东方正在发生什么事情。当他听说有人计划在利沃夫宣布建立独立的西乌克兰国家，他致信乌克兰领导人，试图劝阻他们，让他们不要脱离君主国。他认为哈布斯堡君主国的解体是"不堪设想"的，10 月 18 日，他提议任何新成立的乌克兰国家都应该自愿加入君主国，成为王家行省。他已落后于形势。哈布斯堡版本的自决，即忠诚于哈布斯堡皇帝的民族王家行省，早已不再可能。威廉曾把自己当成永恒王朝与年轻民族之间的仲裁者，但此时他已成为多余之人。[33]

10 月 18 日，同样是在这天，伍德罗·威尔逊回绝了卡尔的联邦制建议，反而催促哈布斯堡君主国境内各民族宣布完全独立。此时，威尔逊简直是在迫使君主国解体，这是威廉无法接受的。长期以来，利沃夫城内的乌克兰同谋者都把威廉视为乌克兰军队的天然领导者。但当他们看见威廉仍然支持君主国，而君主国注定无法在战争中幸存，他们就改变主意了。一位军官被派往切尔诺夫策，请求威廉回国，而且不得携带随从。然而，威廉还是移交了哈布斯堡的财产，以支持乌克兰的独立事业。10 月底，很可能是在威廉的默许之下，两个主要由乌克兰士兵组成的哈布斯堡步兵团奉命开往利沃夫。他们当中加入了许多曾在乌克兰军团服役的军官。11 月 1 日，乌克兰部队接管利沃夫，而独立的西乌克兰人民共和国亦由此建立。[34]

118　　威廉展现出最后的重要姿态。他命令其部队从切尔诺夫策开往利沃夫，为乌克兰的事业而奋斗，他强撑病体，走下病床，目送部下乘坐火车离开。这是他个人的决定，他的部下并未意识到乌克兰的国家地位将会在利沃夫决定，他们想要留在布科维纳。威廉最后一次目送他的部下，知道他们将会为一种不再需要他的事业而奋斗。士兵们抵达利沃夫数天后，就不再是威廉大公战斗集群的成员，而是西乌克兰人民共和国的士兵。他们本该更早抵达。但他们身负乌克兰化的政治使命，因此他们不得不停在火车站，除去车上的波兰标志，换上乌克兰标志，这是威廉教过他们的。[35]

威廉曾帮助缔造一个民族，但那个民族的领导人不再需要他了。他们从他身上获益良多，然后又背叛了他。他的欧洲已不复存在，他的王朝也危在旦夕。对于威廉，对于卡尔，对于所有哈布斯堡家族成员，对于他们的君主国，这场战争已经走得太远了。

迟至 1918 年 8 月，当威廉和卡尔先后到斯帕拜访德国皇帝时，哈布斯堡王朝似乎还胜利在望，至少情况还让人感到满意。没有外国士兵踏入哈布斯堡领土，而君主国却占领了乌克兰、塞尔维亚以及意大利北部大片领土。假如德国人重视威廉和卡尔于 8 月提出的停战呼吁，哈布斯堡君主国也许还能够继续存在。但这个秋天只带来了灾难。9 月，塞尔维亚人卷土重来，解放了他们的首都贝尔格莱德。10 月，意大利反攻，歼灭了驻阿尔卑斯山区的哈布斯堡部队。11 月，罗马尼亚重返战场，攻入哈布斯堡的布科维纳行省，占领其行省首府切尔诺夫策。[36]

罗马尼亚人步步推进，威廉也步步后撤。赶在 11 月 9 日罗马尼亚人入城之前，威廉的秘书爱德华·拉里申科（Eduard Larischenko）开车把威廉送出切尔诺夫策，当时哈布斯堡君主国仍然存在。但当他们数天后抵达利沃夫时，哈布斯堡君主国就已不复存在。与此同时，德国境内爆发总罢工，德国皇帝并未从比利时返回德国。他的帝国已变成共和国，擅自签订了停战协定，开始准备和平谈判。在哈布斯堡君主国，各民族领导人接管地方行政机关。战败再加上饥荒、厌战、痛苦，民族叛乱终于瓦解了这个多民族君主国。新兴民族国家在君主国领土内纷纷建立。在掌权八百年后，哈布斯堡王朝终于分崩离析。11 月 11 日，卡尔交卸国务，隐居狩猎小屋。他退位的时候，身边已没有军队，甚至没有仪仗队。来自军事学院的士官生是他仅剩的卫队。[37]

忽然之间，王朝变得一钱不值，甚至更差。利沃夫的乌克兰人建立共和国，共和国总统告知威廉，这个国家已不再需要他为国效力。在华沙，波兰王国摄政委员会本来是为推举斯特凡为波兰国王而成立的，此时却把权力移交给约瑟夫·毕苏茨基。毕苏茨基建立了共和国。斯特凡的波兰事业，就像他的波兰孩子和波兰女婿那样，忽然变得毫无价值。波兰民族问题终于找到答案，只不过这个答案对哈布斯堡王朝不利。波兰自行声称拥有整个加里西亚地区。在乌克兰，斯科罗帕茨基的政权被军官们推翻，某些军官曾请求威廉发动一场"小型政变"，并请威廉领导他们。威廉始终没有采取行动。在卡尔的建议下，威廉搁置了在乌克兰夺取权力的梦想，梦想就这样被"暂时"搁置了。

1918 年 11 月 11 日，停战日，不再有"暂时"可言了，帝国时代已然结束。好几个世纪以来，基督徒曾把哈布斯堡家族统治下的神圣罗马帝国视为抵御世界末日的力量，只要帝国存在，世界就不会终结。19 世纪初，神圣罗马帝国被解散，但弗兰茨·约瑟夫领导下的哈布斯堡王朝得以恢复和延续，仿佛为颤抖的身躯披上永恒不朽的灰色斗篷，但欧洲大陆的身躯内部早已翻江倒海。此时，帝国土崩，王朝瓦解，进步时代开始了。这是社会主义时代，人们坚信封建时代末期被压迫的阶级将会迎来新开始；这是民族的时代，人们坚信各民族将会从帝国压迫的黑暗过去走向国家独立的光明未来；这是自由的时代，人们坚信新的共和国将会创造条件，迎来欧洲乃至世界的持久和平。

在中欧和东欧，国王的统治化为泡影，王位觊觎者四散逃离。斯特凡隐退到日维茨城堡，但城堡迅速被波兰共和国充公。斯科罗帕茨基伪装成照料伤病的医生，搭乘德国军用列车，从乌克兰逃到德国。当波兰军队开入利沃夫时，威廉逃离这座城市，藏身于东加里西亚某座城镇的某座修道院，混迹于修士之间。[38]

永恒不朽的时代结束了。威廉此时二十三岁。

白色篇章：帝国掮客

忽然之间，整个世界似乎都在密谋反对威廉所钟爱的乌
克兰，而他却无能为力。1919 年 1 月，当第一次世界大战
的战胜国云集巴黎时，威廉正藏身于加里西亚东部城镇布恰
奇（Buchach）的一所修道院中。英、法、美三国及其盟国
构建战后秩序，战败国被排除在和会之外，只能发出书面
抗议。

历史悠久的哈布斯堡君主国在战场上肝脑涂地，将会被
彻底肢解。美国总统伍德罗·威尔逊宣布了民族自决原则，
各民族将被允许拥有自己的国家。当各国在哈布斯堡君主国
领土上成立或扩大时，威尔逊的原则被付诸实行，不过非常
不公平。捷克人、波兰人、塞尔维亚人以及罗马尼亚人作为
战胜国盟友，新增领土内被划入大量少数民族。匈牙利作为
敌国，只剩下三分之一领土。奥地利成为一个说德语的小小
共和国，绝大多数国民希望加入德国。尽管德奥合并符合民
族自决要求，却被战胜国严厉禁止。[1]

战胜国有权决定谁是民族，谁不是民族。因此，乌克兰
就不是民族，也无权自决。按照美、英、法三国对乌克兰的

122　定义，乌克兰只不过是柏林和维也纳人为制造的观念。乌克兰政治家曾投靠德国和哈布斯堡君主国，他们在伦敦、巴黎或华盛顿几乎没有朋友。此时，战争已结束，威廉的朋友们急于挽回这失衡的格局。舍甫季茨基和邦内此前还是威廉在哈布斯堡乌克兰的庇护人，此时却急于说服战胜国当局，让他们承认乌克兰人民有权自决。他们面临的任务可谓困难重重。[2]

　　1919 年年初，威廉还躲在加里西亚的修道院里，巴黎和谈远在天边。乌克兰政治家认为这样最好。威廉的个性与成就在数周之前还如此吸引人心，此时却足以削弱岌岌可危的乌克兰事业。红色王子，这个观念在战争期间使人陶醉，此时却成为致命毒药。在东欧，威廉既代表哈布斯堡，又代表社会解放，而战胜国却希望既防范哈布斯堡复辟，又防范布尔什维克革命。1919 年春季，匈牙利布尔什维克发动战争，试图收复匈牙利王国原有的王家行省，这种现代与传统观念的结合是个实实在在的威胁。

　　波兰是威廉的敌国，波兰人深知如何打好乌克兰牌，为本国谋求利益。1918 年 2 月，在"面包和约"谈判期间，威廉曾略施小计，让波兰吃尽苦头，此时波兰政治家要展开报复。当波兰人对乌克兰军队发动进攻，以控制哈布斯堡的加里西亚省时，波兰人把这场战斗描述为第一次世界大战的延续。波兰跻身于战胜国之列，因此他们声称，乌克兰是敌国创造物，因此必须被打倒，这样战争才能真正结束。波兰外交官把乌克兰民族描述为哈布斯堡阴谋，是威廉"个人意志的体现"。富有魅力的波兰钢琴家伊格纳西·帕德雷夫斯基（Ignacy Paderewski）告诉美国人，威廉在利沃夫城门外屯兵八万。威廉亲自致信威尔逊总统，解释乌克兰是一个民族，应该享有自决权，但此信于事无补。[3]

威廉已输掉战争，输掉辩论，此时还要输掉他脆弱不堪的健康。1919 年 5 月 6 日，威廉离开修道院，驾车前往连绵山脉。他深受肺结核折磨，想要换个没那么拥挤狭窄的环境，也许修士们也有此想法。威廉过去习惯在封闭的环境里与男性亲密交往，在学校，在军校，在军队，都是如此。威廉与秘书爱德华·拉里申科或许都喜欢修道院的回廊。然而，威廉与拉里申科不得不进入山区，与他年轻时深深着迷的乌克兰山民为伴。但在那里，他得不到任何回应。6 月 6 日，威廉被罗马尼亚军队俘虏，被押往布加勒斯特，并被审讯。威廉被关押在罗马尼亚首都郊外一所修道院，罗马尼亚当局试图向奥地利索取赎金，作为放还威廉的前提条件。很有可能，罗马尼亚人还偷走了他的汽车。[4]

在罗马尼亚，威廉的健康的确有所好转，在被关押了三个月后，威廉被乌克兰人民共和国代表团营救出狱。他仿佛重现生机，正如他曾协助创建的国家那样。乌克兰人民共和国一度成为德国和哈布斯堡君主国的保护国，此时实现了真正独立。德国和哈布斯堡军队撤退后，少数乌克兰政治家组成督政府，取代了德国人扶植的傀儡政权。这个新政权把威廉从罗马尼亚接回乌克兰，把他任命为军事外交部门的负责人。[5]

乌克兰国家再也没有任何强有力的保护者，威廉也没有。1919 年 9 月 10 日，威廉回到乌克兰，来到位于卡缅涅茨－波多利斯基（Kamianets Podils'kyi）的陆军战地司令部。他受到新同僚的质询，不得不解释为何他会成为乌克兰人。他做出承诺，他会为乌克兰战斗到只剩最后一口气。一旦他被乌克兰人民共和国的行伍阶层所接纳，他就能够深入了解这个新祖国的处境了。

从前线传来的消息不太妙。卡缅涅茨－波多利斯基位于乌克兰西南部，曾是一处古代堡垒，一度用于保护旧波兰免受奥斯曼帝国进攻。1918 年至 1919 年，当首都基辅被其他强国控制时，陷入绝望的乌克兰政府及军队曾在此寻求庇护。这种情况相当常见。在第一次世界大战后的历次战争期间，基辅曾被占领十几次。乌克兰人民共和国面对着三个强有力的对手：布尔什维克红军、俄国反革命白军以及约瑟夫·毕苏茨基的波兰军队。

历经五年战争，乌克兰领土已因为抢掠和屠杀而满目疮痍。乌克兰人民共和国的军队与他们所交战的军队一样，收容了很多地方豪强，他们对于抢掠和屠杀犹太人兴趣盎然，而对解放这个国家则兴趣索然。威廉也处于孤立无援的境地。一年前，他曾被这支军队的部分军官视为候任君主。但他错过时机，在孤军苦战的悲惨境地中结束了战争。在乌克兰农村地区，他还是个传奇人物，但督政府可不想把这个潜在对手捧上高位。威廉准备以他的语言能力在他的简陋帐篷里勤恳工作。在这个相对卑微的新岗位上，他无能为力。他能说英语和法语，但美、英、法三国不可能被他说服，不可能转而支持乌克兰。战胜国害怕布尔什维克，但他们把波兰而非乌克兰视为阻挡共产主义进入欧洲的屏障。

白色篇章：帝国掮客

与其他同僚一样，威廉只能眼睁睁地看着波兰聪明地利用情势。波兰国家元首及军队总司令约瑟夫·毕苏茨基都被乌克兰视为对手，从 1919 年年初到年底，双方都力求削弱对方。白军领导人希望重建涵盖乌克兰的俄罗斯帝国，1919年夏季，白军把乌克兰人民共和国的军队逐出基辅。然后，白军又被列宁和托洛茨基领导下的红军击溃，列宁和托洛茨基希望把国际共产主义革命推进到乌克兰，然后推进到波兰乃至整个欧洲。1919 年秋季，乌克兰人民共和国的军队重新集结，准备迎战红军，但取胜希望渺茫。在绝望中，乌克兰人民共和国不得不请求波兰施以援手，波兰至少还声称希望乌克兰成为盟友。[6]

威廉明白，尽管与波兰结盟是唯一的选择，但这会把乌克兰人引入道德陷阱。它要求一些乌克兰人背叛另一些乌克兰人，理由却是保卫乌克兰生存。1919 年 7 月，波兰刚刚击败西乌克兰人民共和国的军队，后者是在哈布斯堡加里西亚东部建立的乌克兰国家。此时，波兰控制了这些前哈布斯堡领土，作为结盟代价，波兰要求乌克兰人民共和国正式放弃上述领土。一个乌克兰国家将不得不背叛另一个乌克兰国家，威廉正是在加里西亚的土地上找到作为乌克兰人的身份认同，而加里西亚却不得不被波兰吞并。威廉对此感到恶心，他仅仅为乌克兰人民共和国服务了两个月便挂冠而去，那是在 1919 年 11 月。[7]

某些乌克兰人愿意冒险与波兰结盟，但威廉绝不愿意。他认为结盟代价太大了。他并非不愿意为乌克兰事业而妥协，但他无法接受来自华沙的命令。这会让支撑他整个政治

125

生命的逻辑土崩瓦解，在这套政治逻辑中，他拥抱乌克兰，正是对父亲支持波兰的反叛。威廉将会想方设法从其他方面为独立的乌克兰寻求支持。当他离开乌克兰，与拉里申科启程西行时，这正是他冥思苦想的问题。威廉因为斑疹伤寒而病倒，他被迫中止行程，而他停留的地方，并非别处，正是罗马尼亚。

　　当威廉在布加勒斯特的病床上熬过新年时，那些让他陷入绝望的理由却又给他带来希望。乌克兰已成为战胜国重划欧洲版图失败的生动例证。战胜国希望塑造一个由民族共和国组成的欧洲。乌克兰人民共和国成立了，结果却流血不止。乌克兰人民共和国与波兰结盟，波兰则对乌克兰予取予求。然而，这种两难处境相当普遍。德国、奥地利以及匈牙利都被拒绝行使民族自决权。各国领导人曾相信，他们将会在威尔逊十四点和平建议的基础上缔造和平，但等来的只是无情的背叛。

　　因此，1920年的欧洲成为领土修正主义的温床。德国人、奥地利人以及匈牙利人都希望改变，或者"修正"战后安排。在他们当中，有君主主义者，有独裁主义者，还有些人没有清晰的政治立场。他们之所以能够联合起来，是因为他们坚信他们的国家遭遇了极大的不公正，是因为他们敌视那些得到战胜国支持的、新近成立或有所扩大的国家。波兰、捷克斯洛伐克以及罗马尼亚，都是从德意志帝国和哈布斯堡君主国取得领土的国家，都成为被敌视的对象。领土修正主义者害怕布尔什维克，害怕布尔什维克把革命引入欧洲。但与此同时，他们又认为，如果红军西进，也许会给他们带来领土修正的巨大机会。

领土修正主义者想要扩大某些国家，缩小甚至消灭某些国家。他们希望左派革命能够引发右翼革命。从共产主义通向独裁主义的路径似乎是痴心妄想，但这样的事情确实发生过两次，一次在德国的巴伐利亚，另一次在匈牙利。

按照德国的联邦体制，巴伐利亚拥有自己的政府。然而，在议会内一次报复性枪击事件中，巴伐利亚议会被解散。1919 年 4 月，年轻的剧作家恩斯特·托勒尔（Ernst Toller）宣布成立巴伐利亚苏维埃共和国。托勒尔声称，慕尼黑大学向所有申请者开放，但那些希望学习历史的申请者将被拒之门外，因为历史学科作为对文明的威胁已被废除。托勒尔手下的外交部部长向莫斯科的布尔什维克发电报，抱怨找不到外交部盥洗室的钥匙。布尔什维克则严肃地回答了这些无聊的问题。布尔什维克支持的派别控制了巴伐利亚革命的方向，并开始抓捕人质。德国政府虽然由社会民主党执政，但此时也陷入恐慌。德国政府派出右翼民兵去镇压革命，这些民兵绝大多数是退伍军人。布尔什维克杀死人质，右翼民兵则杀死布尔什维克以及其他人。1919 年 5 月 1 日，共产主义者被击败，反革命运动开始。

匈牙利的情况与巴伐利亚类似，都在 1919 年经历了共产主义革命的失败。战胜国不得不派罗马尼亚部队去恢复秩序。罗马尼亚人撤退后，国家权力被前任哈布斯堡海军上将米克洛什·霍尔蒂（Miklós Horthy）篡夺。他骑着白马进入首都，在布达佩斯大开杀戒，因为这座城市曾支持红色革命。在这种形势下，法、英、美三国不得不接受霍尔蒂的保守反革命运动，而不再奢望建立一个共和国。战胜国让匈牙利接受其领土变更，尽管所有匈牙利政治家都拒绝接受。在欧洲，匈牙利变成最大胆要求领上修正的国家，其政治口号是"决不，决不，永远不"，预示这个国家完全拒绝战后秩序。或许匈牙利人能够在德国人和奥地利人当中找到盟友，他们能够按照自己的意愿重新塑造欧洲。

此时威廉也明白过来了，德国和奥地利的领土修正主义者虽然羽翼未丰但野心勃勃，他们所造成的破坏也许能够给乌克兰带来一线生机。实际上，乌克兰或许正是领土修正主义者所需要的盟友，因为他们正寻求在欧洲大陆实现新的势力均衡。这真的发生了，尽管威廉还躺在罗马尼亚的病床上，但他们家族在匈牙利的一个老相识，正准备谋划建立欧洲新秩序，这种新秩序也许正需要像威廉这样天赋出众的能人。在 1920 年的欧洲，也许有一个人最能体现这种混沌中的无限可能，这个人就是特雷比奇·林肯（Trebitsch Lincoln）。

威廉的身份认同三重唱，包括哈布斯堡、波兰和乌克兰，与林肯的多面人生相比简直是小巫见大巫。作为一个混迹于布达佩斯的小偷，林肯为了躲避警察，从祖国匈牙利逃到英格兰。作为一个犹太人，他化身为伦敦的基督教传教士，结交了贵格会工业家、节欲主义者西伯恩·朗特里（Seebohn Rowntree）[①]。1910 年，他在英国下议院赢得议员席位。凭借议员身份，他

---

① 能得利糖果公司的创始人，该公司的主要产品为能得利果汁软糖。

成为加里西亚油田投资计划的可靠赞助者。1911年，林肯邀请威廉的姐夫希罗尼穆斯·拉齐维沃进入加里西亚输油管线公司董事会。这家公司随后倒闭。

林肯就像能够改变身上斑点颜色的猎豹，他在第一次世界大战中看到新机遇，决定成为间谍。他为德国人服务，他被英国人追捕。他把自己间谍生涯的戏剧情节卖给美国小报以换取金钱。不出所料，1918年12月，英国人取消了他作为英国臣民的入籍资格。林肯去了德国，仅仅到次年夏天，他就已成为著名的反英右翼记者。他抵达德国时，正值德国人为《凡尔赛和约》的条款感到震惊之时，条约的签署日期是1919年6月19日，条约的宗旨似乎是为了永远让德国处于虚弱而从属的地位。德国失去领土、人口以及动员军队的权利。林肯利用其天赋煽动德国人的愤怒情绪。[8]

及至秋季，他已成为德军上校马克斯·鲍尔（Max Bauer）的好友。鲍尔是一个威权民族主义者，他认为只有独裁政体才能挽救德国，使其免于陷入无政府主义和布尔什维克主义。战争期间，鲍尔曾作为德军司令官埃里希·冯·鲁登道夫的心腹幕僚，而鲁登道夫正是鲍尔心目中合适的独裁者人选。1918年10月，鲁登道夫自动辞职，恰逢停战前夕。尽管鲁登道夫要为德国的战争行动承担责任，但他若无其事地把战争失败的责任诿于他人。战争末期，他粘上假胡须、使用芬兰护照逃往瑞典。他在那里发展出"背后一刀"的理论：德国并未被战场上的敌人击败，而是被潜伏在大后方的外来阴谋家击败的。他认为，这些卖国贼与睚眦必报的战胜国英、法、美三国沆瀣一气。因为这一见不得光的密谋，德国的新共和政体及其社会主义政府毫无合法性。它们应该被一举摧毁。[9]

回到德国后，鲁登道夫在柏林纠集鲍尔以及其他旧班底。鲍尔把鲁登道夫介绍给林肯，林肯则满怀热情地参与他们的密谋。1920 年 3 月 13 日，这个小集团推翻了立足未稳的德国共和政体。在从东线回国的德军士兵的支持下，鲁登道夫及其同谋者通过迅速的政变夺取了权力。他们宣称自己是德国唯一的希望，能够使德国免于共产主义革命，免于接受剥夺德国大国地位的和平。林肯成为新政府的新闻发言人。因此，一个匈牙利犹太人，一个曾经的英国臣民，在德国的民族主义政府里面占据了最为显眼的职位。一个名叫阿道夫·希特勒（Adolf Hitler）的年轻人，一个奥地利籍退役老兵，一个政变的早期支持者，由此断定这"不可能是一场民族革命"，因为"新闻主管是个犹太人"。[10]

政变赢得军队支持，却未能赢得民众支持。当合法政府命令军队镇压叛乱时，军队断然拒绝。然后，政府呼吁工人阶级发起总罢工，结果这更有效。1920 年 3 月 17 日，在掌权四天后，政变密谋者离开柏林。德国共和政体得以恢复，林肯、鲍尔以及其他密谋者匆匆逃往巴伐利亚。

对于民族主义者和反革命者来说，巴伐利亚是德国境内的避风港。巴伐利亚位于德国南部，远离位于北部的、相当社会主义化的柏林。巴伐利亚拥有浓厚的天主教氛围，而德国绝大部分地区都是新教地盘。而且在当时，巴伐利亚早已经历过从共产主义革命到反革命运动的循环，最终右翼民兵和独裁主义者取得胜利。巴伐利亚首府慕尼黑那些保守风格的建筑，曾让希特勒大为赞赏，它为右翼人士提供了某种让

129

人放心的街景。巴伐利亚王朝的继承人、王储鲁普雷希特
（Rupprecht）也对右翼提供个人支持。此时，德国是共和国
而非帝国，王储成为国王的希望相当渺茫。他也需要一场反
革命运动，因此他热情欢迎政变参与者。

经历过柏林那场灾难性的政变后，密谋者转而关注慕尼
黑，在此构思更为无耻的、足以撼动整个战后秩序的阴谋活
动。及至1920年夏季，巴黎和会已产生出对德、对奥、对
匈和约，这些和约都让密切关注和会进程的民众极为不满。
德国失去部分领土以及大量主权；奥地利得以保全，但其民
众宁愿加入德国；匈牙利失去绝大多数领土和人口。越来越
多政治家和退役老兵支持领土修正主义。

与此同时，在东欧，在战胜国及其制定的和约影响所及
之外，波兰承担起击败布尔什维克的使命。波兰军队与乌克
兰人民共和国结盟，于1920年5月抵达基辅，却在6月即
被布尔什维克逐出基辅。此时，红军开始向欧洲一路西进。
波兰对俄国的入侵似乎引来了布尔什维克的大规模进攻。红
军此时长驱直入，直到被更强大的力量阻遏为止。身处慕尼
黑的德国密谋者看到，欧洲的动荡不仅是由于战败国不满，
而且是由于欧洲东部仍然是战场。这条思路让他们想起乌
克兰。

林肯想要组织"白色国际"：一个涵盖德国人、奥地利 130
人、匈牙利人以及白俄（反布尔什维克）领土修正主义者
的联盟，共同反对协约国、波兰以及苏俄。乌克兰位于波兰
与俄国之间，又是两者的天然敌人，因此是领土修正主义者
的天然盟友。尽管乌克兰人民共和国此时还与波兰结盟反对

布尔什维克，但这场战争未必能缔造出一个持久的乌克兰国家。即使在最理想的情况下，获胜的波兰也会吞并被乌克兰人视为西乌克兰的土地。1920 年 7 月，随着红军一路西进，波兰似乎已不太可能获胜。获胜的苏俄将会以革命的名义夺取乌克兰。无论如何，许多乌克兰人肯定会对此不满。他们将会成为领土修正主义者，因此也会成为同盟者。

那年夏天，林肯及其政变追随者眼看着战略形势也许会迅速好转。他们的两个敌人似乎正在摧毁对方。波兰是令人憎恶的《巴黎和约》所缔造的最大国家，正在与苏俄交战，而苏俄正是他们眼中共产主义梦魇的化身。一旦战局的天平向其中一方倾斜，白色国际就会采取行动。与此同时，他们正在考虑乌克兰问题。[11]

他们所知道的最知名的乌克兰人就是威廉。1918 年，对于德国人来说，红色王子是个大麻烦，原因正在于他在乌克兰深得民心。他曾是德国人选择的乌克兰领导人斯科罗帕茨基酋长的对手，还是对德国人支配这个国家的威胁。鲁登道夫将军曾深深卷入德国在乌克兰的扩张计划，清醒地意识到威廉的君主主义做派。如果乌克兰将会成为林肯及其白色国际的领土修正主义盟友，领土修正主义联盟就需要某个曾在乌克兰待过而且仍然深得民心的人物。这套逻辑引领白色国际前往维也纳寻找威廉。

1920 年夏天，威廉与林肯一样，都在等待和观望。早在 3 月，他就已从布加勒斯特返回维也纳，他疲惫不堪、一贫如洗，可能还有点无所适从。他再也不能像过去那样住在父亲位于维德纳大街的宫殿。他与斯特凡失去联系，而且不知道出于什么缘由，那座宫殿建筑已被奥地利共和国收归国有。威廉在新奥地利没有国籍，实际上也无权在此逗留。共和国采取的第一个行动，就是禁止前皇室成员返回奥地利，除非他们宣布放弃皇位继承权。威廉拒绝服从，而且他擅自返回维也纳。当时，维也纳和奥地利都由社会民主党执政，当局对他不闻不问。或许有些人仍然看到他的红色，而有些人仍然视他为王子。

威廉花了些时间来寻找出路。尽管他已辞任乌克兰人民共和国的公职，但他还能收到微薄的退职津贴，他就靠这点收入维持生活。似乎没有人知道他在哪里过夜，但他几乎每天都在奥地利国会咖啡馆吃午饭，咖啡馆距离国会咫尺之遥，正是这国会通过了禁止他出现的法律。他枯坐在角落里，静静地打发时光，等待时来运转。他几乎已被人遗忘。流言蜚语围绕着他，一个哈布斯堡王子，一个乌克兰王位觊觎者，一个双重事业的佼佼者，这一切似乎都是过眼云烟。尽管威廉很少提及自己的计划，但他身边的维也纳市民倒是非常乐意向新闻记者提及他最近的壮举。正如一名外国记者在 3 月底的回忆，他就威廉的乌克兰之梦写道："他是个很有想法的人！"[12]

那年夏天，身处维也纳的威廉，与身处慕尼黑的林肯及其德国同谋者，得出同样的结论。他们都在等待苏波战争的结果，期待红军溃败将会引发右翼反革命运动。在经历过匈牙利和巴伐利亚的先例后，这种计划并非痴人说梦。这需要一场大灾难，在经历过第一次世界大战的大屠杀，以及两千万人的死亡后，再来一场大灾难是不难设想的。及至 1920年 8 月，红军已兵临华沙，直逼波兰首都城下。对于白色国际来说，对于威廉来说，这是个孤注一掷的时刻。鲍尔上校推断，红军攻陷波兰之日，就是白色国际从德国、奥地利、匈牙利以及乌克兰对俄国发动反击之时。他心急火燎地要把威廉拉进这项阴谋。[13]

132　　与德国人相比，威廉的立场更为矛盾。白色国际的阴谋，只有在波兰军队被击败、波兰国家解体，甚至威廉的家族被处决后，才会发动。如果布尔什维克占领波兰，那么哈布斯堡家族成员就会被当成阶级敌人处决。他的兄长阿尔布雷希特和莱奥，都是哈布斯堡军队的退役老兵，此时在波兰军队服役。出于同样的原因，他们也会被布尔什维克非正规军杀死。威廉似乎考虑过，如果波兰注定灭亡，那么至少独立的乌克兰将会崛起。他愿意抓住这个机会。8 月，当兄长们正在保卫华沙的时候，他的秘书爱德华·拉里申科告诉德国人，威廉将会为德国人效劳。然后，让威廉感到惊讶的是，波兰军队创造了奇迹。在华沙城下，一次勇敢反攻竟然将布尔什维克军队逐出波兰。自从第一次世界大战爆发以来，波兰的这次胜利成为欧洲历史上最为重要的转折点。某种意义上，正是在 1920 年 8 月，正是在华沙城下，第一次世界大战正式结束。战争带来革命，革命带来更多战争。只有在华沙城下，波兰的胜利让布尔什维克发动的革命战争失去了动力；只有在华沙城下，以波兰等新兴共和国为代表的欧洲新秩序成功地捍卫了自己。[14]

红军将不再向欧洲传播革命，这曾是列宁和布尔什维克的心愿。没有革命，自然就没有反革命。白色国际崩溃了。1920 年 9 月，特雷比奇·林肯抛弃了他的朋友们，他盗走了这个组织的档案，并选择部分文件卖给新闻报刊。

波兰得以幸存。威廉的家族得以幸存。兄长们终于能够庆祝和平与胜利。在经历五年的战争后，莱奥和阿尔布雷希特从哈布斯堡军官变成波兰军官，他们终于能够回到父亲的庄园。他们以最为清楚明白的方式，即不畏死亡、浴血疆场，证明了他们是波兰人。此时，威廉的长兄阿尔布雷希特，终于能够按照自己的计划，迎娶一个波兰妻子。

阿尔布雷希特的未婚妻是阿莉塞·安卡克罗娜（Alice Ancarkrona），阿莉塞的父亲曾任瑞典国王的狩猎教师。与阿尔布雷希特一样，阿莉塞自愿选择成为波兰人。

早在十多年前，阿莉塞就已通过其第一任丈夫取得波兰身份。在斯德哥尔摩一场舞会上，阿莉塞邂逅了波兰人卢德维克·巴德尼（Ludwik Badeni），一位富有而英俊的哈布斯堡外交官。得知阿莉塞是一名出色的骑手，巴德尼问她如何策马跨越冰面。这个问题问得好，因为她毕生都在寻求优雅与大胆兼具的美德。1911 年，阿莉塞与卢德维克结婚了，度蜜月期间，他们扬帆于峡湾之上，船上装点着鲜花。阿莉塞为卢德维克诞下一个儿子。但卢德维克后来得病，心智失常，只能寄居于精神病院。

1915 年，在维也纳一次茶会上，衣着随意而且带着儿童玩具的阿莉塞被介绍给阿尔布雷希特。这是一见钟情的爱恋。一个男子和一个女子，曾经选择了波兰，此时选择了彼此。然而，他们尚未结为连理。阿尔布雷希特还得重返前线，阿莉塞的丈夫仍在人世。1916 年，在卢德维克·巴德

133

尼去世后，阿莉塞决定搬到她后来的丈夫位于东加里西亚的庄园。

1918 年秋天，随着战局逆转，阿尔布雷希特劝告阿莉塞返回维也纳。阿尔布雷希特知道威廉的同志们计划为独立的乌克兰国家索取东加里西亚。阿莉塞马上动身前往利沃夫，却在那里碰上 11 月 1 日乌克兰起义。阿莉塞设法逃回加里西亚的庄园，结果那里很快被乌克兰游击队包围。阿莉塞懂得如何与乌克兰人交涉，而且她也确实喜欢乌克兰人。她在庄园里举目无亲，在一个英语家庭教师的协助下，她与出现在她家门口而且想要将其财产充公的男人们谈判。阿莉塞确实失去了部分财产，但起码保全了母子俩的性命。1919年，阿尔布雷希特找到这对母子，将其带到更为安全的克拉科夫。[15]

当时，阿尔布雷希特已不再是哈布斯堡军官，但他成了波兰军官，参加了苏波战争。阿莉塞就是他浴血奋战的报偿，战争结束时，两人终于能够成婚。阿莉塞完全没有王室血统，因此按照哈布斯堡的规矩，这桩婚事不算门当户对。然而，哈布斯堡君主国早已不复存在。阿莉塞是成为波兰人的贵族女子，但她不是波兰贵族，因此这桩婚事也违反了斯特凡的政治原则。然而，及至 1920 年，斯特凡对成为波兰国王也不抱什么希望了。他只是对儿媳能够说流利的波兰语感到高兴。身份认同早已超越政治抱负。斯特凡想要波兰孙辈了。1920 年 11 月 18 日，阿莉塞与阿尔布雷希特在日维茨城堡举行婚礼，阿尔布雷希特身穿波兰军官制服，阿莉塞身穿白色和灰色的礼服。[16]

白色篇章：帝国掮客

阿莉塞·安卡克罗娜

毫无疑问，此时的阿尔布雷希特是斯特凡最孝顺的儿子，也是几个兄弟姐妹中最具有波兰特性的。他是兄弟当中唯一找到（勉强算是）波兰新娘的人，因此也是唯一能够延续波兰哈布斯堡家族的人选。莱奥也在波兰军队中服役，而且表现出色，他也希望结婚，但他的未婚妻是奥地利贵族女子玛丽亚·蒙茹瓦（Maria Montjoye），人称玛娅（Maja）。莱奥将于两年后迎娶玛娅，那是 1922 年 10 月，在维也纳的圣斯蒂芬大教堂。这桩婚事是可以接受的，但无甚可庆。威廉成了乌克兰人，有人看见他与乌克兰女子出双入对。在维也纳，有一位芳名玛丽亚（Maria）的年轻音乐家被认为是威廉的女朋友。但威廉似乎压根就不是会结婚的那种人。

决裂的时刻终于来临。斯特凡是个波兰父亲，威廉是个乌克兰儿子，这对父子可以和谐地生活在欧洲的多民族君主

135　国，但不可能相安无事地生活在新兴的欧洲民族共和国。威廉的政治抱负，只有在哈布斯堡王朝继续统治，哈布斯堡皇帝拥有波兰和乌克兰这两个王家行省的情况下，才能与父亲的政治抱负彼此相容。当君主国支离破碎，威廉与其父亲才惊觉两人各自代表着因为领土纷争而势不两立的民族利益。1918 年年底，威廉在一场与波兰争夺东加里西亚的战争中站在乌克兰一方。1919 年年底，威廉因为不满与波兰结盟，离开了乌克兰人民共和国。然后，1920 年夏天，威廉把自己的政治前途寄望于波兰彻底解体，甚至寄望于家族成员死于布尔什维克之手。1918 年以后，威廉再也没有回家，再也没有提起过父亲。

　　威廉并未出席阿尔布雷希特的婚礼。他肯定感觉到无能为力和卑躬屈膝。他的乌克兰在与波兰结盟的过程中早已备受屈辱。兄长阿尔布雷希特的波兰是胜利者，而且正如威廉所预见的，波兰的胜利是以背叛乌克兰盟友为代价的。在击败布尔什维克后，波兰并未重建独立的乌克兰。正好相反，波兰与苏俄停战，并迅速把那些曾保卫华沙的乌克兰士兵投入拘留营。威廉站在失败者的立场上，拒绝分享家族的成功。他肯定已看出，他的波兰兄长与那位非常美丽的波兰女子婚后所生的波兰孩子们，将会成为父亲的继承人。他曾拒绝父亲留给他的政治遗产，此时又发现自己正处于家族的边缘，当家人团聚于日维茨的时候，他形单影只地置身于维也纳。他仇视波兰，也仇视父亲。

　　1921 年 1 月 9 日，在维也纳一份报纸的专访中，威廉揭露了波兰以及波兰人的不光彩行为。威廉说道：“狂妄自大，似乎成了那个国家的国民病症。"当提到波兰占领利沃夫期间发生的针对犹太人的大屠杀时，威廉问道："文明国家能够做出这种事情吗？"他还提到东加里西亚，尽管波兰对这个地区的占领已得到协约国承认，但他声称"这完全是乌克兰的土地"。[17]

斯特凡的回复迅速而轻蔑。1921年1月31日，斯特凡在好几份欧洲报纸上发表文章，声称威廉"与其家族脱离关系"。在2月28日的回复中，威廉表示自己惊讶于父亲与波兰站在同一阵线，而波兰却是个背信弃义的国家，既背叛了它承诺效忠的王朝（哈布斯堡王朝），也背叛了把命运交托到它手上的国家（乌克兰）。[18]

威廉的父亲确实感到被冒犯。战争之前，斯特凡与威廉都把荣誉寄托于哈布斯堡王朝，甚至努力提高自身在王朝内部的地位。战争期间，这对父子以哈布斯堡家族成员的身份，以父与子的身份，讨论过波兰与乌克兰的边界问题。此时此刻，在民族国家林立的欧洲，波兰与乌克兰的国家利益完全对立，这对父子也各持己见。民族，而非王朝，突然成为荣誉准则。威廉选择诋毁父亲的荣誉。在父亲有生之年，他再也不可能受到日维茨城堡的欢迎。

尽管如此，比爱与荣誉更为严重的问题还接踵而来。这个家族的财产同样危如累卵。1918年11月，当阿尔布雷希特与阿莉塞结婚时，城堡以及所有家族地产，在法理上都已成为波兰国家财产，所有财产都已被收归国有。当斯特凡和阿尔布雷希特气愤难平地试图收回财产时，威廉为乌克兰所做的一切却成为持续的障碍。斯特凡不得不远离这个叛逆的

136

幼子，以保留收回财产的仅存希望。在写给波兰政府的陈情书中，斯特凡写道，"谁也不能指证我，说我在道德上和实质上参与了我幼子威廉的那些所谓行动"。在某份自行刊印的家族史中，阿尔布雷希特声称，这个家族的"两个儿子"都是波兰军官（顺便否认了威廉的存在），"两个女儿"都嫁给了波兰人（顺便否认了埃莉诺拉的存在，毕竟她嫁给了奥地利人克洛斯）。[19]

最后，波兰哈布斯堡家族与波兰新政府达成协议。1921年8月，斯特凡和玛丽亚·特蕾莎及其定居于波兰的四名子女被授予波兰国籍。1923年，斯特凡向波兰国家交出一万公顷土地。1924年，波兰总统签发命令，斯特凡可以保留其余四万公顷土地。斯特凡的儿子阿尔布雷希特和莱奥，以及他们的家眷，可以生活在独立的波兰国家的产业上。斯特凡的女儿蕾娜塔和梅希蒂迪丝，因为已嫁给波兰贵族，所以也取得让人羡慕的地位。甚至是嫁给平民的埃莉诺拉，也能分享家族财富，至少她没有被父亲拒之门外。意大利把斯特凡的游艇作为战利品没收，而他位于伊斯特拉半岛的别墅则作为前王朝的财产被没收。为了保住在意大利的家族财产，斯特凡试图把这些财产转让到埃莉诺拉及其丈夫阿尔方斯·克洛斯的名下。克洛斯曾是斯特凡的游艇艇长，此时频频给岳父写信。他总是在信笺抬头处写到"亲爱的爸爸"。[20]

威廉没有给父亲写信。二十五岁那年，他与所有父辈权威失去联系。战争期间，在好几位乌克兰父辈角色的影响下，威廉亲生父亲的权威黯然失色。此时，威廉除了与父亲决裂，还失去了所有父辈。胡兹霍夫斯基男爵是威廉第一个乌克兰引路人，已于 1918 年去世。邦内神父是威廉在乌克兰的天主教同伴，已于 1919 年动身前往罗马，成为乌克兰人民共和国驻梵蒂冈全权公使。舍甫季茨基大主教是威廉最为重要的合作者，在 20 世纪 20 年代初前往西方游历，为乌克兰事业筹措款项。

那篇导致威廉与家人决裂的文章，也造成威廉与乌克兰人民共和国的疏远，威廉曾于 1919 年秋季短暂服务于基辅的政府，此后又与其分道扬镳。当威廉公开批评政府与波兰结盟时，他声称这种同盟是"不近人情的"，当时他还是这个政府的正式军官。尼古拉·瓦西里科是威廉在"面包和约"谈判期间的搭档，瓦西里科要求威廉公开认错。威廉拒绝从命，结果威廉与瓦西里科断绝联系，也失去了他在乌克兰人民共和国的职位。此时，他已失去他所有杰出的乌克兰朋友，也失去了仅有的乌克兰官员职位。1921 年 3 月起，他再也收不到津贴。此时，他已没有收入来源。[21]

威廉选中的最后一位父辈权威曾是他的对手：帕夫洛·斯科罗帕茨基，此人就是之前的乌克兰酋长，他于 1920 年发起了一场乌克兰君主派运动。威廉从中看到机会。众所周知，在 1918 年的乌克兰，威廉曾比斯科罗帕茨基更得人心。138 如果斯科罗帕茨基想要凭借自己于 1918 年为德国人服务的纪录谋求德国人的进一步支持，他就需要利用威廉留下的政治遗产。在威廉看来，他很有理由与斯科罗帕茨基达成交易。前任酋长在德国权贵中颇有人脉，而这些贵人正是威廉想要结交的。1920 年 5 月，两人开始谈及在未来的乌克兰如何瓜分政府权力。[22]

1921 年 1 月，两位乌克兰觊觎者达成交易。在未来的乌克兰，斯科罗帕茨基将会成为中乌克兰与东乌克兰酋长，东加里西亚将会成为自治区，而威廉将会成为整个国家的国王。交易的条款或许没有看上去那么荒唐。1919 年，乌克兰的事业曾由于国家被分为两个政治实体而受到伤害：乌克兰人民共和国（由前俄罗斯帝国领土构成）与西乌克兰人民共和国（由前哈布斯堡领土构成）。至少在理论上，创建一个威廉领导下的君主国，将会是整合整个国家的出路，将会是抹消哈布斯堡与俄罗斯帝国旧有边界的出路，将会是设想中的广袤而统一的乌克兰国家的出路。

这个方案的确得到了德国方面的部分支持。某些德国政客和军官相信，乌克兰将会再次像战争期间那样，成为阻挡布尔什维克主义的屏障，以及缩小、削弱、驯服波兰的手段。1921 年 3 月，在维也纳，威廉与斯科罗帕茨基的代表以及德国总参谋部的军官会晤。德国军官建议，把威廉在维也纳创建的乌克兰总理事会改组为预备政府。德国军官清晰地暗示，德国将会支持乌克兰独立运动。[23]

威廉又回到舞台中央，这个位置似乎非他莫属。他需要父辈的角色，需要模仿和崇拜的对象，但也需要作为有冲劲的年轻人负起责任。斯科罗帕茨基骄傲自大又心胸狭隘，并未意识到应该如何安抚这位年轻的盟友。1921 年 4 月，威廉与斯科罗帕茨基决裂。威廉错误地认为，斯科罗帕茨基的追随者受到波兰的秘密支持。威廉或许真心认为，斯科罗帕茨基的君主主义不够民主。在威廉的想象中，只有当人民的意愿得到尊重，国王的存在才有意义。当然，威廉认为，只要乌克兰人民有机会表达意愿，他们就会拥立威廉成为国王。因此，两人再次成为对手。

1921 年春夏两季，当乌克兰爱国者希望渺茫的时候，他们紧紧抓住每一根救命稻草。威廉与斯科罗帕茨基代表着两种乌克兰君主制，抱残守缺但符合现实的酋长制，以及异想天开的哈布斯堡梦想王国。历经战败的乌克兰老兵都在传言，两位觊觎者在维也纳达成和解：威廉将会迎娶斯科罗帕茨基的女儿，并创建乌克兰王朝。那些了解威廉的人则知道，这桩婚姻根本不可能。尽管威廉有一个所谓的乌克兰女友，但他最亲密的伙伴还是秘书爱德华·拉里申科。按照奥地利警察的说法，正是爱德华在君主派宣传中充当"领军人物"，为了让威廉成为乌克兰国王而大造声势。

威廉此时似乎有点进退失据。他建立了乌克兰总理事会，建立了老兵组织。然而，这是为了迎接未来，还是为了缅怀过去？威廉致信移居国外的朋友，甚至提及想去美国生活。他离开之前所有引路人，却不知路在何方。[24]

幸运的是，对于威廉来说，在乌克兰政治中，没有什么比唱反调更有效。1921 年，威廉拒绝与波兰合作，这让他在乌克兰人当中获得新的声望。正如威廉所预见的，波兰让其乌克兰盟友的士兵们大失所望，也让乌克兰人民共和国大失所望。1921 年 3 月，在苏波战争结束后，交战双方在里加达成最终和约，波兰与苏俄瓜分乌克兰领土，还把曾参与保卫华沙的乌克兰士兵关进拘留营。在这悲惨命运中，许多士兵想起威廉，他看起来就像一位面对现实和深谋远虑的政治思想家。或许威廉就是那个人，能够为他们洗刷与波兰结盟的污点，能够为他们在对布尔什维克的新战争中赢得胜利。

1921 年 4 月，乌克兰知识分子埃文·奇卡连科（Ievhen Chykalenko）演绎出一套合适的意识形态，能够证明拥立威廉成为乌克兰国王的正当性。奇卡连科在乌克兰流亡者创办的报纸《沃利亚》（Volia）上声称，过去几年的彻底失败，表明乌克兰人没有能力产生自己的领导人。奇卡连科强调，乌克兰首都基辅及与其相关的中世纪文明，是由来自斯堪的纳维亚的维京人建立的，他们过去被称为"瓦良格人"。奇卡连科写道，此时乌克兰需要的是另一位外国统治者，一个新的"瓦良格人"，去开创新的统治王朝。每位读者都知道这个王朝将会是哈布斯堡王朝，而这个新瓦良格人将会是威廉。

关于哈布斯堡乌克兰的谣言到处流传。一个新王朝将会崛起，乌克兰将会成为无家可归者的祖国，通过开创乌克兰支系，威廉将会补偿他对波兰家族的亏欠。威廉怀有希望，拥有支持，还有目标：建立独立的乌克兰君主国。其他乌克兰领导人都失败了，在经历过那么多悲观失望的失败后，也许是时候让威廉获取成功了。[25]

威廉所需要的是强有力的赞助者。此时此刻，赞助者似乎应该是卡尔皇帝，但愿他能够重登哈布斯堡皇位。

就像期待已久的回响，既关于过去又关于未来，既无关过去又无关未来，哈布斯堡家族的赫赫威名，仍然能够让欧洲各新兴共和国的领导人心跳加速，他们或带来希望，或带来威胁。1921年春季，在那些设想威廉成为哈布斯堡乌克兰统治者的人当中，相当多的人同样期待哈布斯堡王朝在中欧普遍复辟，希望就寄托在退位不久的卡尔皇帝身上。他依然健在、身体硬朗，而且野心勃勃、精力充沛，何况他从未正式宣布放弃哈布斯堡王朝的那些皇冠和王冠。在瑞士的流亡地，他所考虑的从来不是要不要复辟的问题，而是从哪里开始复辟的问题。奥地利是当然之选，但奥地利已变成共和国。奥地利宪法禁止君主制复辟，实际上也禁止那些尚未放弃继位权利的哈布斯堡家族成员回国。卡尔因此转而考虑匈牙利，匈牙利仍然是个王国，似乎正在等待王者归来。

1921年3月，卡尔开始采取行动。他离开暂居瑞士的家人，前往法国斯特拉斯堡。他在那里与同伙碰头，对方给他一张火车票和一本西班牙护照。在耶稣受难日，卡尔身穿普通礼服，手执绅士手杖，登上前往维也纳的特快列车。次日，他与另一个同伙在维也纳西站碰头。两人搭乘出租汽车前往维也纳的住处。卡尔把绅士手杖遗忘在出租车内。等到维也纳警察辨认出手杖主人的时候，卡尔已穿越匈牙利国境了。

正在布达佩斯执掌大权的是摄政王米克洛什·霍尔蒂海军上将，他是一个深受哈布斯堡王朝圣恩的人物。他曾作为哈布斯堡海军军官在世界各地航行，也曾担任弗兰茨·约瑟夫皇帝的侍从副官，还曾陪伴斯特凡大公航向西班牙。1918年，在一次海军兵变中，斯特凡向卡尔举荐了霍尔蒂，当时还是海军上尉的霍尔蒂被越级提升为海军上将，指挥哈布斯堡全体舰队。这是卡尔给予霍尔蒂的恩典。在战败摧毁哈布斯堡君主国后，霍尔蒂返回故乡匈牙利。此时，身为匈牙利摄政王的霍尔蒂，面对昔日的主人，面对这个对自己有着知遇之恩的人物，他的态度显得格外亲切。霍尔蒂承诺，将会不遗余力地帮助卡尔重登匈牙利王位。

1921 年复活节，卡尔抵达布达佩斯王宫，在那里受到霍尔蒂的迎接。但欢迎辞完全出乎卡尔意料。霍尔蒂当众宣布："非常不幸，陛下必须马上离开。"卡尔别无选择。霍尔蒂声称，在匈牙利复辟君主制，将会招致那些在巴黎和会上取得匈牙利领土的国家的入侵，捷克斯洛伐克和罗马尼亚都不会袖手旁观。1921 年 10 月，卡尔试图再碰运气，这次他偕同妻子齐塔以及部分匈牙利士兵同行，此举再次失败。然后，卡尔和齐塔沿着多瑙河泛舟而下，横跨地中海，穿越直布罗陀海峡，前往大西洋马德拉岛的流亡地。[26]

威廉仍然在追逐权力，他已成为绝无仅有的仍然有希望统治一个王国的哈布斯堡家族成员。在目睹卡尔从维也纳出发的第一次失败之旅后，威廉意识到，任何改写战后秩序的企图，都必须依靠富有而强大的搭档。1921 年 6 月，威廉认为自己在巴伐利亚找到了合适人选，这些人构成了德国领土修正主义的铁三角。铁三角的第一条边是鲍尔上校和鲁登道夫将军，也就是一名独裁主义军官及其战时上司，他们仍然身穿军队制服，仍然头戴尖顶头盔。这两人是白色国际的残余分子，他们仍然在慕尼黑密谋，但密谋者已不包括林肯。1921 年夏季，他们把乌克兰视为欧洲秩序最为薄弱的节点，一次时机合适的突击也许会开启一场普遍的反革命运动。

铁三角的第二条边是德国民兵、亡命之徒和战后遗孤。《凡尔赛和约》限制了德国男子合法持有武装的人数，这迫使德国政府竭力解除各种准军事组织的武装，而这些准军事组织是由心怀不满的老兵组成的。随着民兵组织被禁止，巴伐利亚民兵开始转入地下，加入面目模糊的皮廷格组织。奥托·皮廷格（Otto Pittinger）及其赞助者构成了铁三角的第三条边。皮廷格是巴伐利亚政坛上的重要人物，通过承诺改变战后安排，他能够筹集到大量金钱。某些赞助人认为改变意味着统一，或者说德奥合并；其他赞助人则相信苏俄必将解体，而对德国投资者抱持友好态度的乌克兰必将建立。[27]

1921 年 7 月，威廉开始从皮廷格组织获取金钱。次月，鲍尔搬到维也纳，为巴伐利亚人的金钱与乌克兰人的野心牵线搭桥。鲍尔与威廉成为朋友。威廉想要利用自己每月从巴伐利亚人手中收取的十三万马克补助金，提高自身在乌克兰人当中的政治地位。他开始为生活艰难的乌克兰老兵发放补助。然后，他在维也纳建立了新的乌克兰准军事部队，将其称为自由哥萨克，其成员必须支持武力解决乌克兰问题，而无须过问其政治细节。奥地利警察估计有四万名乌克兰人加入了这支部队。这个数字尽管在此后被反复引用，但很有可能是夸大其词。然而，这让威廉的声望转变成军事指挥权，也引起维持现存秩序的势力的恐慌。

1921 年 10 月，威廉创办了自己的报纸，标题栏上画着一个手持锤子镰刀旗帜的乌克兰农民，他正在高喊："所有

143

土地上的乌克兰人，联合起来！"威廉当时仍然是个社会主义者，他有意识地让人们联想起马克思和恩格斯在《共产党宣言》中发出的号召："全世界无产者，联合起来！"通过这一姿态，威廉表明自己的君主主义居于左派立场，而且传递出这样的信息，即他眼中的乌克兰不仅包括苏俄控制的土地，而且包括波兰占领的东加里西亚。通过报纸，威廉还宣告了他一如既往的政治计划：得到解放的乌克兰将会召集立宪会议，决定乌克兰国家的形式。然而，民主能够也应该导向君主国。他的报纸声称，由"现代君主"统治的欧洲国家，将会比共和国更能实现可持续的民主。[28]

威廉的德国赞助者认为他们知道如何在乌克兰扶植现代君主。尽管威廉醉心于共产主义理想，而他们的计划却具有最为无耻的资本帝国主义的意味。这方面的典型是德国的企业联合会奥夫鲍尔（Aufbau），这个组织由马克斯·埃尔温·休伯纳－里希特（Max Erwin Scheubner-Richter）创办。奥夫鲍尔计划向投资者出售股份，但这些股份只有在未来的战争结束后才会分配红利。他们筹集的资金将会用于入侵苏俄，入侵后新政权将被建立，而新政权将会给予投资者贸易优惠。以奥夫鲍尔为模板，威廉也创立了乌克兰企业联合会。他出售的股份以反对未来的乌克兰特惠贸易为宗旨。他通过出售股份筹集的资金将会用于军队建设，而这支军队将会解放这个国家。[29]

威廉全身心地投入这个计划。他缺乏数学头脑，但他知道如何对每一个人承诺每一件事情。他在西欧巡回募款，寻求投资者。他想让自己的计划引起公众关注，他毫不费力就

144

做到了。他是个名人，也知道如何吸引注意。报纸报道说，他告诉美国犹太人，他设想中的乌克兰将会成为东欧犹太人的"应许之地"。他有着亲近犹太人的事迹。他在维纳－诺伊施塔特军事学院最喜欢的老师是犹太人，他在战争期间最喜欢的医生也是犹太人。他在乌克兰发生反犹大屠杀的黑暗岁月与乌克兰人民共和国决裂，他也为利沃夫发生反犹大屠杀而批评过波兰。尽管如此，人们可能会感到奇怪，这个人厚颜无耻地从巴伐利亚的反犹分子那里获取金钱，又把这些金钱用于在乌克兰引入犹太人。[30]

乌克兰企业联合会服从巴伐利亚人的计划。威廉负责筹集他那部分人力和财力，但德国人把他的努力视为建立庞大的多民族同盟的组成部分，而这个多民族同盟将会服从德国人的领导。1921 年秋季，德国密谋者设想鲁登道夫将会成为总司令，统率一支由各路民族主义民兵组成的入侵部队。鲁登道夫自欺欺人地以为，将会有两百万人，包括德国人、乌克兰人以及其他领土修正主义盟友，加入这支军队。等到这支军队组建完成之时，他们将会入侵苏俄，消灭欧洲共产主义，重新塑造战后秩序，并建立乌克兰国家。鲁登道夫设想威廉将会成为乌克兰候任领导人。他们两人似乎正通力合作，向东加里西亚的乌克兰人走私军火。

1921 年秋冬两季，威廉都在招兵买马，准备在来年春季入侵乌克兰。他从一处拘留营到另一处拘留营，从一座城市到另一座城市，为乌克兰士兵提供另一次解放祖国的机会。他提到"绿色国际"，即要建立一个属于工人和农民，但由君主统治的社会主义乌克兰。一旦他们每人领到一匹马、一支来复枪以及一身假扮成林业工人的衣服，他们就会马上被送到巴伐利亚接受训练。威廉同样与乌克兰境内的德国殖民者有所接触，对方答应在来年春季帮助解放"我们亲爱的祖国"。[31]

如果没有足够的关注度，将难以为春季入侵苏俄的行动招募数千人马。奥地利报纸把威廉形容为乌克兰的明日领袖。法国情报机关则称他为乌克兰人的当然领袖。布尔什维克秘密机关留意到，他在捷克斯洛伐克成功招募了乌克兰老兵。捷克斯洛伐克间谍的报告则过分夸张，认为威廉是庞大的君主复辟阴谋的组成环节，这一系列阴谋得到了梵蒂冈的秘密支持。波兰情报机关的消息最为灵通，他们看到威廉成为乌克兰候任君主的可能性，并知道他会在东加里西亚得到支持。有理由知悉并关注此事的各方势力都看到，威廉回归乌克兰，存在确凿无疑的、令人恐惧的可能性。[32]

乌克兰人民共和国把威廉视为对手。由于未能通过与波兰结盟而解放乌克兰，乌克兰人民共和国只不过是个寄居波兰的流亡政府，依靠波兰提供的资金维持运作。乌克兰人民共和国的领导人也想组织针对乌克兰苏维埃社会主义共和国（以下简称"苏维埃乌克兰"）的武装干涉，以求恢复权力。他们的亲波兰倾向让他们不可能与威廉结盟。威廉一心想做乌克兰君主，这一目标又与现存的共和国无法相容。1921年9月，威廉拒绝乌克兰人民共和国提出的合作建议。乌克兰人民共和国的领导层决定诋毁威廉的声誉。他们发出命令，向西方各国政府和投资者抹黑威廉，说他只是个"无名小卒"，实际情况与此正好相反。威廉的乌克兰对手知道，与其他任何部队指挥官相比，乌克兰老兵更愿意听命于威廉。[33]

于是，乌克兰人民共和国的领导人为了证明入侵苏俄的计划并不可行，采取了一次自杀式行动。1921 年 11 月 4 日，在波兰政府和罗马尼亚政府的帮助下，数千名乌克兰士兵穿越东部边境。在苏维埃乌克兰，他们发现当地人早已厌战，而且一年以来饱受饥荒之苦，而一支齐装满员的红军部队正严阵以待。布尔什维克特工早已洞悉他们的计划。乌克兰部队被分割包围、各个击破。布尔什维克处决了战俘，烧毁了某些村庄，轻而易举地取得了胜利。

乌克兰人民共和国并未打算推翻威廉，只是等待威廉采取下次行动。然而，在 1921 年 11 月惨败后，巴伐利亚投资者不再认为布尔什维克能被一次武装入侵所击败。1922 年 2 月，仍在慕尼黑的皮廷格停止了对威廉的资助。5 月，威廉的报社被迫关闭，而他的自由哥萨克也因为内讧而分裂。威廉与德国人的同盟由此瓦解。[34]

在失去乌克兰盟友后，德国人内部也发生了争吵。鲍尔认为乌克兰计划仍有前途，因此触怒了皮廷格。威廉在乌克兰游击队当中的确不乏支持者，而且这种支持仍然会持续一段时间。鲍尔致信鲁登道夫时写道，巴伐利亚人停止给威廉发放补助，其后果是"粉碎性的，因为整个乌克兰事业，包括其引人注目的报纸杂志、出版服务及其与乌克兰建立的人脉关系，只能而且完全依赖于巴伐利亚人的帮助"。鲍尔向鲁登道夫抱怨，乌克兰人会记得"德国人的背信弃义"。[35]

德国民族主义者从此分道扬镳，皮廷格专注于巴伐利

146

亚，鲍尔支持奥地利君主派运动，鲁登道夫则开始接近德国民族社会主义运动，也就是纳粹运动。1922 年 4 月，德国与苏俄签订条约。乌克兰民族解放的希望更趋渺茫，可以说几无可能。1918 年，德国人与哈布斯堡王朝放弃了乌克兰人民共和国。战胜国并未遵守民族自决原则。1919 年，乌克兰人民共和国与波兰结盟，但并未实现乌克兰任何部分的独立；然后就是最后一搏，与德国人合作对抗苏俄。及至此时，领土修正主义者已放弃了他们的入侵计划，德国已接受了苏维埃国家存在的既成事实。

威廉将何去何从？他已完成对权威的反叛，为了创立自己的君主国而与父亲决裂，然后又在复辟哈布斯堡王朝权力的斗争中与前任最高君主卡尔明争暗斗。威廉已卓然自立，也曾委曲求全。此时此刻，回顾威廉所做的一切，谁也无法评判他，谁也无法否认他的奋斗业绩。他曾勇敢闯过一扇打开的大门，却发现大门背后空空如也。1922 年 4 月，曾让威廉在乌克兰放手一搏的前任最高君主卡尔，在马德拉岛的流亡地因病逝世。1923 年，曾想把威廉培养成波兰统治者的父亲斯特凡，则饱受严重中风的病痛折磨。斯特凡先是无法行走，然后又失去了读写能力。就算威廉有意向父亲道歉，也永远无法如愿了。与哈布斯堡王朝一同坠落的，是他们的勃勃雄心。乌克兰归属苏联，波兰成为共和国，奥地利不再是帝国，匈牙利拒绝了它的哈布斯堡国王。

威廉将何以自处？这对于年轻的哈布斯堡家族成员来说是个艰难时刻。威廉曾经创造时势，可惜时势并未创造英雄。忽然之间，过去变得难以辨认，未来变得模糊不清。威廉已失去曾经唾手可得的确定感，无论是永恒不朽的蓝色血统，还是通向权力的绿色胚芽，又或通向胜利的红色血性。他已学会实用理性，也曾化身为别人的工具。他唯一的成功是加强了当时白色政治的力量，但欧洲的反革命运动已走到褐色的边缘。在欧洲，西欧的共和国不可能给他任何支持，东欧则已被布尔什维克主义所征服，解放乌克兰的理念让威廉向极右的德国领土修正主义者靠近。在 1923 年的慕尼黑啤酒馆暴动中，威廉的两位德国搭档将会与希特勒并肩前进，投身于第一次夺取权力的尝试。[36]

纳粹运动是民族自决失控的结果，因为挫败情绪而被扭曲，因为种族谬论而被毒害。希特勒未能夺权，但此前一年，本尼托·墨索里尼（Benito Mussolini）却领导法西斯运动在罗马夺权。意大利实际上是第一次世界大战的战胜国，但法西斯主义者声称意大利还需要更多领土。战胜国在战争结束时使用过民族自决原则，但此后这条原则就被束之高阁，但纳粹党徒和法西斯党徒继续为民族自决而斗争，这场斗争将会通过大众动员和战争暴力来重新塑造他们的国家。尽管战胜国永远不会承认，但民族自决从一开始就被争权夺利的考虑腐蚀了。此时，法西斯党徒或纳粹党徒将会按照他们认为合适的方式重新塑造欧洲，那就是始终高唱民族正义和民族权利的论调。

民族自决不仅在实际上晦暗不明，而且在原则上也晦暗不明。它假设民族就像个人，拥有某些权利，能够得到满足。但实际上的个人又如何，实际上的个人权利又如何？威

148

177

廉是个特别复杂的人，但他其实与数百万东欧人一样，其民族身份难以被清晰界定。他作为哈布斯堡家族成员，代表着被民族自决所否认的复杂社会现实。旧欧洲的多民族帝国为民族身份的模糊状态保留了空间，而模糊状态则为某种个人自由保留了空间。从那时到现在，民族身份从来都是复杂凌乱的事情，经常是个人选择和政治选择的结果，有时就像年轻的生命那样充满活力，有时就像条约的字迹那样干枯无力。

1922 年夏天，威廉失去了所有盟友，他再也无法安坐在奥地利议会咖啡馆静待建议。他已接受过太多建议。在巴伐利亚人的投机活动临近尾声时，鲍尔给了威廉一笔钱。威廉没有正当职业，与富有的父亲也断了联系，也许最明智的决定就是趁着口袋里还有些现金，赶紧离开奥地利。[37]他没有公民资格，没有合法身份，也没有护照。他想办法弄到一本空白的奥地利护照，并做了一个决定。1922 年 11 月，他使用他的乌克兰名字离开这个国家，那就是瓦西里·维什凡尼。

紫色篇章：同好巴黎

1922 年 11 月，没有钱、没有军队去跟布尔什维克对抗
的威廉，转道前往马德里，他在那里会受到亲戚的温暖欢
迎。西班牙国王阿方索十三世的母亲出身于哈布斯堡家族，
而且阿方索还是威廉的表哥。玛丽亚·克里斯蒂娜是阿方索
的母亲和威廉的姑妈，在阿方索年幼时曾任摄政太后。在西
班牙，威廉再次感觉自己归属于一个仍然能够施行统治的家
族。他还有希望筹措金钱，如果有可能，还可以策划哈布斯
堡王朝复辟的密谋，并以此支撑他的乌克兰之梦。

就在威廉抵达前不久，齐塔皇后已抵达马德里。卡尔皇
帝之死，让她失去了丈夫，失去了帝国，也失去了家园，她
带着七个孩子流落在马德拉岛，肚子里还怀着第八个孩子。
西班牙的阿方索国王把齐塔接来照料。他派出一艘西班牙军
舰去接齐塔以及她的孩子们，并在马德里火车站亲自迎接。
齐塔正好三十岁，而威廉才二十七岁，这两位哈布斯堡家族
成员仍然可以设想自己的未来，尽管最近发生的变故的确令
人沮丧。

阿方索和玛丽亚·克里斯蒂娜是温和有礼的主人，能够

在这令人心碎的时刻抚慰脆弱的心灵。齐塔失去了丈夫和帝国。玛丽亚·克里斯蒂娜最喜爱的消遣是采摘百合花和紫罗兰，她佩服齐塔养育了这么多年幼的女大公和大公。威廉失去了乌克兰之梦，也失去了与父亲的亲密关系。阿方索试图在哈布斯堡家族内部调解威廉家的纠纷。阿方索明白威廉的乌克兰事业将斯特凡在波兰的财产置于危险之中，于是阿方索代表斯特凡向波兰政府提出交涉，承诺只要斯特凡能被允许保留产业，西班牙就采取对波兰友好的政策。[1]

在马德里，流亡的哈布斯堡家族成员能够得到片刻喘息，能够筹划复辟他们的君主国。然而，在威廉和齐塔看来，即使在保守的、天主教盛行的西班牙，君主政体也同样受到威胁。1923 年，米格尔·普里莫·德·里维拉（Miguel Primo de Rivera）将军推翻了西班牙议会制度。阿方索支持这场政变，因而能够继续统治，尽管实权早已落入普里莫·德·里维拉及其党羽手中。

与此前一年本尼托·墨索里尼在意大利的做法类似，普里莫·德·里维拉保留了君主制，但建立了一个统治国家的独裁政权。在意大利，君主制的转型通过法西斯主义思想、对墨索里尼的领袖崇拜以及国家崇拜而得以合法完成；在西班牙，则通过集体主义的军事独裁得以实现，这个军事独裁政权承诺进行改革，并在将来使国家回归常态。整合西班牙和意大利的手段，则是以武装部队和个人魅力取代王室权威，以右翼为班底，在不废除君主制的情况下维持统治。君主退居幕后，在虚张声势的排场和礼仪中掩盖内心的不安。[2]

威廉具有个人魅力和灵活手腕，却几乎没有战略眼光，看不到独裁政体与君主政体的矛盾。他假定独裁政体的建立者将会在他成为国王后甘心成为他的下属。他在乌克兰企业联合会和巴伐利亚入侵计划中结识的盟友却持有相反看法。马克斯·鲍尔上校是威廉在维也纳的亲密搭档，他认为君主的作用就是为独裁者让路。

威廉与鲍尔还是朋友，在威廉的建议下，阿方索国王于1924 年邀请鲍尔来马德里参与西班牙军队改革。与鲍尔同来的还有约瑟夫·皮格尔（Josef Piegl），他是一位奥地利君主派工程师，曾帮助威廉在维也纳筹款。另一个组织成员弗里德里希·冯·维斯纳（Friedrich von Wiesner）则留在维也纳。维斯纳是律师和外交官，曾是深受弗兰茨·约瑟夫皇帝和卡尔皇帝信任的侍从。他在维也纳建立了一个组织，准备以君主制取代奥地利共和国。在阿方索的庇护下，还有些冒险家在马德里加入威廉的队伍。其中一位是费尔南多王子（Infante Fernando），他同时是阿方索和威廉的表哥，威廉称他为"南多"（Nando）。[3]

某种程度上，王室的无忧无虑已让位于凡人的花天酒地。威廉沉醉于与南多和阿方索畅饮欢宴，但一个阴影已笼罩在他的计划上方。特雷比奇·林肯曾于 1920 年携带白色国际的档案销声匿迹，此时他已为威廉设下另一个圈套。

自从不再扮演德国民族主义者，林肯就去了中国，他向地方军阀出售军火和建议。林肯竟然说服了鲍尔，让他认为中国将会是兜售军火和反动政治的市场。1927 年，鲍尔动身前往中国，1929 年，皮格尔也步其后尘。就这样，先后为德国独裁政体和哈布斯堡君主复辟献身卖力的两个人，竟

151

然在北京①为中国的民族主义领导人蒋介石奔走效劳。1929
年，鲍尔死亡，皮格尔也不知所踪。林肯自己还有另一重身
份。1931 年，林肯受戒成为佛教僧人，余生都在欧洲和北
美广纳信徒，顺便笑纳信徒分布于世界各地的财产。1943
年，林肯死于上海，很有可能是被盖世太保暗杀的。[4]

　　威廉需要钱，他曾在 20 世纪 20 年代末西班牙经济繁荣
时期追逐利润。威廉是西班牙国王的亲戚，而且阿方索本人
就是大笔国家投资的幕后老板。威廉与表兄南多似乎在几笔
军火交易中做过经纪人，也许货源就是威廉入侵苏俄的计划
失败后剩余的武器。威廉也想为奥地利一处水坝建筑工程充
当贷款经纪人，但最终并未成功。威廉与南多对航空工业也
有兴趣，他们试图牵线搭桥，让德国工程师来西班牙，把德
国民用飞机改装成军用飞机。这种诡计能够让德国绕过
《凡尔赛和约》对重新武装的限制。威廉也曾试图引入外
资，投资西班牙的道路、矿山以及房地产开发。[5]

　　上述投资几乎总是功亏一篑。问题通常出在威廉自己身
上。他唯一的经营资本就是自己的俊俏外表、衣着品位以及家
族姓氏。他唯一的经营手段就是认识投资领域的富商巨贾。他
通常未能在任何后续事务中摆正自己的角色。从他的信件中可
以看出，他从来不会计算收支或考虑风险，他总是认为人们有
钱或非常有钱，总是认为项目有前途或很有前途，然后就没有
然后了。他以前从来不需要考虑金钱问题，所以他缺乏金融洞
察力，也从未感觉到在人际关系之外，经济运作自有其法则。

---

①　原文如此，实际上应为南京。

紫色篇章：同好巴黎

威廉的经营手段很能说明他眼中的轻重缓急。例如，有一次，他带着一帮富有的美国投机商来到马德里，投资一个房地产项目。他对下榻的酒店极端挑剔（不是丽思酒店就是萨伏伊酒店），但除此之外他完全不靠谱。他首先安排这帮商人拜会玛丽亚·克里斯蒂娜和南多。然后，他带着几个朋友去了巴塞罗那，只留下一个错误的传信地址，只剩下合伙人与那帮美国人去收拾残局。[6]

及至20世纪20年代末，威廉一直往返于马德里和昂吉安莱班（Enghien-les-Bains）之间，后者是一处距离巴黎不远的度假小镇。1926年，他为自己在佩利戈街5号买了一座小别墅，显而易见的是，这钱是他从富有的匈牙利贵族托马什·埃斯特拉齐（Thomas Esterhazy）和莫里奇·埃斯特拉齐（Moríc Esterhazy）那里借来的。莫里奇曾是卡尔皇帝的首相，属于君主派。这兄弟俩或许认为，他们正在资助一位未来君主。只要他们愿意，起码暂时愿意，他们就能为这位哈布斯堡家族的政治流亡者提供舒适的生活。[7]

威廉"隐姓埋名"地生活在昂吉安莱班，就像父亲教过他的那样，在与法国当局打交道时使用乌克兰名字。他的确曾用他的本名向马德里发电报，因为他想给人们留下深刻印象，因此邮政局职员知道他是谁，这就意味着其实警察也知道他是谁。尽管他持有的官方文件（奥地利护照和法国签证）使用的是乌克兰名字，但法国当局知道威廉是哈布斯堡大公。最让他高兴的事物是一辆小汽车。尽管他从未向父亲提起，但这辆小汽车肯定让他想起斯特凡的冒险举动和

153

他自己的童年时光。只要威廉兴致勃勃地前往巴黎，当地警察就得时时刻刻在他身后盯梢。[8]

威廉的确与客居巴黎的乌克兰人有所联系，而且在他们当中很受欢迎。威廉仍然与爱德华·拉里申科走得特别近，他早在 1918 年就已是威廉的私人秘书了。拉里申科曾在维也纳参与乌克兰企业联合会的经营，然后帮忙料理威廉在马德里的生意。他是威廉生命中最为重要的两个人之一。另一个人是威廉的贴身男仆，一个名叫康斯坦特·克罗尔（Constant Kroll）的拉脱维亚人，他从 1926 年到 1928 年在威廉的昂吉安莱班住所里充当仆人。每当法国警察来找麻烦时，威廉总是有意无意地显得对克罗尔"格外关心，让人确信他们之间存在某种关系"。当威廉前往西班牙旅行时，他最关心的是旅馆的房间必须能够直通隔壁的房间，而且两个房间都得有浴缸。这是为了方便他接近他的男秘书。当他旅行时，他总是带着拉里申科或者克罗尔，也许有时候两个都带上。[9]

在某个时候，威廉与他们决裂了。他自有其理由：克罗尔被发现监守自盗，而拉里申科则承认自己越来越同情苏联。威廉卖掉他在昂吉安莱班的房子（但他没有还清欠匈牙利埃斯特拉齐兄弟的债），并于 1931 年 10 月在巴黎第 17 区租下一套公寓，公寓位于阿加西亚斯街 45 号。在遣散身边两名男仆后，他与猫住在公寓里，他喜欢那只猫。

这是一个美好的街区。从家门口出发，威廉只要往右走几步，就能走到卡尔诺街，然后往左走进林荫大道，就能直通凯旋门和香榭丽舍大街。威廉靠近最为排他的右岸社区，在那里给人留下深刻印象可不容易。当时的巴黎满大街都是

紫色篇章：同好巴黎

王子和王位觊觎者，多一个不多，少一个不少。例如，威廉的姐夫希罗尼穆斯·拉齐维沃就在巴黎停留了好一段日子。拉齐维沃的出现，给威廉带来了一点财运。在威廉的兄长们从病弱的父亲手里接管家族啤酒厂后，他们就能确保威廉每隔两个月都能收到大约二千五百元的补助。或许因为兄长们都知道父亲不会同意，或许因为威廉在巴黎使用了假名字，他们委托拉齐维沃把钱转给威廉。[10]

许多王公贵胄，都像威廉那样处于流亡途中。随着时间推移，还有更多君主前来报到。在法国，拉齐维沃就经常陪阿方索国王打马球，1931 年 4 月，西班牙宣布成立共和国，阿方索便离开了西班牙。阿方索抵达巴黎的时间大约与表弟威廉相同，他在巴黎众多外国君主中可谓出类拔萃。一位俄国大公称许阿方索为"具有男子气概的欧洲君主"，这一看法就连温斯顿·丘吉尔（Winston Churchill）也表示同意。阿方索确实是优秀的运动家（马球、高尔夫球、网球无所不能），而且还是足球俱乐部的赞助者（其中包括皇家马德里）。阿方索还是十个孩子（其中七个是婚生子）的父亲，以及三部电影的制片人（全部都是色情电影）。按照当时人们的说法，与表弟威廉相似，阿方索也喜欢开车兜风。[11]

在西班牙王室的异性之爱与巴黎人所热衷的同性之爱之间，摩擦出了某些温暖的火花。有一次，阿方索坐在剧院的包厢里，陪伴左右的是妻子以及谢尔盖·加吉列夫（Serge Diaghilev），加吉列夫是俄罗斯芭蕾舞团的团长，也是同性恋者狂热崇拜的偶像。阿方索给加吉列夫递上一根雪茄，奇怪的是，芭蕾舞团团长并不懂得怎样抽雪茄。他竟然点着了国王妻子的

两次世界大战之间的欧洲，1923～1938 年

晚礼服。[12]

　　为人们复述这个雪茄故事的人是著作等身的法国记者米歇尔·乔治－米歇尔（Michel Georges-Michel）。他是个旅行家，也是个美食家。乔治－米歇尔从小就认识威廉，并把威廉归入自己数十个知名好友之列。他与巴黎各路名流、贵族和新贵都很熟悉，无论对方是男是女，是同性恋还是异性恋，他都引为

知己。他是报纸上无数八卦新闻的作者，经常为他所钟爱的政治事业或艺术事业推波助澜，他也写了几十本书。他为小说所 155 起的标题不外乎《波斯玫瑰》《维纳斯之宴》《午夜波希米亚》《索尼娅公主的第五次婚礼》之类。类似的审美格调同样弥漫于他作为社论作家和旅行作家的作品之中。

乔治－米歇尔为威廉来到巴黎而感到高兴。他极力吹捧这位"哈布斯堡－洛林大公纪尧姆"，让威廉在法国声名鹊起。或许正是在乔治－米歇尔的影响下，或者至少是看到媒体所能带来的声望，威廉允许他在文章中如此渲染自己的哈布斯堡名字。在昂吉安莱班，威廉至少还能够假装"隐姓埋名"，隐藏在瓦西里·维什凡尼这个乌克兰名字之下。在巴黎，他允许自己再次成为哈布斯堡家族成员，也允许别人以他的本名来介绍他，通过乔治－米歇尔以及其他人，威廉 156 成为媒体上的名人。1934 年，正是乔治－米歇尔在引人入胜的文章中提到好友威廉的文身。[13]

水底船锚与高贵血统的彼此接近，下流欲望与上流出身的相互交缠，这就是威廉以及巴黎的独特之处。当他把政治雄图抛诸脑后时，他把自己变成放浪形骸的登徒浪子，变成另一种人，或者至少表现出他身上的另一种特性。威廉很早以前就迷恋男色，或许在学校里，或许在战壕中，但肯定在他的秘书和仆人的卧榻上。在巴黎，他全不在乎别人窥探他的往事。

某些性丑闻还涉及其他贵族，曾经有人看到，威廉在晚上与这些贵族结伴出没于阿加西亚斯街，而他身上却穿着女装（至少报纸上是这么写的）。警察记录道，一个经常出现在威廉的夜生活中的玩伴是西班牙王室成员，此人自称为费尔南多公爵，几乎可以肯定他就是波旁和马登的领主唐·费尔南多（Don Fernando），即杜尔卡尔（Durcal）公爵。尽管在法国，同性关系是合法的，但唐·费尔南多太过出格，还是被法国驱逐出境。尽管如此，威廉更喜欢的是深入草根社会。他似乎不太出入巴黎那些更为知名的同性俱乐部，比如蒙马特高地的旋转木马俱乐部或者阿尔杜尔夫人俱乐部。按照巴黎警察的记录，他更像是"怪屋"——这是法国人对同性妓院的称呼——的"常客"。[14]

威廉喜欢平民格调，正如他喜欢东方格调。根据警察的记录，他"频频"光顾的处所都有着阿拉伯语店名，比如"哈里发"。哈里发就在左岸的沃日拉尔街上，这条街环绕着卢森堡公园，而妓院就在参议院与王子殿下街的路口之间。在当时的法国，哈里发这类店名不仅意味着冒险和帝国，而且意味着跨越阶级和种族的界限。威廉似乎喜欢跨越这些界限，实际上，他也把自己在低下阶层中的放浪形骸视为人类博爱的表现。威廉在这些处所中的签名是"罗贝尔"。在哈里发，威廉认识了一个工人的儿子，威廉与他频频见面。威廉也把一个阿尔及利亚人收为自己的新男仆。警察把这个名叫莫里斯·内沙迪（Maurice Néchadi）的人视为"能够对其主人施加影响的鸡奸者"。[15]

这很可能符合事实。威廉总是需要男性角色，无论是在他之上的父辈人物，还是在他之下的仆人或士兵。他总想反抗父权，却总是屈从于奴仆，这构成他复杂的人生。然而，他确实懂得如何与女性相处。有一次，一个女记者在画师替威廉画像的时候登门拜访，正好把这段经历写下来。文章写

157

道，"正如他的动作姿势所展示的，站在你面前的是帝国贵胄威廉·冯·哈布斯堡"，从中可看出作者慢慢折服于他的性感。她脉脉地注视着大公，大公也静静地坐了下来，她向大公提出了几个自己感兴趣的问题，其中一个问题是："殿下，您是否曾经只靠眼神，而非言语来发号施令？您的眼睛有着这样的魔力。"这就是威廉对女性的魅力。他很少刻意为之，也从未精于此道，但他的确在某些场合发挥过这样的魅力。[16]

　　那位肖像画家曾为波莱特·库伊巴（Paulette Couyba）的众多情人画像，而威廉也名列其间。20世纪30年代初，波莱特与威廉早已在巴黎某处邂逅，也许是在蒙马特高地的交际场所，威廉正要落座，波莱特正要起身。波莱特是个骗子、富姐、情人，有时甚至是个天才。有观察者留意到关于波莱特的两种主流意见，两者都是对的："有些人认为她善于制造麻烦，或者至少目中无人，而其他人则认为她天生聪明绝顶。"威廉喜欢波莱特这两张面孔，也乐意让别人看到自己陪伴她，甚至让别人看到自己亲吻她。波莱特则乐意把自己称为威廉的未婚妻。

　　威廉对于世道人心极其天真，只有被过分保护的贵族才会拥有这种品性；波莱特则是超乎寻常地工于心计之人，这一点才让她能够遇到威廉这样的妙人。威廉的家族出身世人皆知；而波莱特的有趣故事则为她自己独有。波莱特声称自己是法国政治家夏尔·库伊巴（Charles Couyba）的侄女，库伊巴是参议员、劳工部部长和商务部部长。在他数十年的

158　政治生涯中，库伊巴以第二个名字过着第二种人生，他又叫莫里斯·布凯（Maurice Boukay），是一名左翼爱情歌手。他年轻时的《情歌集》由象征主义诗人魏尔兰（Verlaine）作序。他也因为《红色歌集》《阿拉伯交响曲》《最后的童贞女》而知名，他还有一部鲜为人知也微不足道的作品：《卡萨诺瓦最绮丽的情事》。

　　夏尔·库伊巴的瑰丽人生可谓雅俗共赏，既有卢森堡公园内法国参议院的政治生涯，也有蒙马特高地酒吧间的俗艳年华。这本来会给他的侄女波莱特留下有趣的遗产，假如波莱特真是他侄女的话，但其实波莱特并不是。波莱特凭借自身能力，在巴黎艳名远播，其过程更加匪夷所思，糅合了国家权力和浪漫传奇。她出身于外省的工薪阶层，1920 年，她找到一份邮局职员的工作，在政府部门办公室发现一系列秘密信件。大约从 1927 年起，她陆续为好几位富商巨贾担任私人秘书，至少当别人问起时，她就这样解释自己的职位。她打印文件，暗送秋波，引诱男人，终于打开了通向权力和财富之路。[17]

　　波莱特的第一件战利品是约瑟夫·卡约（Joseph Caillaux），卡约是一位法国政治家，被牵扯进一桩让人印象深刻的丑闻，该丑闻即使在巴黎也足够轰动。他是一个注定与女人纠缠不清的男人，他首先因为丝绸关税争论而声名鹊起，因为他在争论中表现出对女士内衣的博闻多识。他经常炫耀自己拥有众多情人，其中几个情人还先后与他结婚。他在 20 世纪 20 年代末遇见波莱特，约在此前十五年时，他最早的两个妻子就在大众媒体上炮制出第一桩特大丑闻。一份报纸刊登了卡约写给一个情人的旧情书，这个情人后来成为卡约的第一任妻子，而另一个情人亦即卡约的第二任妻子对此大为吃醋，决心采取报复行动，但不是报复卡约，而是报复报社。卡约的第二任妻子亨丽埃特（Henriette）谋杀了《费加罗报》（Le Figaro）的主编，她用勃朗宁自动手枪向那位主编开了六枪。

1914年7月，亨丽埃特·卡约开始受审，这在当时被称为世纪审判。这桩审判甚至吸引了法国公众的注意力，无人再关注巴尔干危机，而这场危机正在将他们的国家引向战争。卡约夫人从未否认自己亲手杀了那位主编，但她请求法庭判自己无罪，因为她在盛怒之下实在无法控制自己。她辩称，在那种环境中，根本不能指望她能够控制自己。法官对此表示同意。1914年7月28日，亨丽埃特·卡约被判无罪释放，那天正是哈布斯堡君主国对塞尔维亚宣战的日子。第一次世界大战爆发时约瑟夫·卡约并未声名狼藉，但他很快就让自己臭名昭著。因为向德国人提供情报，他被指控危害法国国家安全。但他很快就被特赦，然后被委以执掌财政部的重任。[18]

这就是战争期间巴黎的上流社会，这就是卡约展示给波莱特的世界。卡约教给波莱特许多她必须学会的本领，比如玩世不恭，比如口是心非，比如强人身上总有弱点。对于卡约来说，波莱特只是他永无止境的情人名单上的一个名字；对于波莱特来说，卡约则是她屡试不爽的绯闻经历中的初次历练。按照法国警察的记录，在从卡约那里出师以后，波莱特便开始与另外两位法国政治家发生关系。她被认为是阿纳

159

托尔·德·蒙齐（Anatole de Monzie）的秘书和情人，蒙齐是左翼政治家、苏联的老朋友，并于 20 世纪 30 年代初出任教育部部长。她也被认为是莫里斯·德·罗斯柴尔德（Maurice de Rothschild）的助手和情人，莫里斯是这个富豪家族法国分支的杰出成员。[19]

依此类推，波莱特的人脉就变成威廉的人脉。波莱特能够运用威廉无法想象的手段，为威廉争取到他想要的东西。威廉希望确保自己在法国无限期居留的权利，为此他三次试图取得法国国籍。在这三次申请中，相关当局都收到蒙齐或卡约发来的信函或打来的电话，他们都在为威廉求情。这些信函和电话未必是有益的，因为蒙齐明显亲近苏联，而卡约则被认为亲近德国。更有甚者，这两位都是战争期间法国的政府部长。无论哪一次申请，都有一位女士以这两位政治家秘书的身份出现，并代递信函和代打电话，几乎可以肯定这位女士就是波莱特。似乎迫于政治压力，警察部门不得不去调查威廉的往事。一位警察局局长下定决心查清"关于这位大公的真相，他的社会角色，他的政治立场"。这谈何容易！让这位警察局局长感到庆幸的是，外交部介入了，外交部反对授予威廉法国国籍。警察档案揭示了针对威廉往事的漫长调查程序，包括真假难辨的线人密报。这对威廉的申请个案极为不利，因为在第一次世界大战期间，威廉曾在哈布斯堡军队中服役。很有可能的是，法国外交部确定了清晰无误的反对哈布斯堡王朝复辟的政策，他们不希望表现出对一位可能还有政治前途的哈布斯堡家族成员的正式支持。[20]

因此，威廉仍然是个外国人，而当时沙文主义正甚嚣尘上。然而，威廉的出身和姓氏的确为他带来某种声望，至少在那些既有名声又有财富的巴黎上流社会成员中，威廉颇受欢迎，因为威廉拥有他们没有的东西：王族出身。歌舞演员蜜丝婷瑰（Mistinguett）是爱慕威廉的人之一，她是当时法国最受欢迎的艺人，也是全世界收入最高的女艺人。她最吸引人的特点是身体语言和独特嗓音，这在当时简直无与伦比、妙不可言，所以她的引退可谓举世遗憾。那是个现场表演可让人声名鹊起的时代，而她是那个时代最后的巨星。她原本名叫让娜·布儒瓦（Jeanne Bourgeois），是个来自昂吉安莱班的女孩，1895 年，她第一次以蜜丝婷瑰的艺名登台表演，那年威廉刚刚降生。1919年，当威廉正在为乌克兰运筹帷幄时，她为自己的一双美腿投下五十万法郎的保险。此时，20 世纪 30 年代初，这两个人正步入类似的社交圈。[21]

威廉与蜜丝婷瑰都来自昂吉安莱班，那是蜜丝婷瑰的出生地，也是威廉选择的暂居地。他们都有某种王族渊源，威廉是天生的王室贵胄，而蜜丝婷瑰则是别有因缘。威廉自小就认识英国国王爱德华七世。蜜丝婷瑰则自称是这位国王的情妇。蜜丝婷瑰与西班牙国王和瑞典国王都交好，这两位国王都曾替威廉的父亲出面干预，帮助威廉的父亲保住他在波兰的产业。

威廉与蜜丝婷瑰都与普鲁士的腓特烈·利奥波德·冯·霍亨索伦（Friedrich Leopold von Hohenzollern）保持着友谊。威廉是奥地利统治家族成员，却被父亲逐出家族门庭；腓特烈·利奥波德是德国统治家族成员，却目睹父亲挥霍家族财

富。据说腓特烈·利奥波德的父亲曾用涂了奶油的甜面包喂

161 狗，却让仆人爬来爬去扮狗叫。母亲抱怨父亲包养女演员，却只换来一顿马鞭毒打。尽管起因不同，威廉与腓特烈·利奥波德却有着大致相同的处境：荣耀而贫穷。在晚宴上，他们坐在蜜丝婷瑰左右两边，竞相邀宠。蜜丝婷瑰似乎更喜欢威廉，甚至认真考虑过嫁给这位哈布斯堡大公。[22]

1932 年夏天，两位王子与那位女歌星一起在沙滩上度假，当时有流言传出，腓特烈·利奥波德将会与一个富有的美国寡妇结婚。在他那败家子父亲去世后，腓特烈·利奥波德所拥有的只不过是瑞士境内一座小小的城堡。露西安娜·韦恩伯恩（Lucienne Winburn）就是那个美国寡妇，她曾是一名人品正直的肥皂制造商的妻子，拥有数百万美元财产。就在宣布其丈夫死讯的同一天，法国媒体也公布了这位肥皂制造商的遗赠，他捐赠一座城堡作为贫困儿童诊所。腓特烈·利奥波德与露西安娜·韦恩伯恩明显是天作之合（至少在米歇尔·乔治－米歇尔看来是这样，因为正是他在散布谣言）。毕竟，露西安娜·韦恩伯恩非常有钱，而且有着行善积德的多年善举；而腓特烈·利奥波德非常缺钱，而且有着挥霍浪费的败家传统。[23]

然而，当那个寡妇有一天终于现身时，她却与威廉而非腓特烈·利奥波德在一起。露西安娜·韦恩伯恩向记者完整介绍威廉的各项荣衔，而威廉却借此机会请求人们对他直呼其名就好。威廉说道："只有在浪漫小说里，人们才会使用这些荣衔。"尽管蜜丝婷瑰自己就比威廉年长二十岁，但她还是公开质疑那个寡妇嫁给那位哈布斯堡大公是不是"合

适的决定"。蜜丝婷瑰曾经喜欢她眼中的威廉。然而，蜜丝婷瑰对威廉那漂亮双眸的讽刺却比乔治－米歇尔辛辣酸楚苦涩得多，尽管乔治－米歇尔被视为上述事件的编年史家。乔治－米歇尔不再称许威廉"那无比湛蓝的双眼"。蜜丝婷瑰则刻骨铭心地记得那刻意营造的虚情假意，她在回忆录中以格言体开篇，"只有在背景映衬下，大海才会如此湛蓝"。在波莱特和蜜丝婷瑰这种白手起家、成就自我的女性眼中，威廉无疑非常具有吸引力，但也非常缺乏安全感。[24]

　　显而易见的是，威廉的哈布斯堡姓氏，只不过是人们在里维埃拉度假时闲暇的谈资，但在 20 世纪 30 年代，这个姓氏还有其他含义，至少威廉是这样认为的。威廉与仍然活跃在政坛上的、最为重要的哈布斯堡家族成员齐塔皇后保持联系。她与威廉都曾流落马德里，当威廉选择法国作为自己的永久流亡地时，她却带着众多家眷移居比利时。威廉诸事糊涂，但他不糊涂的其中一件事情，就是去比利时拜访齐塔皇后。此时，正值 20 世纪 30 年代早期，齐塔皇后正在密谋复辟哈布斯堡王朝。在她的计划中，似乎有个位置是留给威廉的。威廉仍然想成为乌克兰国王，并把复辟哈布斯堡王朝视为实现梦想的第一个步骤。[25]

　　有一段时间，欧洲各地都流传着哈布斯堡王朝回归的谣言。齐塔永远穿着黑衣，既哀悼卡尔，也哀悼帝国，她把家族团结在一起，并以严格的家教培育八个孩子。君主国崩溃的时候，齐塔的长子、皇太子奥托（Otto）才六岁，1932年 11 月 20 日，奥托达到哈布斯堡王朝的法定成人年龄（二十岁）。威廉与其他野心勃勃的哈布斯堡家族成员一样，满怀希望地等待这一天。1932 年年底，奥托正在柏林完成博士论文，而他更为重要的目的是认识德国政治人物。在德国首都，奥托引起一个正在崛起的右翼人物的注意，此人就是阿道夫·希特勒。希特勒把奥托视为潜在的傀儡君主，一个可能有助于他实现德奥合并的人物。

然而，奥托自有主张：奥地利仍然会是独立国家，恢复君主制，然后在中欧和东欧复活哈布斯堡王朝的统治。年满二十后，奥托开始频频造访巴黎，他在那里被舅舅波旁－帕尔马领主西克斯图斯（Sixtus）引入社交界。在卡尔接连两次未能重登匈牙利王位之后，时间已过去将近十年，某些匈牙利人把希望寄托在卡尔的儿子身上。有好几次，匈牙利媒体提出复辟君主制的可能性。[26]

意大利法西斯领袖（或者说首领）本尼托·墨索里尼试图说服齐塔和奥托，哈布斯堡王朝复辟可以成为双方的共同计划。1932 年，意大利媒体开始间接提出哈布斯堡王朝复辟论，社论认为哈布斯堡王朝控制中欧，总好过希特勒控制中欧。墨索里尼邀请齐塔访问罗马，他告诉齐塔，他乐于促成意大利女王储与奥托的联姻。20 世纪 30 年代初期，这一联姻建议甚至被添油加醋地刊登在欧洲各国报纸上。墨索里尼同时告诉齐塔，他希望实现哈布斯堡王朝复辟。墨索里尼的如意算盘是，实现哈布斯堡王朝与意大利王室的融合，以君主制赋予意大利统治南欧和中欧的合法性，然后把实权留给他。[27]

齐塔和奥托认为，复辟应该从奥地利开始，那才是原哈

163

布斯堡君主国的心脏地带。在 20 世纪 30 年代早期，奥地利是政治纷争的是非之地，那里的现代政治似乎走进了死胡同。极右翼政治家，即奥地利纳粹党，认为这个国家根本就不该存在，应该被并入纳粹德国。与此同时，左翼的社会民主党人同样质疑奥地利存在的必要性，宁愿与未来的社会主义德国联合。唯一支持奥地利独立的主要政党是中右翼的基督教社会党。然而，这是个以信仰基督教的德语劳工阶层为根基的政党，传统上忠诚于哈布斯堡王室。然后，及至 1933 年，奥地利虽然是个独立共和国，但没有任何主要政治势力同时支持独立与共和。20 世纪 30 年代初，这个国家经济萧条，这让社会民主党有理由相信自己会赢得选举。1933 年春季，希特勒完全控制德国政权，这让纳粹党有理由相信德奥合并。未知鹿死谁手。

奥托、齐塔和威廉都认为，死胡同的出路就是哈布斯堡王朝复辟。奥托想要实现某种带有社会主义性质的君主制，这种君主制将会凭借福利国家政策吸引劳工阶层，并带有某种对哈布斯堡伟大历史的怀旧情调。1933 年 3 月，奥地利总理恩格尔伯特·陶尔斐斯（Engelbert Dollfuss）另辟蹊径，结果直接导致内战。他解散议会，并以自己的基督教社会党、少数几个右翼组织以及主要的右翼民兵组织保安团为班底，组建他所谓的祖国阵线（Fatherland Front）。祖国阵线是某种传统与现代的综合体，它有天主教底色，但接受国家在社会中承担主要角色。它对哈布斯堡王朝的过去保持善意，但未必对哈布斯堡王朝复辟的理念保持善意。

正东望故国的哈布斯堡家族成员认为，祖国阵线永远不可能像君主制那样团结人民，也许他们的看法是对的。新政权立即引起社会和政治两场冲突。一旦准军事部队保安团执掌政权，它就企图解除社会民主党旗下的左翼准军事组织保卫同盟的武装。保卫同盟奋起自卫，1934 年 2 月 12 日，社会主义者发出号召，在维也纳发起总罢工。此时，政府站在保安团那边共同反对左翼，首都迅速成为社会主义者奋起抵抗的主战场。维也纳是社会主义者的选举大本营，社会主义市政府曾建设著名的"红色维也纳"，包括公共住房、公共设施、公共园林。此时，社会主义者固守其最后据点，即卡尔·马克思大院等公共建筑群，而政府部队则在周围的山岗上包围他们。在这场农村包围城市的冲突中，农村取得胜利。红色维也纳的居民被制服，纪念碑被摧毁，社会民主党被查禁。

就在陶尔斐斯总理镇压左翼威胁后不久，他就要面对来自右翼的可怕袭击。1934 年 7 月 25 日，一队纳粹党徒潜入他的办公室，企图发动政变。他们枪击陶尔斐斯，让他流血至死，拒绝为他提供医疗救助和临终祈祷。纳粹党徒很快就被忠诚于政府的部队镇压。

祖国阵线执掌政权大约一年，但在经历过一场内战和一场致命政变之后，很难说其执政是成功的。上述暴力事件之后，接任总理的库尔特·冯·舒士尼格（Kurt von Schuschnigg）不得不扪心自问，应该如何治理奥地利。祖国阵线要捍卫奥地利独立，但它要捍卫怎样的奥地利？舒士尼格及其阁僚提到天主教信仰，提到人民与领袖的团结，提到精神振作，提到历史。对于许多奥地利人来说，这种宣传让

他们想起哈布斯堡的过去，甚至有些人开始想象哈布斯堡的
未来。奥地利城镇开始授予奥托荣誉市民身份。就连舒士尼
格总理也开始提及奥托。奥托回国的条件是需要谈判的，但
至少在奥托和齐塔看来，回国似乎只是时间问题。[28]

    正如紫丁香在朽木上绽放，王朝更替亦自成古今。当齐
塔和奥托计划隆重回归维也纳的时候，他们肯定把威廉视为
哈布斯堡事业上宝贵的盟友。威廉似乎带来了家族的、财政
的、政治的资源，有助于实现齐塔把奥托扶上哈布斯堡皇位
的计划。威廉是少数几位没有迎娶平民女子的哈布斯堡大
公。例如，威廉的两位兄长，都娶了并非王族出身的女子，
因此永远失去了继承哈布斯堡皇位的可能。他们实际上已把
自己排除在王朝的未来之外。因此，他们并没有动机去为王
朝竭力尽忠，甚至连齐塔都不指望他们的帮助了。威廉作为
无所顾忌的双性恋浪荡子的生活方式，确保他永远不会掉入
资产阶级那种恋爱结婚的陷阱。如果一个人不结婚，他就不
会迎娶门不当户不对的配偶。[29]
    威廉也没有做过任何离谱到要被逐出家族骑士组织金羊
毛骑士团的出格举动。所谓出格的门槛相当高，但有些哈布
斯堡家族成员的确逾越了规矩。例如，利奥波德（Leopold）
大公通过鉴证家传珠宝是真品而非赝品来获利，这些珠宝他
从未见过，实际上也不属于他。这件事情本身倒不算特别出
格。然后，他又带着他骗来的不义之财在维也纳花天酒地。
这件事情本身也不算特别出格。但在 1932 年 1 月，一场舞
会之后，他前往布里斯托尔酒吧，继续喝酒跳舞，当时他戴

着金羊毛骑士团的领饰，穿戴的位置并无特别，但穿戴的方式相当出格，因为他光着身子。等到奥托成年后，他就把利奥波德逐出骑士团了。[30]

威廉也似乎财力雄厚，尤其是在 1933 年 4 月 7 日他父亲过世之后。在独立的波兰，哈布斯堡家族啤酒厂经营得相当成功，而且这个家族还拥有数万公顷的丰产林地。威廉回到日维茨出席葬礼，并讨论继承问题。尽管威廉与兄长阿尔布雷希特和莱奥不同，但他似乎与兄长们相处得很好，至少，能够激发他们保护弟弟的本能，毕竟威廉是最小的弟弟。

威廉的长兄阿尔布雷希特已变成波兰人，其程度甚至远远超过其父亲，也是威廉最不想看见的样子：拥有波兰军龄，带有波兰口音，迎娶波兰妻子，养育波兰孩子。当然，阿尔布雷希特的妻子阿莉塞论出身应算瑞典人。但为了第一任丈夫，她已变成波兰人，为了阿尔布雷希特，她仍然是个波兰人。然而，她内心对乌克兰仍有渴望。她最早的产业位于乌克兰农民聚居的地方，她想念这些农民。或许正因如此，家族城堡里其中一个厨师正是来自基辅。难道阿莉塞曾被威廉所吸引吗？威廉是她的乌克兰小叔子，是这个家族的浪荡子。她是否曾在丈夫耳边为威廉美言几句？毕竟她的丈夫掌握着家族的钱袋子。[31]

阿尔布雷希特对威廉确实慷慨。尽管威廉曾被父亲逐出家门，阿尔布雷希特还是确保威廉得到应得的份额，即他从家族财产中得到的补助金。这笔补助金可能早在 20 世纪 20 年代末就已开始发放，当时父亲已病入膏肓、不省人事。此时，父亲既已过世，阿尔布雷希特也着手改善威廉的财政状况。1934 年 4 月，阿尔布雷希特的律师仔细核查了威廉的债务，并为他还清欠债。威廉拥有九万四千美元和两千一百英镑的财产，这在当时相当可观（大约相当于 2008 年的一百五十万美元和十万英镑）。阿尔布雷希特主动提出，同意继续为威廉发放补助。威廉将会继续收到每年六万法郎的补助。[32]

在威廉债主们的赞许声中，齐塔和奥托肯定认为威廉有了大笔进账。埃斯特拉齐兄弟突然收回全部欠账，也许让其他君主派人士街知巷闻。这种富有的表象因为一笔进项而更为巩固，1934 年 5 月，家里给威廉寄来一笔旅费，他用这笔旅费去摩洛哥和突尼斯进行了一次愉快的旅行。威廉看上去富有，实际上勉强收支平衡。[33]

齐塔和奥托也知道威廉在乌克兰具有某种政治经历，与一个欧洲大国有所联系，也许有助于哈布斯堡王朝复辟。尽管威廉持有奥地利护照，并试图取得法国护照，尽管他在法国人当中自称哈布斯堡家族成员，但他仍然使用其乌克兰名字，并对身处法国的流亡者说乌克兰语。他手写乌克兰书面语的能力，的确提升了他在流亡者当中的地位。1918 年，他在一封电报中自豪地向其引路人安德烈·舍甫季茨基写了好几行字。及至 20 世纪 30 年代，他已能够写长信，尽管还有个别笔误，还有波兰语的拼写痕迹，但已能够充分表达他的思想和感触。

威廉经常通信的对象也是一位乌克兰贵族，名叫扬·托卡热夫斯基－卡拉热维奇（Jan Tokarzewski-Karaszewicz），

167

他在乌克兰人圈子中相当知名，自称为托卡里（Tokary）王子。威廉与托卡里在某些事情上看法相左，例如是否应该与波兰结盟。然而，他们仍然是亲密的朋友。毕竟，他们都希望实现乌克兰独立，他们也都被视为王室贵胄。他们都喜欢结交尊贵的朋友，懂得何时与如何在通信和对话中使用王室头衔。他们都得忍受从苏维埃乌克兰传来的坏消息，例如在1933 年，大饥荒饿死了至少三百万乌克兰农民。及至当时，这是 20 世纪最大的惨剧，但只有乌克兰人会去关注。这似乎巩固了威廉与托卡里的友谊。

威廉的乌克兰身份仍然得到乌克兰人普遍认可，而并非只能引起上层贵族的共鸣。威廉仍然懂得如何与兄弟们打成一片。他出席乌克兰流亡者的聚会，并为乌克兰事业捐献金钱。他以自己的名义为大饥荒的受害者筹集捐款。他越来越接近乌克兰民族主义组织，这是一个为了追求乌克兰独立不惜使用阴谋手段的恐怖组织。这个组织由哈布斯堡军队的退役军官领导，有些人曾是威廉的同僚或部下。这个组织的两位领导人，埃文·科诺瓦列茨（Ievhen Konovalets）和安德烈·梅尔尼克（Andrii Melnyk），曾于 1918 年与威廉共同在乌克兰服役，当时他们曾讨论过发动一场对威廉有利的政变。此时，他们利用威廉的人脉，为乌克兰争取外交支持。威廉为他们的事业前往伦敦，在伦敦，威廉有时会见到托卡里美丽的妻子奥莎娜（Oksana）。1934 年 6 月，希特勒告诉墨索里尼，威廉是乌克兰民族主义者与奥地利民兵之间的联络人。[34]

就在那个夏天，就在威廉上次乌克兰密谋失败十二年后，威廉决定重返乌克兰政坛。他开始咨询老搭档瓦西里·帕涅科（Vasyl Paneyko）关于复辟的意见。帕涅科是法国记者，以前是乌克兰外交官，来自哈布斯堡的旧行省加里西亚。早在 1918 年 10 月，在布科维纳，威廉就已认识他了，当时哈布斯堡君主国正在崩溃。尽管帕涅科那时候还是个非常亲俄的乌克兰人，但他还是成为威廉的知己密友。此时，在 1934 年夏天，威廉向帕涅科透露，他们正试图复辟哈布斯堡王朝。

威廉告诉帕涅科，他已经去比利时进见过齐塔好几次。波兰情报部门从不同来源中得到线报，认为威廉与齐塔正在讨论他在哈布斯堡王朝复辟后的角色，他将会成为独立的乌克兰的统治者，而这个乌克兰将会隶属于复辟后的君主国。这一前景并不如表面上看起来那么遥不可及。君主派认为，奥托登上奥地利皇位或匈牙利王位，将会引起连锁反应，足以改变中欧和东欧。在这个地区的每一个国家（捷克斯洛伐克除外），民主制度已一败涂地。哈布斯堡家族成员无疑会认为，他们的统治将会比当时盛行的各种军人政权和准君主制更为可取，而且肯定会比希特勒统治下的德国或者斯大林统治下的苏联可取得多。在这一转型时刻，他们将会为乌克兰人提供一个哈布斯堡乌克兰，乌克兰人已受够了波兰人的压迫，更受够了苏联的统治。[35]

威廉曾去过柏林好几次，当时奥托还在柏林求学，大约是 1932 年年底或 1933 年年初。或者正如威廉后来所说，他的目的是去搭乘齐柏林飞艇，从德国飞到美国。但他的确有机会与奥托在柏林会面，而且很有可能与奥托会面。他们肯

定分享过政治见解。这两名哈布斯堡家族成员认为，在即将
169 到来的极权主义浪潮中，哈布斯堡欧洲是唯一的合理选项。
1934 年 7 月，两人都为发生于维也纳的纳粹暴动而感到震
惊，两人都得出结论，采取行动的时机就要到了。在那场失
败政变之后，威廉在给友人的信件中写道，"关于最近的事
件，我知道些非常有趣的细节，希特勒政府真是无耻下流，
这个婊子养的混蛋"。两人接近的另一个迹象，是奥托选择
谁作为奥地利复辟运动的领导人。奥托把这个任务委托给弗
里德里希·冯·维斯纳，后者与威廉共事超过十年，而且恰
好带有犹太血统，这正好说明君主派反对纳粹。维斯纳迅速
建立起成员多达数万人的组织。[36]

1934 年夏天，威廉似乎也打算去罗马拜访墨索里尼。
威廉把波莱特·库伊巴带到时尚商店，去购买面见领袖的晚
礼服。在巴黎的阿加西亚斯街，威廉把波莱特安顿在紧邻自
己寓所的公寓里。正是在那里，人们看见威廉在公寓大堂里
亲吻波莱特。波莱特肯定认为自己是他的政治计划的组成部
分。假如就像波莱特亲口所说甚至真心相信的那样，自己是
威廉的未婚妻，那么终有一日，她将会成为威廉的王后。当
然，任何想要通过家族支持得到王位的哈布斯堡家族成员，
都不会迎娶一个前任邮局职员。如果威廉参与复辟，他将会
成为齐塔忠诚的仆人，而且只效忠于齐塔一人。

或许威廉认为波莱特对齐塔一无所知。或许他是对的。
然而又一次，或许他是错的。这两个女子的关系，远非其他
方面那样悬殊，她们实际上非常亲密。波莱特其中一个情人
阿纳托尔·德·蒙齐，正是奥托在法国的政治友人。波莱特

在阿加西亚斯街上的一个邻居，也是经常参与威廉夜生活派对的科洛雷多（Colloredo）伯爵，正是齐塔派往墨索里尼方面的密使。[37]

　　威廉越是希望生命中这些方面相互隔离，它们就越是慢慢地殊途同归。

　　1934 年 11 月 10 日傍晚，威廉穿过旺多姆广场，去丽思酒店吃晚饭。旺多姆广场的设计就是为了让路人感到敬畏。在广场正中央竖立着巨大的凯旋柱，就像纪念恺撒那样纪念拿破仑的功勋。凯旋柱的外壳是由熔炼的青铜浇铸的，这些青铜则取自拿破仑在战场上缴获的加农炮，包括哈布斯堡军队的加农炮。当然，威廉路过的时候对此不屑一顾。拿破仑的光荣已是过去，而哈布斯堡家族仍有未来。威廉心里装着自己的复辟事业。他只是需要一点现金。他相信，他准备去见的那个人，大有金钱可以分享。

170

　　与威廉共进晚餐的是亨利·德特丁（Henri Deterding），他是荷兰皇家壳牌石油公司的创始人，时人称其为"石油业界的拿破仑"。在许多批评者眼中，德特丁正怂恿英美两国的行业巨擘，共同创造一个世界石油垄断联盟。威廉也在德特丁的计划中，或者说德特丁肯定考虑过这样做。尽管威廉永远未能走通通向资本之路，但他成年以来一直在跟工业资本家打交道。他已见过亨利·福特（Henry Ford）和 J. P. 摩根（J. P. Morgan）。此外，与其说威廉是从德特丁那里得到邀请，还不如说他是从某个叫帕克（Parker）的家伙那里得到邀请，此人曾假装自己是德特丁的私人秘书。德特丁似乎仰慕威廉，希望与他会面。[38]

　　另一个非常富有的人物也会出现在这场晚宴上。莫里斯·德·罗斯柴尔德是欧洲最富有家族的离经叛道者。莫里斯曾参加法国议会选举，认为既然罗斯柴尔德家族的金钱控制了法国政府的方方面面，那么这个家族也应该有人能够制定法律。莫里斯是毕加索（Picasso）作品的早期收藏家。然而，正如威廉所知，毕加索这个西班牙人喜欢给八卦图书画插图，在这些插图里，威廉被描绘为一位英雄人物。毕加索为米歇尔·乔治－米歇尔画讽刺漫画，似乎威廉也只把毕加索的作品视为讽刺漫画。与威廉所属家族的航海经验相比，罗斯柴尔德家族并无航海传统。在罗斯柴尔德家族的游艇"爱神"号失事沉没之际，斯特凡救起了好几名罗斯柴尔德家族成员。[39]

　　威廉走进丽思酒店的指定包间，却见到某位不请自来的客人——潘诺公司的老板安德烈·艾马尔（André Hémard），潘诺酿酒厂生产苦艾酒以及好几种苦艾酒替代品。艾马尔自己就是其中一款苦艾酒替代品"水性杨花"的发明者。他的公司经营得很好，当年已是连续第三年给股东分发相当于股值100%的红利。艾马尔与威廉一样，有理由感到局促不安。威廉在等德特丁，认为德特丁也请了艾马尔；而艾马尔则认为威廉是莫里斯·德·罗斯柴尔德请来的客人。

　　两个人就在丽思酒店里礼貌地寒暄，都在等着别人。当大公与酒商都开始感到相当尴尬时，波莱特·库伊巴的到来缓解了紧张的气氛，而且说明了来意。威廉似乎是被某个自

171

称为帕克的家伙请来与德特丁会面的，而波莱特则似乎是艾马尔与罗斯柴尔德的牵线人。波莱特告诉艾马尔，罗斯柴尔德有跟法国政府有关的紧急公务，正在酒店内另一个包间里与国务部部长们会谈。然后，一个男仆带着罗斯柴尔德的名片走进来。无人解释德特丁为何缺席。威廉肯定感到困惑，尽管这样的情形很可能不是第一次了。他知道如何吸引人，无论贫富，都能够驱使对方听命于自己。然而，他不太了解人情世故，不知道这样的晚宴也可能是人为设局。很有可能，当他看见波莱特胸有成竹时，他便安静地坐着，装出高贵庄严的样子。

波莱特向艾马尔提出一个商业建议。波莱特声称自己在罗斯柴尔德银行有个被冻结的账户，来年春天即可解冻。如果艾马尔现在给她四十万法郎，她将确保艾马尔在几个月内得到丰厚回报。的确，波莱特愿意给艾马尔出具一张远期支票。与此同时，波莱特假装自己能够从即将来临的哈布斯堡王朝复辟事业中获利甚丰。波莱特声称，艾马尔如果支持她，将会"富可敌国"。恰好在这个时候，另一个男仆出现了，带来一封罗斯柴尔德亲笔签名的银行信函。艾马尔似乎被说服了。他答应波莱特马上支付四十万法郎，但条件是波莱特当晚晚些时候到他的办公室。对于这种提议，波莱特早就习以为常。她同意了。[40]

艾马尔也设下了自己的陷阱。刚离开丽思酒店，他就联系银行。当确证波莱特提供的银行信件是伪造的，他就马上报了警。波莱特深夜出现在潘诺公司时，当场就被逮捕并被送进监狱。

172

红色王子

威廉无故出现在诈骗未遂的现场，这让他迎来了生命中最脆弱的时刻。曾经，他的爱人对他是诚实的。最初，波莱特告诉警察自己只是单独行骗。然后，她就改了说法，说自己与威廉合作，想为哈布斯堡王朝的复辟事业筹措金钱。[41]

这次改口很可能是在波莱特的真同谋、威廉的假朋友瓦西里·帕涅科的指使下发生的。正是帕涅科手写了那封德特丁致威廉的邀请函，并签上"帕克"的假名。现在已无法弄清，波莱特和帕涅科到底是在晚宴之前已背叛威廉，把他拖进毫无准备的处境，还是在晚宴之后才背叛威廉，让他承担所有罪责。但他们的确背叛了威廉。

威廉突然置身于一桩国际丑闻的中心。法国媒体争先恐后地声明这是"一桩为了重建哈布斯堡王朝而进行的诈骗"。威廉不无羞怯地出现在奥地利驻巴黎公使馆请求协助。1934年12月，一位外交官在一份报告中微妙地形容此事："威廉大公太不小心，以至于与一个来历不明的女人纠缠在一起。"的确如此。大使馆门前塞满了探听此事的访客。与威廉一起闲逛游荡的奥地利贵族凑了点钱去平息此事。代表波莱特诈骗案受害者的律师们要求哈布斯堡家族提供赔偿。当然，来者无不语带威胁地暗示，审判和定罪将会毁掉威廉以及整个家族。公使馆将这类请愿者一概拒之门外。[42]

丑闻触及法国与奥地利的意识形态分歧。奥地利政权非常保守，因此威廉的君主主义几乎是可被接受的。然而，法国是个共和国，其政治偏向左翼。1934年夏天，当威廉和齐塔密谋复辟时，法国左翼各党派已同意结成新的联盟。各主要社会主义党派与法国共产党同意组建人民阵线，以同一张候选人名单参加下次选举。共产主义者的参与有重大意义，因为这反映了该党路线的变化，而路线是由斯大林在苏联确定的。在希特勒上台后，斯大林改变了策略。此时，共产主义者可以把社会主义者接纳为同志，共同防范法西斯主义的崛起。法国共产党开始唱《马赛曲》，成为代表法国民族利益的政党。[43]

　　这是个让人头昏目眩的时刻。人民阵线各党相信，他们代表了大多数，实际上确实如此。但在 1934 年年底和 1935 年年初，法国仍然被中右翼联盟那帮年老体衰、功成名就的政客统治着。有个笑话是这样说的，法国被七十岁的老人家统治着，因为八十岁那帮老人家已死光了。因此，在人民阵线对未来充满自信心的那几个月里，实际上他们完全缺乏对现在的责任心。人民阵线包括共产主义者，自然也加剧了意识形态分歧和政治口舌争端。人民阵线要阻止法西斯主义，但对共产主义者和许多社会主义者来说，法西斯主义的种类非常宽泛。这当然是指希特勒的民族社会主义和墨索里尼的意大利法西斯主义，但也包括奥地利的天主教独裁主义，也许还包括哈布斯堡王朝。由此看来，尽管奥地利领导人反对希特勒，甚至其中一位领导人被纳粹谋杀，但奥地利只不过是另一个法西斯国家而已。人民阵线不可能把奥地利视为盟友。

　　无论如何，威廉是个始终如一的反共反苏分子。他的毕生事业，不是在妓院和沙滩上，就是在拯救痛苦的乌克兰人使其免受布尔什维克统治的路上。在他看来，一旦哈布斯堡王朝复辟成功，乌克兰人就会选择君主制，因为他们已受够了苏联的统治。1918 年，当他被迫离开乌克兰的时候，他就预言布尔什维克将会取得胜利，而苏维埃乌克兰将会代价惨重。他的预言已被证实，威廉有勇气说出十五年前发生的惨剧，而在法国，共产主义者在公共生活中很有影响力。

因此，威廉的丑闻简直是为暂时受挫、信心十足、意识形态至上的左翼量身定制。左翼党派的报纸充分利用了这一素材。1934 年 12 月 15 日的《人民报》（*Le Populaire*）写道："一名金发碧眼的高挑男子，一名出类拔萃的社交名流和曼妙舞者，他会打高尔夫球，有着取自古代君王的名字，既会威胁要狠狠惩罚男仆，又懂得如何与女士交谈。试问一个卡奥尔邮局的前任雇员又怎么抵挡得了这种魅力呢？"[44]

这就让人笑掉大牙了。早在任何法庭查验证据之前，媒体就已做出言之凿凿的司法判断，更何况威廉还没有受到任何指控。在这个故事里，一个女人因为一个男人的"魅力"而堕落。因此，这个男人最终要承担责任。另一个笑话接踵而至："君王已不再迎娶牧羊女，而大公却受到邮局年轻女职员的资助。这是时代的进步。那么，让我们沿着这条道路前进吧。"又一次，这里暗含司法观点。如果波莱特在财政上支持威廉，那么波莱特的诈骗罪就是为威廉而犯罪。波莱特的五名律师都沿着这条思路辩护，他们都与组成人民阵线的党派有所联系。通过向记者透露消息，他们营造出一种普遍印象，至少让特定的读者群体认为，罪行的幕后操纵者就是哈布斯堡家族，甚至最终责任人就是威廉。[45]

威廉的叔父欧根恳请奥地利外交部正式干预，但遭到拒绝。科洛雷多伯爵是威廉的朋友和齐塔的盟友，自愿帮助大使馆支付平息丑闻所需的费用，但也被回绝。在巴黎的乌克兰老兵签署请愿书，为威廉的人格担保，但只被忽略。威廉的朋友试图揭穿帕涅科的老底，但他们已来不及了。[46]

1935 年春天，威廉越来越确信，调查机构倾向于把自己描述为罪大恶极之人。威廉甚至认为，调查机构讨厌他这个外国人，这个奥地利人，这个哈布斯堡家族成员。威廉遵循朋友的建议，他们告诉威廉，结果可能是被判入狱，于是威廉逃离了这个国家。他取道瑞士前往奥地利，并于 6 月中旬抵达维也纳。[47]

1935 年 7 月 27 日，针对威廉·冯·哈布斯堡（别名瓦西里·维什凡尼）和波莱特（别名葆拉和奥林匹娅）·库伊巴的起诉，在位于司法宫的巴黎第 16 刑事法庭开庭审判。[48]

审判开始时，审判长首先直截了当地指出威廉缺席审判。审判长称威廉在合议庭内留下一张名片，名片开头是"p. p. c."，也就是法语"告辞"的缩写，这是一种礼貌的离开与告别的方式。这也提醒人们，威廉逃离现场，害怕审判定罪。威廉的政府指定辩护人否认这件事情的真实性，声称那张名片只不过是法庭职员开了个玩笑。[49]

审判基调早已确定。威廉和波莱特被指控犯有诈骗罪、诈骗未遂、合谋诈骗罪以及虚开空头支票罪。起诉方除了法国政府，还包括声称受到诈骗的私人受害者。其中一个起诉人是帕涅科，他很聪明地参与了起诉程序。帕涅科不得不讲故事，甚至可能是在编故事，说自己曾借给波莱特两万法郎，却看见这笔钱落入威廉的公文包。帕涅科还抓住机会污蔑威廉的名声，拉低了整个法庭的论辩水平。帕涅科说威廉是拉皮条的，尽管他实际上想说威廉是个皮条客、小白脸、公交车：威廉让波莱特为自己干活，占有她的肉体和金钱，然后再花钱与水手们鬼混。通过这种方式，帕涅科把自己的角色从同谋者转变为受害者。

正是在这种氛围中，法庭开始考虑其他指控。威廉的确从英国筹集了一笔款项，以扩充卡昂的一处高尔夫球场，将其从九洞扩充到十八洞。威廉把这笔钱交给波莱特，然后这笔钱就销声匿迹了。波莱特曾说服一名木材商人借给她十四万法郎，承诺将会归还十八万四千法郎。（苦艾酒商人艾马尔则拒绝了类似的提议。）在这里，起诉的罪名是诈骗未遂。波莱特住所的守门人曾把毕生积蓄借给她，然后就再也没有见到过波莱特。最后，那家为波莱特定制意大利之行所用晚礼服的服装店也没有收到钱。正如店主的证言，威廉的确对这些晚礼服发表过意见，而在账单上签名的却是波莱特。似乎在每一桩骗案中，主谋都是波莱特。[50]

波莱特对上述事件做出自己的解释，非常符合她自己的风格。她说自己坠入爱河。她只是一个贫穷而天真的法国女人。她抵挡不住哈布斯堡王子的英俊相貌和诡计花招。她不知道自己正在做什么，而且无论她做过什么，那都是为了她的男人。她把自己所有金钱都给了这个男人，仅剩下少量金钱以照顾她年迈的母亲。她不得不随时准备数百法郎的现钞，以便这个男人与水手们鬼混。这当然让她痛彻心扉。[51]

紫色篇章：同好巴黎

帕涅科的律师进行结案陈词。如果波莱特是无心犯错，那么威廉则是蓄意犯罪。律师推断："让人感到高兴的是，我们总算赶在王朝于奥地利复辟之前，审判这个王家罪犯。"正如奥地利外交官所记录的，律师正在渲染一种前景不妙的末世情调，"写出一份只有从轻歌剧和低俗小说中才能引出的"结案陈词。[52]

审判长接受了波莱特作为受害者的说法。审判长推断，"最大的责任"应该归于威廉。波莱特"在不由自主的环境下"产生犯罪动机，因此显然"应该被判无罪"。威廉则被判五年监禁。波莱特被判缓刑，得以自由自在地走出法庭。[53]

无论波莱特在诈骗案当中处于什么角色，她都不可能是威廉诡计的无辜受害者。她是个绝顶聪明的女人，她的辩护策略大获成功。主审法官以及全部为男性的审判团队，也是她得以装扮成受害者的重要因素。她借鉴了亨丽埃特·卡约的辩护策略，而且她也从亨丽埃特的丈夫那里借过钱。亨丽埃特杀死了那名刊登其丈夫约瑟夫情书的记者，并声称她不应该为自己的行动负责，因为她只不过是一个被愤怒冲昏头脑的女人。这种女性"激情犯罪"的观念于1935年拯救了波莱特，正如它于1914年拯救了亨丽埃特。[54]

177

实际上，波莱特做了什么呢？她说自己为威廉筹集金钱，知道威廉将会把钱用于同性鬼混，但她如此深爱威廉，以至于她愿意做出如此牺牲？在整个故事中，同性鬼混是帕涅科及其律师刻意强调的要素。正如帕涅科在给熟人的信件中写道，威廉"总是需要很多钱，其中用于生活所需的只是少部分，多数用于包养和取悦年轻人，包括阿拉伯人、黑人、水手以及社会上各种渣滓"。按照帕涅科的说法，威廉过着"两面人生：一面是白天的、王子的、政治的人生；一面是黑夜的，与大城市和港口里的渣滓们共度的人生"。尽管帕涅科肯定出于自身目的而夸大其词，但这种描写的确夹杂着威廉私生活中某些不容置疑的事实，促使人们形成对于威廉的刻板印象。奥地利外交官抱怨法国媒体刻意强调性生活，以刻画哈布斯堡王室腐化堕落的形象。威廉的确在性生活方面大肆挥霍，但从未超出他所拥有的金钱，或者他能够借到的金钱。[55]

在这个新闻报纸为政治党派站队的国家，哈布斯堡王朝复辟被置于丑闻中心。关于性爱和金钱的细节也许能增加报纸发行量，但其政治意义，比如记者所说的故事，则在于造成哈布斯堡王室的崩溃。记者们首先把复辟视为诈骗的真正起因，然后又把诈骗视为复辟荒唐可笑的原因。最后，他们能够让威廉的"纸王冠"与"真罪名"形成对照。这种概念转换就是记者们辛勤工作的结果了。《人民报》或许是最不加掩饰地描述他们为威廉设计的形象的："哈布斯堡！一个卑鄙的东西，继承了一个辉煌显赫的姓氏，生来就拥有财富、荣誉、军队、威望，结果却成为蒙马特高地最低劣的皮条客，就靠一个贫穷而不安的女孩养活，还要让这个女孩替他去干各种邪恶的勾当！"但也许《人民报》还不如《作品报》（*L'Oeuvre*）出风头："哈布斯堡家族的血统，让这个致命家族的疯狂行为简直数不胜数，他们死于非命的人数相当于寿终正寝的人数，他们多年以来都有无数孤枕难眠的深闺

178

怨妇！1914 年，他们让全世界到处流血。就在昨天，他们还入侵了司法宫的第 16 刑事法庭。"[56]

由于波莱特在法庭上表现得像个"贫穷的女孩"和"坚韧的女子"，而非一个经验丰富的骗子，当审判结束后，她能够被视为复辟观念荒唐可笑的生动证明。她曾证明"大公在哈布斯堡王朝复辟事业中处于关键位置"，这在当时的环境中显得更加荒唐可笑。尤其当她谈及如何照顾威廉甚至供养威廉生活的时候，她更加成为众人讪笑的对象。一个记者对波莱特的伎俩提供了不失尊敬的总结："她很聪明，很机灵，很有想象力。吹嘘自己可能成为大公夫人，她能够骗过相当多的、容易对贵族头衔和王家气派留下深刻印象的人们。"然而，这位记者还是情不自禁地推演出滑稽有趣的结论，波莱特"看上去更像个放荡堕落的厨娘，而不像个大公夫人"。[57]

媒体有能力把王权政治渲染得荒唐可笑，媒体也能够伤害威廉这样的人物。对于某些与威廉相识的名人来说，所有媒体都是好媒体，比如蜜丝婷瑰就是如此。她请求米歇尔·乔治－米歇尔刊登她即将嫁给威廉的谣言，因为无论如何，能够登上第二天的报纸头条就是好事。对于威廉来说，这已无关紧要了。这不是，至少仍然尚未是，任何王家新闻都是好新闻的时代。威廉置身于媒体时代的新偶像中，置身于新兴上流社会中，但他自己并非他们当中的一员。他的姓氏能让他进入俱乐部和度假村，也能迫使他离开。他的姓氏不再是成功的保证，而变成贬值的货币。他对媒体和公众舆论相当敏感，这对于 1918 年以前的哈布斯堡家族成员来说是不可想象的；他的地位相当脆弱，这对于 1935 年他在巴黎的富裕朋友来说同样是不可想象的。丑闻揭示了真相，揭示真相的过程非常痛苦。

很有可能，威廉的确希望筹集金钱，以资助齐塔皇后复辟哈布斯堡王朝的计划。这一目的，以及为达目的不择手段，相当符合他在 1921 年的做法，那是他最后一次积极投身政治。威廉从未学过法律或财政知识，而且从未对此产生兴趣，他很可能从未意识到自己的行动存在不正当行为。波莱特诈骗案的受害者，一如十三年前乌克兰企业联合会的投资者，他们的钱将被用于实现政权更迭，他们都得到事成之后回报丰厚的许诺。1934 年，一如 1912 年，威廉很可能未能抓住关键细节。他知道他的出现会让人们慷慨解囊，但也许从不希望知道得更多。

如果不想让齐塔失望，威廉必须有钱。齐塔需要钱，而且很可能会以为威廉有钱。为了让印象变成现实，威廉必须在非常短的时间内大量筹钱，在复辟之前，在齐塔意识到真相之前。从一个女人身上捞钱，在另一个女人身上花钱，这永远是棘手的事情。威廉尽管未能识破波莱特的阴谋，但他肯定意识到当中的危险。在他逃离巴黎之后，他首先想到齐塔。他让朋友们安慰齐塔："可怜的人儿对此一无所知，她肯定对此感到痛苦。"[58]

丑闻政治的最深层真相，如同浪漫故事的最深层真相，永远模糊不清。波莱特背叛威廉，迫使威廉背叛齐塔。帕涅科和波莱特知道威廉与齐塔合作复辟哈布斯堡王朝的计划，他们毁掉威廉的政治事业，毁掉威廉追逐荣光的任何机会。

紫色篇章：同好巴黎

但为何如此？

很有可能，他们在为外国势力服务：波兰、捷克斯洛伐克，或者苏联。华沙最了解威廉。波兰情报机关知道威廉与帕涅科对话的内容，这意味着帕涅科成为消息来源并为波兰工作，而背叛威廉也可能是波兰人故意设的局。威廉自认为捷克斯洛伐克给他带来这场灭顶之灾。据他所知，布拉格将会从任何形式的哈布斯堡王朝复辟中损失最多。捷克斯洛伐克是从旧哈布斯堡王室领地的心脏地带挖出来的，其领导人对任何复辟都深恶痛绝。当然，还不能漏掉苏联。威廉的叔父欧根亲近苏联。斯大林对流亡的乌克兰政治家宽宏大量，尽管通常他会将政敌斩草除根。三年后，他才会对威廉的同事、乌克兰民族主义政治家埃文·科诺瓦列茨下手，科诺瓦列茨被一盒伪装成巧克力的炸弹炸死。[59]

180

完全有可能，法国政府与上述任何国家合作。法国是波兰和捷克斯洛伐克的盟国，并于 1935 年 5 月与苏联签署互助条约。绝大多数法国领导人反对哈布斯堡王朝复辟。1935 年 7 月，当奥地利废止其反哈布斯堡法律时，复辟似乎很有可能实现。法国新闻报纸问道："哈布斯堡家族将会重返奥地利吗？"丑闻降低了复辟的可能性。[60]

没有欺骗能够完全离开爱情，正如没有爱情能够完全离开欺骗而开花结果。波莱特背叛了威廉，但这并不意味着她不爱威廉。或许她自有苦衷。或许她懂得，假如复辟成功，威廉生命中最重要的女人将会是齐塔。或许她理解，即使她自称为威廉的未婚妻，但威廉不可能既迎娶一个前邮局职员，又创立一个伟大的王朝。这种领悟很好地解释了何谓喜爱与背叛的纠缠，而在媒体看来，这件事提供了恰如其分的嘲弄对象。或许这壮丽与迷人的景致，水到渠成地成为法庭上拙劣表演或者小报上八卦专栏的背景，但阿加西亚斯街的风景看上去是如此真实而温柔。[61]

审判期间，波莱特正值三十七岁，已在监狱里熬过好几个月。她不可能展现出光彩照人的样子。法国记者嘲笑她的外表，也嘲笑她的着装。一个女记者写道，"她的脸有点浮肿，但正好符合伟大世纪的最佳传统"。在法国，所谓伟大世纪是指 17 世纪，当时的审美观念认为的美女要比 20 世纪的更丰腴一些。一个男记者假装义愤填膺，发现波莱特的容貌"充满活力，但有点劳工气质"。这位记者还指出她戴错了帽子。[62]

她当然是这样。波莱特是一个社会攀爬者，她生于这个社会进步让不可能也变得可能的时代和世纪，尤其对女性来说更是如此。像波莱特这样由穷变富的人们，经常被人嘲笑缺乏底蕴。可可·香奈儿（Coco Chanel）靠制造帽子发家致富，可以说是极少数的例外。蜜丝婷瑰也是绝无仅有的天堂鸟。正如她自己回顾来时的路，她开始时也不过是个卖花女孩而已。在威廉眼中，或许白手起家正是波莱特以及蜜丝婷瑰富有吸引力的原因。就连威廉这样不合格的天主教徒也应该知道，其实齐塔这个名字，也取自家中奴婢的主保圣人之名。[63]

威廉的确当众亲吻过波莱特，但这并不意味着他会对其他人施以特别的恩宠。

威廉的政府指定辩护人坚称，"他只不过是库伊巴小姐手中的傀儡"。波莱特的一个律师则答道，她"的确犯了罪，那就是过分而盲目地爱上一个把她当成玩偶的男人"。两位律师都说出了真相。人们都是彼此手中的傀儡，那么谁在背后操纵呢？正是恋爱中的人们啊。[64]

在审判的后半段，波莱特的确哭了。就算对最高超的女骗子来说，这也并不容易，她可是哭了整整一个下午啊。

审判结束，裁决送达，她又追随他的足迹而去了。

褐色篇章：束棒贵族

1936 年 4 月 1 日，当奥地利驻巴黎公使馆的新闻专员接到波旁 – 帕尔马公主打来的电话，他终于等来了好消息。在威廉事件及其后人民阵线在法国掌权之后，奥地利右翼政权的外交官已很少收到好消息了。因此这通电话似乎带来了一线希望。波旁 – 帕尔马家族是法国王室的分支，通过联姻与哈布斯堡家族产生联系。齐塔皇后，即卡尔皇帝的遗孀，就出身于波旁 – 帕尔马家族。那位新闻专员，人称瓦塞巴克（Wasserbäck）博士，希望能够改善濒临危险境地的奥法关系。听筒里的女性声音的确传来了富有吸引力的提议，她直截了当地提到在 1936 年这个多事之秋，奥地利在麻烦不断的欧洲所面临的窘迫困境。

奥地利在大萧条中受到严重打击，工厂倒闭，田地荒芜，只能指望旅游业救济。阿尔卑斯山吸引徒步者和滑雪者，乡村地区宁静而美丽，首都作为国际化的大都会，提供各种艺术、戏剧、音乐展演，远远超过奥地利国内的需求。然而，阿道夫·希特勒已毁掉了奥地利的旅游业。为了表示对奥地利查禁纳粹党的不满，元首要求所有想要前往奥地利旅游的德国人缴纳一千马克的费用。与其在奥地利停留，德国人还不如穿越阿尔卑斯山的勃伦纳山口，前往意大利旅游。为了弥补德国游客流失所造成的损失，奥地利外交官不得不加倍努力，试图吸引其他欧洲国家的游客。因此，瓦塞巴克此刻非常欣喜，因为他听说，波旁－帕尔马公主的朋友里瓦（Rivat）伯爵夫人希望为奥地利举行一场"盛大的宣传活动"。伯爵夫人是否会被新闻专员邀请到公使馆做客呢？当然会！[1]

里瓦伯爵夫人给人留下生动的第一印象。她把脸遮掩在帽子后面，浓妆艳抹，语速飞快，她说她希望提升奥地利在法国的形象。她解释道，她在奥地利贵族当中有许多朋友，也希望朋友们的国家变得非常繁荣。例如，她与遭逢不幸的威廉大公相知甚深，她对奥地利外交官在调查和审判期间无所作为深感失望。她继续说道，因为外交官们无所作为，可怜的库伊巴小姐被迫为她深爱的威廉而牺牲自己，如今彻底身败名裂。

或许是感觉到瓦塞巴克对上述事件的描述不以为然，伯爵夫人单刀直入地提出自己的建议。她说，她与法国记者米歇尔·乔治－米歇尔关系良好。伯爵夫人与记者先生，在取得奥地利官方外交许可的前提下，愿意到奥地利走一趟。乔治－米歇尔将会为媒体写出赞美奥地利的文章，以及一两本宣传奥地利的图书，以鼓励法国人追随他们的脚步。她提议把乔治－米歇尔请到公使馆来做客，新闻专员表示同意。瓦塞巴克还把伯爵夫人恭敬地送到门外。

当伯爵夫人登门拜访的时候，瓦塞巴克还来不及仔细思量。此时他终于可以理清思路。自从去年威廉的丑闻曝光以来，这已变成奥地利的媒体灾难，瓦塞巴克曾在其职责范围内密切关注此事，他曾认为波莱特·库伊巴是个臭名昭著的诈骗犯。他感到惊讶的是，像里瓦伯爵夫人这样有社会地位的女士竟然认识库伊巴，甚至还为库伊巴辩护。

185 在第二次会见中，瓦塞巴克的怀疑终于得到证实。乔治－米歇尔自报家门，说自己写了八九十本书，还提到墨索里尼因为他把法国游客吸引到意大利而给他奖赏。他还声称，由于自己与国际卧铺列车公司的私人关系，他从来不需要为火车票付钱。伯爵夫人帮腔道，乔治－米歇尔如此富有，因此奥地利不需要为他的宣传之功提供资金补偿。他们很奇怪地提出金钱的话题，又很奇怪地提出不需要金钱，瓦塞巴克心里直犯嘀咕。

然后，果然不出所料，关于威廉的话题又被提起。记者先生和伯爵夫人说，他们希望能够促成哈布斯堡王朝在奥地利复辟。他们为威廉事件对君主制事业造成的伤害感到遗憾。这已涉及政策性的敏感领域，绝非奥地利外交官应该谈论的事情。1935 年，奥地利的确更加欢迎哈布斯堡家族，甚至有部分家族成员已回国，但通常这些人都不像威廉这么具有传奇色彩。1935 年 9 月，奥地利总理秘密会见皇位觊觎者奥托·冯·哈布斯堡。然而，正如瓦塞巴克所说，并没有关于复辟的官方政策。

伯爵夫人试图打圆场。她说，他们所需要的，只是大使馆邀请他们前往奥地利。瓦塞巴克答复道，欢迎他们访问奥地利，但发出邀请并不符合标准程序。某些事情以非常让人不愉快的方式引起瓦塞巴克的警惕：伯爵夫人希望把奥地利与哈布斯堡王朝复辟联系在一起，而且把王朝复辟与威廉牵扯在一起。这再次提醒瓦塞巴克，注意威廉事件的影响，因为威廉的敌人试图证明，奥地利政府支持威廉的事业。因为伯爵夫人反复提到威廉，反复提到希望陪伴乔治－米歇尔前往维也纳，瓦塞巴克的直觉告诉他，伯爵夫人的真正目的是去见威廉大公。为何如此？

然后，在某个时刻，瓦塞巴克终于洞悉一切。这位坐在他面前的女士，这位两次以里瓦伯爵夫人的身份现身的女士，其实正是乔装打扮的波莱特·库伊巴本人。毫无疑问，也正是她，在第一次致电公使馆的时候，自称为波旁－帕尔马公主。瓦塞巴克送走两名来访者，开始放长线钓大鱼。

数日后，心烦意乱的米歇尔·乔治－米歇尔出现在奥地利公使馆门前，要求面见瓦塞巴克。他看上去遇到了麻烦。反正不太对劲。他说他在奇怪的时间接到好几通电话，都声称代表奥地利公使馆。这几通电话的声音都不同，听上去都不像外交官。乔治－米歇尔问瓦塞巴克是否知道里瓦伯爵夫人的真实身份。瓦塞巴克肯定地回答道，所谓伯爵夫人就是乔装打扮的波莱特·库伊巴，乔治－米歇尔想知道，瓦塞巴克为何不提醒他。瓦塞巴克真诚地回答道，当时他以为他们两个是一伙的。乔治－米歇尔为自己申辩，声称自己最近才知道真相。乔治－米歇尔说，一个私家侦探社给他提供了证据，库伊巴曾冒充里瓦伯爵夫人。库伊巴曾答应给他十万法郎，作为向公使馆说情以及前往奥地利的回报。然后，乔治－米歇尔补充道，库伊巴还坚持要带上某个名叫瓦西里·

186

223

帕涅科的家伙前往奥地利，她坚称此人拥有他们在奥地利需
要动用的所有关系。

　　事情终于真相大白。当然，帕涅科就是威廉以前的政治
顾问，很可能正是他策划了 1934 年至 1935 年的这桩丑闻。
帕涅科到处散播关于威廉是同性恋的谣言，而威廉也不顾体
面地反驳帕涅科只不过是个"傻瓜"。此时是 1935 年春天，
似乎帕涅科和库伊巴想要跟随威廉的足迹前往维也纳，最好
能够拿着奥地利的金钱和邀请上路，进而伤害威廉及其君主
制事业。奥地利媒体从未报道威廉的巴黎蒙难记。帕涅科和
波莱特将会把丑闻带到威廉身边，毫无疑问还希望引起奥地
利人的注意。[2]

　　波莱特（在电话中）还特别提到自己作为波旁－帕尔
马家族成员与齐塔的关系，以及她自己作为法国贵族的身
份。如果她的计划得逞，就等于象征性地报复了皇后，她无
疑是把皇后视为威廉的另一个女人，也报复了那个嘲笑她阶
级出身的法国记者。这个衣着过时、工人出身、体态发福的
女子，怎么可能扮演富有魅力、明艳照人的伯爵夫人呢？她
的计划未能得逞，至少未能完全得逞。

　　波莱特的第二个骗局拆穿了她的第一个骗局，而且暴露
了她与帕涅科的狼狈为奸。那么米歇尔·乔治－米歇尔又扮
演了什么角色呢，他可曾是威廉的朋友？他那么容易被乔装
打扮的波莱特欺骗吗？那位记者对威廉所知甚多，因此肯定
认识波莱特。他在名媛淑女的衣帽间里、巴黎的沙龙里、里
维埃拉的沙滩上度过了大半生。他喜欢那些爱出风头的女
人，并把报道这些女人的花边新闻变成自己的事业。他曾在

褐色篇章：束棒贵族

书中逐字逐句写下那些法国疯女人的风流韵事，她们为财富、阴谋、皇位而疯狂。[3]

但波莱特是有那么一点特殊之处。瓦塞巴克由始至终都在关注威廉事件，而且曾旁听审判。以他的多疑和睿智，他也知道波莱特的底细。他曾在法庭上见过波莱特，也在报纸上见过波莱特的照片。然而，他也几乎被乔装打扮成伯爵夫人的波莱特所骗，至少最初是被骗了。因此，或许乔治－米歇尔的确是无辜受骗了。或许他没有受骗，但决定尽量配合这个相当棘手的女人。无论乔治－米歇尔扮演的角色是什么，他没有前往奥地利。无论故事的开局是什么，故事的结局是，波莱特和帕涅科还在法国。

在瓦塞巴克向上司发出警告后，奥地利边防人员接到命令，绝不允许任何名叫里瓦、库伊巴或者帕涅科的人穿越国境。威廉则受到尽可能严密的保护，被尽量与他曾亲自选择的随员隔离开来。

威廉在维也纳得到消息，他对库伊巴仍然在法国逍遥法外感到愤怒，并对奥地利当局的坚决行动由衷感激。与帕涅科或波莱特的不期而遇，也许会毁掉他在奥地利的地位，而在奥地利，几乎没有人知道他在法国的所作所为。这或许也让他感到心烦意乱。巴黎曾是他的家，他却不得不心酸离别，他怀念他所失去而且无法修复的一切。当威廉离开时，他抛诸脑后的不仅有波莱特，还有他的阿尔及利亚男仆兼爱人莫里斯·内沙迪。而且在他的女人和男人之外，他似乎还失去了他的猫。威廉写道："那只猫，比任何人都让我觉得

188

可亲可爱。"他对人已失去信任。他的神经已"完全被摧毁了"。[4]

即使远在维也纳，威廉也试图保住自己在巴黎的好名声。立场保守的报纸《费加罗报》的确刊登了他对事件的解释，某种程度上，在他不占理的情况下暂时保住了他的名声。威廉写道，帕涅科不值得信任，因为此人改变了原来的国籍，或许这不是最好的自辩理由，毕竟威廉自己出身于哈布斯堡家族，却接受波兰式教育，又想成为乌克兰国王，然后又想成为法国公民，此时正寻求奥地利居留权。威廉不是当时头脑最为清醒的人，对自己的才能亦无自知之明。《费加罗报》的编辑们聪明地删掉了威廉的那段话。他们友善地刊登了威廉的信件。毕竟，威廉的女朋友波莱特曾是另一个男人的情人，而那个男人的妻子曾谋杀了这份报纸的主编。这就是20世纪20～30年代的法国，也许没人会记得这些细节。或者，有可能，《费加罗报》的业务就是受人钱财替人消灾，它从威廉丑闻曝光时就已进行消毒，并在威廉本人越抹越黑的时候继续进行消毒。[5]

威廉再也不会回到巴黎。他如果再踏足法国，将会被立即逮捕，然后在监狱里蹲上五年。因此，他又变回奥地利人了，这也让他能够得到援助。威廉的叔父欧根大约一年前已返回奥地利。欧根有点像文艺复兴时代的人，热衷于音乐和艺术，曾在巴尔干和意大利指挥哈布斯堡军队。欧根作为条顿骑士团大团长，建造了好几所医院，并协助这个一度令人生畏的十字军骑士团转型为没有军事职能的纯粹的精神社团。条顿骑士团的其中一句誓言是"高洁纯正"，当然，这句誓言可以有许多种解释，但欧根对此严肃以待，至少在对待女性方面说到做到。1934 年 9 月，欧根结束在瑞士漫长的流亡生涯，重返奥地利，他的纯洁声誉让他能够在修道院里定居下来。[6]

尽管欧根代表着奥地利人心目中旧王朝的荣光，但他教导威廉，要严格服从新政权。欧根作为深思熟虑的人，作为回归祖国的哈布斯堡流亡者，能够向威廉解释相关法律。威廉感激欧根"知无不言，言无不尽"，也感激他为侄子争取到回国定居的许可。当时的威廉是幸运的。回到奥地利数周后，奥地利政府颁布新宪法，不再要求哈布斯堡家族成员公开放弃皇位继承权。类似法律仍然登记在案，但宪法的修订传递了明确的信号。威廉无须放弃哈布斯堡家族的继承权，就已得到奥地利身份文件。他此时正式成为威廉·哈布斯堡，而非瓦西里·维什凡尼。[7]

威廉得到正式身份，也免于受到丑闻困扰，他以忠诚回报奥地利政府，加入了祖国阵线。1936 年，当奥地利恢复义务兵役制时，他便再次受训，成为奥地利军官。[8]

尽管哈布斯堡再次成为威廉的合法姓氏，成为皇帝却不再是他的宿命。齐塔和奥托领导下的哈布斯堡王室，想方设法把威廉排除在外。例如，威廉离开巴黎的时候，他仍然是金羊毛骑士团的骑士，即哈布斯堡家族骑士团的骑士。但奥托领导下的骑士团竟然使用奥地利外交信函调查库伊巴事件，因为他们有权非正式地使用外交信函。1936 年 3 月，骑士团秘密通知其成员，威廉已"自愿退出金羊毛骑士团"。[9]

更有可能的是，威廉在压力之下被迫退出。在骑士团内部，奥托的话大致等同于法律，人们不难想象为何奥托想让威廉受到制裁。威廉让奥托及其母亲齐塔感到尴尬，还在关键时刻拖累了复辟计划。尽管如此，惩罚之重也有点假仁假义的嫌疑。例如，奥托的名字来自其祖父奥托·弗兰茨，他曾做过更为荒唐的事，却从未退出骑士团。或许当中夹杂着某种政治动机。奥托想要为哈布斯堡王室树立新的声誉，不要让人再联想起腐化堕落、同性恋爱、穷兵黩武。随着时间流逝，奥托设法做到了，因为他永远以受人尊敬的绅士形象示人。齐塔把奥托培养得很好。随着威廉失宠被贬，奥托成为这个王朝唯一具有强大政治抱负的成员。

当奥托继续做着皇帝梦的时候，威廉不得不交还他的金领饰，那是他作为骑士团成员的标志。威廉的领饰编号是第88号，而骑士团在全世界大约有100多名成员。威廉已从哈布斯堡家族的传奇中被删除了，这一传奇可以从现代君主追溯到希腊神话。威廉再也不得参与大公们出席的秘密会议。很有可能，多年以来，骑士团允许威廉通过兄长阿尔布雷希特和莱奥与其保持接触。此时，威廉不得不承认一个事实，他的两位兄长仍然是骑士，而他已不是。威廉受到哈布斯堡家族的排斥，不得不从另一种贵族身份中寻求安慰。[10]

威廉仍然与身在巴黎的一个朋友保持密切联系，那就是乌克兰贵族托卡里。早在威廉离开法国之前那几年，托卡里就为威廉提供权威意见和情感安慰。例如，1933年春天，托卡里就曾慰问痛失父亲的威廉。从那时起，尽管托卡里只比威廉大十岁，但他开始承担起理想化的家族首领的角色。威廉再也没有机会与父亲斯特凡和解，但他能够忠诚和奉献于自己的朋友。从第一次世界大战时起，威廉就与父亲关系恶化，此时威廉却与托卡里建立起某种情同父子的关系，因此变得不像年轻时那样容易动怒。最为明显的是，威廉不再条件反射似的憎恨波兰以及与波兰有关的事物。这让他与托卡里更为亲近，因为托卡里认为波兰与乌克兰合作能够对抗苏联；这也淡化了引发威廉与父亲争吵的政治原因，尽管这种变化来得太迟。1935 年至 1936 年，威廉致信朋友时透露，他渴望某种父亲似的权威。在从维也纳寄往巴黎的信件中，威廉请求托卡里不要忘记他这个"孩子"，请求托卡里能够"像老父亲那样聆听他的忏悔"。[11]

威廉孤独而迷茫，需要某个能让他依靠的人。巴黎丑闻的可怕冲击让威廉难以信任别人。在他一生中，他都太过容易信别人了，他追随哈布斯堡家族的循环逻辑，而且实际上，他们家族许多人生来就拥有权力和财富。他把任何接近他的人都视作富有魅力的圈内人，永远充满善意，永远不起疑心。他从不反思人们为了竞相接近他而采取的手段。他的伙伴是愉快的伙伴，他的顾问是明智的顾问，他的朋友是忠诚的朋友，只因为他们都是他身边的人。这种观点曾给他带来许多麻烦，从他的男仆克罗尔到他的秘书拉里申科，从他的顾问帕涅科到他的情人波莱特。1935 年，当威廉受到教训的时候，他又矫枉过正了。突然之间，这个世界完全变成了阴谋诡计织造的罗网，他所认识的每个人都受到怀疑。在这样的世界里，任何政治活动都只能在地下进行。

191

　　威廉和托卡里拥有自己的秘密结社——乌克兰圣乔治骑士团。某种情况下，威廉把自己视为圣乔治骑士团的正式成员，以振作他那萎靡不振的精神。在离开金羊毛骑士团之前，威廉一度只把自己视为圣乔治骑士团的盟友。他或许受到金羊毛骑士团的团规约束，不得加入其他骑士结社。因此，从不再参与哈布斯堡密谋时起，他就打开了通往另一个统治集团的道路，恢复了他与乌克兰当局的固有联系。除了托卡里，安德烈·舍甫季茨基大主教也参与其中，威廉经常在致信托卡里时提到一位无名"骑士"。第一次世界大战期间，舍甫季茨基曾是威廉的乌克兰引路人。虽然舍甫季茨基并非威廉的第一个乌克兰顾问，但他很可能是对威廉最具影响力的人，其影响甚至超过威廉的父亲。因此，威廉牺牲了原有的家庭，造就了另一个家庭。在被堂亲驱逐出金羊毛骑士团之后，威廉肯定倍加珍惜这种回归父权制大家庭的温暖感觉。或许，威廉也很享受这种作为最年轻当选人的感觉。威廉才四十岁，比托卡里年轻十岁，比舍甫季茨基年轻三十岁，但威廉比那个年轻有为的讨厌鬼奥托年长十七岁。[12]

　　威廉也需要一个理由，让他相信自己仍有机会谋求远大前程。他能够认为这个默默无闻的骑士团并未逃离政治，只是处于神秘状态，需要一群精英密谋者来重振声威。毕竟，这个骑士团是由少数自视为国家贵族的乌克兰人共同保守的秘密。骑士团为威廉提供了某种参与乌克兰活动的形式，在他最为脆弱的时刻，他不想让自己暴露于其他乌克兰人面前，因为众人的指指点点是他难以承受的。骑士团还提供了某种机会，也许是一种充满希望又难免孤注一掷的政治幻想。威廉把自己和托卡里都称为"骑士"。两人在通信中交替使用乌克兰语、德语和法语，尤其喜欢使用法语对"骑士"的称谓，这是一个让威廉在当时倍感亲切的概念。威廉感觉自己被阴谋所环绕，他致信托卡里写道，敌人永远不可能取得胜利，因为敌人未能"像骑士那样"战斗，他们不敢"露出自己的真面目"。[13]

威廉所接受的教育，就像他这个人那样，在许多方面都是不合时宜的。然而即使就在威廉看来，那种骑士披坚执锐骑马比武的场景，那种掀起面罩让敌人看清楚自己面容的礼仪，距离威廉所处的时代已过去好几个世纪，实际上也是无稽之谈。威廉沉溺于两种浪漫主义观念：一种观念把中世纪当作和谐年代；另一种观念则以内在的精神胜利超越外在的战场惨败。早在1918年，他就对此心知肚明，当时他把哈布斯堡王朝的中世纪奠基者比作暴力的无政府主义者。然而，此时已非1918年。乌克兰在垂死挣扎中诞生，而且从未停止过垂死挣扎，从世界大战、内战、革命和屠杀的极度暴力，到苏维埃乌克兰的饥荒和动荡。威廉曾目睹自己如同流星升起又坠落，而且不止一次，而是两次，1918年作为乌克兰哈布斯堡家族成员是一次，1935年作为出身于哈布斯堡家族的乌克兰人是第二次。他如今尝到了被人背叛的滋味，而且不得不独自面对令人绝望的失败。在这样的处境中，大家庭、等级制以及神秘主义观念是有意义的。这些观念能够帮助他重建他曾以为理所当然的价值观，这种价值观有时被人嘲笑，但也许永远有其意义。

威廉曾被驱逐出哈布斯堡王朝的神话，但此时他已找到

193

回归帝国梦想的道路。当年轻的他看见《皇帝之梦》所演绎的中世纪历史时，他可能会忍俊不禁，当他追逐乌克兰王国的理想时，他也可能对哈布斯堡家族先祖的理想化形象会心微笑；但那出戏剧所展现的永久荣光，却是他心中与生俱来的，正如他总是把自己视为候任国王那样。乌克兰骑士团有自己的骑士身份观念和古代贵族观念，帮助他重拾某种自豪感。尽管这个骑士团只不过存在于几个乌克兰人晦涩难懂的书信中，尽管威廉在维也纳设计和订购了骑士徽章，但这个骑士团根本无法满足他登上乌克兰王位的奇思妙想，没有其他哈布斯堡家族成员的帮助，尤其是没有讨厌鬼奥托的帮助，一切都是白搭。

威廉此时能够走自己的路。威廉又到了造就自我的微妙时刻，在经历过一两年丢人现眼的黑暗日子之后，他又能够再次思考如何实现他的权力之梦了。他早已失去帝国时期那种年轻人对别人的轻易信任，也失去了成年后对同志们那种充满善意的幼稚信仰，他开始以内在或外在、针锋相对或分庭抗礼的阴谋逻辑重新审视欧洲。在法国见识过人民阵线之后，他觉得欧洲左翼联合起来反对他，因此认为打开权力之门的钥匙在于团结右翼。在当时，他仅有的政治活动具有秘密色彩和精英色彩，他设想这种团结要靠各种骑士团的联盟来实现，显而易见的是，尽管线索模糊，但教皇国的格里高利骑士团、巴伐利亚圣乔治骑士团以及乌克兰圣乔治骑士团应该团结起来。如果没有这种联合行动，他们就不可能为这些组织制定各种规则和下达各种任务。尽管如此，威廉还是重拾了他对政治活动的信心。[14]

褐色篇章：束棒贵族

* * * * *

尽管威廉已退回缅怀君主制的秘密世界，但奥地利的政治体制正在改变威廉周围的公共空间，这种政治体制似乎越来越排斥民主和个人权利等现代政治理念。威廉步履蹒跚地回到奥地利的时候，正值奥地利政府越来越欢迎哈布斯堡家族的时候。正如他亲眼所见，这种转变只是奥地利政权在更大范围内发生转变的组成部分，祖国阵线试图创设一种政治模式，通过发掘过去的象征符号，吸引民众支持新兴的专制秩序。祖国阵线接触奥托和保护威廉，而哈布斯堡家族自然也欢迎这种政治姿态。然而，祖国阵线只是援引过去以证明新政权的合法性。与德国纳粹类似，祖国阵线以扭曲十字架作为国家象征；同样与纳粹类似，祖国阵线以举手扬臂礼作为官方礼仪。

换言之，1936 年的奥地利就像个法西斯政权。至少，在旁人看来，奥地利似乎加入了一场席卷欧洲的运动，这场运动排斥民主和理性，热衷于推举代表民族发声的领袖。第一个法西斯政权是意大利的墨索里尼政权，第二个就是德国的希特勒政权。尽管这两个政权存在诸多关键差异，但在从左翼到右翼的许多旁观者看来，这两个政权都代表了一种强有力的大众政治形式。左翼的法国人民阵线，曾让威廉吃够苦头，他们把世界划分为法西斯与反法西斯两大势力。威廉开始走自己的路，他很高兴能够立足于这个与法国对立的国家，毕竟他刚刚被迫离开法国。1935 年 11 月，他致信托卡里写道："这里一切都好，法西斯的法律、秩序和意识形态都让人非常愉悦。"[15]

威廉相当迅速地把他身边的法西斯势力整合起来，投入他自己的乌克兰使命。他正确地意识到法西斯主义是对欧洲战后秩序的挑战。意大利、德国以及其他法西斯势力都排斥和约，把和约视为妨碍民族意志实现的不公不义的障碍。换言之，他们期盼以武力改写欧洲版图。法西斯主义者是领土修正主义者，深信欧洲国家疆界必须被修正。凭借威廉在20世纪20年代早期的亲身经历，他知道领土修正主义者能够成为乌克兰人的盟友。

由于乌克兰并不存在，乌克兰民族主义者认为欧洲需要出现一场灾难，可能是法西斯主义者发动的战争，以此赢得国家独立。要让这一设想得以实现，就必须要有现成的乌克兰领导层，他们必须愿意与欧洲法西斯主义者合作，必须能够把这场灾难引向他们所需要的结局。这就是威廉及其同党给自己安排的角色。及至1936年4月，威廉确信独立的乌克兰只能是法西斯乌克兰。10月，他致信托卡里写道：乌克兰骑士团将会"为重建乌克兰帝国准备干部队伍，这个帝国主权独立，并由一人统治"。谁来统治？恐怕是威廉本人。[16]

1936年，对于威廉来说，领袖所具有的法西斯主义观念包含了双重意义。很大程度上，威廉感到软弱无力，想要夺取领导权力。他羡慕墨索里尼，并从托卡里那里听取意见。但威廉想象自己终有一天也会成为领袖。然而，在他成为领袖之前，他首先要决定自己属于哪个民族。在这个问题上，威廉一辈子都处于模棱两可的境地，至少在最初看来，这种模棱两可是法西斯主义所允许的。

20世纪20年代至30年代初，法西斯主义保留了19世纪祖国观念中的兄弟友爱。如果一个民族就有一种法西斯主义，那么同时热爱不止一个民族的人，也许就会成为世界主义的法西斯主义者。威廉和托卡里都符合这种描述。威廉是奥地利法西斯主义者和乌克兰法西斯主义者，而且并不觉得自相矛盾。然而，尽管威廉回归奥地利时把奥地利视为法西斯国家，而且他还梦想把乌克兰变成法西斯国家，但纳粹德国正在改变法西斯主义的含义。希特勒声称民族取决于血统，这意味着威廉那种法西斯主义根本就不可能实现。按照纳粹的种族逻辑，威廉要么是德国人，要么什么也不是。

1936年，当威廉重新开始思考政治问题时，他不得不考虑到德国的意识形态，因为他不得不面对德国势力。1933年春夏两季，希特勒刚刚上台才几个月，就已驯服了整个德国。1935年3月，德国突破和约限制，重新武装并重整军备。一年后，德国军队开进莱茵区，这里原本是与法国接壤的非军事区。与此同时，德国经济从大萧条中恢复元气，德国的贸易政策也致力于将其东部邻国纳入其经济轨道。

因此，纳粹德国成为墨索里尼统治下的意大利的对手，成为欧洲法西斯主义的新样式。托卡里从巴黎移居罗马，继续把意大利法西斯主义视为乌克兰的样板。托卡里是虔诚的天主教徒，他把纳粹德国视为异端。他同样设想，意大利能够以某种方式帮助奥地利和乌克兰成为独立的法西斯国家。威廉定居奥地利，因为出身于那个诞生过许多德意志君主的家族，他不得不面对希特勒对民族问题的理解。与托卡里不

196

同，威廉自己能够被视为德国人。威廉的故乡奥地利，能够被视为德意志国家，因为这个国家的国民普遍说德语。希特勒本人论出身也是奥地利人，而且始终把自己的故乡视为未来的大德意志帝国的组成部分。

祖国阵线曾欢迎威廉加入，威廉在祖国阵线内部也颇受欢迎，但当祖国阵线面对咄咄逼人的、种族主义的、势力强大的纳粹德国，而且纳粹德国毫不掩饰吞并奥地利的意图时，威廉采取坐等观望的态度。为了在迅速崛起的纳粹德国面前生存下去，奥地利政权急需外部援助。之前好几年，意大利曾是忠实的盟友。1934 年，当纳粹党徒在维也纳发动政变时，墨索里尼派出精锐步兵师陈兵勃伦纳山口，以表达对奥地利独立的支持。然而，及至 1936 年，也就是威廉声称自己支持欧洲法西斯化的那年，力量平衡已被打破。尽管希特勒统治下的德国已从战败国的地位上重新崛起，正在重新武装，但墨索里尼统治下的意大利则已疏远了任何可能的盟友，并在针对阿比西尼亚的笨拙入侵中，证明了自己在军事上何等孱弱。1936 年 10 月，当墨索里尼与希特勒签订同盟条约时，他已放弃自己无力保卫的奥地利盟友。

正如威廉所见，没有意大利的援助，奥地利根本无力保卫自己免遭德国入侵。1936 年 7 月，奥地利与德国签订互不干预协定，不幸的是，对于奥地利人来说，协定实际上让德国对奥地利事务的干预变得合法化。一份秘密条款要求奥地利政府任命两名纳粹党徒担任政府职务，此举鼓舞了奥地利纳粹党徒，尽管他们的政党严格意义上仍然处于非法状态。祖国阵线未能团结奥地利人支持国家独立。这个政权未能唤起左翼支持，因为社会民主党早在 1934 年就被取缔了。这个政权也未能唤起纳粹极右翼支持，因为奥地利纳粹党希望实现德奥合并。某些奥地利爱国者开始认为，只有哈布斯堡王朝复辟，才能拯救这个国家。奥地利的城镇和乡村开始授予奥托荣誉市民称号。[17]

然后，威廉发现自己既要面对纳粹势力的崛起，又要面对奥托威望的上升。在许多奥地利人看来，奥托领导下的君主制复辟似乎是反抗德国入侵的最好办法。德国势力给了威廉充分的理由去接受德国版的法西斯主义，而威廉对奥托的妒忌，也促使他远离自己提倡民族宽容的过去。随着风险上升，随着奥地利与纳粹势力的对抗白热化，威廉再也不可能成为世界主义的法西斯主义者。他可以保留哈布斯堡王朝民族宽容的某些历史光环，接受欧洲各民族平等的理念，允许犹太人生活在欧洲；他也可以拥抱种族主义，纳粹党徒将其视为未来趋势。在威廉看来，纳粹种族主义能够为自己提供发泄的途径，允许他表达奥托将其逐出哈布斯堡复辟事业的愤怒。

1937 年年初，威廉做出选择。1 月，威廉致信托卡里写道，奥地利复辟运动的领袖是个犹太人。威廉说道，这意味着，这场运动在道德上腐败堕落，在政治上注定失败。这种说法相当奇怪。那位受到质疑的人物正是弗里德里希·冯·维斯纳，威廉与他相识超过十五年。1921 年，两人还在维也纳为哈布斯堡王朝的复辟政治通力合作，在乌克兰企业联合会时期也是如此，两人计划利用巴伐利亚资金来资助针对苏俄的入侵行动。20 世纪 20 年代，当威廉暂居马德里时，198

两人还有接触。1934 年，威廉愉悦地写道，奥托已委托维斯纳担任复辟运动的领导职务。维斯纳的犹太出身从未困扰过威廉。年轻时，威廉还仰慕过军校里的犹太教师和军队里的犹太医生。1935 年夏天，威廉还选择居住在维也纳犹太人聚居的街区。威廉非常了解这座城市，本来也应该理解他的邻居。他甚至在犹太人身上看到自己逍遥漫游的影子。他回想起 1935 年秋天的几次漫游，把自己称为"永远在漫游的犹太人"。[18]

哈布斯堡家族成员，甚至是哈布斯堡家族的法西斯主义者，也许都能宽容犹太人，而反犹主义却是纳粹标志。为何威廉的态度发生突然的、决定性的转变呢？或许金钱才是关键。1936 年秋天，威廉第一次经历财政危机。那年秋天，连续三个月，他没有收到来自波兰的月度补贴。波兰与奥地利关系恶化，很难从波兰汇款到奥地利。威廉从兄长阿尔布雷希特那里收取款项的账户被清算。威廉没有积蓄，也没有工作的意愿，这让他迅速陷入贫困。正如威廉致信兄长阿尔布雷希特时提到："当我问自己应该如何面对目前的境况时，我就感到才智枯竭。"威廉不得不给家族企业的经理写求救信，同时典当仅有的财物以支付房租和煤气费。对于一个习惯于开口要钱而且不虞匮乏的男人来说，这可真够屈辱的。或许他把这种无力感归咎于犹太人。[19]

或许对权力的考虑和对奥托的妒忌足以让威廉成为纳粹同情者。但纳粹似乎是乌克兰唯一可能的盟友，也是唯一可能再次把威廉推上王位的力量。他再次考虑到德国可能会让乌克兰起死回生。尽管威廉似乎从未加入奥地利纳粹运动，但按照后来一份报告的说法，威廉开始高度评价希特勒。[20]

1937 年 2 月，威廉找到一个想法和背景相似的同谋者。199 伊凡·波尔塔韦茨－奥斯特里亚尼茨亚（Ivan Poltavets-Ostrianytsia），他是另一位仰慕民族社会主义的乌克兰上校，有着与威廉相似的秘密人生。1918 年，当威廉在哈布斯堡占领区履行自己的乌克兰特殊使命时，波尔塔韦茨正在基辅担任斯科罗帕茨基酋长的副官，而酋长正是德国人扶植的政权的领袖。1920 年，波尔塔韦茨在威廉与斯科罗帕茨基之间居中调停，试图寻求两人共同接受的君主政体定位。然后，波尔塔韦茨加入了威廉的乌克兰企业联合会。1922 年，当来自巴伐利亚的资金趋于枯竭，自由哥萨克出现分歧时，波尔塔韦茨声称自己就是他们的领袖。尽管波尔塔韦茨最初被视为斯科罗帕茨基的人，但在 1926 年，他与自己的上司决裂，并自称为乌克兰酋长。

20 世纪 20～30 年代，当威廉在西班牙和法国逍遥快活的时候，波尔塔韦茨还在巴伐利亚。他与纳粹党走得很近，纳粹党也把他视为乌克兰最早的法西斯主义者之一。在纳粹党掌权之前那几年，乌克兰曾在纳粹党内关于欧洲未来秩序的争论中占据重要位置。他们都把苏联视为必须摧毁的敌人，某些人认为民族主义是苏联解体的关键。某些纳粹党徒肯定对乌克兰感兴趣，这个庞大的苏联加盟共和国在斯大林时期吃了苦头，因此有可能反对俄罗斯，同时反对苏联的犹太人领导层，这就是纳粹的如意算盘。阿尔弗雷德·罗森贝格（Alfred Rosenberg）是波尔塔韦茨的一个支持者，他认为德国应该招募乌克兰人对抗苏联。1935 年 5 月，波尔塔韦茨致信希特勒，表示他本人以及自由哥萨克愿意输诚投效。[21]

因此，与威廉类似，波尔塔韦茨也是个叛逆的乌克兰君主派和法西斯分子，此时正寻找回归权力、回归乌克兰的出路，并把纳粹视为最可靠的盟友。两人分别十五年后再度相逢，因为乌克兰企业联合会倒闭而留下的恩恩怨怨早已烟消云散，两人在滑雪胜地的会面堪称愉快。威廉自豪地告诉波尔塔韦茨，圣乔治骑士团成立了，它的使命就是缔造法西斯乌克兰。

200　　　1937 年 2 月与波尔塔韦茨会面之后，威廉开始更为具体地思考，如何在德国支配下的欧洲推进乌克兰事业。波尔塔韦茨比威廉更懂得如何与纳粹打交道，毕竟早在 1922 年，威廉与德国右翼的合作就已终止。很有可能，正是波尔塔韦茨告诉威廉，纳粹同情乌克兰事业，愿意与杰出的乌克兰人接触。威廉致信托卡里，提到骑士团本该与汉斯·弗兰克（Hans Frank）及早接触，这位纳粹高官原本是巴伐利亚司法部部长，此时已贵为德国政府部长。更为宏大的设想是，威廉能够帮助德国人招募"乌克兰军团"。[22]

1937 年重提这个名号，让威廉回想起 1918 年 3 月的乌克兰军团，当时威廉接受卡尔皇帝征召，统领乌克兰兵团，服从奥地利指挥，对抗布尔什维克。很有可能，威廉设想自己终有一日会接受希特勒征召，率领同样的部队，在即将到来的战争中对抗苏联。如果是这样的话，威廉可不是唯一有这种想法的乌克兰人。此时，许多乌克兰政治组织都指望与纳粹德国展开军事合作。威廉和托卡里都相信，只有他们的骑士团才真正值得德国人提供支持。托卡里致信威廉写道，其他乌克兰政客只不过是"白痴"——他用了个德语词。由于过去曾与德国右翼合作，威廉设想自己在与纳粹的接触中会有某种特殊便利。[23]

　　纳粹才没把威廉当回事。尽管威廉曾梦想重建乌克兰军团，但在1937年3月，纳粹媒体把他描述为颓废的巴黎浪荡子。威廉不太读报，他如果看见这篇文章，也许能够正确判断出希特勒对奥地利和哈布斯堡家族的普遍敌意。威廉可能以为自己能够向希特勒解释，自己早已反对奥托，因此反对哈布斯堡王朝在奥地利复辟。威廉此时站在纳粹立场上看待哈布斯堡王朝复辟：犹太人的复辟，不合法的复辟，注定失败的复辟。1937年12月，正如他致信托卡里时写道，任何复辟都是"犹太人和共济会的施舍"。哈布斯堡王朝本身已变成"犹太企业"。威廉说服自己必须与奥托决裂，因为奥托"顽固而盲目"，除此之外别无他途。如果威廉未能参与复辟，他也希望别人都不要参与复辟。这就是酸葡萄心理，王家紫色的酸葡萄，边上呈现出纳粹的褐色。[24]

201

　　1938年年初，威廉已认定，奥地利五花八门的独裁主义都不成气候。毕竟，奥地利民族在哪儿？在威廉看来，一个犹太人至少还有某种可以辨认的民族特性，就算犹太人带有某种"红色内核"，就算犹太人以共产主义的名义否认民族意愿。威廉此时认为，一个奥地利人根本就没有民族特性，因为他没有自己的民族。威廉进而认为奥地利人只不过就是德国人而已。通过重新定义奥地利人，他确信奥地利人在种族上就是德国人。如果民族主义政治和民族主义属于种族范畴，那么奥地利本身就毫无意义。正如希特勒所渴望的，奥地利应该被整合到大德意志帝国。[25]

威廉此时相信，他个人在法国蒙难的真正意义，是让他参与一场捍卫文明的伟大战争。被邪恶力量袭击的经历，让他成为正义力量中的关键角色。更有甚者，他此时相信自己站在获胜的一方。威廉把柏林－罗马－东京三国轴心（这是威廉的预言，当时尚未实现）视为"我们时代最伟大的事物"。这个轴心将会围堵和摧毁苏联。一场重大胜利将会来临："清算意识形态，治愈整个世界！"这种单独的、决定性的、全面胜利的图景，让威廉与托卡里发生争执，托卡里始终认为意大利比德国更为关心"乌克兰的恢复"。威廉坚持自己的政治生理学观念。他一回到奥地利，就抱怨自己心烦意乱。此时他的神经"如同乱麻"。[26]

民族主义是他的治病良方，其他灵药还包括雪景和性爱。当威廉钱包充盈时，比如 1937 年和 1938 年冬天，他就前往萨尔茨堡滑雪。照片上的威廉衣冠楚楚、英俊潇洒，与年轻漂亮的男子为伴。

当威廉的神经舒缓下来的时候，奥地利领导人的神经却愈加紧张了，他们有理由紧张。1938 年 2 月 12 日，希特勒对奥地利总理库尔特·冯·舒士尼格发出最后通牒。奥地利有三天时间使其政策与德国保持一致：纳粹党合法化，纳粹控制警察权。希特勒说道，如果上述条款未能得到满足，德国将会入侵。舒士尼格接受上述条款。

舒士尼格并未履行那些条款。尽管舒士尼格的祖国阵线

褐色篇章：束棒贵族

威廉（左）与同伴一起滑雪

从未提出令人信服的奥地利民族观念，其领导人却认为，至少暂时认为，有必要捍卫奥地利民族。当希特勒宣布德奥两国即将合并时，舒士尼格却号召奥地利人誓死捍卫国家。舒 203 士尼格下令举行公民投票，并以诱导性的问题（以及选举舞弊）来确保选举胜利。他还试图借助外部力量的支持，但没有任何外部力量支持。意大利曾是盟友，但此时已抛弃奥地利。1938 年年初，法国左翼政府早已看出奥地利是希特勒扩张的潜在障碍，因此呼吁英国采取共同立场。伦敦方面拒绝发出外交照会，认为奥地利的命运早已注定。[27]

奥地利的公民投票正在准备，但未能举行。希特勒下令入侵，舒士尼格指示奥地利军队放弃抵抗。1938 年 3 月 12

日，德国军队开入奥地利，次日，希特勒宣布奥地利不复存在。舒士尼格最后也未誓死捍卫奥地利，却在希特勒的敌人那里挤到一个位置。德国入侵后，他被逮捕和监禁。经过审讯后，他被投入德国集中营，刚开始在达豪，后来在萨克森豪森。

德奥合并后，奥地利犹太人受到比祖国阵线统治时更为严格的限制。尽管在 20 世纪 30 年代，犹太人在专业岗位和大学教职的名额被大幅削减，因此数以千计的奥地利犹太人已离开这个国家，但舒士尼格毕竟不是希特勒，祖国阵线也不是纳粹党。犹太人也被允许加入祖国阵线，实际上许多犹太人也确实加入了。德国统治就完全不同了。犹太人失去工作和财产。1938 年年底，发生在维也纳的水晶之夜大屠杀极其残暴。男人、女人、孩子，在经历恐怖的公开羞辱之后被残忍地杀死。

希特勒不仅摧毁了奥地利，还终结了哈布斯堡王朝在欧洲复辟的任何希望。希特勒讨厌哈布斯堡家族，以至于他把入侵奥地利的计划命名为"奥托计划"。奥托的确试图阻止德奥合并。自 1937 年年底至 1938 年年初，奥托逢人便说，只有复辟，才能把希特勒阻挡在维也纳城外。1937 年 11 月 21 日是奥托二十七岁生日，维也纳全城以旧帝国的黑金两色装饰一新。12 月 17 日，奥地利政府发还了战后被充公的哈布斯堡家族的财产，让奥托成为这个国家最为富有的人之一。就在这个月，奥托催促舒士尼格总理准备武装抵抗德国，并建议只有合法君主，也就是奥托自己，才能够领导民众取得胜利。就在希特勒的最后通牒发出后，舒士尼格礼貌

204

地拒绝了向奥托移交权力的请求。舒士尼格反复强调，很可能也真心相信，德国人曾告诉他：复辟就是自取灭亡，因为德国将会马上发动进攻。最后，奥托再也不提复辟之事，但德国人还是如期入侵。

　　奥托是威廉在哈布斯堡家族内部的对手，现已一败涂地。实际上，纳粹势力似乎满足了威廉所有阴暗的愿望。德国吞并了奥地利，非犹太裔奥地利人成了德国公民，犹太人逃离了这个国家。作为德奥合并的后果，德国开始肢解捷克斯洛伐克：这是硕果仅存的欧洲民主国家、法国的盟友，以及威廉以为的导致他在巴黎身败名裂的那个国家。似乎他所有的敌人都被征服了。威廉与时代精神保持一致。他以异想天开的方式重返政坛，这个贵族法西斯主义者明显不切实际，自以为预言了后来发生的一切。接下来，他认为德国将会摧毁布尔什维克并恢复乌克兰。

　　当然，在纳粹德国与苏联之间，还有一个重要的欧洲国家：波兰。在希特勒进攻斯大林之前，他将不得不摧毁波兰，这是威廉的兄长阿尔布雷希特和莱奥选择的祖国。为了实现威廉的乌克兰梦想，他的波兰家族将不得不忍受德国统治的噩梦。

黑色篇章：对抗强权

　　1939 年，阿尔布雷希特仍然是个大孝子。当威廉不断变换民族身份时，威廉的兄长却仍然是忠于国家的波兰公民和备受尊敬的波兰商人。波兰共和国与哈布斯堡家族日维茨支系早已达成和解，而阿尔布雷希特则以公开的忠诚来回报这个他选择的祖国。阿尔布雷希特和妻子阿莉塞都希望自己和家人被视为波兰人。他们的孩子学习英语、法语以及波兰语，但并不学习德语。

　　他们的长女玛丽亚·克里斯蒂娜快乐地生活在日维茨的家族城堡里。她像溜冰似的，沿着白色的大理石地砖滑过一个又一个厅堂，永远避开黑色的大理石地砖。家庭教师不仅教她语言，还向她介绍种种人情世故。她喜欢嘲笑她的法语家庭教师，因为对方的波兰语实在糟糕。一名波兰军官教她骑术，这个教官策马奔腾如履平地，把侍从们都远远甩在后面。

　　1939 年夏天，玛丽亚·克里斯蒂娜十六岁了，这个夏天似乎与以往没有什么不同。随着德国空袭波兰，战争爆发，但父亲和其他波兰人都认为波兰将会赢得战争。阿尔布雷希特慷慨解囊，为波兰防空炮兵部队捐款捐物。当波兰精锐的边境管制部队接到命令前往日维茨，逼近对德抗战前线时，阿尔布雷希特就让他们驻扎在城堡庭院里。[1]

1939 年 9 月 1 日，德国军队在未受挑衅的情况下，不宣而战入侵波兰。与奥地利和捷克斯洛伐克不同，波兰奋起抵抗。英法两国承诺支持波兰，并对德国宣战。随着欧战在波德前线上爆发，日维茨居民纷纷逃往东部。早在几周以前，阿尔布雷希特和阿莉塞就已把女儿们送去华沙。儿子则在阿莉塞的瑞典娘家度假。

在阿莉塞的鼓励下，阿尔布雷希特试图在国家有难的时候披挂上阵。尽管早已因为健康原因退役多年，但阿尔布雷希特还是在 9 月 1 日穿上波兰军官制服并到处寻找部队。尽管这一表态极具象征意义，但战争胜利的希望极为渺茫。尽管波兰人在日维茨周围英勇抵抗，并给德国人造成重大伤亡，但阿尔布雷希特还是不得不加入撤退的大军。这座城市三天之内就陷落了。[2]

因此，阿尔布雷希特赶紧前往华沙去接女儿们，然后匆忙东进以躲避德国人的闪电战。在波兰首都，女儿玛丽亚·克里斯蒂娜仰望清澈的蓝天上铺天盖地的机群。街上的人们说那是"我们的飞机"。他们错了。波兰空军还未起飞就已被摧毁。那些飞机是德国的，是来轰炸平民的，从战争一开始就是如此。

德国飞机扔下的炸弹炸死了数以万计的波兰人，但阿尔布雷希特保住了女儿们。他试图抢在德国人前面。他并未返回日维茨，而是带着女儿们前往东南面阿莉塞的庄园。这趟旅行指向波兰的另一部分，也指向哈布斯堡王朝历史的另一章节。庄园曾属于阿莉塞的首任丈夫，那位哈布斯堡外交官，他从父亲那里继承这座庄园，而他父亲曾是哈布斯堡王朝的首相。庄园位于旧哈布斯堡王朝加里西亚行省东部，乌克兰人而非波兰人占据当地人口的多数。

阿尔布雷希特和女儿们躲过纳粹德国的进攻，却又遇上另一支军队。9 月 17 日，苏联红军同样是在未受挑衅的情况下，从东面不宣而战入侵波兰。8 月，纳粹德国与苏联签订互不侵犯条约，里面包含瓜分东欧势力范围的秘密附加议定书。波兰也在瓜分之列，斯大林拿走了属于他的那一半。

阿尔布雷希特和女儿们面对突如其来的苏联袭击，不得不向西返回日维茨。作为波兰贵族和波兰军官，他有充分的理由恐惧苏联，苏联正在鼓励乌克兰农民报复波兰地主。超过两万名波兰军官被杀，其中就包括教玛丽亚·克里斯蒂娜骑马的骑兵军官。德国占领区同样令人恐惧。在他们离家期间，日维茨已被并入德意志帝国。在绝望中，孩子们的一名家庭教师愤而自杀。[3]

在 1939 年的可怕秋天，波兰公民反复逃亡，东奔西走，只为确保个人安全，或者试图合家团聚。波兰哈布斯堡家族也不例外。9 月 25 日，由于得不到阿尔布雷希特的音讯，阿莉塞勇敢地从日维茨出发，向东寻找丈夫和女儿们。她知道苏联已入侵庄园所在的波兰东部。她很可能确信阿尔布雷希特和女儿们需要她的帮助。

当苏联入侵者催促乌克兰人在农村发动阶级斗争时，阿

黑色篇章：对抗强权

莉塞刚好抵达东加里西亚：她是当地地主、瑞典贵族，先后做过两位波兰贵族的妻子、哈布斯堡家族的媳妇。又一次，跟二十年前一样，当地乌克兰人把她视为好邻居，并未打算伤害她。由于在庄园里找不到阿尔布雷希特和女儿们，阿莉塞又返回日维茨。丈夫和女儿们就在她离家四天后抵达城堡。但等到她于 11 月中旬回到家时，丈夫又走了。她只找到一张用法语写的留言条，然后仆人告诉她剩下的细节。

园丁极力提醒阿尔布雷希特："德国人要来了，正在搜捕军官。"德国国家警察，即盖世太保，知道阿尔布雷希特曾资助波兰军队，并曾主动请缨服役。11 月 9 日，他被两名警察带离城堡，玛丽亚·克里斯蒂娜回忆道，父亲的脸"面如死灰"。他有充分的理由感到恐惧。他的孩子们即将失去父母。他的妻子还在东部某处。他的军队已全军覆没。他所在的波兰日维茨地区，已被并入德意志帝国。他肯定也知道，他的产业也有可能被没收。有些产业已被私吞，窃贼就是汉斯·弗兰克——波兰总督区的最高行政长官，而波兰总督区就是被德国夺取但尚未并入德意志帝国的德国占领区。在走马上任途中，弗兰克曾在日维茨停留，窃取了哈布斯堡家族的银器，那原本是弗兰茨·约瑟夫皇帝送给斯特凡和玛丽亚·特蕾莎的结婚礼物。弗兰克将会在克拉科夫的前波兰王家城堡里面使用这些银器，那里已成为他的司令部。[4]

随着波兰崩溃，阿尔布雷希特只能鼓起勇气。他本来可以声称自己是德国人，从而保住自己，也能保住财产。但在 11 月 16 日，在盖世太保第一次提审记录中，他坚称自己是波兰人。尽管阿尔布雷希特难以否认自己是"德国后裔"，因为他的历代祖先曾在好几百年里当过德意志民族的神圣罗马帝国皇帝，但他反复强调自己是波兰人，因为这是他的选择。他说，他爱波兰。波兰待他很好。他也把孩子们培养成波兰人。

盖世太保对此感到恼怒。12 月 8 日，盖世太保军官得出结论，阿尔布雷希特的人生轨迹"长期背离德意志属性，他把自己永远隔绝在德意志共同体之外。他的叛国行为罪无可恕，因此将彻底失去财产权，同时也彻底失去在德国居住的权利，即使作为外国人居住也绝不容许"。阿尔布雷希特被无限期监禁于切申，这是一座波兰城市，与日维茨一样，已被并入德意志帝国。[5]

阿尔布雷希特的立场相当具有戏剧性，但在当地的波兰人当中绝非孤例。在这几周时间里，德国当局就已宣布被吞并的日维茨地区永远是德国领土，当地居民也都有德国血统。然而，即使在日维茨及其周边地区被德国吞并之后，当地的波兰人还是坚持为抵抗德国入侵而牺牲的波兰士兵上坟。1939 年 12 月，德国当局在当地进行人口普查。只有818 人登记为德国人，而有 148413 人登记为波兰人。

波兰人被鼓励登记为德国人，但应者寥寥；某些犹太人想要登记为德国人，却不被允许。在某些案例中，波兰人或许被授予了德国人的地位，而波兰哈布斯堡家族则被威逼利诱，严加审讯，备受折磨。拥有犹太信仰、犹太血统的波兰公民只能登记为犹太人，被从日维茨驱逐到波兰总督区，并被关押在犹太隔离区里。[6]

210

瓜分波兰（1939~1941 年）

阿尔布雷希特的勇敢行为引起德国对其家族的关注。他的盖世太保档案列明其兄弟姐妹，包括定居于维也纳的威廉。1939 年年底，盖世太保在维也纳传讯威廉。审讯者问威廉，为何阿尔布雷希特是波兰公民？为何他自愿为波兰军队服役？即使威廉知道上述问题的答案，他都不会回答。可想而知，他对这个种族帝国的警察们少说为妙。德国警察收到的指引

是，家族出身相当于国籍身份。威廉及其兄长们出身于数百
年来抛弃民族身份、拥抱多个民族的家族。此时威廉与他们
一样，都是德国人，至少威廉想留下自己是德国人的印象。

威廉很快就披上了自己的军官制服——德国军官制服。
1940 年春天，他接受征召，前往维纳 - 诺伊施塔特受训。这
就是二十五年前，威廉作为候补军官受训以便加入哈布斯堡
武装部队的地方。当威廉于 1915 年毕业时，他可谓前途无
量，而且能够参与乌克兰的秘密任务。1940 年，时移世易，
物是人非。尽管他才四十五岁，对于军官来说正当盛年，但
威廉似乎没给人留下多少印象。尽管人们都知道他同情纳粹，
但他似乎从未加入纳粹党。他是哈布斯堡家族成员，他得过肺
结核和心脏病。威廉并未在德国军队中得到常规任命，而是被
派去参与本土防卫，这通常是老弱病残的任务。威廉肯定已明
白，德国人并不打算让他组建什么乌克兰军团，去打一场针对
苏联的解放战争。显而易见的是，他们几乎没把他当回事。[7]

威廉知道自己在 20 世纪 30 年代后期的宏大政治计划已
化为泡影，转而关注家庭事务。他要求前往巴登参与本土防
卫，巴登就在维也纳南面，姐姐埃莉诺拉及其丈夫阿尔方
斯·克洛斯就住在巴登。威廉与埃莉诺拉，曾是家中的幼子
211 和长女，总是非常亲密。埃莉诺拉是第一位遵从内心、忠于
爱情、下嫁平民的哈布斯堡女大公，威廉也遵从自己的内
心，只不过方式有所不同。两人都不擅长航海，但埃莉诺拉
的丈夫是航海高手。埃莉诺拉和克洛斯组建的奥地利家庭已
成为德国家庭。他们有六个儿子在德国军队中服役。或许，
对埃莉诺拉来说，当儿子们远在前线时，孩子气的弟弟近在

咫尺，也不失为一种安慰。或许，在两个儿子阵亡之后，这种安慰更是不可或缺。这对姐弟将会如何讨论战争呢？毕竟，埃莉诺拉的儿子们作为德国侵略军的成员，刚刚摧毁了阿尔布雷希特所热爱的波兰。[8]

或许，家族财产能够以某种方式得到保全。如果阿尔布雷希特决心与波兰共命运，威廉和埃莉诺拉至少能够接管其财产。尽管两人都背叛了家族，但阿尔布雷希特总是确保两人能够收到月度补助。在阿尔布雷希特被逮捕，其财产被没收后，德国人派来的日维茨啤酒厂和庄园管理层就削减了月度补助。埃莉诺拉和威廉都雇请律师并提出抗议。两人年轻时拒绝接受波兰国籍，此时终于发挥作用。律师抗辩道，他们是帝国臣民，他们是种族上的德国人，他们在帝国没收财产时并未犯罪。威廉甚至直接致信希特勒。

威廉和埃莉诺拉起诉阿尔布雷希特，德国法庭则以针对日维茨庄园德国管理层的财务声索来定性此案。两姐弟很可能知道阿尔布雷希特被关押在监狱里。起诉一个饱受盖世太保折磨的兄弟或许是很不厚道的，但如果他们胜诉了，的确能够把少部分财产保留在哈布斯堡家族手中。考虑到阿尔布雷希特格外深思熟虑、慷慨大方的秉性，可能正是阿尔布雷希特鼓励他们去起诉的，或者正是阿尔布雷希特想要他们这样做的。

德国当局当然同情威廉和埃莉诺拉的声索。德国准军事部队党卫队的法务部门把他们视为"帝国德意志人"，即种族上和文化上得以享有全部权利的人。党卫队律师正确地提到，埃莉诺拉有八个德国孩子。但党卫队律师错误地认为，212

威廉 20 世纪 20～30 年代都在奥地利，即此时已被纳入德国领土的奥地利。纳粹传媒机构针对威廉的巴黎丑闻曾刊登过许多下流的文章，此时似乎无人读过，或者已被人遗忘。幸运的是，对于威廉来说，他在乌克兰和法国的生活经历已完全被对方忽略。实际上，他被迫离开法国，正是他交上了好运。假如他留在法国，并成为法国公民，他就会更加难以把困难抛诸脑后，更加不要说以德国人的身份向德国法庭递交诉状了。

显而易见的是，1941 年春天，埃莉诺拉和威廉获得了德国政府发还的财产，而且不是过去的月度补助，而是一次性支付一大笔钱：埃莉诺拉获得八十七万五千马克，威廉获得三十万马克，分别相当于今天的将近两千七百万美元和超过九百万美元。这足以让他们今生无忧了。[9]

当然，这笔慷慨的款项，来自被德国人没收的、兄长阿尔布雷希特在日维茨的庄园。威廉和埃莉诺拉作为德国自由公民生活在维也纳，而他们的长兄却作为德国全民公敌被关押在切申监狱。当他们坐拥家族财富的时候，阿尔布雷希特及其妻儿只能靠微薄的津贴维持生活。

阿莉塞仍然是永不妥协的波兰人。她把纳粹政权称为"强盗政权"，而且是当着盖世太保审讯者的面如此说。她把审讯者称为"勒索者和刑事犯"。她还对德国人断言，在"波兰的盟友"大获全胜之后，"波兰必将复活"。1940 年 5月，当阿莉塞说出这番话的时候，波兰已被占领，德军横扫法国。英国只能独自面对德国及其支配下的欧洲。因此，她这番话是英勇无畏的预言。

　　阿莉塞是个名副其实的王朝思想家，她有比现代人更为广博的历史参照系。她认为德国是一个被哈布斯堡王朝统治了五百年的国家。她感觉到希特勒政权，即所谓的"千年帝国"，最终折腾不了几年。慑于阿莉塞的勇气和美貌，盖世太保没有胆量逮捕她。盖世太保军官转而试图说服她，像她这样代表了北欧种族的完美女性典范，应该放弃波兰民族，成为胜券在握的德国人。[10]

阿莉塞·哈布斯堡

　　此后陆续有信件经由柏林转发到当地的盖世太保办公室，要求改善阿莉塞和阿尔布雷希特的待遇。信件来自瑞典和西班牙这样的中立国家，这对夫妇在那里有王室和贵族亲友，也有信件来自阿尔布雷希特在第一次世界大战期间的军中同袍，这些转为德国国籍的老战友此时在帝国内部身居高位。盖世太保早已准备好如何答复这些施压的信件：考虑到阿尔布雷希特背叛种族，他不可能被无罪释放；考虑到阿莉塞在审讯期间拒不合作，她所受到的待遇已足够好了。

1940年夏天，阿莉塞及其儿女们被驱逐到日维茨西面三十五公里处的小镇维斯瓦（Wisła）。一旦这个家族离开日维茨，家族城堡就被挂上了纳粹标志，并成为某位帝国高官的囊中之物。阿莉塞与大约四千名波兰人一道，在日维茨地区内被强迫迁移，以便为大约两千五百名抵达此地的德国人腾出位置。例如，有德国人接受雇佣，取代波兰员工的位置，以继续运营日维茨啤酒厂。产量提升三倍，但质量堪忧，从引人自豪的欧洲名牌啤酒，沦落为灌醉德国军队的劣质猫尿。[11]

盖世太保在1940年监视这对夫妇整整一年，终于明白"在这个哈布斯堡家庭中，妻子是更为积极的一方"。他们有充分的理由如此认为，正是妻子支持丈夫绝不妥协。他们截获了阿莉塞给阿尔布雷希特的信件，信中写道："不要以为我会失去勇气，正好相反，我永远不会失去勇气。永远不要放弃，永远不要低头，即使我被击倒，我也决不低头。"[12]

阿莉塞永不低头，也未被击倒。从1939年年底开始，她就与波兰地下组织合作，反抗德国占领。她经由孩子的一名家庭教师介绍，宣誓加入当地的秘密独立组织。这个组织只是当时波兰境内数百个组织之一，绝大多数组织后来整合为家乡军，这是欧洲大陆上主要的反纳粹抵抗组织。阿莉塞收听BBC以及其他非法电台的广播，帮助同志获取波兰流亡政府传来的消息。[13]

阿莉塞有国外关系，而且四处旅行。1941年11月，她在德国科隆，她站在危险地带，却乐于看到这座城市被轰

214

炸。阿莉塞写道："多么美好的场景，如同焰火表演。"她抬头望天时，完全站在英国皇家空军那边，全然不顾扔下来的致命货物也许会轻而易举地把她炸死。她可能知道，逃脱德国人追捕的波兰飞行员正在与英国人并肩作战。她似乎认为，驾驶舱里的男人就像其他男人那样，都是简单的生物，都需要一点女性给予的勇气。当她目睹德国防空炮火追逐目标时，她也为飞行员提心吊胆："我看见天空中爆炸的炮弹，飞行员肯定感到非常不舒服，命悬于天地之间。可怜的孩子们。"[14]

1939 年，威廉曾对纳粹满怀希望，但他逐渐也跟大嫂一样，看清楚了 1940 年至 1941 年的战事。对于阿尔布雷希特和阿莉塞来说，德国占领区的情况相当恐怖，威廉自从被盖世太保叫去问话之后，肯定对此心中有数。或许他从盖世太保那里听到某些情况。1937 年至 1938 年，威廉与兄长们有过接触，当时阿尔布雷希特带莱奥到维也纳来治疗肺结核。与阿尔布雷希特一样，莱奥也靠从父亲那里继承的、位于日维茨的部分家族地产维持生活。尽管两兄弟并非特别亲密，因为阿尔布雷希特自愿做波兰人，而莱奥把自己的孩子养育成德国人，但他们在危难之时能够守望相助。1939 年至 1940 年，如果威廉能够收到家里的消息，他就应该知道，他最喜爱的纳粹党徒汉斯·弗兰克窃取了他家的银器。[15] 215

此时，在其毕生中第一次，威廉比兄长阿尔布雷希特更为富有。只要他愿意，他就能够拿钱投资，或者像在巴黎那样吃喝玩乐、声色犬马。他很可能也这样做了。按照德国警察的报告，他的确找了个女友，还抱怨女友花光了他所有钱财。然而，在取得财政独立后，他的确选择重新评判希特勒及其政策，也越来越接近阿尔布雷希特的观点。当他目睹德国对待其家族，以及后来对待乌克兰的政策，他越来越相信，兄长选择反抗希特勒是对的。自从哈布斯堡君主国解体以来，阿尔布雷希特和威廉第一次站在相同的立场上。第一次世界大战，以及波兰独立和乌克兰独立的前景，让兄弟俩分道扬镳。第二次世界大战，以及德国对波兰和乌克兰的镇压，让兄弟俩团结一致。[16]

战争曾是乌克兰人摆脱苏联高压统治的唯一希望，但希特勒似乎决定扑灭这一希望。德国错过对乌克兰示好的每一次机会。1938 年，柏林把窃取自捷克斯洛伐克的东部领土移交给匈牙利，而不是交给乌克兰行政机关管理。次年，在德国入侵波兰后，希特勒又把波兰境内几乎全部五百万乌克兰人移交给苏联。1941 年 6 月 22 日，当希特勒入侵苏联时，他并未组建乌克兰傀儡政权，尽管他已为另外两个与哈布斯堡王朝历史有关的民族组建政权，即斯洛伐克和克罗地亚。那年夏天，当乌克兰民族主义者试图组建一个名义上独立的国家，与德国人共同对苏联作战时，希特勒把他们投入集中营。在曾属于苏联的乌克兰苏维埃社会主义共和国的地区，德国建立了残忍野蛮的占领区，即帝国驻乌克兰管理局，乌克兰人被当成劣等人种来对待，而乌克兰人的活命口粮也成为帝国的食品资源。[17]

在这场针对苏联的战争中，希特勒从未与乌克兰的任何政治实体结盟，正好相反，他只允许个别乌克兰人参与他的犯罪勾当。某些乌克兰团伙参与了希特勒对苏联的入侵，这从一开始就是一场种族战争，犹太人在万人坑前被集体屠杀，苏联战俘则被活活饿死。党卫队招募了数以千计的乌克兰人承担警察任务，包括围捕犹太妇孺以供射杀。种族大屠杀是德国的既定政策，以杀尽欧洲每个犹太男人、女人和孩子为目的，这种政策从入侵苏联那刻便已开始。威廉肯定听说过德国人屠杀犹太人，后者在万人坑前的露天空地上被公开处决。8月底，德国人在卡缅涅茨-波多利斯基屠杀了两万三千名犹太人，而在1919年，那正是威廉与乌克兰人民共和国军队会合的地方。9月底，德国人在巴比山谷射杀了三万多名基辅犹太人。或许这些恐怖屠杀，会让威廉重新反思他新发现的反犹主义，毕竟在上一场世界大战中，他曾坚决抗议屠杀行为。[18]

按照威廉的理解，在这样一场战争中与德国人合作，简直是一场恐怖交易。乌克兰人正在协助德国人犯下最为恶劣的战争罪行，而且没有任何政治补偿。回想1918年，威廉在第一次世界大战末期觐见德国皇帝时，曾提醒对方，剥削性的占领政策会让德国输掉战争。此时面对更加简单粗暴的德国政策，威廉似乎得出了同样的结论。作为苏联第二大加盟共和国，作为苏联面向欧洲的窗口，乌克兰对莫斯科来说不可或缺。如果德国人利用乌克兰民族主义反抗苏联，正如1918年威廉所做的那样，那么德国已经赢得战争了，至少在威廉看来就是这样。在威廉看来，由于错失良机，德国人已输掉了乌克兰，因此也输掉了整场战争。[19]

及至1942年，威廉已完全同意大嫂阿莉塞关于战争结果的看法。当然，对于阿莉塞来说，波兰的最终胜利从一开始就是一种信念。而另一方面，对于威廉来说，德国对待他和对待乌克兰的冷漠态度，掩盖了法西斯主义的吸引力。阿莉塞是一名具有非凡魅力和非凡意志的女性，她忠诚于波兰的高贵情感与威廉对待纳粹德国的轻率态度恰成对照。然而，两人的不同态度，也来源于两人所选民族的不同利益。波兰是第一次世界大战后和约体系的受益者，因此是个主张维持现状的国家。正好相反，乌克兰爱国者知道，他们需要另一场战争，才有机会建立国家。他们仍然处于波兰爱国者1918 年以前的处境：他们需要某种大灾难来摧毁所有现存国家，才有机会宣布国家独立。对于阿莉塞以及多数波兰人来说，德国显然是个威胁。而威廉以及其他乌克兰人很容易就会把德国入侵视为机会。当德国并不支持乌克兰时，威廉就会在精神上与阿莉塞站在一起，成为敢于冒险的反对派。

尽管威廉与阿莉塞在年轻时选择了不同的民族，但他们都高度热爱他们的民族同胞。阿莉塞对波兰的爱，同样是对前后两任波兰丈夫以及她的波兰孩子们的爱。对于威廉来说，转而支持乌克兰反抗纳粹则是出于友谊。当威廉找到志同道合的同志，他便开始执行比阿莉塞重要得多也危险得多的任务。在这些同志当中，最为重要的一个，是英俊非凡的乌克兰音乐学院学生。

罗曼·诺沃萨德（Roman Novosad），一个乌克兰裔波兰公民，出生于旧哈布斯堡王朝加里西亚行省，是一个有进取心的年轻人。他像数百万波兰公民那样，被掳掠为德意志帝国的强迫劳工，他设法说服德国官员，允许他前往维也纳

一所音乐学院登记入学。1941 年，他正在维也纳学习指挥
和作曲，并准备出版一部乌克兰民歌集。他引起汉斯·斯瓦
洛夫斯基（Hans Swarowsky）的注意，后者是一位著名的奥
地利指挥家，他在帝国境内声誉卓著。

罗曼·诺沃萨德（右起第二人），1941 年 6 月

1942 年 2 月一个晚上，罗曼与一个乌克兰朋友决定出
席一场音乐会，他们打算在半路上停下吃点东西。他们选择
了 OK 餐厅，这个餐厅就在维也纳市政厅地下室，市政厅是
环城大道上一座了不起的建筑，也是维也纳市政府的办公地
点。OK 餐厅是个舒适的地方，由捷克侍应奉上简餐，维也
纳人喜欢在这里停留片刻，然后再穿过环城大道前往歌
剧院。

红色王子

两位好友正在找位置，却发现德国军官占据了绝大多数座位。他们很高兴在窗户旁边找到一个位置，一位身穿便装的男士独自坐在那里。此人面带笑容，友善地邀请他们就座。两位好友彼此之间说乌克兰语。片刻过后，他们发现此人能够理解他们的对话。此人觉察到自己被发现了，面带笑容地对他们说："我是奥地利人，但我是乌克兰人的好朋友！"

然后，此人狡黠地皱皱眉头："在下是瓦西里·维什凡尼。"

罗曼遇见一个传奇，而且这个传奇正好有时间。威廉正好也要去同一个音乐会，那是一位乌克兰大提琴家的演奏会。演奏厅里几乎没人，威廉提议大家一起坐到舞台前面去。音乐会结束后，威廉把罗曼带到后台，把他引荐给演奏家。对于罗曼来说，这肯定是个美妙的时刻。

然后，威廉与罗曼去了酒吧，他们在那里以乌克兰语轻声交谈。威廉告诉罗曼，自己的初恋也是一名乌克兰音乐学院学生。某种程度上，这个故事是真实的，二十年前，威廉和女友玛丽亚也流连于维也纳的酒吧，如同此时此刻的威廉与罗曼那样。然而，威廉对那个年代的记忆似乎总是带点灰暗，而在今晚，与罗曼独处共对时，他却似乎很开心。

就在这第一次会面中，威廉提出自己惊世骇俗的观点。当他们离开酒吧去透透气的时候，威廉重重地叹了口气说道："在东边某个地方，正在爆发一场伤亡惨重的战争，数百万身强力壮的男人正挣扎在生死边缘。德国人已输掉了这场战争！"的确有理由作如是观。德国军队在东线快速推进，但仍然没有拿下莫斯科；对苏战争的决定性胜利，尽管每天都出现在媒体和宣传攻势中，却并未实现。1941 年 12月，日本轰炸珍珠港，把美国也拉入战争。一年前，德国只需要面对英国，此时却要应付英国、苏联和美国。尽管如此，在 1942 年的维也纳，在陌生人面前预言德国战败仍然是大胆行为。维也纳是德意志帝国的组成部分，这种言论如果传入警察耳中，将会意味着遭受审讯，甚至更为严重的后果。威廉在干什么呢？毫无疑问，他在表达自己的坚定信念。很有可能，他在试探罗曼。[20]

这时候，威廉很可能正在为一个西方情报机关招募特工。这个未能确定的情报机关很可能是英国特别行动执行局，这个机关把欧洲大陆德国占领区的零星抵抗力量组织起来。威廉毕生都是个亲英派，他可能知道英国政府同情奥地利复辟理念，甚至可能同情多民族国家的理念。很大程度上，首相温斯顿·丘吉尔是个从 19 世纪走来的英国人，相当怀念哈布斯堡王朝。[21]

罗曼对威廉的坦率感到意外，但也感到欣慰。他认为威廉信任他，因此，作为回报，他也信任威廉。两人开始每周会面，而且似乎在 1943 年全年，两人都在定期会面。两人在灯光昏暗、价格便宜的餐厅共进晚餐，威廉似乎喜欢在这些餐厅用餐，然后结伴去听音乐会。两人已成为好友。

1944 年 2 月 8 日，威廉从维也纳第二区搬家到第三区。新家在法桑街 49 号，这是他从一个退休教师手上租来的，更加接近他小时候生活过的维也纳街区。尽管街道狭窄，但从他的寓所步行前往父亲的故居不过半个小时路程。寓所的

220

221

©Jonathan Wyss, Topaz Maps

纳粹统治期间的欧洲，约 1942 年

位置相当有趣，几乎笼罩在美景宫（Belvedere Palaces）的阴影下，也靠近喧嚣的火车南站。对于随时要离开这座城市的人来说，这个寓所是很好的庇护所。

威廉的新公寓很快成为反纳粹间谍活动的中心。正是在他位于法桑街的房间里，威廉见到了自己的上司——一位自称保罗·马斯（Paul Maas）的绅士。马斯说自己是个在德国工厂工作的法国人，但向英国情报机关汇报情况。威廉认为"保罗·马斯"是个化名，这肯定是个化名。马斯河是流经比利时和法国北部的河流，因此似乎是个随意选择的名字。关于马斯的故事有多少真实成分，现已无从稽考。

马斯要求威廉报告德国部队的动向，并帮助盟军轰炸机选择合适的目标，轰炸将于1944年3月开始。威廉爽快地同意了。他渴望帮助英国皇家空军瞄准德国军事地点。威廉与熟悉的德国军官交谈，并把对话内容向马斯汇报。一个有趣的目标是位于维纳－诺伊施塔特的梅塞施密特飞机工厂，那里受到盟军的重点轰炸。尽管威廉自己曾在维纳－诺伊施塔特求学，但他与阿莉塞一样，同情执行轰炸的飞行员。即使盟军摧毁威廉在法桑街寓所旁边的建筑，这一立场也从未改变。[22]

恰好是在1942年2月，威廉预言东线战局将转而对德国不利。一年后，德国人在斯大林格勒投降，成为这场战争转折的象征。战争爆发时，威廉曾希望德国人的胜利能够造就一个乌克兰国家。1943年，随着德国人在红军阵前节节败退，他希望防止德国战败变成乌克兰民族的灾难。1944年，曾与德国人合作的乌克兰人现身维也纳，带来了德国败退的消息，并请求援助。威廉以及此时已搬进法桑街公寓的罗曼，与地方当局配合安置乌克兰难民，并充当翻译。

罗曼亲自经手此事，知道这是他挑选绝望的乌克兰妇女的好机会，这些乌克兰人正从东部涌入维也纳。1944年9月，罗曼·诺沃萨德挑选了他所钟爱的年轻女子，此女自称莉达·图利钦（Lida Tulchyn），她来到罗曼的寓所，为他煮

222

饭、打扫，想必还承担其他义务。罗曼这次可不仅仅是棋逢对手那么简单。莉达有着比罗曼最初想象的复杂得多的人生。莉达实际名叫安娜·普罗科波维奇（Anna Prokopovych），是一名重要的乌克兰民族主义者，还是乌克兰民族主义组织中一个宗派领导层的情报员。一旦罗曼查明莉达的民族主义人脉，罗曼就将其发现告诉威廉，威廉对此喜出望外。[23]

此时正值 1944 年秋天，威廉大有机会重新投身于乌克兰政治，因为此时乌克兰民族主义者亟须援助。1935 年丑闻后，他就与乌克兰民族运动失去了联系；1938 年，他主要的乌克兰民族主义联系人又被苏联当局暗杀。此时，他终于能够重启大计：改变乌克兰的政治形象，拓宽乌克兰的政治前途，办法是把曾与德国合作的乌克兰人变成西方情报机关的线人。威廉懂得，如果乌克兰民族主义者想要在德国战败后获得任何外部支持，仅存的希望就是尽快改变阵营。乌克兰人不得不从美国人、英国人、法国人那里寻找庇护，苏联始终声称乌克兰是其组成部分，将会折磨和杀死任何被抓住的乌克兰民族主义者。威廉与西方情报机关早有联系，莉达正是他所需要的能够把计划付诸实行的那种人。

帮助那些抛弃德国的人与德国的战时敌人建立联系，让威廉把自己的生命置于极度危险之中。然而，在 1944 年，他似乎找回了年轻时的冷静，以及年轻时的机巧。威廉让罗曼把那位乌克兰女子引荐给法国人认识。威廉对罗曼说："我请求你把莉达·图利钦引荐给保罗·马斯，但必须想好如何操作。或许你可以带上你的女友贝鲁特（Biruta），同时把莉达和马斯请去听音乐会？这样会显得自然，也不会引起怀疑。"这种安排可谓天衣无缝。贝鲁特是罗曼诸多女友中的一个，是一名会说法语的芭蕾舞演员，因此必要时能够充当翻译。马斯来得稍晚，坐在莉达身旁的空位上，两人就此建立联系，威廉就此重返乌克兰政坛。[24]

马斯给莉达布置了一个困难的任务。马斯说，自己和同伴庇护着一名被击落的英国飞行员。莉达能否为这名飞行员找到某些德国身份证明文件？莉达想方设法，找来一个脱离德国武装部队的乌克兰人的身份证明文件。[25]这个任务很像一次测试，莉达顺利过关了。或许确实有被击落的飞行员，或许没有。莉达已证明她的确能够联系上武装的乌克兰人，这才是事情的关键。

莉达无疑掌握了威廉的计划，正如数以千计曾与德国人合作的乌克兰民族主义者那样，她此时仅存的希望也只有西方。莉达把威廉和马斯引荐给米洛斯拉夫·普罗科普（Myroslav Prokop），他是乌克兰民族主义组织中一个宗派的领导人。威廉回到乌克兰政坛上最为关键的位置，帮助民族主义者与西方大国开启颇为尴尬的初次对话。尽管这些会面前景渺茫，但在某种程度上还是相当有意义的。威廉还记得，回到1918年，乌克兰人与赢得战争的西方大国毫无接触。乌克兰当时被视为德意志帝国主义的幽灵，在巴黎、伦敦、华盛顿支持者寥寥。威廉希望，乌克兰人这次不会与德国人一起沉船落水。[26]

在维也纳，当威廉冒着生命危险换取乌克兰与西方大国结盟的前景时，他再次成为乌克兰人。抛开那些曾误导他与

224

德国人共命运的种族主义观念，威廉再次回归他亲自选定的民族，因此也回归到个人选择决定民族属性的观念上来。

在日维茨，阿尔布雷希特和阿莉塞已彻底弃绝种族观念。阿尔布雷希特仍然是个波兰人，因此身陷囹圄。1942年1月，阿莉塞受到盖世太保审讯，她把波兰国籍视为个人政治品德的表现。阿莉塞说道："我对自己的看法始终如一，我属于波兰社群，也只能表达我对波兰同胞英勇态度的敬佩之情。"阿莉塞对待纳粹政权的态度依然是完全否定。"当别人问我对纳粹的看法时，我只能回答我拒绝它。拒绝的原因是它缺乏个人自由。"[27]

德国的政策建基于完全相反的原则：民族即种族，种族是生物学概念，因此由科学来定义，实际上是由国家来定义。1940年，德国人组织了一次人口种族登记，即"民族名单"。第一类是"帝国德意志人"，包括在种族上、文化上、政治上的德意志人。阿尔布雷希特和阿莉塞拒绝进入民族名单。由于波兰人无权拥有财产，他们拒绝德国国籍的行为就成了政府充公其财产的理由。海因里希·希姆莱（Heinrich Himmler）是党卫队国家领袖和日耳曼化事务部部长，他从中看到机会。希姆莱想要把阿尔布雷希特一家送进深入德国境内的劳动营，德国是新教地区，此举能让这家人远离维斯瓦的波兰天主教徒，按照警察的报告，那些波兰天主教徒很喜欢阿莉塞及其儿女们。[28]

并非所有纳粹高官都赞同希姆莱的意见。莱因哈德·海德里希（Reinhard Heydrich）是希姆莱的得力助手，他就不想看见哈布斯堡家族成员被送进劳动营。然而，1942年5

月，海德里希被捷克斯洛伐克抵抗运动的成员刺杀，让他再也无法干预此事。也并非所有希姆莱的下属都附和希姆莱对波兰哈布斯堡家族的敌意。当地党卫队就拒绝继续审讯阿尔布雷希特，并在内部通信中尊称他为"大公"。党卫队似乎觉得盖世太保处理这件事情的方式太过原始野蛮了。[29]

然而，他们的上司希姆莱自有主张，或者似乎自有主张。1942 年 10 月，阿莉塞、阿尔布雷希特及其两个女儿被送到德国境内施特劳斯贝格的劳动营。即使在那里，纳粹的手段也未能完全得逞。这家人的外国保护者抗议道，阿尔布雷希特在审讯中深受病痛折磨，已无法从事任何劳动。阿尔布雷希特被释放出狱，但已单目失明、腿脚不便。毫无疑问，作为对哈布斯堡国外支持者展现的姿态，德国人允许阿尔布雷希特的女儿们去维也纳上学。德国人也允许阿尔布雷希特去看医生，并于 1943 年年初到维也纳与女儿们共处一段时间。那年夏天，阿尔布雷希特回到劳动营，他仍然坚忍不拔，阿莉塞认为他"精神尚可"，但他的健康毫无改善。只有阿莉塞在劳动营里过了整整一年，而且她拒绝去挖土豆。阿莉塞解释道，这倒不是因为挖土豆不体面，正好相反。这是因为她拒绝从事希特勒帝国指派的任何工作。女儿们因为与母亲类似的态度而失去了学籍，最终在维也纳承担苦役。1944 年 3 月，当美国飞机开始轰炸这座城市的时候，玛丽亚·克里斯蒂娜的身份是护士助理。[30]

即使波兰哈布斯堡家族已靠边站，德国人还是未能合法取得他们在日维茨的产业。这份财产原来并非单独挂名的。德国人想要合法充公的产业，其实是由阿尔布雷希特和莱奥各自拥有的财产的集合，只不过在 20 世纪 30 年代，这些产业一直是由一套班子共同经营罢了。德国人也以自己那套班子共同经营啤酒和木材生意，但要把这些生意充公就难了，因为这些生意阿尔布雷希特和莱昂都有份。正是莱昂让事情复杂化了，他可能拥有德国国籍，而且他确实死了。1939年 4 月，莱昂死于肺结核。

由于莱奥没有留下遗嘱，他的所有财产便由妻子玛娅继承，她当然拒绝让自己的土地跟阿尔布雷希特的土地一起被充公。她大有理由：没有人能够质疑她是个德国人。她也有人脉：玛娅的姐夫经常跟赫尔曼·戈林（Hermann Göring）去打猎，戈林是德国空军司令，也是帝国高官。玛娅直接致信希特勒，把自己形容为德国人的遗孀，还要养育五个德国孩子，哭诉自己"深陷困难处境，绝望难以言说"。[31]

希特勒和希姆莱对这种复杂局面深感挫败，他们只想让哈布斯堡家族的地产充公并羞辱他们。1941 年，希姆莱向玛娅宣布，尽管有种种证据，但他仍然无法把玛娅视为德国人，因为希特勒想要为德国获取这份财产。这道指令却未被执行。[32]

1942 年，党卫队就玛娅的国籍问题出具了一份详细报告。报告引用五位德国官员的证言，五位官员给出各不相同但都有道理的答案。一位官员说玛娅是德国人，从背景和选择来说都是德国人；一位官员说玛娅是德国人，但不愿意回答哈布斯堡家族是否应该拥有财产；一位官员说玛娅是德国人，但纳粹不相信这个事实；一位官员说玛娅是贵族，因此没有国籍；一位官员说档案里面没有任何资料可以回答这个问题。党卫队的麻烦在于，玛娅并未采取人们通常采取的政治立场：玛娅对种族和反犹主义不感兴趣，而且承认她不想把孩子们培养成纳粹。然而，党卫队确实认定玛娅是第二类德国人，即种族德意志人或者"民族德意志人"。这意味着她有权拥有财产。[33]

1943 年 5 月，希特勒亲自插手此事。他下令把玛娅的财产与阿尔布雷希特的财产一起充公，而且不会有任何补偿。希姆莱给出了理由：玛娅与"叛国者"阿尔布雷希特走得太近。无论如何，希姆莱理解错了，这种株连并不符合种族观念和德国法律（只适用于德国人的法律）。当地官员再次违抗元首意志。他们不会把那些最终可能被证明属于德国人的财产充公。希特勒建立了一个种族官僚机构，一个他自己并非总能够指挥得动的官僚机构。[34]

及至此时，德国人逐渐意识到，如果按照他们自己推行的政策，是官僚机构而非生物学在决定种族。1942 年起，按照适用于日维茨以及其他被并入帝国地区的种族新政策，德国官员寻找身材高大、样貌出众的波兰人，把他们送去德国进行同化。这项政策所包含的各项指令，被称为"德意志化"，说明他们根本不在乎这些人是否具有德国血统。这项国家政策倾向于把其他民族的成员变成德国人。这项政策并不适用于当地犹太人，因为那时候犹太人已被送去波兰总督区了。1942 年至 1943 年，犹太人被送进死亡营。在华沙东北面的特雷布林卡，大约八十万波兰犹太人被杀害。在日维茨北面仅仅四十五公里的奥斯威辛，又有一百万欧洲犹太人被毒死。[35]

由于种族是个官僚问题，那也就是各部门之间相互扯皮

227

的问题。及至 1943 年，各部门围绕哈布斯堡问题争吵不断。1944 年，官僚机构甚至失去争吵的能力。那年 5 月，帝国保安总局的档案在一场空袭后被付之一炬，阿莉塞和威廉为盟军飞行员欢呼了好几年，结果盟军飞行员无意中给哈布斯堡事业帮了大忙。没有这些档案，官僚机构无法记得这些身份存疑的哈布斯堡家族成员到底发生了什么，也不知道应该采取何种态度。[36]

德国官员并未就此罢手。尽管档案丢失，电话线也被炸断，但官僚们还是能够寻得蛛丝马迹。1944 年 5 月，他们在瓦多维采镇找到一位罗默（Romer）伯爵。伯爵在战争爆发前就已认识莱奥，也许能够就莱奥的国籍问题说点什么，也许能够帮助德国人决定莱奥妻儿的国籍，也许能够加快对这些财产进行最终处置。[37]

战争打到这个阶段，德国官员还在关注这种事情，未免有点奇怪。1944 年夏天，美军及其盟军已在诺曼底登陆，苏联红军已推进到战前波兰领土。那年 9 月，德国地方官员仍然坚持，让日维茨的财产充公"不太符合正规程序，在总体战期间也许应该暂时搁置，但在简化行政效率的背景下似乎又很紧急"。地方当局希望从希特勒那里得到亲自下达的指示。希特勒可不想被打扰。地方官员得到指示，目前的"僵持"局面"暂时"可以接受。没有什么暂时了。1944 年，盟军从东面、西面、南面逼近。1945 年春天，希特勒的千年帝国才维持了十二年就完蛋了。[38]

事实证明，希特勒的种族王朝比哈布斯堡王朝还要脆弱。两者对垒，强弱悬殊，但哈布斯堡王朝得以幸存。1945

年 4 月 30 日，希特勒自杀。数天后，阿尔布雷希特和阿莉塞亲眼看到施特劳斯贝格劳动营被美国人解放。与此同时，苏联红军也在向西突进。就在哈布斯堡家族欢迎美军士兵的时候，苏联军官已住进他们在波兰的城堡。正是苏联红军解放了日维茨，苏联对财产、政治以及哈布斯堡家族自有主张。

维也纳是这个家族的第二个家，同样是被苏联红军解放的。维也纳和日维茨，曾是哈布斯堡王朝的首都和哈布斯堡家族的产业，然后是奥地利共和国的城市和波兰共和国的城市，再后来被希特勒并入德意志帝国，现在又突然都处于斯大林的统治之下。

1945 年 5 月 8 日德国投降后，斯大林取代希特勒成为东欧和中欧的主人。斯大林曾声称，这场战争跟过去的战争不同，在这场战争中，胜利者将会把自己的政治制度推行到其军队推进到的地方。随着苏联红军与西方盟军在德国和奥地利会师，各自的军事警察和情报机关便建立起各自的占领区。当阿莉塞和阿尔布雷希特从施特劳斯贝格赶回维也纳去接女儿时，他们其实是离开美占区进入苏占区，因此冒着某种风险。苏联警察，以及苏联的军事反间谍机关，即"施密尔舒"（SMERSH）[1]，将会毫不犹豫地逮捕那些被视为苏联敌人的人。

威廉还在维也纳，毫无疑问非常低调，因为苏联红军已 229

---

[1] 即苏联国防人民委员会反间谍总局，俗称"锄奸局"。——译者注

于 1945 年 4 月入城。他在此地冒着生命危险，因为至少此地暂时由苏联制定游戏规则。苏联秘密警察和军事情报机关办案时技巧娴熟、热情高涨，他们在深挖波兰和乌克兰反对派组织时，比德国人高效得多。阿莉塞的波兰家乡军同志已被苏联击败。

在波兰以及其他完全由苏联红军解放的国家，苏联都会提议建立临时政府，当共产党员比例很高时，他们很快就能完全控制政府。在奥地利，虽然英美盟军解放了西部和南部，但苏联仍旧如此运作，选出一名非共产党员作为临时政府的挂名负责人。然而，这里出了点差错。苏联委托卡尔·伦纳（Karl Renner）组建政府，他便任命两个主要党派，即社会党①和人民党组建联合政府，而奥地利共产党也参与联合政府。1945 年春天，苏联和英美两国先后承认了这个临时政府。

两个奥地利主要政党做了一件史无前例的事情：共同支持奥地利共和国的民主制度。社会党领导人和人民党领导人都认为他们的党派有机会赢得自由和公平的选举，而苏联支持的奥地利共产党却未必。

230　　对于支持奥地利民主的中左和中右两大政党来说，民主选举能够赋予他们比战争有利得多的机会。社会党乐意回归政坛，他们此前被排除在政坛之外，因为他们从 1934 年起就被取缔了。人民党实际上就是祖国阵线的继承者，更加庆

---

① 即社会民主党。1889 年成立，1919～1920 年执政，1934 年被取缔，1945 年改名为社会党，1991 年改为现名。——译者注

幸能够参与政坛角逐。在欧洲其他地方，苏联已把所有右翼党派归类为纳粹德国的合作者。但在奥地利，苏联还不能完全按照其意愿行事。每个人都知道，1938 年，祖国阵线曾试图捍卫这个国家，使其免遭纳粹吞并。人民党的战后领导人利奥波德·菲格尔（Leopold Figl），曾在德国集中营熬过了战争中的绝大部分岁月。而且，美、英、法三国明确支持民主制度。因为三国同样参与占领奥地利，苏联无法决定谁能参加选举，或者谁不能参加选举。[39]

共产主义跟随苏联红军而来，民主制度跟随英美盟军而来。奥地利夹在中间。威廉出身王室贵胄，亦有雄心壮志，决定跟随民众的选择。1945 年 5 月，就在德国投降后，威廉投身奥地利民主政治。他曾支持君主派事业，如今支持奥地利共和国；他曾毕生信奉帝国，如今接受奥地利民族；多年以来，他曾抱怨民主是苏联的阴谋，如今甚至加入人民党。他得到某些指引。他的上司保罗·马斯已离开奥地利前往法国，但在离开之前让威廉与其同事雅克·布里耶（Jacques Brier）保持联系。布里耶请求威廉充当人民党与法国中右政党人民共和运动的联络人。威廉似乎也把法国情报军官引荐给人民党领导层。在德国投降后，威廉以其独特的方式，做着许多欧洲人正在做的事情：收拾起非常不民主的历史碎片，投身于民主的行动计划。[40]

原定于 1945 年 11 月举行的奥地利民主选举，让人们暂时忘却更大的问题，即这个国家尚未确定的命运。只有一件事情是确定无疑的：德奥合并被解除了，奥地利将会成为独立国家，与德国相互隔离。这是英、美、苏三国早在 1943 年

231

就已达成的共识。1945 年 7 月，温斯顿·丘吉尔领导的英国内阁倒台，奥地利再也不可能成为君主国，或者成为某种形式的中欧联邦的核心。战争期间奥托·冯·哈布斯堡几乎都在美国，也未能为哈布斯堡领导下的多民族联邦理念争取到有意义的支持。因此，盟国普遍同意，奥地利将会成为共和国，尽管盟国对共和国的概念颇有分歧。苏联认为，真正的共和国是共产党以工人阶级的名义掌控国家。其他盟国认为，共和国是以自由选举实现民主轮替。

1945 年 7 月，盟国把奥地利划分为四个占领区：苏占区、美占区、英占区以及远在最西端阿尔卑斯山区的法占区。首都也处于四大国的分区占领之下。8 月，英、法、美三国当局进入维也纳。威廉惊喜地发现，自己的寓所被划入维也纳英占区。或许在他看来，他所冒的风险是有正当理由的，他在战争年代为西方情报机关服务，然后又为民主制度服务，此时终于有所回报。威廉能够为自己在 5 月至 6 月间的民主勇气感到自豪，而且在英国而非苏联军事警察掌控的相对安全的环境中感到轻松。那年秋天，他可以静观民主如何自行运作，当时社会党和人民党的选举活动相当有效。威廉心情不错，他给女房东写热情洋溢的信，还带其他房客的孩子去游泳。11 月，他告诉女房东，经历半生漂泊之后，他想安定下来了。他已年届五十，或许是时候安定下来了。[41]

当威廉似乎在新奥地利找到立足之地时，他的家人正在寻找出路。当阿尔布雷希特和阿莉塞找到女儿玛丽亚·克里

斯蒂娜和蕾娜塔后，他们便没有理由在此停留。人们无法得 232
知阿尔布雷希特是否在维也纳找过威廉，许多年以后，玛丽
亚·克里斯蒂娜不记得有过这样的会面。然而无论如何，兄
弟俩有着不同的立场。阿尔布雷希特及其家人是波兰人而非
奥地利人，他们设法返回波兰。他们知道自己回去的是一个
被苏联红军占领和被共产党掌控的国家。他们当时可以轻而
易举地逃到相对自由的欧洲国家，也许是西班牙或者瑞典，
他们在那里有亲友，但他们选择返回波兰。

在奥地利，1945 年 11 月，威廉所在的政党赢得选举。
人民党几乎得到一半选票，紧随其后的是社会党。奥地利共
产党只获得 5.9% 的选票。然后，人民党就在这座由苏联解
放的首都组建政府。奥地利共产党未能控制要害部门，新政
府受到英美两国的热情欢迎。盟国突然陷入对立，这个国家
的未来也平添变数。1946 年 3 月，温斯顿·丘吉尔在美国
发表演说，提到一道"铁幕"正在分割东欧和西欧。似乎
铁幕刚好从维也纳穿过。[42]

奥地利尽管被四大国分区占领，但情况还是比乌克兰好
得多。苏联重返乌克兰，包括旧哈布斯堡王朝加里西亚行省
东部。在东加里西亚或称西乌克兰的土地上，乌克兰民族主
义组织的游击队员顽强抵抗苏联统治。他们希望击败这支刚
刚击败德国的军队。他们亟须援助。

威廉本来在 1946 年就洗手不干了，他对奥地利的成功 233
感到庆幸，但他还想做点什么。他设法与法国情报机关再次
取得联系。显而易见的是，威廉让其上司雅克·布里耶相

信，他仍然能够通过乌克兰民族主义者为西方情报机关获取情报。1946 年年初，布里耶把威廉引荐给一个自称让·佩利西耶（Jean Pélissier）的法国人，后者说自己是一位法国海军上尉。布里耶说，佩利西耶肩负着法国政府的特殊使命。法国对与乌克兰民族主义者合作颇感兴趣。为了换取关于苏联的情报，法国承诺在苏联领土上空投人员和宣传单张。

威廉能够把他在战争期间积累的乌克兰人脉提供给法国利用。威廉提议由莉达·图利钦出面，让佩利西耶与她在乌克兰民族主义组织的同事建立联系，毕竟莉达是一个乌克兰活动家，她与威廉和罗曼在战争期间结下了深厚友谊。然而，维也纳再也没有莉达的身影。由于害怕苏联红军，她早已继续向西逃亡。与数以千计的乌克兰民族主义者相似，她想方设法逃到巴伐利亚，那里是德国境内的美占区。威廉得知此事后，猜想可以说服罗曼去寻找莉达。[43]

因此，威廉又把罗曼·诺沃萨德带回到情报工作中来。罗曼与威廉一样，早已经历过德国占领期间的风险。此时，在苏联大获全胜的背景下，罗曼远远不如他的老朋友那样坚定。罗曼还年轻，没有独立谋生的手段，而且持有波兰护照，这就意味着他会随时被这个正在迅速共产主义化的国家驱逐。罗曼出生于已被并入苏联的加里西亚领土，因此他很可能会被驱逐到苏联。罗曼对日后的事业还有计划和预期。他想要完成学业，然后成为指挥家或作曲家。他有太多事情需要顾虑。

然而，当佩利西耶提议罗曼前往巴伐利亚寻找莉达时，

他立刻就答应了。为何？他勇敢而又爱国。迄今为止，威廉 234
一直给他带来好运气，还陪他度过快乐的时光。或许，罗曼
的弱点正是莉达，那位看似软弱无助的流亡者，原来竟是令
人难忘的、足智多谋的民族主义者。佩利西耶给罗曼一张前
往法占区的特别通行证，法占区在奥地利西面，正好就在巴
伐利亚南面。佩利西耶在通行证中写道，罗曼是波兰公民，
他前往因斯布鲁克是为了指挥一场音乐会。这段措辞不仅掩
盖了他前往法占区的原因，而且隐瞒了他的乌克兰国籍。[44]

罗曼是个杰出的信使。他顺利抵达法占区，进而从因斯
布鲁克溜到慕尼黑。他在当时的混乱局面中用尽各种办法，
终于在一处难民营找到莉达。罗曼告诉莉达，法国当局希望
与乌克兰民族主义组织的领导层见面。莉达告诉罗曼，可以
去找尼古拉·列别德（Mykola Lebed），他是一名重要的民
族主义者。罗曼返回法占区，按照约定在旅馆的桌子上留下
便条，然后就返回维也纳了。那张便条被转给法国情报机
关，然后他们就着手准备与列别德的会面了。

1946 年 5 月 15 日，佩利西耶与列别德在因斯布鲁克郊
外一座林中小镇会面。雅克·布里耶、罗曼·诺沃萨德以及
莉达·图利钦也一同出席，营造出彼此信任的气氛。然而，
真正的讨论只发生于法国情报军官与乌克兰民族主义领导人
之间。多亏威廉、罗曼和莉达，一名重要的乌克兰民族主义
活动家才能与一个西方情报机关接触。这几位朋友未能知道
结局如何，但他们认为自己已帮助乌克兰民族主义者争取到
来之不易的立足之地。列别德最终转而为美国人工作。[45]

罗曼永远不会知道他奔波劳碌的结果，但他享受这份工

作。就他自己而言，这个任务揭示出他喜欢冒险的特点，尤其是在有女性参与其中的时候更是如此。他不仅追随莉达前往巴伐利亚，后来似乎还追求过那位派去监督他完成任务的女军官。罗曼最初是在因斯布鲁克飞往慕尼黑的航班上发现那位迷人的法国女子的。在巴伐利亚，她曾巧妙地进行干预，帮助罗曼向美国人解释他到美占区去意欲何为。数周后，仿佛偶然之间，罗曼在维也纳交响乐团再次遇到那位法国女子。两人开始一起去听音乐会，她还邀请罗曼到她的公寓共进晚餐。

235

威廉建议这位年轻的朋友多加小心。如果那位有问题的女子确实是法国军官，罗曼等于把自己的私生活暴露在情报机关的监视之下。按照传统而艳俗的套路，美人计可能会让罗曼被法国人利用。尽管威廉愿意与罗曼共担风险，但他也愿意为朋友留意危险。或者，威廉只不过是妒忌而已。

威廉对法国人的看法，并非出于盲目，亦非出于敏感。他早年在巴黎的生活以身败名裂而告结束。战争期间，他冷静而成熟地判断法国与乌克兰结盟的可能。他认为西方大国与乌克兰运动有某种共同利益，而法国就是西方大国之一。他知道德国战败后，苏联对乌克兰的兴趣无非是恢复行使权力和粉碎民族反抗。他认为英、美、法三国将会在战后成为乌克兰最好的庇护者。[46]

威廉是对的，乌克兰的确没有其他可能的庇护者，但他也许太过指望巴黎、伦敦、华盛顿的帮助了。在此后的岁月里，确实有乌克兰民族主义者得到西方情报机关的支持。但美、法、英三国根本无法与苏联的反间谍机关匹敌。苏联通常能够提前获悉乌克兰人空降的地点。在西方的帮助下穿越苏联边境的乌克兰人，通常会遭到抓捕、折磨和枪毙。

乌克兰最好的希望根本就不是希望。在维也纳，威廉继续为法国情报机关招募乌克兰民族主义者，他几乎没有意识到乌克兰的民族斗争变得多么绝望。苏联决心在西乌克兰粉碎任何反抗。苏联特种部队在尼基塔·赫鲁晓夫（Nikita Khrushchev）的领导下，奉命要以比对手更加残忍、更加可怕的方式对付乌克兰游击队。最终，苏联击败了 236 敌人。

为了确保乌克兰问题不被外国势力利用，莫斯科采取的政策是让居民成分与国界走向完全吻合。在两年内，即 1944 年至 1946 年，大约一百万波兰人和乌克兰人在波兰和苏联之间东西流动。这些行动意味着挖空乌克兰民族主义组织的根基。在苏波边境的波兰一侧，掌权者以种族主义观点看待境内的乌克兰人。一位波兰将军建议"一劳永逸地解决乌克兰问题"。1947 年，此人就是最终行动的指挥官之一，他们把波兰境内仅存的乌克兰人从南部和东部迁往北部和西部。迁移对象就包括日维茨周围贝斯基德山区的居民，威廉就是在这里首次听到别人说乌克兰语。[47]

乌克兰的观念并没有消亡，毕竟，苏联继续控制着一个以乌克兰命名的加盟共和国。这个加盟共和国从东部大草原延伸到喀尔巴阡山脉，几乎涵盖乌克兰爱国者在两次世界大

战中声称的属于乌克兰的所有土地，苏维埃乌克兰是苏联第
二重要的加盟共和国，仅次于俄罗斯。然而，乌克兰民族主
义者在这些土地上争取国家真正独立的斗争注定失败。在苏
维埃乌克兰境内，面对着数量上居于压倒优势、采取坚决反
游击战术的苏联军队，他们在苏波边境的苏联一侧终于被击
败，时间是 20 世纪 50 年代初。

为了粉碎乌克兰民族起义，苏联及其波兰盟友扫除了旧
哈布斯堡王朝加里西亚境内的多民族痕迹，此时加里西亚也
237 被苏联和波兰瓜分豆剖。波兰人就在波兰境内，乌克兰人就
在乌克兰境内。犹太人曾在大屠杀中被德国人杀害，而德国
人如今被驱逐回德国。多民族的加里西亚，曾是哈布斯堡王
朝的创造物，但已不复存在。

及至 1948 年，哈布斯堡欧洲那种多重忠诚和模糊国籍
似乎已走到尽头。波兰哈布斯堡家族与祖先建构的欧洲一同
陨落。斯特凡的子女要么已死亡，要么自愿或非自愿地放弃
波兰。在女儿之中，蕾娜塔死于 1935 年，埃莉诺拉与丈夫
克洛斯生活在奥地利，梅希蒂迪丝与丈夫奥尔基耶德·恰尔
托雷斯基在战争期间流亡巴西。德国人给了她一次奇怪的告
别。当她手持波兰护照穿越德国国境时，她被德国警察拦
住。警察问道："哈布斯堡？"警察留意到她的娘家姓，"听
起来像个犹太名字"。在流亡巴西期间，梅希蒂迪丝花费很
多时间向别人解释，自己不是德国人，而是奥地利人，而且
她把自己视为波兰人。莱奥死于 1939 年，尽管他与妻儿很
可能拥有奥地利或德国国籍，由于他死得早，他的国籍永远

成了未解之谜。[48]

　　20 世纪 40 年代后期，阿莉塞和阿尔布雷希特希望继续做波兰人，希望继续留在波兰。波兰新政府拒绝发还他们被德国人查封的财产，包括土地和啤酒厂。阿尔布雷希特和阿莉塞一度因为效忠波兰而失去财产。如今因为这个新政府而再次失去财产。作为最后的侮辱，阿尔布雷希特，这位以波兰为祖国，为波兰浴血奋战，为波兰饱受折磨的可怜人，此时被宣布为德国人。满怀疾病和伤痛，他离开波兰前往瑞典，阿莉塞希望那里的医生可以让他恢复健康。女儿们也追随他移居瑞典。

　　阿莉塞往返于瑞典与波兰之间，徒劳无功地试图收回家族财产。1951 年，听到丈夫死讯的时候，她正好在波兰。在那以后，就连阿莉塞都放弃了。她因为心爱的男人而成为波兰人，她是自豪的贵族家庭的女主人，她是波兰哈布斯堡家族最后的成员，她最终回到瑞典，回到生她养她的地方。

238

　　威廉又将如何？这位乌克兰哈布斯堡家族成员，在这个种族隔离和阶级斗争的新欧洲又将如何自处？在 1947 年的维也纳，他曾找到调和两种身份的方法，他是奥地利人，也是乌克兰人。他接受奥地利民主，支持奥地利政党。与此同时，尽管异想天开，他希望乌克兰能够摆脱苏联管控。他拥有奥地利家园，也保存乌克兰梦想。在 1947 年的维也纳，尽管苏联当局沿街搜捕乌克兰间谍，他还是坚定不移地与乌克兰朋友同呼吸共命运。如果奥地利重获主权，如果四大国结束占领，他将会安然无恙。如果乌克兰以某种方式摆脱苏联，他将会成为英雄。

威廉肯定知道，如果苏联当局长期停留在这两个国家，他会从维也纳的街道上消失，也会被从历史的记载中抹去。

橙色篇章：欧洲革命

维也纳是音乐之城，只要音乐别太嘈杂就好。维也纳人
有晚间必须宁静的观念，长期以来用习惯和法律加以约束，
为了维护规矩，他们会迅速叫来警察。多少个世代以来，外
国人总是在沉醉于派对期间被刺耳的敲门声惊醒。维也纳警
察彬彬有礼，但也铁面无私，有时候甚至会把人带走。1947
年某个春夜就是如此，一个名叫瓦西里·卡肖洛夫斯基
（Vasyl Kachorovsky）的乌克兰流亡者因为扰人清梦而被逮
捕，他是威廉和罗曼的朋友。这位年轻人半夜起床唱歌跳
舞，以庆祝自己的生日，而这将是他的最后一次生日。

卡肖洛夫斯基是个间谍，他是乌克兰民族主义者，为法
国军事情报机关工作。他的故事在乌克兰堪称典型。1939
年，他还没有移动一英寸，骤然之间就发现自己置身于苏联
了。按照1939年8月柏林与莫斯科达成的《苏德互不侵犯
条约》秘密附加议定书，苏联将会得到半个波兰，包括旧
哈布斯堡王朝加里西亚行省东部、利沃夫城以及五百万乌克
兰人。在这些土地被并入苏联的乌克兰苏维埃社会主义共和
国之后，乌克兰民族主义者逃往西方。假如他们仍然停留在

苏联势力所及的地方，他们将有可能在西伯利亚或哈萨克被流放多年。

1940 年，卡肖洛夫斯基来到维也纳，找到一份为德国军事情报机关充当无线电报务员的工作。当然，那时候，奥地利已被希特勒统治下的德国吞并，当时德国超越波兰和法国，成为欧洲霸权。希特勒转而考虑东征，计划入侵苏联，他认为这会为他在欧洲的最终胜利打上封印。1941 年 6 月，当德国军队大举入侵苏联，进入乌克兰苏维埃社会主义共和国的时候，卡肖洛夫斯基地道的乌克兰语大派用场。

让卡肖洛夫斯基这样的乌克兰民族主义者大失所望的是，德国并未恢复乌克兰，也未击败苏联红军。1943 年至 1944 年，苏联步步进逼，带来另一个两难处境。苏联在东线击败德国后重返乌克兰。卡肖洛夫斯基的家乡在东加里西亚，那里再次成为乌克兰苏维埃社会主义共和国的西部。1945 年 5 月 8 日，德国投降，像卡肖洛夫斯基这样的乌克兰人无家可归。从苏联视角看来，这些人比之前更加罪孽深重，不仅是民族主义者，而且是德国合作者。他们将要面对审讯和处决。

正如威廉在战争期间明白的，对于这些男男女女来说，仅存的希望就是改换门庭，在西方盟国当中寻求庇护。当然，过去与德国人合作的经历，让他们很难得到英、美、法三国的同情。然而，当 1946 年共产主义传遍东欧时，西方大国意识到必须对苏联了解更多，因此他们招募卡肖洛夫斯基这样的乌克兰人，有时就在威廉的协助之下进行。与之前的莉达相似，卡肖洛夫斯基首先与罗曼见面，罗曼把他带到威廉面前，威廉再帮他与法国人建立联系。

  1946 年 8 月，法国人雇用了卡肖洛夫斯基，让他观察苏联在奥地利、匈牙利以及罗马尼亚的军事活动。后面两个国家处于苏军的占领之下，共产主义政党正为夺权而斗争，并将迅速取得胜利。尽管卡肖洛夫斯基抱怨道，自己不懂匈牙利语和罗马尼亚语，但他还是竭尽所能，在当地编织线人网络。1946 年 12 月，法国人给他奥地利证件，他便继续生活在维也纳，只在有需要时前往布达佩斯和布加勒斯特。

  及至 1947 年年初，苏联的军事反间谍机关，即令人生畏的"施密尔舒"，早已盯上卡肖洛夫斯基。至少有一次，在维也纳的街道上，苏军士兵试图带走卡肖洛夫斯基，但他足够强壮，侥幸逃脱。此时，在派对之后，奥地利警察把他交给苏联当局，当时的他满脸疑惑，睡眼惺忪，很可能酩酊大醉。仿佛命运捉弄，维也纳警察拘留了这个苏联占领当局求之不得的男人，而苏联当局才是这座城市真正的掌权者。苏联当局有时会告诉奥地利警察，某人是他们正在追捕的人，无论如何，他们通常能够找到他们想要的人，此时此刻，多亏吵闹的派对和焦躁的邻居，他们找到了卡肖洛夫斯基。

  他招供了。他供出了所有名字。审讯在巴登的苏军司令部进行，此地就在维也纳南面，卡肖洛夫斯基给苏联当局提供了详细得令人惊讶的信息。他说威廉·冯·哈布斯堡及其朋友罗曼·诺沃萨德把他介绍给法国军事情报机关。那位红色王子，那个 1918 年在乌克兰、1921 年在奥地利跟苏俄作对的人物，那名 1935 年丑闻的受害者——当时的丑闻似乎

241

摧毁了他的乌克兰政治事业，但他又活跃起来了。威廉曾从事反苏活动超过一年，从未暴露自己。如今苏联当局第一次找到了心甘情愿的目击证人。或许卡肖洛夫斯基以为，只要供出威廉和罗曼，他就能够活命。如果他是这样想的，那么他就大错特错了。苏联当局将其处决。在四国分区占领维也纳期间，卡肖洛夫斯基只不过是数千名在维也纳的街道上突然消失而且再未出现的人物之一。[1]

罗曼就是下一个。1947 年 6 月 14 日，苏军士兵从维也纳英占区带走了他。按照奥地利警察的记录，罗曼"被身份不明的平民抓进车牌号码为 W2038 的私人轿车，车开走了"。追踪那张车牌可以追查到一位苏军少校，奥地利警察的调查当然只能就此终止。奥地利拥有自由选举和民主政府，但政府没有领土主权。那位苏军少校，据说叫洪恰鲁克（Honcharuk），在巴登审问罗曼。三天之内，罗曼就承认了与威廉的关系，以及他们为西方情报机关工作的事实。8 月 19 日，罗曼如此定义他与威廉的关系："我们像朋友那样彼此信任。"[2]

如果没有信任，他们的密谋根本就不可能进行。但既然第三个人已供出他们了，两位好友就只能在苏联监狱里团聚了。次日，1947 年 8 月 20 日，苏联当局决定逮捕威廉。他肯定已感到害怕。卡肖洛夫斯基突然销声匿迹，然后他的朋友罗曼也消失得无影无踪。在法桑街公寓里，他肯定感到孤立无援，他有充分的理由做最坏的打算。8 月的一天，威廉离开他从事文书工作的办公室，他在那里经营三种小生意，他告诉同事自己要出去吃午饭。然后，他似乎直奔火车南站

242

入站口而去，那是最近的火车站。他没有坐上火车。奥地利警察再次留下记录："1947 年 8 月 26 日下午两点，在火车南站入站口，一名符合威廉·哈布斯堡体貌特征的男子，被三名戴着红色臂章的苏军士兵抓捕，这三名士兵由一位少校率领，而那名男子则被带到苏军指挥部。"[3]

在接下来四个月里，洪恰鲁克少校一直都在巴登审问威廉。按照苏联标准，威廉已得到良好对待。当其他犯人在大碗里刨食的时候，威廉有自己的饭碗。他甚至有自己的毯子。尽管如此，他看上去还是很糟糕。由于肺结核与心脏病，他需要定期接受治疗，但他得不到治疗。被捕四个月后，1947 年 12 月 19 日，威廉、罗曼以及其他犯人登上飞机，人们留意到他头发稀疏、眼神无助、声音颤抖。飞机在维也纳附近的阿斯佩恩机场起飞后，威廉询问一个德国犯人，第三次世界大战是不是要爆发了？

在当时当地，这并不是个奇怪问题。1947 年，没有人知道冷战会不会变成热战。美国通过马歇尔计划给欧洲国家提供大量援助，而苏联命令其东欧代理人拒绝此计划。美国总统哈里·杜鲁门（Harry Truman）宣告，将会用尽一切必要手段防范共产主义传入希腊。斯大林担心英美两国干涉巴尔干事务。数以千计的游击队员还在波兰、西乌克兰以及波罗的海沿岸抗击共产主义。游击队员都知道自己需要外部援助，许多人梦想第三次世界大战爆发，英美两国进攻苏联。对于数以亿计的欧洲人来说，英美两国的抛弃实在让他们难以接受。[4]

等到飞机降落在利沃夫，威廉就再也不去想将来了，他

243

冷战期间的欧洲，1948 年

开始反思过去。那天晚上，在这座当时位于乌克兰苏维埃社
会主义共和国的城市里，威廉梦见第一次世界大战，当他在
梦中说起年轻时的壮举，他的狱友们都无法入睡。他前往苏
联监狱的旅程莫名其妙地让他想起年轻时的冒险。他们从阿
斯佩恩机场飞离维也纳，这座机场正是得名于威廉最为勇武
的祖先卡尔大公所取得的最为辉煌的军事胜利。1947 年 8

月至 12 月，威廉在巴登接受苏联当局审讯，而巴登正是第一次世界大战期间哈布斯堡军队的司令部所在地。当他的健康在审讯期间恶化的时候，或许威廉会想起巴登正是他三十年前疗愈疾病的地方。如今他们到了利沃夫，1918 年，正是在利沃夫，威廉训练的士兵们领导了一场乌克兰起义。次日他们将要飞往基辅，1918 年，基辅曾是威廉协助成立的乌克兰人民共和国的首都，1918 年夏天，在乌克兰大草原上冒险期间，他还想过在基辅登上乌克兰王位。[5]

1947 年 12 月 20 日，在利沃夫到基辅的航程中，威廉与罗曼盖着同一张毯子，两人用乌克兰语低声说着什么。这将会是威廉第一次到访乌克兰首都，两人肯定都知道，这也会是最后一次。此时此刻，他们的命运已注定，他们只能希望不要牵连太多人。针对他们的审讯在弗拉基米尔街的国家安全部总部进行。这条街道也许是基辅最美的街道，穿越城中所有制高点。这就是那种适合建造宫殿的地点，当然也适合建造监狱。曾经，在三十年前，布尔什维克与哈布斯堡都想控制这些制高点。1918 年，威廉曾在乌克兰大草原扎营，等待合适的时刻进入基辅。如今，红色王子已抵达这座他梦寐以求的城市，戴着眼罩而非王冠，置身地牢而非王座。他与其他乌克兰人关押在一起，别人都知道他在 1918 年的冒险经历，他也不需要向别人隐瞒自己年轻时成为国王的梦想。1948 年 1 月至 4 月，在弗拉基米尔街的第二轮审讯中，当他最后一次说完自己的生平经历时，他的故事似乎就要结束了。[6]

1948 年 5 月 29 日，苏联法庭逐一列举威廉的罪证：1918 年，他试图成为乌克兰国王；1921 年，他领导自由哥萨

245 克；战时和战后，他为英法两国情报机关服务。就连威廉在第二次世界大战期间针对德国的间谍行为，也被形容为针对苏联的犯罪行为。同样的羞辱还发生在数以千计的东欧人身上。苏联法官把所有并非由苏联领导的抵抗运动，都视为与纳粹德国合作的形式。在意识形态上，也许因为纳粹主义是法西斯主义的最高形式，而法西斯主义又是资本主义的自然结果。

苏联司法系统还有其他更为实际的动机。那些抵抗德国的人，那些具有民族荣誉感并愿意承担风险的人，那些对臂章、军靴、怒视无所畏惧的男女，那些对宣传标语和胜利阅兵无动于衷的灵魂，也可能会抵抗苏联。当然，在他们当中，并非所有人都像阿尔布雷希特那样出身高贵，并非所有人都像阿莉塞那样举止优雅；而且，在他们当中，并非所有人都像罗曼那样迷人，并非所有人都像威廉那样无耻。然而，所有在德国统治下不甘心、不安分的人们，对苏联来说都意味着风险。1948 年 8 月 12 日，苏联军官接到命令，把威廉押解到西乌克兰一处监狱，他将在那里服刑二十五年。[7]

六天后，1948 年 8 月 18 日，在苏联监狱被关押了三百五十七天后，威廉死于肺结核。当天是弗兰茨·约瑟夫皇帝的生日，他是威廉第一个庇护人；甚至也是弗兰茨·约瑟夫登基一百周年纪念日，他在 1848 年的"民族之春"中成为皇帝。威廉在哈布斯堡君主国纯净的亚得里亚海海滨吸入生平第一口气，在基辅的苏联监狱医院呼出最后一口气。1908年，威廉湛蓝的双眼曾在宫廷剧院见识过弗兰茨·约瑟夫的荣光，如今却只见到锈蚀的床框和斑驳的墙壁，并就此瞑目。

橙色篇章：欧洲革命

威廉死后，苏联让奥地利当局知道判决结果，营造出威
廉还在服刑地活着的假象。通常在这种情况下，从苏联返回
奥地利的人们会说看见威廉还活着。后来的虚假报告也说，
威廉于20世纪50年代死于监狱。奥地利政府为此还打听了
好几年。1952年，奥地利当局做出决定：威廉不再是奥地
利公民。由于威廉从未放弃哈布斯堡皇位及王位继承权，他
们推断威廉不应接受奥地利国籍，尽管威廉已于1936年入
籍。威廉去世四年后，奥地利把与他的关系推脱得一干
二净。

威廉永远成了无国籍公民，这种身份曾让他毕生了无牵
挂，如今却彻底消灭了他。他那躁动的灵魂，确证了唯一的
永恒就是永恒的野心，而今早已归于沉寂。他那健美的躯
体，一度流连于欧洲的海滩，一度飞驰于欧洲的雪原，而今
早已化作泥土，亦已被人遗忘。他消失了，灵魂和躯体都消
失了，消失于君主制与现代性之间，他经历过精彩纷呈又光
怪陆离的人生，却未能找到属于自己的时代。[8]

威廉似乎意味着某种乌克兰梦想的幻灭。20世纪40年
代后期，威廉只是数万名因为卷入或疑似卷入乌克兰独立运
动而失去性命的男男女女之一。他们当中有许多人甚至绝大
多数人出身于过去的哈布斯堡王朝东加里西亚地区。威廉也
许比他们当中任何人更能体现乌克兰与哈布斯堡君主国、乌
克兰与西方的连带关系，更能体现乌克兰与欧洲文化、欧洲
传统的连带关系，在许多爱国者看来，正是这种连带关系让
乌克兰不同于俄罗斯。

1945 年兼并西部领土之后，莫斯科非常刻意地把西部领土与哈布斯堡的历史割裂开来。1941 年至 1944 年间，德国人杀害了绝大多数犹太人。在此之后，苏联当局又把波兰人（以及幸存的犹太人）驱逐到战后波兰。这些政策已无可挽回地改变了人口结构。通过取缔希腊天主教会，苏联当局去除了哈布斯堡王朝早期建立的制度。希腊天主教会不仅代表乌克兰民族，而且代表教会相对于政府自治的整个西方传统。回想 1918 年，威廉曾在希腊天主教大主教招降俄国东正教的计划中扮演过一个小角色。结果正好相反，完全臣服于苏联政府的俄罗斯东正教会，吸纳了西乌克兰的希腊天主教徒。希腊天主教会的神职人员则被送到监狱或者西伯利亚。一位希腊天主教神父与罗曼一起走过监狱的小道，神父递给罗曼一个苹果。[9]

1947 年 6 月被逮捕时，罗曼即将完成在音乐学院的学业，他在受审期间对此念念不忘。即使在那年 12 月，与威廉一起被送到苏维埃乌克兰之后，他还是非常渴望能够重返维也纳，完成他的学业，成为一名指挥家。结果，他被判前往诺里尔斯克的苏联劳动营服苦役，那里已是北极圈的另一边了。在古拉格，在难以想象的恶劣环境中，不知疲倦的罗曼把狱友们组织起来，一个狱友回想时称其为"小小的合唱团和管弦乐团"。[10]

罗曼旧日的老师，汉斯·斯瓦洛夫斯基，曾在纳粹统治时期声名鹊起，战争结束后，他先后在维也纳、格拉茨、爱丁堡担任指挥，这些地方比北极圈的永久冻土带宜人得多。在其漫长而成功的职业生涯中，斯瓦洛夫斯基培养了一批新生代指挥家，其中一些人在古典音乐领域声名卓著。罗曼就像 20 世纪无数乌克兰艺术家那样，以其政治而非艺术留下印记。从他留下的作品可以确定，罗曼从未因为替威廉冒险而感到遗憾，也从未因为替乌克兰冒险而感到遗憾。[11]

248

当乌克兰被苏联所吸纳，而乌克兰民族独立的领导者被杀害或被送到古拉格时，奥地利第一次形成自身的民族主义。正如在 19 世纪，乌克兰民族的形成是哈布斯堡君主国与俄罗斯帝国领土之争的结果，奥地利民族也是在冷战初期的超级大国角力中塑造了自己。

苏联在维也纳的做法只不过是莫斯科在其控制的欧洲地区内普遍政策的细微缩影。在更大的范围内，同样的事情发生在波兰、匈牙利、罗马尼亚、保加利亚以及捷克斯洛伐克，这些国家在 1946 年、1947 年、1948 年陆续采用苏联体制。在奥地利和德国这两个苏联与西方大国分区占领的国家，战时的盟友无法在撤军问题上达成共识。及至 20 世纪 40 年代末，莫斯科与华盛顿已清晰无误地展开全球主导权之争。冷战正式开始。美苏两国专注于德国问题、朝鲜问题以及核军备竞赛，没有多少时间和精力来关注奥地利问题。直到 1955 年，也就是战争结束十年后，外国军队才撤出奥地利。也就是通过 1955 年签订的《奥地利国家条约》，奥地利重新获得国家主权，并同意严格遵守军事中立和政治中立。

在承受过四大国分区占领十年的屈辱后，奥地利人开始缔造自身的民族神话，强调 1938 年至 1945 年被德国占领的痛苦，强调 1945 年至 1955 年被盟国占领的痛苦。实际上，在被德国占领期间，奥地利到底是德意志帝国的组成部分，还是德意志帝国的受害者，其实难以说清。在第二次世界大战期间，盟国同意恢复奥地利作为独立国家的地位。为了唤起人们对抗德事业的支持，他们把奥地利打扮成希特勒的"第一个受害者"。这种描述对战后奥地利人来说尤为亲切。

249　　1955 年，在奥地利人无须为过去承担多少责任的前提下，奥地利的历史重新开始。就像所有曾在 19 世纪挑战哈布斯堡王朝的民族那样，新生的奥地利民族将其历史叙事分为三部分：遥远的过去模糊不清的黄金时代，饱受外国压迫的近代史，迎来民族解放的现代史。在通俗历史叙事中，哈布斯堡王朝时期被浓缩为少数几个形象：或多或少类似于弗兰茨·约瑟夫在 1908 年宫廷剧院的周年庆典中的梦中图景。

　　在奥地利的国家形象展示中，无论何时何地，都尽可能回避政治议题，他们强调文化，尤其是音乐。尽管有时候，维也纳的音乐声浪太过微弱。自从 1897 年古斯塔夫·马勒（Gustav Mahler）执掌宫廷剧院以来，犹太指挥家和作曲家就已置身于维也纳文化的中心位置，但在 20 世纪 30 年代，他们要么被迫离开这个国家，要么在种族大屠杀中惨遭杀害。罗曼是音乐学院的学生，他合上书本，放下指挥棒，成为反抗德国统治的间谍，他也不得不离开这个国家。在战后奥地利，罗曼及其奉献一生的乌克兰事业早已被人遗忘。在如今的奥地利，没有任何事物能够让人把维也纳的过去与乌克兰联系起来。

　　乌克兰输给奥地利，不仅因为铁幕在维也纳东面五十公里处落下，而且因为在奥地利为自己创设的新民族身份中，乌克兰被隔绝在知识分子的认识边界之外。在哈布斯堡王朝时期，奥地利从来就不是一个民族：奥地利是高于各民族的存在物，以君主制和帝国彰显其身份地位。当奥地利成为民族，它必须放弃高于其他各民族的地位，跻身现代欧洲民族之林。作为中立国的奥地利为了寻求自身安全，完全倒向西方，极力避免与东方扯上关系。在这个更加重视服务、金融、形象的世界，奥地利经济发展良好。奥地利孤悬于东西方之间，首先被大国占领，然后专注于自身，也许是其所处时代的完美产物。奥地利富裕、成功、民主，并与其最近的历史完全割裂。[12]

奥地利再次成为共和国，其自我界定不仅与纳粹切割，而且与哈布斯堡切割。像威廉这样的人物，顶着哈布斯堡的姓氏，带着乌克兰人的身份，做过法西斯主义者，从事过吸引眼球的反苏活动，这种人不得不被遗忘。威廉也确实被人遗忘了，在奥地利，在整个西方，都是如此。1947 年 8 月，当威廉被捕时，苏军看守从他手腕上摘去一块欧米茄手表。这正是后来詹姆斯·邦德（James Bond）在银幕上所戴手表的品牌。虚构的邦德家族甚至借用了哈布斯堡家族的格言："四海未够我纵横。"及至 1963 年，邦德角色的创造者伊恩·弗莱明（Ian Fleming）说出这句格言的来历，但只有为数甚少的欧洲人还会记得这句格言源自哈布斯堡家族。及至 1995 年詹姆斯·邦德在《黄金眼》中戴上欧米茄海马系列手表时，可想而知，在八千多万看过这部电影的观众中，没有一个人会想起威廉。

250

然而，就在数十年前，曾有过那么一个真实人物，他同样戴着那款手表，他同样绯闻不断，只不过他的绯闻稍有不同，他的家族同样使用那句格言，他的人生同样开始于征服海洋的梦想，同样终结于英勇卓绝的间谍活动。冷战已形成了自身的文化，这种文化吸取了更早期的形象和观念，这种文化教会了两代欧洲人东西方对抗的历史，只不过在这段历史中，哈布斯堡家族被遗忘了，但毕竟，在冷战来临之前，这个家族曾置身于舞台的正中央。

冷战终究已降下帷幕，而哈布斯堡家族却还没有。威廉生命中最重要的两位哈布斯堡家族女性——大嫂阿莉塞和皇后齐塔，得以活着看到苏联衰落和新欧洲诞生。

及至 1985 年，即阿莉塞于九十六岁高龄去世那年，一个名叫米哈伊尔·戈尔巴乔夫（Mikhail Gorbachev）的改革者在苏联掌权。1988 年，戈尔巴乔夫承诺，苏联不再干预其东欧卫星国的内部事务，此举移除了苏联主导东欧的基石。东欧各国政权通常都依赖强制手段来对待民众。在粉碎1956 年匈牙利革命之后，苏联又于 1968 年干涉捷克斯洛伐克。1981 年，苏联曾胁迫波兰领导层颁布戒严令。尽管波251 兰自行摧毁了被称为团结工会的独立工人运动，但这也等于承认波兰领导层除了强制别无他法。[13]

当戈尔巴乔夫试图在苏联推行改革时，东欧发生剧变。戈尔巴乔夫试图通过鼓励开放式的政治辩论来实现复兴，进而产生真正的政治变革，他的政策却导致了偏离其初衷的戏剧性结果。波兰政府早在 1981 年就采取强制措施，此时又紧跟戈尔巴乔夫的新路线。1989 年，波兰执政党不敌对手，输掉了他们一手策划的选举。8 月，团结工会领导层组建政府。8 月其实就是剧变的开端，尽管 11 月柏林墙的倒塌更加吸引眼球。1991 年 8 月，苏联保守派发动反对戈尔巴乔夫的政变，反对戈尔巴乔夫通过中央与地方的新协议向乌克兰这样的加盟共和国下放更多权力。结果，政变反而造成了苏联的终结和解体，各加盟共和国分道扬镳。及至 1991 年年底，乌克兰已是个独立国家。[14]

短暂的 20 世纪就此终结。一场世界大战造成了传统帝国的结束和民族自决实验的开始；另一场世界大战造成了两个超级大国的冲突，以及新型意识形态帝国苏联的胜利。冷战持续很久，似乎永无止境；冷战突然终结，却提出新问题，即如何对待突然涌现的自由。1989 年起，莫斯科的东欧卫星国有了主权；1991 年起，原苏联加盟共和国独立。上述国家都以新体制取代旧体制。半个欧洲大陆开始转型：政治上从一党制走向多党制，经济上从国有制经济走向各种各样的自由资本主义经济。在整个东欧，原有体制的终结意味着大规模私有化的开始。20 世纪 40 年代被国有化的企业，如今回到私人手中，尽管通常不是回到原来的所有者手中。

当波兰开始国有财产私有化时，日维茨啤酒厂已濒临倒 252闭。1991 年，日维茨啤酒厂在股票市场上挂牌出售。波兰哈布斯堡家族艰难地介入了。当荷兰啤酒巨头喜力公司着手准备买断股份时，波兰哈布斯堡家族，即阿莉塞和阿尔布雷希特的两个女儿和一个儿子，出现在波兰媒体上，他们提醒波兰人，在纳粹和苏联之前，谁曾拥有日维茨啤酒厂。尽管三兄妹都在两次世界大战之间的波兰出生，但三兄妹都没有波兰国籍。长子卡尔·斯特凡（Karl Stefan）是瑞典人；幼女蕾娜塔（Renata）是西班牙人。长女玛丽亚·克里斯蒂娜居住在瑞典，但她根本没有任何国籍。家族当中唯一拥有波兰国籍，因此能够站在波兰法庭上的，是阿莉塞与第一任丈夫所生的儿子。这位绅士是一位哈布斯堡外交官的儿子、一位哈布斯堡首相的孙子，曾用名为卡济米尔·巴德尼（Kazimierz Badeni）。他还是一名多明我会修道士，一位相当有趣的神学家，人称约阿希姆（Joachim）神父。

由约阿希姆神父领衔，阿莉塞如今年届六十的四个孩子提出了三宗诉讼。第一宗诉讼，要求取消战后把啤酒厂移交给波兰政府的决定，因为这一决定违反当时的法律。这个要求有充分的理由：啤酒厂是错误援引农业法才收归国有的。第二宗诉讼，要求获取巨额赔偿，以补偿波兰政府在未能尊重哈布斯堡家族合法权利的情况下，把啤酒厂私有化。这个要求也算合情合理，但当时不太可能胜诉：波兰政府没有钱满足哈布斯堡家族的要求，实际上私有化就是为了筹钱。第三宗诉讼，哈布斯堡家族要求法庭禁止啤酒厂在瓶装和罐装啤酒商标上使用哈布斯堡皇冠和盾徽。

哈布斯堡家族失去了第一个象征物即皇冠的商标所有权。2003 年，波兰最高法院断定，哈布斯堡王朝的知识产权属于公共财产。哈布斯堡王朝的历史也是波兰历史，因此其所有权属于公众。阿莉塞、斯特凡、阿尔布雷希特以及其他波兰哈布斯堡家族成员的特殊家族传统则属于日维茨城镇。波兰高等法院裁决，在哈布斯堡家族无法留在波兰的数十年间，波兰已吸收了哈布斯堡传统。对于眼睁睁地目睹家族财产被集权国家夺取，然后被迫流亡国外的人们来说，这个判决简直是绝佳的讽刺。阿莉塞的孩子们当然是波兰人，至少在某种程度上是波兰人，他们与代理律师和主审法官同样说波兰语。他们当然比喜力公司更能代表波兰，但喜力公司成了啤酒厂的新主人。[15]

于是，他们只能跟喜力公司谈判了，及至2005年年底，喜力公司的子公司拥有日维茨啤酒厂大约98%的股份。在放弃对匆忙的私有化索取赔偿之后，哈布斯堡家族只能在法庭上听到其中一宗诉讼的结果，即最初把啤酒厂移交给波兰政府的合法性问题。2005年12月，他们同意放弃诉讼，以换取现金补偿。

如今，日维茨啤酒厂已无可争议地成为喜力公司的财产。哈布斯堡皇冠被印在每一瓶啤酒上。

阿莉塞的血脉——波兰哈布斯堡家族——发现自己沦落到成为一个公司商标，还被法庭奉承为民族象征。与此同时，齐塔的继承人——哈布斯堡皇位及王位继承人——也正为在自由欧洲的新政治环境下重建家族而奋斗。

齐塔本人奇迹般地活到1989年，那一年，东欧和中欧各民族，旧哈布斯堡领地上各民族，再次开始获得主权。匈牙利和捷克斯洛伐克步上波兰的后尘，这两个国家完全就是旧哈布斯堡领地。1991年苏联解体后，乌克兰独立，这个国家包括旧哈布斯堡王家行省中的加里西亚和布科维纳。在南方，南斯拉夫爆发内战，最惨烈的战斗发生于旧哈布斯堡王朝波斯尼亚行省。克罗地亚这个构成旧哈布斯堡领地的国家，对阵塞尔维亚这个哈布斯堡王朝永恒的宿敌。

齐塔的儿子奥托曾在 20 世纪 30 年代致力于哈布斯堡王朝复辟，六十年后仍然活跃在政治舞台上，他是以巴伐利亚为大本营的德国保守政党的党员，也是欧洲议会议员。他对新欧洲有很多见解。南斯拉夫解体时，奥托促请欧洲国家承认新近独立的克罗地亚。塞尔维亚准军事部队的领导人"老虎"阿尔坎（Arkan）警告奥托，不要忘记弗兰茨·斐迪南染指巴尔干政治所落得的下场。奥托以亲身访问萨拉热窝来回应死亡威胁，他在当地说道："祈求悲剧的循环就此结束。"奥托同样关注其他源自哈布斯堡王朝的民族的历史，尤其关注乌克兰。1935 年，威廉身陷巴黎丑闻，这让奥托在乌克兰失去了哈布斯堡盟友，也让整个家族蒙羞。在经历七十年的挫折后，奥托再次提起乌克兰。2004 年年底，奥托声称未来的欧洲将会取决于基辅和利沃夫。[16]

奥托一语中的。乌克兰曾是苏联在欧洲境内面积最大、人口最多的加盟共和国，是一个面积与法国相当且有五千万人口的国家。正因如此，乌克兰也是民主制度能否在后冷战时代的欧洲得以推广的试金石。在乌克兰西面，绝大多数东欧国家都已或多或少成功实现了选举民主和市场经济的转型。在乌克兰东面，俄罗斯未能建立得到公认的选举民主和市场经济，反而依赖于苏联留下的政府设施和政府精英。乌克兰作为原苏联加盟共和国，没有多少作为独立国家的历史，不得不重新建立独立国家的政府机关，以及民主和市

254

场。就像所有早就从根本上经历过苏联体制的欧洲国家那样，乌克兰也存在某种根本性的转型困难。国家不应受领导人个人控制的观念还相当新奇。大量财富获取自暗箱操作的私有化，政府似乎成了被称为寡头的经济贵族的保护人。

在 21 世纪头几年，乌克兰正在滑向寡头独裁主义，一位拥有极大权力的总统，在一群非常富有的男男女女的簇拥下，通过控制电视媒体及其他资源来统治国家。在无数丑闻中，最为惊人的丑闻是由一名总统保镖于 2000 年年底揭露的，曝光的似乎是总统列昂尼德·库奇马（Leonid Kuchma） 255 的录音带，总统下令让一名记者人间蒸发。那位记者名叫格奥尔基·贡加泽（Georgii Gongadze），曾是一个颇具公信力的网站——《乌克兰真理报》网络版的编辑，这个网站绕开腐败的电视媒体，直接批评总统的行政机构。人们发现这名记者在几个月前被人斩首。在 2004 年的总统选举中，有人挺身反对总统精心选定的继承人，这个反对者随即二噁英中毒。这次中毒毁掉了维克托·尤先科（Viktor Yushchenko）的脸，他曾是个英俊的男子。[17]

然而，尤先科继续战斗，尽管毁容，尽管承受病痛，正如出口民调所示，他还是赢得了选举。2004 年 12 月，当库奇马的行政机构伪造选举结果时，尤先科的支持者来到基辅，要求重新点票。他们在基辅独立广场附近的冰冻鹅卵石上露营，数十万人，持续数周。他们忍受着严寒的天气，以及实实在在的暴力威胁。与历史上的乌克兰爱国者不同，他们得到来自西方盟友的强力援助。在欧美压力和波兰调停下，他们成功了。选举重新举行，选票得到点算，尤先科赢得胜利，民主原则得到恢复。

与此同时，在俄罗斯，在美国，在欧洲，许多人是从族群角度理解2004年革命的。尤先科的支持者被世界各国媒体描述为族群上的乌克兰人，人们所采取的行动，在某种程度上是由其家族起源所决定的。这是乌克兰民族第一次被主流媒体如此奉承，记者们毫无理由地把族群与政治联系在一起。不加思索地把东欧政治归类为种族政治，这是希特勒等人在民族政策上的思想胜利，盖过了更为温和、更为模糊的哈布斯堡遗产。[18]

然而，2004年革命本身却是哈布斯堡王朝的政治复仇。1918年，威廉曾寻求"乌克兰化"政策，试图教导说乌克兰语的农民，他们所属的民族值得拥有一个国家。威廉当时并未成功，在革命年代，其他任何乌克兰人也并未投身独立斗争。然而，在1918年后，乌克兰文化再也不能被无视，甚至在苏联也是如此。尽管苏维埃乌克兰经历了政治镇压，但在文化政策上，苏联却普遍寻求其自身版本的"乌克兰化"，他们使用了与威廉相同的术语，希望创造出忠诚于苏联体制的苏维埃乌克兰精英。1945年，苏联的确做到了哈布斯堡家族在1918年梦寐以求的事情：把所有乌克兰领土吸纳到他们自己的多民族国家之中，因此声称解决了乌克兰问题。1991年12月，当苏联解体时，乌克兰已具备成为独立国家的合适框架。原苏联加盟共和国的疆界突然就成了独立国家的疆界。[19]

当乌克兰政府陷入贪污腐败时，民族观念再次成为民众政治或者民主政治的原则。2004年革命期间，乌克兰爱国者冒险捍卫乌克兰的愿景，在这一愿景中，乌克兰公民将能够在国家治理中发出自己的声音。在 1991 年和 2004 年的事件中，来自前哈布斯堡王朝加里西亚行省的人们扮演了突出的角色。许多乌克兰爱国者是希腊天主教徒，这个教会曾受到哈布斯堡王朝的保护，但被苏联当局所禁止。然而，他们捍卫乌克兰民族，并非出于族群原因，而是出于政治选择。那位惨遭斩首的勇敢记者出生于高加索山区，那里远离乌克兰。在那座爆发乌克兰革命的城市基辅，人们说的是俄罗斯语。[20]

民族的界定更多是基于热爱，而非基于语言。威廉年轻时，曾用他未算娴熟的乌克兰语写过一首诗，那首诗是关于他的部队为了实现民族自由而踏遍乌克兰的"冻土"。2004年革命以更为和平的方式，同样踏遍了冻土。他们同样搭起帐篷，希望实现某种民族自由的理念。他们有幸生活在无须暴力即可追求自由的欧洲。在他们当中，有人说乌克兰语，有人说俄罗斯语，绝大多数人同时说乌克兰语和俄罗斯语。当他们在橙色帐篷里以两种语言温暖空气和鹅卵石时，他们肯定在践行威廉的精神。[21]

在那些帐篷里，这些革命者有时会打出两面旗帜：乌克兰国旗，以及欧盟旗帜。或许奥托在 2004 年的说法有所夸张，他说欧洲的未来取决于乌克兰。2007 年，当他重返基辅时，他略微修正了自己的观点："你们是欧洲人，我们是欧洲人。"[22]

与 20 世纪初相比，21 世纪初的欧洲为乌克兰人提供了

257

完全不同的典范模式。欧洲在 20 世纪前四十年间，先后经历了帝国崩溃和民主政治崩溃，先后经历了通货膨胀和经济萧条，先后经历了国际猜忌和国际战争。法西斯主义和共产主义各有其吸引力，都有某些乌克兰人竞相追随。冷战期间，在 20 世纪 50~80 年代，欧洲自由国家参与了漫长而和平的经济政治一体化进程。及至 20 世纪 90 年代，欧洲联盟已实现自由贸易区、关税同盟、人员内部自由流动、共同外部边界、共同货币以及欧洲法院。所有这些进展都是在美国军事存在和战后经济繁荣的背景下取得的。这些进展也要求拥抱民主制度，接受福利国家，支持欧洲大陆共同利益，尤其是财政和贸易利益。因此，欧洲展现了一种新的前景。[23]

在某种更小的、更受限定的程度上，新欧洲、统一欧洲的历史，也就是哈布斯堡的历史。1946 年至 1947 年间，威廉冒着生命危险代表名为人民共和运动的法国政党执行任务。这个党派是罗伯特·舒曼（Robert Schuman）的政治家园，舒曼后来成为欧洲统一之父。舒曼设计了欧洲煤钢共同体。1951 年，欧洲煤钢共同体得以建立，欧洲迈出了经济政治一体化的第一步。奥托把保守君主派的希望寄托在欧洲一体化计划之中。1979 年，奥托已六十七岁，当选为欧洲议会议员。他在那里服务了二十年，直到 1999 年卸任。1989 年东欧剧变后，奥托致力于欧盟东扩，并于 2004 年支持乌克兰民主制度。

欧洲不仅是可以模仿的典范，而且是可以加入的机构。在 20 世纪最后二十年里，欧洲联盟吸引了联盟边界以外的欧洲国家。1981 年，在确立民主宪法数年后，希腊加入欧洲联盟。1986 年，在完成独裁政体到民主政体的过渡以后，西班牙也被授予欧洲联盟成员资格。在西班牙政治转型中扮演关键角色的是胡安·卡洛斯（Juan Carlos）国王，他是阿方索国王的孙子，也是威廉的表侄孙。1995 年，奥地利加入欧洲联盟，同时放弃中立政策，瑞典也同时加入。2004 年，欧洲联盟接纳乌克兰，以及其他七个放弃旧体制的民主国家（此外还有塞浦路斯和马耳他）。2004 年革命期间，欧洲联盟介入并支持自由选举，为欧洲外交政策立下先例。与此前的哈布斯堡王朝一样，欧洲联盟官员有选择地站在乌克兰民族一边。[24]

欧洲各国支持民主的集体行动，为欧洲大陆的历史翻开了新的篇章。威廉所知道的欧洲社会不是这个样子的，那是德国人、法国人、英国人、西班牙人、奥地利人、瑞典人、波兰人、乌克兰人、希腊人以及马耳他人各自的社会。在 20 世纪 20 年代和 30 年代，威廉以其独特的方式，参与了其中好几个民族的政治历史进程。尽管经历艰难挫折，他还是以两次大战之间的欧洲为家，那个欧洲凄凉又颓废，政治中掺杂了太多热烈情绪，热烈中掺杂了太多政治算计。但在 20 世纪 40 年代，与其他数百万欧洲人一样，威廉衷心向往民主。

威廉死于 1948 年，正值欧洲被分为东欧与西欧的岁月。259 他的记忆被铁幕蒙上阴影，哈布斯堡家族的历史亦复如是。1918 年，由于违背民族自决的理念，哈布斯堡家族一度被从历史中抹去。1948 年，在实行苏联体制的土地上，在那半个被遗忘的欧洲，哈布斯堡家族的遗产再次被摒弃。得益于几位无私奉献的乌克兰历史学家和君主派人士，威廉未被遗忘。随着 20 世纪末东欧剧变和 21 世纪初欧盟东扩，欧洲各民族的历史也许能够以更为世界主义的角度来界定，威廉也许能在欧洲各民族中找到自己合适的位置。威廉，以及哈布斯堡家族，回归了。实际上，在重新崛起的乌克兰，他们早已存在。

威廉的计划，尽管在当时看来匪夷所思，但最终结出了硕果。乌克兰既是被造之物，也是选择的结果，威廉献身于他自己所谓的"乌克兰化"。如今乌克兰这个国家的居民的确"乌克兰化"了，这当然是指绝大多数公民都认可了乌克兰民族的独立，并相信乌克兰国家的未来。在威廉为自己构想乌克兰命运以来，已过去将近一个世纪，这个国家已成为东欧关键的民主国家。当俄罗斯专注于自身发展，而波兰安心地在欧盟找到位置，乌克兰就成为欧洲政治的关键点。

乌克兰同样是考验现代欧洲政治模式即民族国家生命力的试金石。乌克兰是最近才完成民族统一的欧洲国家，意大利和德国在 19 世纪下半叶就完成了，波兰、捷克斯洛伐克和南斯拉夫在 20 世纪上半叶就完成了。统一是否成功，在领土国家之内的民族统一到底预示着繁荣还是毁灭，仍需拭目以待。正如威廉及其父亲斯特凡所理解的，历史来到了民族统一的年代，但这个年代与所有年代一样，终有过去的一天。

在 19 世纪，民族统一是由君主及其大臣推动的，他们试图在大众政治中为王朝统治找到新的支撑点。尽管民族主

义者把统一描述为人民的选择，但没有任何民族问题是靠人
民的意志解决的。意大利和德意志都是在王朝战争中完成统
一的。甚至当欧洲大陆帝国在第一次世界大战中被摧毁后，
民族统一在更大程度上也是外交而非民主的结果。捷克斯洛
伐克是由少数捷克人发明出来的，是由第一次世界大战的胜
利者缔造出来的。南斯拉夫是扩大化的塞尔维亚，也是第一
次被缔造出来的国家，并由共产党游击队再次缔造。即使是
波兰，如果不是在第一次世界大战后，适逢三大帝国解体，
加上强大盟国支持，也根本不可能被缔造出来。

　　乌克兰是第三拨统一民族国家的例证，其疆界是由苏
联政策划定的，其独立是由苏联解体决定的。尽管乌克兰
爱国者不愿意承认，但正是苏联让乌克兰领土归于统一。
20 世纪 20～50 年代，苏联为乌克兰加盟共和国加上越来越
多的领土，直到最为顽固的民族主义者都不得不认可为止，
至少在这一层面上，民族问题由此得到解决。因此，乌克
兰苏维埃社会主义共和国的缔造与扩大，正是最高意义上
的统一。

　　如今的乌克兰，是未来的雏形，还是过去的缩影？与
19 世纪和 20 世纪其他统一民族国家相同，乌克兰是以一个
民族而非大量复杂的混合民族来命名的国家。与第一拨和第
二拨完成民族统一的国家不同，乌克兰在立国后的第十三个
年头，再次公开确立民主制度和民族特性。与其他绝大多数
国家不同，尽管磕磕碰碰，但乌克兰从立国之日起就拥有民
主制度。尽管人们对乌克兰政治有诸多抱怨，但也许这个国
家的统一会比其他国家更为牢固。单就立国二十年来疆界从

未改变而言，乌克兰已比绝大多数更早完成民族统一的国家更为持久。

其他国家的民族统一实际上相当脆弱。让哈布斯堡王朝备受困扰的民族运动最终摧毁了哈布斯堡君主国，但并

261 未换来持久的民族秩序。意大利游击队于 1859 年起义反抗哈布斯堡王朝，这是唯一产生持久结果的主要民族统一运动，尽管意大利在第二次世界大战期间被短暂瓜分，并在战后失去部分领土。当然，意大利政治几乎从来就不是成功的议会政治的典范。在 20 世纪上半叶，意大利政治的显著标志就是法西斯主义；而在 20 世纪下半叶，它又迎来了欧洲一体化。

德国的统一，起始于 1866 年针对哈布斯堡王朝的战争，但被证明是更不稳定的统一。1871 年缔造的德意志帝国被 1918 年的战败大为削弱。希特勒的德国盛极一时，但在 1945 年便已支离破碎。战后的德意志联邦共和国（又称西德），不及俾斯麦于 1871 年统一的德意志帝国的二分之一，也不及希特勒于 1938 年年底合并的德意志帝国的三分之一。联邦共和国被美国军队占领，并与法国一道成为欧洲一体化最为重要的推手。因此，联邦共和国不再是传统意义上的主权国家。及至 1990 年东西德统一时，对欧洲的政治忠诚，已是民主化的联邦共和国所有主要政党不证自明的公理。统一的德国仍然是欧洲联盟最为可靠的支持者，因此不可能被视为传统的民族国家。[25]

在意大利和德国之后，民族统一的故事就没有那么引人注目了。1716 年，匈牙利在哈布斯堡领地内完成统一，

1867 年，匈牙利获得内部主权。第一次世界大战后，匈牙利被削减到只剩下匈牙利族群聚居的残余领土，并维持至今。1918 年，波兰完成民族统一，但只持续到 1939 年。1939 年，这个国家被纳粹德国与苏联瓜分。1945 年，波兰复国，成为苏联的小小卫星国。1989 年，当波兰重新获得主权时，其外交政策倾向于加入欧洲联盟。1939 年，捷克斯洛伐克被德国摧毁，并于第二次世界大战后复国。捷克斯洛伐克只享有不到三年的主权，之后就被政变推翻了。在成为苏联卫星国四十年后，1989 年，捷克斯洛伐克重新获得主权。在 20 世纪，自由的捷克斯洛伐克又只存在了三年。1993 年，它分裂为捷克共和国与斯洛伐克共和国。与波兰一样，这两个共和国于 2004 年加入欧洲联盟。南斯拉夫同样于 1918 年完成民族统一，又于 1941 年被德国摧毁。战争结束后，南斯拉夫成为社会主义联邦共和国，但在 20 世纪 90 年代因为兄弟相残的内战而解体。斯洛文尼亚曾是南斯拉夫的一个加盟共和国，于 2004 年加入欧洲联盟；克罗地亚也曾是南斯拉夫的一个共和国，将会在 21 世纪第二个十年步上斯洛文尼亚的后尘。

262

在 21 世纪，中欧和东欧国家纷纷加入欧洲联盟，这并非民族统一大潮的结果，而民族统一大潮曾威胁哈布斯堡君主国。在民族统一大潮中缔造的国家，本质上都是名存实亡的国家，都在重演哈布斯堡王朝的多民族历史，更为迅速，更为残酷，也导致更为血腥的后果。南斯拉夫、捷克斯洛伐克以及波兰，它们的民族统一的确让哈布斯堡王朝感到恐惧，但它们都是在解体之后或者领土大为缩小之后才加入欧洲联盟的。实际上，如今欧洲国家的平均面积，只不过相当于一百年前的哈布斯堡行省而已。哈布斯堡王朝的加里西亚王家行省，其面积实际上比 21 世纪初半数欧洲主权国家都要大。尽管如今的小民族国家很少背负哈布斯堡行省的名字，但它们在很大程度上处于相同的位置。它们由于太小而很难被想象为真正的主权实体，由于太穷而缺少资源和受过教育的精英，因此在全球化时代不得不想方设法追求统一。

威廉曾预言过乌克兰的民族统一，但这统一完成得太晚，而且时代早已不同。对于乌克兰人来说，尤其是对出身于前哈布斯堡王朝加里西亚行省的乌克兰人来说，未来欧洲统一的形式仍然是未知之数。乌克兰作为一个整体，太大、太丑、太穷，不适合在最近的将来加入欧洲联盟。某些生活在加里西亚的乌克兰人，试图让加里西亚脱离他们好不容易才缔造起来的独立乌克兰，寄希望于以此加入欧洲联盟。如果他们这样做，他们就像捷克人那样脱离捷克斯洛伐克，就像斯洛文尼亚人那样脱离南斯拉夫。曾经的哈布斯堡王朝臣民，放弃 19 世纪的大民族计划，就是为了迁就 21 世纪的欧洲观念。

无论是哪条道路，统一问题都不同于以往，既非民族统一，亦非帝国统一，而是欧洲统一，在某种程度上，似乎没有人能够清晰界定何谓欧洲统一。欧洲联盟不同于哈布斯堡君主国，欧洲联盟是主权国家的联合体，主权国家自由选择注入其主权。哈布斯堡君主国是杂乱无章的堆砌，由好几种

欧洲联盟（2008 年）

历史实体以好几种关系效忠王权；而欧洲联盟由现代国家组成，其关系由欧盟法律和行政惯例清晰界定。欧盟政策由成员国政府部门联合制定。因此，哈布斯堡君主国与欧洲联盟的比较只不过是暗示。 264

尽管如此，两者的相似之处也是真实存在的。如今的"欧洲人"身份，如同哈布斯堡王朝后期的"奥地利人"身

313

份，超越但并不排斥民族情绪。欧洲人在离开欧洲时，会发现欧洲人的共性，如同奥地利作者在流亡中所创造的哈布斯堡乡愁。在这两种情形中，只有在故土之外，这种非民族身份才能被感受到，才能得到最好的表达。如同以前的哈布斯堡作家，欧洲精英因为无可避免的讽刺感而感到痛苦，这种讽刺感来自叠床架屋的制度和纷繁复杂的语言所造成的混沌状态，这种讽刺感也来自整个和平制度其实起源于战争的模糊记忆。哈布斯堡的民族妥协起源于君主国未能赢得战争，欧洲一体化肇始于德国输掉了战争，而如果德国赢得战争，后果将不堪设想。这种讽刺所带来的压抑感，让欧洲人无法吹嘘他们的制度。

21 世纪初，欧洲联盟也许正处在当年哈布斯堡王朝所处的位置：控制幅员辽阔的自由贸易地区，处于经济全球化的核心地带，没有广布的海洋资产，缺乏投送军事力量的关键能力，受到不可预知的恐怖主义威胁。2007 年年底，一位奥地利外交部部长自豪地宣布解除本国与其东部邻国的边境管制。欧洲联盟的政策回归到 1914 年的状态，当时哈布斯堡臣民能够在这个宽广区域内自由旅行而无需任何证件。欧洲联盟类似哈布斯堡王朝，尽管没有民族身份，但仍然注定要在选举事务和边境事务上处理其内部民族问题。哈布斯堡王朝处理民族问题的做法是最为成功的，它借助政治技巧、经济压力以及分配官职的许诺来达到目的。欧洲人只有非常有限的军事力量，除了因循哈布斯堡王朝的政策而外别无他途。总体而言，这种政策不仅奏效，而且效果良好。[26]

哈布斯堡王朝自以为仍然是个军事强国，但实际上不是，欧洲人没有这种不切实际的幻想。当然，没有军队，欧洲联盟无法阻止 20 世纪 90 年代南斯拉夫的流血冲突，也无法在 2003 年美国入侵伊拉克时发出自己的声音。就在那一年，美国人罗伯特·卡根（Robert Kagan）把自己的国家比喻为好战的战神玛尔斯，而把欧洲联盟比喻为多情的爱神维纳斯，他的比喻让人回想起五百年前一位匈牙利国王给哈布斯堡王朝的建言："且让别人开战吧！你们奥地利就爱愉快地联姻。战神玛尔斯授予别人的，爱神维纳斯将会授予你。"与哈布斯堡王朝不同，欧洲联盟实际上不可能通过联姻来扩大领土，但欧洲联盟确实是个追求者甚众的政治实体。那些在帐篷里扎营以支持次年民主选举的革命者，当然是站在爱神维纳斯那边的，而不是战神玛尔斯那边的。

哈布斯堡王朝自认为需要教化这个幅员辽阔的帝国，把规章制度和官僚机构派往东欧。欧洲联盟也肩负着教化候选国家的文明使命，要求这些国家在请求入盟之前首先完善其规章制度、培训其官僚机构。哈布斯堡王朝发现自己被自己参与缔造的民族所环绕。欧洲联盟发现自己被自己参与驯化的国家所环绕。

威廉既是哈布斯堡家族成员，也是欧洲人，他对美国颇为神往。威廉出身于民族宽容的王国，而且他自己也证明了转换和吸纳民族身份的可能性。与威廉同时代的作家胡戈·冯·霍夫曼斯塔尔（Hugo von Hofmannsthal）在第一次世界大战期间如此评价哈布斯堡君主国："如果说这里像什么地方的话，那么这里就像美国。"弗兰茨·约瑟夫皇帝的拉丁格言与美国国玺上镌刻的拉丁格言实际上是同一个意思，前者是"合众之力，为我所用"，后者是"合众为一"。威廉从小接受的教育告诉他，要把土地视为个人奋斗的机会，而他也确实懂得从土地中寻找机会。威廉曾告诉苏联审判者，他曾希望乘坐齐柏林飞艇飞到美国，而与他同时断命的一位哈布斯堡军官甚至希望移民美国。这似乎是个非常明智的想法。对于一个需要选择民族身份的人来说，还有什么比美国更好的选择呢？

毕竟，在美国的开国元勋之中，有多少人出生在美国呢？正如这本书的主角中，有多少人出生在乌克兰呢？一个都没有。美国的开国元勋生来是英国臣民，来自不同地区，却在他们缔造美国之后成为美国人。许多早期的乌克兰政治家也正是如此。威廉生来就是哈布斯堡家族成员。卡济米尔·胡兹霍夫斯基把威廉引入政坛，安德烈·舍甫季茨基是威廉最重要的导师，扬·托卡里（Jan Tokary）是威廉20世纪30年代的朋友，这些乌克兰人都出身于波兰贵族家庭。威廉在乌克兰大草原的军事盟友弗谢沃洛德·彼得罗夫，刚刚抛掉俄罗斯人的身份就投身于乌克兰的事业。威廉形影不离的伙伴弗朗索瓦-扎格维埃·邦内，出生于比利时。威廉于布列斯特和谈期间的搭档尼古拉·瓦西里科，是罗马尼亚贵族家庭的后裔。乌克兰首任总统米哈伊洛·胡舍夫斯基（Mykhailo Hrushevsky）的母亲是波兰人。胡舍夫斯基是两位最具影响力的乌克兰历史学家之一。另一位历史学家是伊凡·鲁德尼茨基（Ivan Rudnytsky），按照犹太教法，他是犹太人。[27]

这些乌克兰人的事迹如同美国革命者，他们抵抗一个所谓尽善尽美的帝国，建立一个独立国家，然后赋予自身一个全新的政治身份。显著的差异不在于目的而在于结果：乌克兰在第一次建国尝试中未能成功。威廉亲身参与的乌克兰革命战争，最终失败了。他们在更加不利的情况下战斗，只争取到更加弱小的盟友，却要面对更加无情的敌人，比美国人在独立战争中的形势不利得多。乌克兰民族观念并未能写入宪法，甚至连威廉这样的君主派都希望有这样一部宪法。正好相反，在 1918 年至 1922 年的挫败之后，乌克兰民族主义要么变得激进，要么变得灰心丧气，要么变得愤世嫉俗，要么被外国势力支配和利用。在 20 世纪绝大多数时间里，族群问题出现两极分化，极右派孤注一掷地寄希望于潜藏的乌克兰民族意志能够让这个国家摆脱苏联统治，极左派则希望把乌克兰浓缩为一种民间文化以满足苏联统治的需要。然而，乌克兰民族观念与美利坚民族观念一样，从一开始就是政治性的。对于威廉及其朋友来说，成为乌克兰人是一种选择。

267

　　在 20 世纪，因为国籍由拥有强大警察力量和庞大官僚机构的国家来定义和规限，这种选择变得更为困难。威廉的父亲想要成为波兰人，却不得不以土地和财产来贿赂波兰政府，以取得公民身份。威廉的兄长阿尔布雷希特希望成为波兰人，但由于他不承认自己是德国人，德国人折磨他并夺取他的财产，然后波兰新政府又声称他实际上是德国人，再次夺取他的地产。威廉希望成为奥地利人和乌克兰人，但在他死于苏维埃乌克兰后，奥地利政府取消了他的公民身份。威廉死于1948 年，阿尔布雷希特死于 1951 年，在那个特殊的岁月里，选择国籍根本是不可能的。只要波兰和乌克兰还是老样子，他们的生平就既不能被效仿，也不能被记录。

当然，人们很容易把他们的悲剧归咎于过去。毕竟，波兰和乌克兰如今都是自由而民主的国家。然而，就算如今的社会是最自由的社会，也不允许哈布斯堡家族的选择存在。国家把我们进行分类，正如市场把我们进行分类，其工具之精密，其数据之精确，都是威廉所处的时代不敢想象的。再也不可能有人经历像他那样的人生。如今根本就不可能像玛塔·哈丽（Mata Hari）那样，在欧洲摇身一变、成为爪哇国公主；也不可能像阿娜伊斯·宁（Anaïs Nin）那样，在美国东西海岸各有一个配偶。或许这些都不是太好的例子。然而，能够反复塑造身份，正好符合自由的核心要义，既能够自由地摆脱别人，又能够自由地变成自己。在哈布斯堡王朝的极盛年代，哈布斯堡家族成员拥有某种我们未能拥有的自由，既富于想象又意志坚定地进行自我创造的自由。20世纪的人们经常把这种自由视为颓废堕落的表征，这是一种误解。哈布斯堡家族成员得益于某种信仰，即认为他们代表国家，而非代表臣民。但归根到底，化身为政府的组成部分，而非成为政府的工具，这是不是自由的个人所希望的呢？

即使在我们这个公共领域时时刻刻受到监控的时代，局外人也仍然能够加入民族实体并影响民族政治。比如在法国，身为塞法迪犹太人和拥有匈牙利祖先的尼古拉·萨科齐（Nicolas Sarkozy），又比如在美国，拥有非洲-夏威夷-印度尼西亚血统的贝拉克·奥巴马（Barack Obama），他们分别是世界上最为讲究民族主义的两个国家的政治领袖。所有公民的确必须服从某些控制措施，至少包括在民主选举的时候在哪里点算他们的选票，或者他们如何从属于他们的民族等问题上是如此。或许公民在回顾每个民族的奠基人的时候，在回顾这些充满想象、胸怀抱负的男男女女的时候，会更加敢于做出非常规的选择。用来铸造民族纪念碑的钢铁，本身也出自熔炉。

民族必须面向将来。民族每天都被反复塑造。如果我们真的以为，民族就是领导人交给我们的整齐划一的历史篇章，那么我们自己的故事就到此为止了。

终　章

　　在日维茨，一如在维也纳，人们难免会被喧闹的舞会所烦扰。玛丽亚·克里斯蒂娜·哈布斯堡再次居住在市中心的城堡里，她对此多有抱怨。她总想请那些年轻人到家里，安坐下来吃蛋糕。城堡已非哈布斯堡家族的财产，已成为当地一所艺术博物馆。博物馆的部分馆藏来自玛丽亚·克里斯蒂娜本人的馈赠。

　　玛丽亚·克里斯蒂娜独自居住在城堡角落的小套房里，如同这座城市的宾客。家族啤酒厂现已转归喜力啤酒公司，公司建起了自己的历史博物馆，里面有古老的陈设、别具风格的宣传海报、第二次世界大战期间的老电影，以及头戴耳麦、神气活现的导游。城市周围的高地也变了。比起玛丽亚·克里斯蒂娜年轻时，现在山顶的积雪消融得更快，而逼近山顶的植被每年都绿得更早，也绿得更久。

　　玛丽亚·克里斯蒂娜身着黑衣，湛蓝的双眼顾盼生辉，但并不与人对视。试图抓住她的视线，就像在海面上寻找焦点那样困难。她说两次世界大战之间的经典波兰语，语速快到近乎挑衅，似乎她所说的故事并不是说给你听的。她的语

句中夹杂着英语和法语，或许是七十年前某位家庭教师教给
她的通俗说法。在 21 世纪初自由民主的波兰，她成为英雄
般的哈布斯堡家族波兰支系的活象征，这个家族支系选择了
波兰，也为此历尽磨难。除了波兰国籍以外，她再也没有其
他国籍，而且她终身未婚。市长办公室为她提供悉心照料，
也为她安排访客日程。

　　有一年夏天，玛丽亚·克里斯蒂娜在日维茨迎来十几位
选美比赛优胜者的拜访。一如喜力啤酒的业务，这次拜访也
是一度繁荣的旅游城镇迫切需要的。选美皇后们拜会金枝玉
叶的公主，想必这也是平等的往来。王室贵胄早已今非昔
比，远非其叔父威廉那个年代那般尊贵，一方面是因为王室
再无政治权力，另一方面是因为王室丑闻比比皆是。威廉本
来也可能成为某种类型的花花公子。他年轻时毫不在意他人
观感，完全沉湎于漫不经心的私人生活，尤其是在 20 世纪
30 年代，当他在巴黎试图重拾政治生涯期间，他在大众传
媒眼中更是声名狼藉。如今，丑闻再也无损于王室；王室也
只不过是天生的名人。威廉的侄女玛丽亚·克里斯蒂娜接见
花花公子女郎，也不算什么丑闻。这无非是新闻报纸地区副
刊的名人花边而已。让人难以置信的是，波兰已逐渐变成一
个普普通通的欧洲国家了。

　　哈布斯堡家族的另一座宫殿，如今坐落在克罗地亚的洛
希尼岛，甚至比日维茨还要喧闹。斯特凡在威廉出生后修建
的别墅，如今成为一所疗养院，专供过敏症患者疗养。夏天
来临的时候，克罗地亚年轻人挤进一个房间里，震耳欲聋的

音乐响彻窗外。当局想方设法把这座建筑收归国有。如今它已属于国家，并以民族遗产的面目示人。没有任何显眼的标志告诉人们，这座建筑曾是哈布斯堡家族的居所，更不可能让人联想起波兰和乌克兰的历史人物。别墅花园已成为国家公园。在斯特凡离开一个世纪后，他从国外引种的花草树木仍然枝繁叶茂，但他引种花木的荣誉，已被移花接木地归功于一位克罗地亚科学家了。

时间流逝，时代变迁。20 世纪初，这座岛曾属于哈布斯堡君主国，见证了这个帝国为求不朽而进行的斗争，也见证了这个帝国为求进步而对各民族做出的妥协。后来，这座岛落入法西斯意大利手中，这个政权同样以罗马帝国为象征，但同时相信伟大的意大利现代化进程将会因为一位天才领袖的领导而大为加速。第二次世界大战后，这座岛转归南斯拉夫社会主义联邦共和国，这个制度的合法性来源于与时俱进的信仰，即相信时代的进步必将实现一个公平正义的社会。如今，这座岛属于独立的克罗地亚，一个重拾 20 世纪陈词滥调的民族国家，他们相信时代的进步将会带来民族自由。然而，在如今的欧洲，民族成功的标志并不是国家独立，而是加入欧盟。

来自奥地利的投资者渴望买下这座别墅并予以复原。可能是出于公关宣传的考虑，一家奥地利银行斥资兴建了公园里的游乐场。但克罗地亚当局在拖后腿。不过，一旦克罗地亚正式加入欧盟，当局将很难抵挡这桩交易的诱惑。我们不难设想，别墅将会恢复原貌，来自奥地利的游客被哈布斯堡家族的思古幽情所吸引，来到这座由奥地利大公所修建的宫

终 章

殿——但乌克兰人或波兰人会认为这是威廉和阿尔布雷希特所建，甚至按照乌克兰语和波兰语的说法，由瓦西里·维什凡尼和卡罗尔·奥尔布拉希特（Karol Olbracht）所建。在公园外面，游客将会踩到落在小径上的橙色松果，而这条小径原本是斯特凡铺砌的。人们将会来此追求简单而实在的健康福祉：这或许就是欧洲各古老民族，或者说欧洲各古老族群所追寻的金羊毛吧。

如今，欧洲各国民众比过去更长寿，也更幸福。通过更好的教育、营养、医疗，欧洲人尽可能让自己延年益寿。普通欧洲人甚至比一个世纪以前的哈布斯堡大公生活得更好。在欧洲绝大部分地区，不再有人像威廉那样死于冤狱，也不再有人像威廉及其兄弟莱奥那样死于肺结核。人们的寿命延长到八十岁甚至九十岁，一如威廉和莱奥的嫂子阿莉塞或者齐塔皇后那样，欧洲人对于长寿已习以为常。奥托·冯·哈布斯堡在九十五岁时仍然非常活跃，他如此解释自己的长寿之道，一方面是锻炼身体的现代观念，另一方面是哈布斯堡家族对时移世易的经典看法："生命就像蹬自行车。只要你不停蹬踏板，你总能继续走下去。"

洛希尼岛周围的海水每年都在变暖。当地季风的名称还 272 与一个世纪前一样，异邦风、非洲风，以及从东北方吹来、经常给水手带来麻烦的布拉风。随着气候持续变暖，季风的名称也会发生改变，领航员只能去适应这变化。测绘员将会获得持续稳定的工作，以描绘变化不定的海岸线。随着海平面上升，哈布斯堡家族的古老海图将会失去价值。新的海图测绘将会在罗文斯卡湾的漂亮码头上进行，卡尔·斯特凡大公曾在这码头上停泊游艇。橙色的地衣每年都会在礁石上长得更高，而礁石边缘橙色的锈迹则在逐渐褪去。

这就是 20 世纪对 21 世纪的馈赠。大海，哈布斯堡家族追求不朽的最后目标，竟然成为时间的尺度。全球变暖成为历史宿命的最后遗产。

在乌克兰城市利沃夫，没有哈布斯堡家族的宫殿。假如威廉成功实现了他的野心，或许他会亲自在利沃夫奠下基石，一如父亲在洛希尼和日维茨那样。然而，威廉目睹这座城市俯首听命于华沙、柏林、莫斯科。一如古老的哈布斯堡领地另一端的洛希尼岛，利沃夫也经历过 20 世纪位于左右两端的两个意识形态帝国的统治。然而，利沃夫承受的创痛远甚于洛希尼岛，该岛只是受到意大利法西斯和南斯拉夫共产党统治，而利沃夫则是受到德国和苏联统治。

第二次世界大战后数十年间，即使在苏联时期，利沃夫仍然是乌克兰最为自豪的城市。如今，在独立后的乌克兰，在贫困不堪、斗争不已的民主体制下，利沃夫则是最为爱国的城市。城市里宁静的角落有个小广场，是以威廉的名字命名的，或者说叫瓦西里·维什凡尼广场。广场唯一的装饰就是个黑白相间的路牌。广场正中央有个灰色底座，上面没有任何纪念物。但在广场上有跷跷板和秋千，它们被涂上最简单的颜色。瓦西里·维什凡尼广场是个儿童乐园。

夏日的午后，老太太们坐在长椅上，照看着孙儿孙女。273 她们都说不出瓦西里·维什凡尼是何许人也。我跟她们讲述威廉的故事，她们边听边点头，仿佛某年某天，某个带着外国口音的过客，把一位哈布斯堡王子领进这个民族的神殿。我有点神志恍惚，我的眼光被女士们淡紫色头发所反射的阳光所吸引。她们转过头去，而我亦然。她们的孙儿孙女正在空无一物的基座上玩耍，而基座上依然空空如也。

然则此书以稚童为结尾，亦当以起始为终章。

致　谢

275　　威廉·冯·哈布斯堡那让人难以置信的冒险旅程，在超过二十个欧洲国家的档案馆留下了以十几种语言写就的文字记录。我首先要感谢各国档案保管员的协助。特别值得提及的是波兰国家档案馆驻日维茨的波热娜·胡萨尔（Bozena Husar），维也纳豪斯档案馆、霍夫档案馆以及国家档案馆的利奥波德·奥尔（Leopold Auer）。我还要向伊琳娜·武什科（Iryna Vushko）和拉伊·布兰登（Ray Brandon）表示感谢，他们为我提供了重要的乌克兰档案和德国档案。我与他们的讨论，也有助于我对事件形成自己的诠释。我还要多多感谢伊凡·巴辛诺夫（Ivan Bazhynov），感谢他在基辅投入的大量时间和其研究成果对我的帮助。与任何人相比，他最能帮我勾勒出威廉早年的生活轨迹。我在波兰收获颇丰，这有赖于安杰伊·瓦斯基维奇（Andrzej Waskiewicz）、卡塔日娜·杰西恩（Katarzyna Jesiev）以及安杰伊·帕奇科夫斯基（Andrzej Paczkowski）的充分帮助。

由于讲述威廉·冯·哈布斯堡生平的著作数量如此有限，我必须承认，以下诸位进行先行研究的学界同人于我大有教益：沃尔夫迪特·比尔（Wolfdieter Bihl）、尤里·特雷

致　谢

什申科（Iurii Tereshchenko）、特缇亚娜·奥斯塔什科（Tetiana Ostashko）以及瓦西里·拉塞维奇（Vasyl Rasevych）。在耶鲁大学斯特林纪念图书馆，塔季扬娜·洛科维奇（Tatjana Lorković）和苏珊娜·罗伯茨（Susanne Roberts）可谓有忙必帮、有求必应，远远超出我的期待。在我的研究临近尾声时，哈佛大学、康奈尔大学以及伦敦英美学会的讲座帮助我明确地表达观点。我要感谢华盛顿特区的俄罗斯及东欧史研讨会、纽约的雷马克学会研讨会以及耶鲁的现代转型研讨会，会务方承担了讨论上述议题的费用。对于此书，我当然应该文责自负，但我仍然非常乐意表达感谢，因为只有在上述讨论中，此书的质量才能得以提升。

　　此书各章节质量的提升，有赖于以下诸位提出的批评：凯伦·奥尔特（Karen Alter）、霍利·凯斯（Holly Case）、伊什特万·迪亚克（István Deák）、蒂莫西·加顿·艾什（Timothy Garton Ash）、伊莎贝尔·赫尔（Isabel Hull）、约瓦娜·克内泽维奇（Jovana Knežević）、雨果·里恩（Hugo Lane）、安杰伊·诺瓦克（Andrzej Nowak）、多米尼克·瑞尔（Dominique Reill）、斯图亚特·雷切尔斯（Stuart Rachels）、玛丽·卢·罗伯茨（Mary Lou Roberts）、迈克尔·斯奈德（Michael Snyder）、彼得·万迪奇（Piotr Wandycz）以及拉里·沃尔夫（Larry Wolff）。马尔奇·肖尔（Marci Shore）和南希·温菲尔德（Nancy Wingfield）慷慨地通读全部手稿，并且给出总体评价。恩斯特·鲁特科夫斯基（Ernst Rutkowski）、斯科特·斯佩克特（Scott Spector）以及马蒂·邦兹尔（Matti Bunzl）非常无私地让我阅读他们尚未发表的文章。与保罗·拉弗杜尔（Paul Laverdure）和蒂尔萨·拉蒂默（Tirza Latimer）的对话，让我留意到重要的史料来源。伊丽莎白·格罗斯格（Elisabeth Grossegger）和丹尼尔·乌诺夫斯基（Daniel Unowsky）回答了我关于1908 年庆典的问题，玛丽娜·卡塔鲁扎（Marina Cattaruzza）、艾莉森·法兰克（Alison Frank）以及马里恩·沃尔施莱格（Marion Wullschleger）告诉我伊斯特拉半岛的情况。E. E. 斯奈德（E. E. Snyder）和克莉丝汀·斯奈德（Christine Snyder）向我介绍了马耳他岛的情况。丹·肖尔（Dan Shore）回答了我关于歌剧的问题，而萨沙·齐利格（Sasha Zeyliger）回答了我关于俄罗斯的问题。伊格尔·格拉斯海姆（Eagle Glassheim）寄给我关于捷克的材料，瓦拉迪斯拉夫·赫利涅夫奇（Vladyslav Hrynevych）查证并核实了当年在基辅的审讯程序。奥列·图里（Oleh Turii）给我提供了至圣救主会的珍本图书。加林·蒂哈诺夫（Galin Tihanov）和阿德利娜·安古舍娃－蒂哈诺娃（Adelina Angusheva-Tihanova）帮助我理解时间以及东仪天主教会等观念。

许多人物、地点、机构有助于我的旅行、讨论、思考，让我能够回想起哈布斯堡君主国的氛围。奥默·巴托夫（Omer Bartov）把我纳入他的边境研究计划，让我能够跟随他前往东加里西亚。克里斯托夫·米克（Christoph Mick）以及时代基金会邀请我在合适的时间前往利沃夫。奥克萨娜·舍维尔（Oxana Shevel）教我如何比较利沃夫和基辅的情况，还教给我许多关于乌克兰民族政治的知识。伊沃·巴

致　谢

纳克（Ivo Banac）教我如何认识克罗地亚历史。勒达·西拉古萨（Leda Siragusa）的格尔比卡旅馆是漫步洛希尼岛的理想出发点，而她的丈夫乔万尼（Giovanni）甚至为我造了一艘帆船。当我在维也纳停留时，克日什托夫·米哈尔斯基（Krzysztof Michalski）及其人文科学研究所为我提供住处。耶鲁大学历史系及耶鲁大学麦克米伦国际和地区研究中心欧洲分部，为我的研究提供了制度上和财务上的支持。玛丽亚·克里斯蒂娜·哈布斯堡和格奥尔格·冯·哈布斯堡（Georg von Habsburg）非常慷慨地回答了我关于他们家族历史的某些问题。克里姆和威廉姆斯文学代理公司的斯蒂夫·瓦瑟曼（Steve Wasserman）一开始就预见到这个故事的吸引力。基础图书出版公司的拉腊·海默特（Lara Heimert）则是完美的文学合伙人，她让这部关于威廉·冯·哈布斯堡的传记得以问世。

谱　系

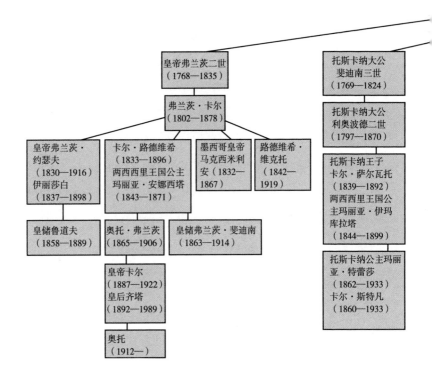

哈布斯堡－洛林王室家族（括号内为生卒年份）
说明：只包括本书中提到的人物。

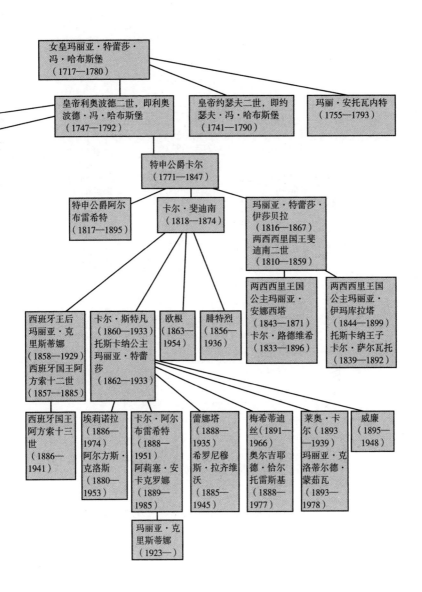

红色王子

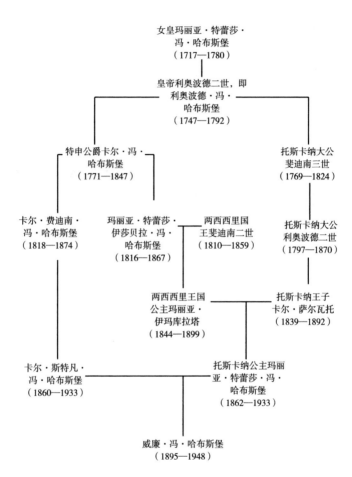

女皇玛丽亚·特蕾莎·
冯·哈布斯堡
（1717—1780）

皇帝利奥波德二世，即
利奥波德·冯·
哈布斯堡
（1747—1792）

特申公爵卡尔·冯·
哈布斯堡
（1771—1847）

托斯卡纳大公
斐迪南三世
（1769—1824）

卡尔·费迪南·
冯·哈布斯堡
（1818—1874）

玛丽亚·特蕾莎·
伊莎贝拉·冯·
哈布斯堡
（1816—1867）

两西西里国
王斐迪南二世
（1810—1859）

托斯卡纳大公
利奥波德二世
（1797—1870）

两西西里王国
公主玛丽亚·
伊玛库拉塔
（1844—1899）

托斯卡纳王子
卡尔·萨尔瓦托
（1839—1892）

卡尔·斯特凡·
冯·哈布斯堡
（1860—1933）

托斯卡纳公主玛丽
亚·特蕾莎·冯·
哈布斯堡
（1862—1933）

威廉·冯·哈布斯堡
（1895—1948）

威廉·冯·哈布斯堡的帝国家系（括号内为生卒年份）

332

哈布斯堡家族成员及王室要员

阿尔布雷希特（Albrecht，1817—1895）：又称老阿尔 281
布雷希特，奥地利大公，尚有其他封号。哈布斯堡王朝陆军
元帅，曾于 1866 年在库斯托扎战役中击败意大利人。老阿
尔布雷希特是斯特凡的养父，斯特凡继承了他在加里西亚的
地产。

阿尔布雷希特（Albrecht，1888—1951）：又称小阿尔
布雷希特，奥地利大公，尚有其他封号。小阿尔布雷希特是
斯特凡与玛丽亚·特蕾莎的长子，阿莉塞·安卡克罗娜的丈
夫，以及威廉的哥哥。哈布斯堡王朝炮兵军官，之后在波兰
军队中服役。小阿尔布雷希特是玛丽亚·克里斯蒂娜（即
小克里斯蒂娜）、卡尔·斯特凡（即小斯特凡）以及蕾娜塔
（即小蕾娜塔）的父亲。在斯特凡于 1933 年去世后，小阿
尔布雷希特成为家族首领、日维茨的大地主。他为威廉提供
生活资助。就国籍而言，他是波兰人，他曾经被德国人囚
禁，之后被波兰新政府驱逐出境。

阿方索十三世（Alfonso XIII，1886—1941）：西班牙国

王。阿方索是玛丽亚·克里斯蒂娜（即老克里斯蒂娜）的儿子，斯特凡的外甥，威廉的嫡亲表哥。1922 年，阿方索欢迎威廉和齐塔到西班牙，并尝试保住斯特凡在波兰的土地所有权。1931 年，阿方索被迫离开西班牙，20 世纪 30 年代，他是生活在巴黎的浪荡公子。为替儿子着想，阿方索于弥留之际宣布退位。阿方索是胡安·卡洛斯国王的祖父。

埃莉诺拉（Eleanora, 1886—1974）：奥地利女大公，嫁给阿尔方斯·克洛斯之后放弃女大公头衔。埃莉诺拉是斯特凡与玛丽亚·特蕾莎的长女，威廉的姐姐。埃莉诺拉打破了哈布斯堡家族的惯例，嫁给了一个水手——父亲游艇的艇长。就国籍而言，她在第二次世界大战前后都是奥地利人，但儿子们都在德国军队服役。

伊丽莎白（Elisabeth, 1837—1898）：奥地利皇后，尚有其他封号，弗兰茨·约瑟夫的妻子，鲁道夫的母亲。与斯特凡、马克西米利安、鲁道夫以及好几位哈布斯堡家族成员类似，伊丽莎白也是一个喜欢温暖海水的浪漫主义者。伊丽莎白在科孚岛建造了一处行宫，斯特凡及其家人曾经到访此处。伊丽莎白认同希腊文化。

欧根（Eugen, 1863—1954）：奥地利大公，尚有其他
282 封号。欧根是斯特凡的弟弟，也就是威廉的叔父。第一次世界大战期间，欧根是奥地利军队在巴尔干半岛和意大利的战区司令。1935 年，威廉返回奥地利时，欧根是威廉的庇护人。欧根是艺术赞助者，也是最后一位出身于哈布斯堡家族的条顿骑士团首领。

唐·费尔南多（Don Fernando, 1891—1944）：杜尔卡

尔公爵，威廉在巴黎的好友。

费尔南多王子（Infante Fernando，1884—1959）：巴伐利亚王子，西班牙王子。他是阿方索和威廉的嫡亲表哥，20世纪20年代，与威廉在马德里共同策划金融骗局。

弗兰茨·斐迪南（Franz Ferdinand，1863—1914）：奥地利大公，尚有其他封号。19世纪90年代，弗兰茨·斐迪南曾经到亚得里亚海沿岸拜访斯特凡及其嫡亲表姐玛丽亚·特蕾莎。身为皇储的弗兰茨·斐迪南被塞尔维亚民族主义者刺杀于萨拉热窝。弗兰茨·斐迪南至死都反对在巴尔干半岛开战，而他的遇刺身亡却成为第一次世界大战爆发的导火线。

弗兰茨·约瑟夫（Franz Josef，1830—1916）：奥地利皇帝，尚有其他封号。镇压1848年诸民族起义的胜利者，却是失败的专制君主，之后转而倡导宪法改革；他在民族问题上是一个实用主义者。他甚至把幸运得以保留的君主制转变成民族团结的象征，从而改变了欧洲的地缘政治格局。弗兰茨·约瑟夫是伊丽莎白的丈夫，鲁道夫的父亲。弗兰茨·约瑟夫似乎对威廉在乌克兰的事业乐见其成。

腓特烈（Friedrich，1856—1936）：奥地利大公，尚有其他封号。腓特烈是斯特凡的哥哥，也就是威廉的伯父。从第一次世界大战期间直至1919年年底，腓特烈担任奥地利军队的总司令。

卡尔（Karl，1887—1922）：奥地利皇帝，尚有其他封号。哈布斯堡王朝最后一位君主。1916年，在弗兰茨·约瑟夫驾崩后，卡尔登上皇位。第一次世界大战期间，卡尔主张尽快达成停战协定，他尝试对法国政府秘密媾和，但最终落空。1918 年，卡尔派威廉去乌克兰执行特殊任务。战争期间，卡尔目睹哈布斯堡王朝沦落为德国的卫星国。战争结束时，卡尔卸下国务重担，但未正式宣布退位。两次试图在匈牙利复辟君主制，失败后含恨而终。他是齐塔的丈夫和奥托的父亲。

卡尔·路德维希（Karl Ludwig, 1833—1896）：奥地利大公，尚有其他封号。弗兰茨·约瑟夫皇帝的弟弟。1889 年，在鲁道夫身亡后，卡尔·路德维希一度被视为弗兰茨·约瑟夫的继任者。卡尔·路德维希在喝下约旦河水之后去世。卡尔·路德维希是弗兰茨·斐迪南和奥托·弗兰茨的父亲。

卡尔·斯特凡（Karl Stefan, 1921—）：阿尔滕堡王子，小阿尔布雷希特和阿莉塞的儿子，瑞典国籍。1989 年后，参与争夺日维茨啤酒厂的所有权。卡尔·斯特凡的名字取自其祖父的名字，在本书中，其祖父被简称为斯特凡。卡尔·斯特凡是威廉的侄儿。

莱奥（Leo，1893—1939）：奥地利大公，尚有其他封号。莱奥是斯特凡与玛丽亚·特蕾莎的次子，威廉的哥哥。莱奥是哈布斯堡王朝以及波兰军队的军官。父亲去世后，莱奥在日维茨继承了较小份额的地产。莱奥是玛丽亚·蒙茹瓦（即玛娅·蒙茹瓦）的丈夫。

路德维希·维克托（Ludwig Viktor, 1842—1919）：奥地利大公，尚有其他封号。弗兰茨·约瑟夫的弟弟。路德维希·维克托以其同性恋的出格行为与艺术收藏品而声名在外。他被其皇兄放逐到萨尔茨堡附近的一座城堡。

玛丽亚·克里斯蒂娜（Maria Christina，1858—1929）： 283 又称老克里斯蒂娜，奥地利女大公，尚有其他封号，后来成为西班牙王后及摄政。她是斯特凡的姐姐，阿方索的母亲，威廉的姑妈。20 世纪 20 年代早期，她在西班牙为齐塔和威廉提供庇护。

玛丽亚·克里斯蒂娜（Maria Krystyna，1923—）：又称小克里斯蒂娜，阿尔滕堡公主。她是阿尔布雷希特与阿莉塞的女儿，第二次世界大战后一度流亡，如今居住在日维茨的新城堡。她是威廉的侄女。

玛丽亚·特蕾莎（Maria Theresia，1862—1933）：奥地利女大公，尚有其他封号，托斯卡纳公主。她与丈夫斯特凡一道，开创了哈布斯堡王室在波兰的支系。她是威廉、莱奥、阿尔布雷希特、蕾娜塔、埃莉诺拉以及梅希蒂迪丝的母亲。她是虔诚的天主教徒和艺术爱好者。第一次世界大战期间，她捐赠了一所医院，并且亲自担任护士。

马克西米利安（Maximilian，1832—1867）：奥地利大公，尚有其他封号，后来成为墨西哥皇帝。哈布斯堡帝国海军的司令官和改革者。他被墨西哥共和派处决。他是弗兰茨·约瑟夫的弟弟。

梅希蒂迪丝（Mechtildis，1891—1966）：奥地利女大公，尚有其他封号，嫁给奥尔吉耶德·恰尔托雷斯基之后放弃女大公头衔。梅希蒂迪丝是斯特凡与玛丽亚·特蕾莎的三女，威廉的姐姐。就国籍而言，她是波兰人。第二次世界大战期间，她移居巴西。

奥托（Otto，1912—）：奥地利大公，尚有其他封号，卡尔皇帝与齐塔皇后的长子。1922 年卡尔去世后，奥托继承了哈布斯堡王朝各项君主称号，1932 年奥托成年后，进而成为哈布斯堡王室家族首领。奥托是政治家和作家。20世纪 30 年代，奥托是奥地利复辟运动领袖，第二次世界大战期间，倡导建立多瑙河邦联，战后倡导欧洲联合。奥托是巴伐利亚基督教社会联盟成员、欧洲议会议员。

奥托·弗兰茨（Otto Franz，1865—1906）：奥地利大公，尚有其他封号。他可谓丑闻缠身，也许其中最著名的丑闻是，只佩戴金羊毛骑士团的佩剑和领饰，赤身裸体地现身于萨赫饭店。19 世纪 90 年代，在弗兰茨·斐迪南患上肺结核期间，奥托·弗兰茨被视为哈布斯堡王朝各项君主称号最有可能的继承人。他是卡尔皇帝的父亲，也是奥托的祖父。

蕾娜塔（Renata，1888—1935）：又称老蕾娜塔，奥地利女大公，尚有其他封号，嫁给希罗尼穆斯·拉齐维沃之后放弃女大公头衔。老蕾娜塔是斯特凡与玛丽亚·特蕾莎的次女，威廉的姐姐。就国籍而言，她是波兰人。

蕾娜塔（Renata，1931—）：又称小蕾娜塔，阿尔滕堡公主。小蕾娜塔是阿莉塞与小阿尔布雷希特的次女，西班牙国籍。1989 年后，参与争夺日维茨啤酒厂的所有权。小蕾娜塔是威廉的侄女。

鲁道夫（Rudolf，1858—1889）：奥地利大公，尚有其他封号，弗兰茨·约瑟夫与伊丽莎白的儿子，哈布斯堡王朝各项君主称号的继承人，直至 1889 年，他在梅耶林自杀身亡。鲁道夫是作家、自由主义者，也是知识分子的朋友。

斯特凡（Stefan，1860—1933）：奥地利大公，尚有其他封号。斯特凡是海军军官、汽车爱好者、画家、水手，觊觎子虚乌有的波兰王位，开创了哈布斯堡王室在波兰的支系，拥有日维茨啤酒厂以及相关地产。斯特凡是玛丽亚·特蕾莎的丈夫，也是阿尔布雷希特、埃莉诺拉、梅希蒂迪丝、蕾娜塔、莱奥以及威廉的父亲。

瓦西里·维什凡尼（Vasyl Vyshyvanyi）：参阅威廉。

威廉（Wilhelm，1895—1948）：即瓦西里·维什凡尼。奥地利大公，尚有其他封号。出生于哈布斯堡帝国，成长于巴尔干半岛，被养育成为波兰人，最终选择成为乌克兰人。第一次世界大战期间，他成为哈布斯堡帝国陆军的军官，主张在哈布斯堡王朝统治下建立乌克兰国家。20 世纪 20 年代，他是巴伐利亚帝国主义者、西班牙王权主义者以及法国享乐主义者。20 世纪 30 年代，他是哈布斯堡复辟主义者和法西斯主义者。20 世纪 40 年代，他是既反对纳粹德国又反对苏联统治的双面间谍。他还是个花花公子、东方学家、运动健将。他是斯特凡与玛丽亚·特蕾莎的儿子，阿尔布雷希特、莱奥、梅希蒂迪丝、蕾娜塔以及埃莉诺拉的弟弟，阿方索的表弟，玛丽亚·克里斯蒂娜、欧根以及腓特烈的侄儿。 284

威廉二世（Wilhelm Ⅱ，1859—1941）：德国皇帝，普鲁士国王，霍亨索伦家族首领。1918 年 8 月，威廉二世曾经在位于斯帕的德军总司令部接见过威廉。

齐塔（Zita，1892—1989）：波旁－帕尔马公主，后来成为奥地利皇后，尚有其他封号。齐塔是卡尔的妻子，奥托的母亲。20 世纪 30 年代，齐塔是复辟运动的核心和灵魂。在比利时期间，威廉曾经拜访过齐塔。

哈布斯堡家族配偶及亲戚

阿莉塞·安卡克罗娜（Alice Ancarkrona, 1889—1985）：1949 年，首位阿尔滕堡公主。小阿尔布雷希特的妻子，卡尔·斯特凡、玛丽亚·克里斯蒂娜、小蕾娜塔以及约阿希姆·巴德尼的母亲。拥有瑞典血统的波兰哈布斯堡爱国者、波兰地下组织活动家，以及回忆录《公主与信徒》（*Princess and Partisan*）的作者。

约阿希姆·巴德尼（Joachim Badeni, 1912—）：波兰神学家。曾用名卡济米尔·巴德尼，是阿莉塞·安卡克罗娜与其首任丈夫卢德维克·巴德尼伯爵的儿子。在东加里西亚长大，在阿莉塞改嫁给阿尔布雷希特之后，与同母异父的兄弟姐妹卡尔·斯特凡、玛丽亚·克里斯蒂娜以及蕾娜塔生活在日维茨。第二次世界大战期间，他是波兰军队的普通士兵，1943 年，他接受圣职，成为多明我会修道士。战后返回波兰研究神学。他写过一部关于波兰哈布斯堡家族的回忆录。1989 年后，参与夺回日维茨啤酒厂的所有权。

索菲·霍泰克（Sophie Chotek, 1868—1914）：霍特科瓦与沃格宁女伯爵，后来晋封霍恩贝格女公爵。弗兰茨·斐迪南的妻子，1914 年 6 月 28 日在萨拉热窝，与丈夫一起被塞尔维亚民族主义者刺杀。

奥尔吉耶德·恰尔托雷斯基（Olgierd Czartoryski, 1888—1977）：拥有亲王头衔的波兰贵族，梅希蒂迪丝的丈

夫，威廉的姐夫。第二次世界大战期间，与梅希蒂迪丝移居
巴西。

阿尔方斯·克洛斯（Alfons Kloss, 1880—1953）：斯特
凡在亚得里亚海的游艇艇长。1913 年，与埃莉诺拉成婚。
就国籍而言，他是奥地利人。

玛娅·蒙茹瓦（Maja Montjoye, 1893—1978）：全名为
玛丽亚·克洛蒂尔德·冯·杜丽埃，蒙茹瓦与罗什女伯爵。
1922 年，与莱奥成婚。第二次世界大战期间，作为莱奥的
遗孀，她极力反抗德国人没收其家族产业的企图。

希罗尼穆斯·拉齐维沃（Hieronymus Radziwiłł, 1885—
1945）：拥有亲王头衔的波兰贵族，老蕾娜塔的丈夫，威廉
的姐夫。年轻时被视为亲德分子，1918 年，又被视为波兰
王位竞逐者。第二次世界大战期间，他为波兰地下抗德组织
提供协助。作为波兰爱国者，死于被苏联囚禁期间。

其他人物

马克斯·鲍尔（Max Bauer, 1875—1929）：德国炮兵军　285
官，鲁登道夫心腹爱将，在德国主张右派独裁，在奥地利同
情君主统治，后来担任蒋介石的军事顾问和工业顾问。1920
年，在柏林卷入失败的政变。1921 年，与身处维也纳的威
廉合谋，制订巴伐利亚军团入侵苏俄的计划。1924 年，在
威廉举荐下，获得阿方索国王邀请前往西班牙。

弗朗索瓦－扎格维埃·邦内（François-Xavier Bonne,
1882—1945）：具有比利时血统的至圣救主会神父。东仪天
主教会（遵从希腊正教仪式的天主教会）信徒，拥有乌克

兰国籍。1918 年，邦内是威廉在乌克兰期间的同伴。1920
年，邦内出任乌克兰人民共和国驻梵蒂冈全权公使。后来在
美国去世。

波莱特·库伊巴（Paulette Couyba）：法国女冒险家。
威廉在巴黎的恋人。

恩格尔贝特·陶尔斐斯（Engelbert Dollfuss，1892—
1934）：奥地利政治家，1932 年至 1934 年任奥地利总理。
基督教社会党领导人，以该党为基础，陶尔斐斯于 1933 年
建立祖国阵线。1933 年，陶尔斐斯解散国会，以行政命令
治国。1934 年，陶尔斐斯在内战结束后，下令禁止社会民
主党活动。他试图以教会独裁统治控制奥地利政坛的中间势
力，却受到左派势力和纳粹主导的右派势力的双重冲击。
1934 年，陶尔斐斯被纳粹党徒刺杀。

汉斯·弗兰克（Hans Frank，1900—1946）：纳粹法学
家。1933 年起出任巴伐利亚邦司法部部长，1939 年起出任
波兰总督区（德国占领下的波兰领土）总督。弗兰克在克
拉科夫的波兰旧王宫里发号施令，并且盗用波兰哈布斯堡家
族的家藏银器。1937 年，威廉曾经见过弗兰克，威廉视之
为乌克兰在纳粹内部的潜在合作者。在纽伦堡审判期间，弗
兰克被裁定犯有战争罪，并被执行死刑。

米歇尔·乔治-米歇尔（Michel Georges-Michel，
1883—1985）：著作等身的法国新闻记者、传记作家以及艺
术评论家。威廉在巴黎的朋友。1936 年，应波莱特·库伊
巴之邀前往维也纳旅行。

海因里希·希姆莱（Heinrich Himmler，1900—1945）：

纳粹党领导人。希姆莱是纳粹党卫队国家领袖和德意志化帝国委员会主席，身兼其他职务。在种族大屠杀中，希姆莱是仅次于希特勒的罪魁祸首。希姆莱与哈布斯堡家族有私仇，他把小阿尔布雷希特全家送进劳动营，多次企图没收哈布斯堡家族的财产。希姆莱最终自杀身亡。

保罗·冯·兴登堡（Paul von Hindenburg, 1847—1934）：德军将领、政治家。兴登堡及其麾下的总参谋长鲁登道夫，被视为1914年击败俄军的坦能堡大捷的两位功臣。第一次世界大战期间，兴登堡与鲁登道夫两人在德意志帝国内部取得强势支配地位，直至架空威廉二世。1925年，兴登堡回归公众生活，成功当选总统。1932年，兴登堡再次当选总统，并于1933年任命希特勒为总理。

米克洛什·霍尔蒂（Miklós Horthy, 1868—1957）：哈布斯堡帝国海军军官，后来的匈牙利摄政王。霍尔蒂曾经参与环球航行，在航向西班牙期间与斯特凡做伴，后来担任弗兰茨·约瑟夫皇帝的侍从武官。在斯特凡举荐下，被卡尔皇帝任命为海军司令，并受命全权指挥哈布斯堡帝国的海军。在共产主义革命失败后，霍尔蒂在匈牙利获取最高权力。作为匈牙利摄政王，霍尔蒂两次挫败最高君主卡尔皇帝重新获取匈牙利王位的尝试。

286

卡济米尔·胡兹霍夫斯基（Kazimir Huzhkovsky, ? —1918）：具有波兰血统的乌克兰贵族，哈布斯堡帝国陆军军官。第一次世界大战期间，他也是威廉的乌克兰对话者之一。

埃里希·鲁登道夫（Erich Ludendorff, 1865—1937）：

德军将领，民族主义者。第一次世界大战期间，鲁登道夫是兴登堡麾下的总参谋长，与其上司一起被视为1914年坦能堡大捷的功臣。1920年，鲁登道夫在柏林参与右派暴动（即卡普暴动）；1923年，又参与希特勒发动的啤酒馆暴动。在1921年巴伐利亚军团入侵苏俄的密谋当中，鲁登道夫是威廉的同伙。

罗曼·诺沃萨德（Roman Novosad，1920？—2004）：先后在华沙和维也纳学习音乐。诺沃萨德是威廉的朋友，也是威廉在战时及战后间谍活动中的同伙。诺沃萨德是苏联政治犯，也是威廉传略的作者。

米哈伊洛·胡舍夫斯基（Mykhailo Hrushevsky，1866—1934）：乌克兰历史学家与政治家。乌克兰简史的作者。1918年，曾经短期出任乌克兰人民共和国的国家元首。

爱德华·拉里申科（Eduard Larischenko）：威廉的助手和秘书。在乌克兰和西班牙陪伴威廉，直至两人在法国决裂为止。

尼古拉·列别德（Mykola Lebed，1909—1998）：乌克兰民族主义活动家，参与战时波兰的恐怖活动。活跃于乌克兰民族主义组织的班德拉派，1943年，参与组建乌克兰起义军。主张对波兰人进行种族清洗。经过威廉牵线搭桥，与法国情报机关接洽。战后成为美国情报机关的探员。

特雷比奇·林肯（Trebitsch Lincoln，1879—1943）：匈牙利窃贼，圣公会传教士，英国国会议员，日耳曼民族主义者，佛教领袖。20世纪20年代早期，参与白色国际密谋，企图联合各国修正主义者，反对和约，反对苏俄。

蜜丝婷瑰（Mistinguett，1875—1956）：法国歌手和演员，以其歌曲《我的男人》以及在电影《蒙马特尔》当中的出色表演而知名。曾用名让娜·布儒瓦，出生于昂吉安莱班，20世纪20年代后期，威廉曾经生活于此地。蜜丝婷瑰是当时最著名的法国女人，也是当时片酬最高的女演员。20世纪30年代早期，她是威廉的朋友。

瓦西里·帕涅科（Vasyl Paneyko）：乌克兰记者和政治家。西乌克兰人民共和国外交国务秘书，乌克兰人民共和国驻巴黎和会谈判代表。以其亲俄倾向而声名在外，被其他乌克兰政治家怀疑与敌国情报机关合作，后来入籍法国。至少不晚于1918年，帕涅科就已认识威廉，20世纪30年代早期，帕涅科更成为威廉的朋友和政治顾问。可能正是帕涅科向波兰情报机关出卖了威廉，也可能是帕涅科策划了1934年至1935年的丑闻，迫使威廉离开巴黎。

约瑟夫·毕苏茨基（Józef Piłsudski，1867—1935）：波兰革命家和政治家。崇尚武装斗争的社会主义者，他利用自己在哈布斯堡帝国波兰军团的身份，创建了波兰武装独立运动。1918年起，他成为独立后的波兰国家元首和武装部队总司令，在反对西乌克兰人民共和国和苏俄的两次战争中均取得胜利。1926年，在军事政变中再次夺取波兰最高权力。

米洛斯拉夫·普罗科普（Myroslav Prokop，1913—2003）：乌克兰民族主义者，乌克兰民族主义组织班德拉派头目。第二次世界大战期间，他是威廉在维也纳接触到的第一位民族主义领袖。

安娜·普罗科波维奇（Anna Prokopovych）：乌克兰民

287

族主义组织班德拉派的情报员。1944 年，她化名为莉达·图利钦，在维也纳结识了罗曼·诺沃萨德和威廉。

伊凡·波尔塔韦茨－奥斯特里亚尼茨亚（Ivan Poltavets-Ostrianytsia，1890—1957）：从帝俄时代开始就是乌克兰爱国者。活跃于哥萨克酋长国政府，与哥萨克酋长帕夫洛·斯科罗帕茨基过从甚密。20 世纪 20 年代早期，与威廉合作推进君主政治，1937 年，再次与威廉相遇。主张乌克兰与纳粹德国结盟。

库尔特·冯·舒士尼格（Kurt von Schuschnigg，1897—1977）：奥地利政治家。1934 年至 1938 年，出任奥地利总理。他与奥托·冯·哈布斯堡维持友好关系，允许复辟运动拥有某种程度的活动自由。他试图获取后援以掌控祖国阵线。1938 年，他言辞激烈地反对希特勒及其主导的德奥合并计划，并试图以全民公决维持独立，但同时下令奥地利军队不要反抗德军入侵。他被德国人先后囚禁于监狱和集中营。战后移居美国。

安德烈·舍甫季茨基（Andrii Sheptytsky，1865—1944）：即托卡里。具有波兰血统的乌克兰传教士，加利奇教区的东仪天主教会大主教。他把奥属加里西亚地区的东仪天主教会改造为乌克兰民族权力机关，并且希望把东正教会改造为东仪天主教会。1917 年至 1918 年，甚至在 20 世纪 30 年代，他是威廉的良师益友。

帕夫洛·斯科罗帕茨基（Pavlo Skoropadsky，1873—1945）：代表保守派和地主利益的乌克兰政治家。1918 年 4 月，在德国支持下，他领导了一场针对乌克兰人民共和国的政变。那年夏天，他对在乡村地区深得民心的威廉颇为忌惮。20 世纪 20 年代早期，在乌克兰君主政治的舞台上，他与威廉既合作又斗争。他后来移居德国，在盟军空袭中丧生。

托卡里（Tokary）：参阅扬·托卡热夫茨基－卡拉热维奇。

扬·托卡热夫茨基－卡拉热维奇（Jan Tokarzewski-Karaszewicz，1885—1954）：即托卡里，具有波兰血统的乌克兰外交官。乌克兰人民共和国政府官员，参与了波兰政府资助的旨在通过煽动民族主义削弱苏联的普罗米修斯运动。20 世纪 30 年代，他是威廉的朋友，也是与威廉并肩作战的贵族法西斯主义者。

莉达·图利钦（Lida Tluchyn）：参阅安娜·普罗科波维奇。

尼古拉·瓦西里科（Mykola Vasylko，1868—1924）：具有罗马尼亚贵族血统的乌克兰政治家，奥地利国会议员。第一次世界大战期间，主张在哈布斯堡君主国内部建立乌克兰王室领地。第一次世界大战期间，他也是威廉的乌克兰对话者之一。1918 年 1 月至 2 月，他与威廉共同协助乌克兰外交官参与"面包和约"的谈判。他本身也是西乌克兰人民共和国与乌克兰人民共和国的外交官。

弗里德里希·冯·维斯纳（Friedrich von Wiesner，1871—1951）：与哈布斯堡王室家族友好的奥地利法学家和外交官。受到弗兰茨·约瑟夫皇帝委托，撰写关于萨拉热窝刺杀案的特别报告。1920 年至 1921 年，他与威廉在维也纳

288

共同推动君主政治和乌克兰政治。1930 年，受到奥托委任，全权负责复辟政治。由于他有犹太血统，1937 年至 1938 年，他成为威廉反犹主义的主要攻击目标。

伍德罗·威尔逊（Woodrow Wilson，1856—1924）：美国政治家。威尔逊曾任美国总统，第一次世界大战期间提出民族自决原则。

哈布斯堡王朝年表

1273 年，鲁道夫成为神圣罗马帝国皇帝 289

1430 年，金羊毛骑士团成立

1522 年，哈布斯堡王朝西班牙支系与奥地利支系彼此分离

1526 年，莫哈奇战役，哈布斯堡王朝赢得波希米亚和匈牙利

1618~1648 年，三十年战争

1683 年，奥斯曼土耳其围攻维也纳

1700 年，哈布斯堡王朝西班牙支系绝嗣

1740 年，玛丽亚·特蕾莎继位

1740~1763，与普鲁士交战

1772~1795，三次瓜分波兰

1792~1814 年，反法同盟战争

1793 年，玛丽·安托瓦内特被处决

1806 年，神圣罗马帝国不复存在

1814~1815 年，维也纳会议

1821~1848 年，梅特涅出任奥地利帝国宰相

1830 年，弗兰茨·约瑟夫降生

1848 年，欧洲各民族之春，弗兰茨·约瑟夫皇帝继位

1859 年，与法国和皮埃蒙特交战

1860 年，十月文书，斯特凡降生

1866 年，与普鲁士和意大利交战

1867 年，奥地利对匈牙利妥协，奥匈帝国通过宪法性文件，马克西米利安在墨西哥被处决

1870～1871 年，德国与意大利相继统一

1878 年，柏林会议，奥匈帝国占领波斯尼亚，塞尔维亚独立

1879 年，德奥同盟，斯特凡成为海军军官

1886 年，斯特凡与玛丽亚·特蕾莎成婚

1888 年，阿尔布雷希特降生

1889 年，皇储鲁道夫在梅耶林自杀身亡

290   1895 年，威廉降生

1896 年，斯特凡退出现役

1897～1907 年，斯特凡、威利及其家人在洛希尼岛

1898 年，伊丽莎白皇后遇刺身亡

1903 年，塞尔维亚出现反哈布斯堡王朝活动

1907 年，实现成年男子普遍选举权

1907～1914 年，斯特凡、威利及其家人在加里西亚

1908 年，奥匈帝国吞并波斯尼亚和黑塞哥维那，弗兰茨·约瑟夫皇帝执政六十周年

1909～1913 年，威廉还在上学，姐姐们陆续出嫁

1912 年，第一次巴尔干战争

哈布斯堡王朝年表

1913 年，第二次巴尔干战争

1913～1915 年，威廉在军事院校接受教育

1914 年，弗兰茨·斐迪南大公在萨拉热窝遇刺身亡

1914～1918 年，第一次世界大战

1915 年，威廉指挥乌克兰部队

1916 年，弗兰茨·约瑟夫皇帝去世，卡尔皇帝继位，波兰王国宣告成立

1917 年，布尔什维克革命，俄罗斯帝国崩溃

1918 年，乌克兰人民共和国得到国际承认，德奥联军占领乌克兰，威廉在乌克兰，奥地利、波兰、捷克斯洛伐克、西乌克兰相继成立共和国，哈布斯堡君主国解体

1919 年，西乌克兰人民共和国灭亡

1919～1923 年，巴黎和会及其后续安排

1921 年，乌克兰人民共和国灭亡，斯特凡与威廉公开决裂，斯特凡成为波兰公民，保住了家族地产，威廉加入白色国际

1922 年，墨索里尼在意大利掌权，阿方索欢迎哈布斯堡家族成员前往西班牙

1922～1926 年，威廉在西班牙

1926～1935 年，威廉在法国

1931 年，西班牙成为共和国，阿方索离开西班牙

1932 年，奥托成年，复辟政治开始

1932～1933 年，苏联大饥荒

1933 年，希特勒在德国掌权，斯特凡与玛丽亚·特蕾莎去世，奥地利议会被解散，祖国阵线成立

红色王子

1934 年，社会民主党在奥地利遭遇挫败，纳粹党在奥地利政变失败，人民阵线在巴黎成立

1935 年，威廉与波莱特受审

1935 ~ 1947，威廉在奥地利

1936 年，德意同盟，意大利放弃奥地利

1936 ~ 1939 年，西班牙内战

1937 ~ 1938 年，苏联大清洗

1938 年，德奥合并，奥地利亡国，水晶之夜

1939 年，签署《苏德互不侵犯条约》，德国与苏联入侵波兰，阿尔布雷希特被纳粹逮捕

1939 ~ 1940 年，德国没收哈布斯堡家族财产，德国驱逐波兰人和犹太人

1939 ~ 1945 年，第二次世界大战

1941 年，德国入侵苏联

1941 ~ 1945 年，欧洲犹太人惨遭大屠杀

1943 ~ 1947 年，波兰与乌克兰相互进行种族清洗

1944 ~ 1947 年，威廉从事间谍活动

1945 年，波兰没收哈布斯堡家族财产

1945 ~ 1948 年，共产党接管东欧政权

1945 ~ 1955 年，四国分区占领奥地利

1947 年，威廉被苏联当局逮捕

1948 年，威廉在苏联加盟共和国乌克兰境内死亡

1951 年，阿尔布雷希特在瑞典去世，欧洲煤钢共同体成立

1953 年，斯大林去世

哈布斯堡王朝年表

1957 年，签署《罗马条约》

1979 ~ 1999 年，奥托出任欧洲议会议员

1980 ~ 1981 年，波兰团结工会运动

1985 ~ 1991 年，戈尔巴乔夫在苏联掌权

1986 年，西班牙加入欧盟

1989 年，东欧剧变

1990 ~ 1999 年，南斯拉夫连年内战

1991 年，苏联解体

1991 年，乌克兰独立

1991 ~ 2005 年，日维茨啤酒厂法律纠纷

1995 年，奥地利加入欧盟

2004 年，波兰加入欧盟，乌克兰发生"革命"

术语及语言

　　本书所论述的帝国，并没有准确的简称。迟至 1804 年，哈布斯堡王朝对其欧洲领地都没有统一的国号。1804 年至 1867 年间，这些领土被称为"奥地利帝国"。1867 年至 1918 年间，这个国家被称为"奥匈帝国"。我倾向于称其为"哈布斯堡君主国"。我把"奥地利"这个国号留给两次世界大战后位于阿尔卑斯山区的小型共和国，也就是今天的奥地利。

　　"奥匈帝国"这个国号，远比其字面意义复杂。其中一半是匈牙利君主国，另外一半却并非奥地利君主国。非匈牙利领土的官方名称是"帝国委员会统辖的领地和王国"。此书主要论述帝国境内的非匈牙利领土。伊斯特拉行省和加里西亚行省是本书故事的主要发生地，两地都属于"帝国委员会统辖的领地和王国"。

　　研究哈布斯堡君主国历史的学者想必知道以下德语缩写词，那是在 1867 年至 1918 年间，行政管理机构为求精确而使用的。帝国或"皇帝统辖"（kaiserlich）的机构简称"k"。匈牙利的机构属于王国，而"国王统辖"（königlich）

的简称也为"k"。因此，奥匈共有的机构就被简称为"K. und. k."，即帝国与王国。这就是为什么小说家罗伯特·穆齐尔把《没有个性的人》的背景设在卡卡尼亚（Kakania）。或许这个官方缩写"k"还解释了，为什么卡夫卡（Kafka）如此讨厌自己姓氏的首字母。我尽量回避这些变体，宁愿采用形容词"哈布斯堡"（Habsburg）。

在本书中出现的帝国与王国共有的机构，即"K. und. k."，包括陆军、海军、外交部，以及波斯尼亚占领当局。所谓哈布斯堡陆军就是帝国与王国陆军，即"K. und. k."陆军；既非奥地利亦非匈牙利的地方军（后备军和地方防卫军）出现得不多。1918 年，后备军和地方防卫军都参与了对乌克兰的占领，其中地方防卫军沦落为我在书中提及的血腥屠杀的受害者；然而，如果只是为了描述占领的目的，就没有必要把哈布斯堡武装力量区分得太细。出现在本书中的机构，主要是帝国境内非匈牙利部分的行政当局，是帝国的而非王国的，包括政府和议会。

收集哈布斯堡家族的头衔，就像收集蝴蝶标本，追逐蝴蝶比固定标本要快乐得多。皇帝及其家族成员的全部头衔，完全可以写满好几页纸，而且几乎从未正式刊印过，即使在最为谄媚逢迎的纹章学著作中也未见记载。弗兰茨·约瑟夫和卡尔，在奥地利是皇帝，在匈牙利是国王。威廉及其父亲和兄弟，在奥地利是帝国大公，在匈牙利是大公；威廉的母亲和姐妹，在奥地利是帝国女大公，在匈牙利是女大公。我有时候会把"Erzherzog"翻译为"王子"（prince），而不是按照字面意思翻译为"大公"（archduke），以传递奥地利用

294

法所表达的意思，即这些是拥有王室血统的王子王孙，都是皇位与王位顺位继承人。

哈布斯堡家族的全称是哈布斯堡－洛特林根（Habsburg-Lothringen）家族。哈布斯堡－洛特林根家族起源于1736年，当年洛林大公迎娶了玛丽亚·特蕾莎·冯·哈布斯堡女大公。《国事诏书》（Pragmatic Sanction）允许玛丽亚·特蕾莎实行统治，并且允许其后裔继承哈布斯堡的皇位与王位。此书提及的每一位现代哈布斯堡家族成员，都是玛丽亚·特蕾莎的后裔，因此也是哈布斯堡－洛特林根家族的成员，或者用英语来说，他们都是哈布斯堡－洛林（Habsburg-Lorraine）家族的成员。

同样，也没有令人满意的说法，来表达那些曾经位于哈布斯堡君主国境内的地方。德语是君主国非匈牙利部分的行政语言，因此在1918年以前，地图通常以德语地名来标注。此书提及的哈布斯堡家族成员都出生于1918年以前。然而，他们与其帝国，在民族意义上都不属于德国。一般来说，我使用英语地名。对于小地方来说，英语地名通常与斯拉夫语地名相同。这就造成一定数量的年代错置，但这也许是最不容易造成混淆的做法。

威廉主要使用六种语言：德语、法语、乌克兰语、波兰语、意大利语以及英语。在这些语言当中，有五种语言使用拉丁字母。乌克兰语像俄语那样，使用西里尔字母书写。在美国国会图书馆的音译转写系统中，乌克兰语和俄语都被转写成简写版本。在正文中，乌克兰语和俄语名字都被转写成尽可能简单的形式，而在注释中有更为精确的拼写形式。通晓这些语言的人们会发现这些可供辨认的拼写形式，而其他读者根本没有必要关注它们。除了引自参考书目中提到的小说段落，任何译自这些语言或其他语言的译名都出自我自己的手笔，尽管我也曾不知羞耻地打扰朋友和同事，请求他们帮助。

威廉·冯·哈布斯堡的所有男性直系亲属的全名中都带有"卡尔"这个名字，这个名字取自卡尔大公、特申公爵，他是威廉父亲的祖父（以及威廉母亲的曾祖父），这个名字更远的起源来自卡尔皇帝，以纪念他于 16 世纪创立的日不落帝国。威廉本人的全名是威廉·弗兰茨·约瑟夫·卡尔，威廉父亲的全名是卡尔·斯特凡，威廉的长兄叫卡尔·阿尔布雷希特，仲兄叫莱奥·卡尔。为了让事情变得简单，我采用与他们同时代人们的做法，在正文中以斯特凡指代卡尔·斯特凡，以阿尔布雷希特指代卡尔·阿尔布雷希特，以莱奥指代莱奥·卡尔。因此，在这个故事中，唯一的卡尔便是卡尔皇帝。

威廉在不同的语境中使用过不同的名字。家庭成员、朋友、爱人以及同志称呼他为纪尧姆（Guillaume）、居伊（Guy）、罗贝尔（Robert）、威廉（William）、瓦西里（Vasyl）、威利（Willy）以及维希（Vyshy）。我以威利指称少年时的他，并以威廉指称成年后的他。使用德语形式，并不表示他在民族上是德国人，实际上他不是德国人，至少在绝大多数情况下他不是德国人。使用德语形式只能表示某种普遍性，而这种普遍性在他这个人身上始终是模糊不清的。纳粹统治时期结束后，德语引起某种回响，这种回响迥异于

295

威廉大半生的情形。1933 年以前，德语文化是欧洲文化之花，不仅在德国本土如此，就连在哈布斯堡王朝领地也是如此。威廉不像 K.，K. 是卡夫卡在《审判》里塑造的英雄，威廉自主选择了判决和罹难的身份。威廉更像乌利希，乌利希是穆齐尔在《没有个性的人》里塑造的英雄，威廉从不认为这种选择是最终结果。

档案名称缩写

AAN	Archiwum Akt Nowych, Warsaw, Poland
AC	Archives Contemporaines, Fontainebleau, France
AKPR	Achiv Kanceláře Prezidenta Republiky, Prague, Czech Republic
AP	Archives de Paris, Paris, France
APK-OŻ	Archiwum Państwowe w Katowicach, Oddział w Żywcu, Poland
APP	Archives de la Préfecture de Police, Paris, France
AR	Archiv der Republik, Vienna, Austria
AUTGM	Archiv Ústavy Tomáše Garrigue Masaryk, Prague, Czech Republic
BA	Bundesarchiv, Berlin-Lichterfelde, Germany
BHStA	Bayerisches Hauptstaatsarchiv, Munich, Germany
BK	Bundesarchiv, Koblenz, Germany
CAW	Centralne Archiwum Wojskowe, Rembertów, Poland
HHStA	Haus-, Hof-, und Staatsarchiv, Vienna, Austria
HURI	Ukrainian Research Institute, Harvard University, Tokary Collection
IPH	Interrogation Protocol (Protokol Doprosa), Wilhelm von Habsburg
IPN	Interrogation Protocol (Protokol Doprosa), Roman Novosad
KA	Kriegsarchiv, Vienna, Austria
PAAA	Politisches Archiv, Auswärtiges Amt, Berlin, Germany
RGVA	Rossiiskii Gosudarstvennyi Voennyi Arkhiv, Moscow, Russia
TsDAHO	Tsentral'nyi Derzhavnyi Arkhiv Hromads'kykh Obiednan, Kiev, Ukraine
TsDAVO	Tsentral'nyi Derzhavnyi Arkhiv Vyshchykh Orhaniv Vlady ta Upravlinnia Ukrainy, Kiev, Ukraine
TsDIAL	Tsentral'nyi Derzhavnyi Istorychnyi Arkhiv, Lviv, Ukraine
WSL	Wiener Stadt- und Landesarchiv, Vienna, Austria

金色篇章：皇帝之梦

1.这部戏剧的名称为 *Des Kaisers Traum. Festspiel in einem Aufzuge von Christiane Gräfin Thun-Salm. Musik von Anton Rückauf*, Vienna, 1908. 关于环城大道的介绍，请参阅 Schorske, *Fin-de-Siecle Vienna*, 24–115 . 当天事件的详细情形，引自 Vasyl Vyshyvanyi (Wilhelm von Habsburg), "Memuary," TsDAVO 1075/4/18a/2; *Wiener Abendpost*, 3 December 1908, 1–6; *Wiener Bilder*, 9 December 1908, 21;

Thun-Salm and Hoffmansthal, *Briefwechsel*, 187, 238. 关于当天晚会的议论，请参阅 Mayer, *Persistence of the Old Regime*, 142–143; 以及 Unowsky, *Pomp and Politics*, 87–89. 关于1908年的其他庆祝活动，请参阅 Grossegger, *Der Kaiser-Huldigungs-Festzug*; 以及 Beller, "Kraus's Firework."

2. 关于朗巴勒公主被斩首的详细情形及其种种解释，引自Blanning, *Pursuit of Glory*, 619–670.

3. 关于哈布斯堡王朝的象征符号，请参阅 Wheatcroft, *Habsburgs*. 关于哈布斯堡王朝的普世观念，最为出色的论述可见 Evans, *Rudolf II and His World*. 关于鲁道夫的小册子，请参阅 Hamann, *Kronprinz Rudolf*, 341.

4. 关于审查官与各民族，请参阅 Zacek, "Metternich's Censors"; 以及 Killem, "Karel Havlicek." 当时滑稽可笑的做法可见 Rak, *Byvali Čechové*.

5. 上述细节引自 Clark, *Iron Kingdom* ; 1683年熔炼金子的事情可见 Stoye, *Siege of Vienna*.

6. 关于演出的详细情形，请参阅 Sonnenthal, *Adolf von Sonnenthals Briefwechsel*, 229. 参见《哥林多前书》13:13，"如今常存的有信，有望，有爱，这三样，其中最大的是爱"。戏剧中的未来神说："这才是最大的，我称之为：爱。"

7. *Wiener Abendpost*, 3 December 1908, 3.

8. "Memuary," TsDAVO 1075/4/18a/1.

9. 奥地利与匈牙利共同组建军队，共同办理外交，共同制定预算，但匈牙利政府有权决定其内部政策。从1867年起，弗兰茨·约瑟夫的称号被改称为"皇帝与国王"或"帝王"，兼领奥地利（帝国）和匈牙利（王国），他的领地被称为奥地利－匈牙利，视乎特定场合，他的君主权力机关被冠以帝国的、王国的或者帝国和王国的字样。请参阅术语及语言部分的说明。

10. Consult Cohen, *Politics of Ethnic Survival*; King, *Budweisers into Czechs and Germans*; Koŕalka, *Češi v Habsburské ríse a v Evropě*·

11. A. J. P. Taylor 在其著作《哈布斯堡君主制》中试图说明，无论第一次世界大战爆发与否，哈布斯堡君主制都注定垮台。这一观点备受挑战。关于对 Taylor 的猛烈抨击，请参阅 Remak, "The Healthy Invalid."

12. Stefan to Franz Ferdinand, 5 or 6 November 1908; Stefan to Franz Ferdinand, 6 or 7 November 1908, APK-OŻ DDŻ 84. 总参谋长康拉德·冯·赫岑多夫的出席可见 *Wiener Abendpost*, 3 December 1908, 3.

13. *Volksblatt*, 6 December 1908, 3; *Die Neue Zeitung*, 3 December 1908, 1; Wingfield, *Flag Wars and Stone Saints*, 129; Unowsky, *Pomp and Politics*, 181.

蓝色篇章：海上孩童

1. *Des Kaisers Traum. Festspiel in einem Aufzuge von Christiane Gräfin Thun-Salm. Musik von Anton Rückauf*, Vienna, 1908, 29; Michel Georges-Michel, "Une histoire d'ancre sympathetique," *Le Jour*, 25 July 1934; "Akt," TsDAHO 26/1/66498-fp/148980/I.

2. Basch-Ritter, *Österreich auf allen Meeren*, 71.

3. *Pola: Seine Vergangenheit, Gegenwart und Zukunft*, 32, 82. 在德语里面，与我们所谓的"全球化"所对应的单词是"*Welthandel*"。

4. Wiggermann, *K.u.k. Kriegsmarine und Politik*, 36.

5. Sondhaus, *Habsburg Empire and the Sea*, 172–212; Perotti, *Das Schloss Miramar*, 9–89.

6. Vogelsberger, *Kaiser von Mexico*, 333.

7. 卡尔后来在瓦格拉姆战役中被拿破仑击败，一如凯旋门上的记载。

8. "Memuary," TsDAVO 1075/4/18a/1; Sondhaus, *Naval Policy*, 61; Hyla, "Habsburgowie żywieccy," 7.

9. HHStA, Fach 1, Karton 189, Folder Vermählung Des Erzherzogs Carl Stephan mit der Erzherzogin Maria Theresia von Toscona zu Wien am 28 February 1886, Grover Colelveand to Franz Joesf 20 May 1886. 关于那套作为礼物的银器，请参阅 A. Habsburg, *Princessa och partisan*, 113.

10. 关于鲁道夫的生平，请参阅 Hamann, *Kronprinz Rudolf*, esp. 330–332, 415–419. Dickinger, *Franz Josef I*, 54–66.

11. 引文引自 Hamann, *Reluctant Empress*, 130, 135.

12. Markus, *Der Fall Redl*, 149–150; Wheatcroft, *Habsburgs*, 283; Gribble, *Life of the Emperor Francis-Joseph*, 281.

13. Ivanova, *Stara bulgarska literatura*, 64.

14. 关于鲁道夫，请参阅 Hamann, *Kronprinz Rudolf*, 296–298. 关于相互影响，请参阅 "Memuary," TsDAVO 1075/4/18a/1, 2, and 6; and Ryan, *My Years*, 232. 关于三元君主制，请参阅 Dedijer, *Road to Sarajevo*, 93–95, 153, 159. 关于当时塞尔维亚与克罗地亚政治观念的讨论可见 Banac, *National Question*, 70–114. 关于1903年王朝变故后南斯拉夫观念的回归，请参阅 Jelavich, *South Nationalism*, 19–26.

15. HHStA, Fach 1, Karton 147, Folder Entbindung Erzherzogin Maria Theresia 1895. 威廉·弗兰茨·约瑟夫·卡尔是其全名。所有这些名字都带有王朝气息。卡尔是其曾祖父和外曾祖父的名字；家族中所有男性都带有这个名字，某种程度上，这种命名是合适的，因为这能够提醒他们不仅是兄弟，而且是表亲。弗兰茨·约瑟夫是当朝皇帝，因此选用他的名字是向维也纳致意。威廉这个名字取自威廉·冯·哈布斯堡大公，他曾是条顿骑士团的大团长，也曾是奥地利军队的总司令，他于此前一年刚刚去世。因此，斯特凡赋予孩子们的名字以双重权威，同时通过把家中个别成员的名字命名为弗兰茨·约瑟夫，向弗兰茨·约瑟夫皇帝直接致以敬意。Redlich, *Emperor Francis Joseph*, 200, 476.

16. 这一简单调查未能充分反映19世纪波兰的复杂历史。最佳指引可见 Wandycz, *Lands of Partitioned Poland*.

17. Schmidt-Brentano, *Die Österreichische Admirale*, 473.

18. Sondhaus, *Naval Policy*, 136.

19. Ryan, *My Years*, 69.

20. Ryan, *My Years*, 70–73. Ryan 说她撰写回忆录的目的，在于反驳人们关于所有哈布斯堡家族成员都是疯子、坏人、不合格统治者的观念，尽管回忆录的内容在这个问题上有点模棱两可。

21. Ryan, *My Years*, 83.

22. 斯特凡的艺术作品似乎都未能留存。然而，他在柯皮耶–布赫的写生作品却颇见性情。请参阅 APK-OŻ DDŻ 84 and 85.

23. Ryan, *My Years*, 66–67.

24. "Memuary," TsDAVO 1075/4/18a/1; Ryan, *My Years*, 91.

25. 关于建筑师及相关引文，请参阅 Stefan to Cox and King, Naval Architects, London, 1905, APK-OŻ DDŻ 84. 关于儿子们的航海课程可见 "Memuary," TsDAVO 1075/4/18a/1. 关于山羊的情节可见 Ryan, *My Years*, 245–246.

26. 关于圣彼得堡之行的档案可见 HHStA, Fach 1, Karton 66, Folder "Erz-herzog Karl Stefan," Letter to Seiner Exzellenz Herrn Grafen Gołuchowski, St. Petersburg, 12 August 1900. 关于与玛丽亚·克里斯蒂娜的接触，请参阅 HHStA, Fach 1, Karton 66, Folder "Erzherzog Karl Stefan," Letter, Seiner Exzellenz Herrn Grafen Gołuchowski, San Sebastian, 30 September 1900.

27. 关于1902年参加阿方索庆典的情节可见 Ryan, *My Years*, 250.

28. HHStA, Fach 1, Karton 66, Folder "Erzherzog Karl Stefan," An das hohe K. und h. Ministerium des kaiserlichen und königlichen Hauses und des Aeussern, Vienna, 27 January 1905.

29. 关于与水手的接触，请参阅 Ryan, *My Years*, 98. 关于日期，请参阅 Hyla, "Habsburgowieżywieccy," 9. 关于威廉对水手的回忆，请参阅 "Memuary," TsDAVO 1075/4/18a/1.

30. Stefan to Agenor Gołuchowski, 17 July 1906, HHStA, Fach 1, Karton 66, Folder "Erzherzog Karl Stefan."

31. "Memuary," TsDAVO 1075/4/18a/1.

绿色篇章：欧洲东部

1. Gribble, *Life of the Emperor Francis-Joseph*, 119; Hamann, *Reluctant Empress*, 288, 301; E. Habsburg, *Das poetische Tagebuch*, 383.

2. 关于这次讨论，请参阅 Wheatcroft, *Habsburgs*; 尤其是 Tanner, *Last Descendant*.

3. 关于伊斯坦布尔之旅，请参阅 HHStA, Fach 1, Karton 66, Folder "Erzherzog Karl Stefan," Seiner Exzellenz Herrn Grafen Gołuchowski, 3 October 1906 and 23 October 1906. 关于阿尔吉利亚之旅，请参阅ibid., Telegram, Chiffre, Algiers, 2 May 1907.

4. 关于马耳他之旅，请参阅 ibid., Consolato d'Austria-Ungharia, Malta, A sua Eccellenza Il Barone Lexa de Aehrenthal, 22 April 1907. 关于马耳他政局的讨论可见 Owen, *Maltese Islands*, 63–66.

5. 关于1909年之旅，请参阅 Stefan in Podjavori to Austrian trade section in Triest, 31 March 1909, APK-OŻ DDŻ 84. 关于威利的印象，请参阅 "Memuary," TsDAVO 1075/4/18a/1.

6. Tylza-Janosz, "Dobra czarnieckie i porąbczanskie," 20, 28, 35; Spyra, *Browar Żywiec*, 27–30. 关于贵族资本主义，请参阅 Glassheim, *Noble Nationalists;* 以及 Mayer, *Persistence of the Old Regime*.

7. 关于家庭肖像，请参阅 Senecki and Piotrowski, "Zbiory malarstwa," 58–60; Kuhnke, "Polscy Habsburgowie"; Mackiewicz, *Dom Radziwiłłów*, 209. 关于移居的时机可见 "Memuary," TsDAVO 1075/4/18a/1. 关于民族风格请参阅 Bożek, *Żywieckie projekty Karola Pietschki*. 关于礼拜堂可见 Rusniaczek, "Jak powstał," 40–41. Maria Theresia's request to the pope: Maria Theresia to Pope Benedict XV, 1 December 1904; "Sacra Rituum Congregatio …" 18 January 1905; [Illegible] to Maria Theresia, 15 May 1912; all in APK-OŻ DDŻ 3.

8. Kuhnke, "Polscy Habsburgowie." 关于窗户的改动，可见 Stefan to En-tresz, July 1906, APK-OŻ DDŻ 84.

9. Stefan to "Caro Signore Commendatore," 25 September 1909; Stefan to Dr. Weiser & Sohn, Vienna, 8 October 1909; Stefan to Société Lorraine, 2 December 1909; Stefan to Daimler Motor Company, Coventry, 21 March 1910; Stefan to Hieronym Tarnowski, June 1910, all in APK-OŻ DDŻ 85. 关于开车，请参阅 Husar, "Żywieccy Habsburgowie," 65.

10. Ryan, *My Years*, 127–134. 2007年，这棵紫杉树仍旧立于此处。

11. HHStA, Fach 1, Karton 200, Folder "Vermählung 74 der Erzherzogin Renata mit dem Prinzen Radziwill," K. und k. Ministerium des kaiserl. und königl. Hauses und des Äussern, "Eheschliessung Ihrer k.u.k. Hoheit der durchlauchstigsten Frau Erzherzogerin Renata Maria mit dem Prinzen Hieronymus Radziwill"; ibid., Sr. K. und K Apost. Majestät Obersthofmeisteramt, An das löbliche k. und k. Ministerium des k. und k. Hauses und des Aeussern, 18 September 1908. 蕾娜塔不得不接受宫廷提出的所有条件，并于1908年11月再次在仪式上宣布放弃王室身份。尽管蕾娜塔被逐出王室，拉齐维沃家族仍然相当富有。希罗尼穆斯·拉齐维沃在德国拥有广泛人脉。他在德意志帝国颇受礼遇，他的父亲是德国国会议员。

12. Mackiewicz, *Dom Radziwiłłów*, 210–211.

13. 那些未加标题的放弃声明引自 HHStA, Fach 1, Karton 203, Folder "Vermählung der Erzherzogin Mechtildis mit dem Prinzen Aleksander Olgierd Czartoryski." 另可参阅 ibid., the following documents: "Kopie" of "Entwurf," 9 October 1912; K. und k. Ministerium des kaiserl. und königl. Hauses und des Äussern, Vienna, 26 January 1913, 3.518/1, Vertraulich; Vortrag des Ministers des kaiserlichen ters des kaiserlichen und königlichen Hauses und des Äussern, 9 October 1912.

14. Hyla, "Habsburgowie Żywieccy,"10. 恰尔托雷斯基家族的格言原文为"Bądź co Bądź"。

15. Ryan, *My Years*, 98–99; Hyla, "Habsburgowie Żywieccy," 9; "Memuary," Ts-DAVO 1075/4/18a/1.

16. 斯特凡的信件，请参阅 Stefan to Baron Rehmer, Ministerium des Aüssern [December 1912], APK-OŻ DDŻ 85. Reactions are recorded in HHStA, Fach 1, Karton 203, Folder "Vermählung der Erzherzogin Mechtildis mit dem Prinzen Alek-sander Olgierd Czartoryski," K. und k. Ministerium des kaiserl. und königl. Hauses und des Äussern, Vienna, 26 January 1913, 3.518/1, Vertraulich. The first wedding "in das Bürgertum" according to Hamann, *Die Habsburger*, 81. 与姐妹们不同，埃莉诺拉不得不放弃所有国家资助，请参阅 HHStA, Fach 1, Karton 203, Folder "Vermählung der Erzherzogin Eleonore mit dem Linienschiffslieutenant von Kloss," Kopie, "Verwurf."

17. 引文引自 Ryan, *My Years*, 99. 书信往来的例子可见 Stefan to L. Bernheimer, 22 December 1912, APK-OŻ DDŻ 85.

18. KA, Personalevidenzen, Qualifikationsliste und Grundbuchblatt des Erzherzogs Wilhelm F. Josef, Klassifikationsliste (15 March 1915).

19. Hull, *Entourage*, 65 and passim; Clark, *Kaiser Wilhelm II*, 73–76; Murat, *La loi du genre*, 265. Proust 认为威廉二世的丑闻让"同性恋"这个词语被法国人接受。Lucey, *Never Say I*, 230.

20. Spector, "Countess Merviola," 31–46; ibid., "Homosexual Scandal," 15–24.

21. Deák, *Beyond Nationalism*, 143–145; Palmer, *Twilight*, 318; Ronge, *Kriegs-und Industriespionage*, 79–86; KA, Personalevidenzen, Qualifikationsliste und Grundbuchblatt des Erzherzogs Wilhelm F. Josef, "Hauptgrundbuchblatt."

22. Novosad, "Vasyl' Vyshyvanyi," 24. 威廉或许准备成为两个王国的国王，可见 Vasyl' Rasevych maintains in "Vil'hel'm von Habsburg," 212–213. 拉瑟维奇认为威廉最初同情犹太人，后来才同情乌克兰人。但拉瑟维奇的观点似乎只是孤证，原文出自 Henry Hellsen, "Kejser at Ukraine," *Berlinske Tidende*, 31 March 1920, 2. 按照赫尔森的说法，威廉制订了以色列建国计划，并且为柏林的世界犹太复国主义协会提供服务。人们不妨设想威廉的想法来自何处。犹太复国主义是指犹太人返回巴勒斯坦并建立犹太国家的观念，其支持者甚众。1913年，第11届犹太复国主义大会在维也纳举行，当时维也纳正是威廉的居住地。在这种背景下，威廉迁居维也纳，在他发现民族的旅程中无疑是个时来运转的时刻。其原因在于，洛希尼岛没有犹太人，日维茨也只有极少数犹太人。但伊斯坦布尔和北非肯定有犹太人，那都是威廉喜欢的地方，他可能于1906年、1907年、1909年的家族旅行中见过犹太人。赫拉尼采也有犹太人，而威廉从1909年至1912年在那里求学。赫拉尼采有条犹太街，有犹太教堂，有学校，有社区建筑（请参阅 Bartovsky, *Hranice*, 225）。但这都只是猜测。威廉自己并未提起，因此赫尔森那篇文章只是孤证，赫尔森的编年叙事也相当模糊。赫尔森所引用的某些关于犹太人的细节，比如威廉与德国皇帝威廉二世的谈话，与关于乌克兰人的细节同样可疑。赫尔森是在事发多年以后才从事写作，而且缺乏专业素养。除非出现新的证据，否则威廉有关犹太人的故事只在或有或无之间。

23. "Memuary," TsDAVO 1075/4/18a/1–2, quotations at 1 and 2. See also Hirniak, *Polk. Vasyl' Vyshyvanyi*, 7–8.

24. "Memuary," TsDAVO 1075/4/18a/2.

25. Quotation is from "Memuary," TsDAVO 1075/4/18a/2.

26. 欲知更多细节，请参阅 Markovits and Sysyn, *Nationbuilding*; Binder, *in in Wien*.

27. 东欧人种学的出色总结可见 Gellner, *Language and Solitude*, 132ff.

28. 关于乌克兰君主制，请参阅 Tereshchenko, "V'iacheslav Lypyns'kyi." 关于加里西亚乌克兰运动的流行程度，请查阅 John-Paul Himka, *Religion and Nationality in Western Ukraine* 等。

29. Tereshchenko and Ostashko, *Ukrains'kyi patriot*, 8. 那位顾问是埃文·奥列斯涅茨基。

30. IPH, 14 April 1948; TsDAHO 26/1/66498-fp/148980/I/132; see also Onats'kyi, *Portrety v profil*, 126. 关于其他军官团，可参阅 Plaschka, Haselsteiner, and Suppan, *Innere Front*, 35.

31. "Memuary," TsDAVO 1075/4/18a/3; Novosad, "Vasyl' Vyshyvanyi," 24.

32. "Memuary," TsDAVO 1075/4/18a/3; Deák, *Beyond Nationalism*, 82.

33. 关于乌克兰人的贫困状况，请参阅 "Memuary," TsDAVO 1075/4/18a/2–3.

34. Stefan to Franz Ferdinand, 5 or 6 November 1908; Stefan to Franz Ferdinand, 6 or 7 November 1908, APK-OŻ DDŻ 84. See also Antonoff, "Almost War."

35. Dedijer, *Road to Sarajevo*, 145. See also Deák, *Beyond Nationalism*, 8.

36. 引文引自 Tunstall, "Austria-Hungary," 124.

37. Wilhelm to Huzhkovs'kyi, 17 November 1916, TsDIAL, 408/1/567/15.

红色篇章：披甲王子

1. MacKenzie, *Apis*. 阿匹斯的真实姓名是德拉古丁·迪米特里耶维奇。阿匹斯是古埃及神牛，最初就是以帝国诅咒者的身份出现在历史上。请参阅 Herodotus, *History*, 192–193.

2. 这种状况与匈牙利相当不同，与弗兰茨·斐迪南针对匈牙利马扎尔人的敌意正好相反。他的计划是建立一个三元国家，以此降低匈牙利在帝国内部的重要性。

3. 这种反差还体现在他催促德意志人与捷克人放下民族争议，以确保战争

注 释

能够坚持下去。没有战争胜利，则无从提升他们在君主国内部的相对地位。请参阅 Popyk, *Ukraintsi v Avstrii*, 99–100; Judson, *Guardians of the Nation*, 220.

4. 关于哈布斯堡王朝的观念，请参阅 Shanafelt, *Secret Enemy*, 45.

5. Deák, *Beyond Nationalism*, 193. 关于第一次世界大战的出色近著，请参阅 Strachan, *First World War*; Stevenson, *Cataclysm*.

6. 在1913级中尉毕业班中，超过半数中尉毕业生在战争中阵亡或负伤。请参阅 Deák, *Beyond Nationalism*, 91. 引文引自 KA, Personalevidenzen, Qualifikationsliste und Grundbuchblatt des Erzherzogs Wilhelm F. Josef, Belohnungsantrag (28 March 1915). 关于金羊毛骑士团，请参阅 "Liste Nominale des Chevaliers de l'Ordre de la Toison d'Or en vie May 1929," APK-OŻ DDŻ 1.

7. 关于阿尔布雷希特，请参阅 KA, Personalevidenzen, Qualifikationslist des Erzherzogs Carl Albrecht. 关于威廉毕业，请参阅 KA, Personalevidenzen, Qualifikationsliste und Grundbuchblatt des Erzherzogs Wilhelm F. Josef, Belohnungsantrag (21 March 1918), 以及类似文献。

8. 关于威廉被称为"红色王子"，请参阅 "Memuary," TsDAVO 1075/4/18a/4; Onats'kyi, *Portrety v profil*, 126. 该团为第13枪骑兵团。

9. "Memuary," TsDAVO 1075/4/18a/4–5.

10. 关于此时斯特凡与威廉的关系，请参阅 HHStA, Fach 1, Karton 66, Folder "Erzherzog Stefan," Telegram, Prinz Hohenlohe, Berlin, 7 February 1916. 关于谣言与议会，请参阅 Lubomirska, *Pamiętnik*, 121, 333.

11. Burián, *Austria in Dissolution*, 96–97, 100, 342; Shanafelt, *Secret Enemy*, 71, 80, 90; Zeman, *Breakup*, 100, 104.

12. 关于威廉谈论父亲的信件，请参阅Wilhelm to Huzhkovs'kyi, 29 December 1916, TsDIAL, 408/1/567/28–29. 关于斯特凡与奥尔吉耶·恰尔托雷斯基的通信，请参阅 Hamann, *Die Habsburger*, 226; Hyla, "Habsburgowie Żywieccy," 14–15; Majchrowski, *Ugrupowania monarchystyczne*, 9–10. 关于父子通信，请参阅 HHStA, Fach 1, Karton 66, Folder "Erzherzog Karl Stefan," Der k. und k. Legationsrath, Warsaw, An das löbliche Politische Expedit des K. und K. Ministeriums des Aeussern, 1 October 1916. 关于摄政委员会三人团其中一人观点的声明，请参阅 Kakowski, *Z Niewoli*, 333–356. 斯特凡的公开支持可见 Lubomirska, *Pamiętnik*, 499, 504.

13. 关于与腓特烈的通信，请参阅 Friedrich to Wilhelm, 2 November 1916, TsDIAL, 408/1/567/8. 关于威廉于1916年领受的任务，请参阅 KA, Personalevidenzen, Qualifikationsliste und Grundbuchblatt des Erzherzogs Wilhelm F. Josef, Vormerkblatt für die Qualifikationsbeschreibung für die Zeit vom 1/IV 1916 bis 30/IX 1917. 威廉的晋升可见 KA, Personalevidenzen, Qualifikationsliste und Grndbuchblatt des Erzherzogs Wilhelm F. Josef, Veränderungen. Ethnographic: Huzhkovs'kyi(?) to Olesnyts'kyi, 29 January 1917, TsDIAL 408/1/567/120.

14. 引文引自 Wilhelm to Huzhkovs'kyi, 7 November 1916, TsDIAL 408/1/567/18. 实际上，这份声明让奥地利–波兰方案的波兰支持者深感失望。本章侧重于乌克兰的前途，而对波兰态度的出色讨论可见 Suleja, *Orientacja Austro-Polska*.

15. 与斯特凡的通信可见 Wilhelm to Huzhkovs'kyi, 29 December 1916, TsDIAL 408/1/567/28. On the "Fürstentum Ukraina," see Wilhelm to Huzhkovs'kyi, 29 December 1916, TsDIAL 408/1/567/29.

16. Wilhelm to Huzhkovs'kyi, 8 February 1917, TsDIAL 408/1/567/62–63.

17. 威廉对那位医生的回忆可见 "Memuary," TsDAVO 1075/4/18a/6. 威廉通过剪报得知并出席弗洛伊德讲座可见 Michel Georges-Michel, "Ou l'Archiduc Guillaume unit Mlle Mistinguett et l'Archiduc Rodolphe" [summer 1932], HURI, Folder 2. 讲座内容以英文出版，题为 Freud, *Introductory Lectures*, 414–415, 433–435. 彼得·盖伊创办了一所学校，以弗洛伊德学说解释维也纳市民的生活。请参阅 *Freud, Jews, and Other Germans*.

18. 关于威廉于4月3日动身出发，请参阅 Wilhelm to Huzhkovs'kyi, 22 March 1917, TsDIAL 408/1/567/88. 运送烈酒可见 Wilhelm to Huzhkovs'kyi [1917], TsDIAL 408/1/567/124. 关于摄政委员会，请参阅 *Polski Słownik Biograficzny*, vol. 9, 219. 威廉于1917年5月21日获颁铁十字勋章可见 KA, Personalevidenzen, Qualifikationsliste und Grundbuchblatt des Erzherzogs Wilhelm F. Josef, Veränderungen.

19. Zeman, *Breakup*, 126; Bridge, "Foreign Policy," 28.

20. Wilhelm to Huzhkovs'kyi, 9 June 1917, TsDIAL 408/1/567/100–102.

21. 引文及细节可见 Wilhelm to Vasylko, 1 August 1917, Ts-DIAL 358/3t/166/34–35. 卡尔在科洛梅亚的情形可见 Skrzypek, "Ukraińcy w Austrii," 74.

22. "Vom Tage Metropolit Graf Szeptycki in Lemberg," 11 September 1917, PAAA Wien 342; Deutsches Konsulat, Lemberg, report dated 12 September 1917, PAAA Wien 342; Novosad, "Vasyl' Vyshyvanyi," 22; Rasevych, "Vil'hel'm von Habsburg," 214.

23. 引文引自 Cornwall, *Undermining*, 46. 关于和平建议，请参阅 HHStA, Fach 1, Karton 66, Folder "Erzherzog Stefan."

24. Wilhelm to Sheptyts'kyi, 4 December 1917, TsDIAL, 358/3t/166/4; Tereshchenko and Ostashko, *Ukrains'kyi patriot*, 15–16; Grelka, *Die ukrainische Nationalbewegung*, 92; KA, Personalevidenzen, Qualifikationsliste und Grundbuchblatt des Erzherzogs Wilhelm F. Josef, Veränderungen; Wilhelm to Huzhkovs'kyi, 10 January 1918, TsDIAL 358/3t/166/6.

25. 关于罢工，请参阅 Bihl, *Österreich-Ungarn und die Friedenschlüsse*, 87. 关于占领期间的维也纳社会，请参阅 Healy, *Vienna*. 关于1918年1月22日置身于维也纳的捷克人，请参阅 Arz, *Zur Geschichte des Grossen Krieges*, 225. 关于哈布斯堡总参谋部通信可见 KA, Armeeoberkommando, Op. Abteilung, Op. geh. Akten, Karton 464, K.u.k. AOK zu Op. Geh. Nr. 829, Chef des Generalstabes, "Sitzungsbericht vom 21 Jänner (1918)." 关于威廉与瓦西里科，请参阅 Dontsov, *Rik 1918*, 14; Skrzypek, "Ukraińcy w Austrii," 353; Hirniak, *Polk. Vasyl' Vyshyvanyi*, 13; Bihl, *Österreich-Ungarn und die Friedenschlüsse*, 98; Zalizniak, "Moia uchast," 80–81; Popyk, *Ukraintsi v Avstrii*, 134–143.

26. Wilhelm to Sheptyts'kyi, 14 February 1918, TsDIAL 358/3t/166/7–8.

灰色篇章：影子君王

1. Lersner to Auswärtiges Amt, 18 March 1918, PAAA R14363; Arz, *Zur Geschichte des Grossen Krieges*, 240.

2. 引文引自陆军总参谋部 KA, Armeeberkommando, Quartiermeisterabsteilung, 2626, Folder "Ukraine. Geheimakten," Chef des Generalstabes, Arz, K. u. k. Armeeoberkommando, Ukrainische Abteiling, to Austrian General Staff in Baden, "Klärung von Fragen in der Ukraine," 4 October 1918. 引文引自 Forgách to Burián, 10 August 1918. n Hornykiewicz, *Ereignisse*, vol. 3, 322. 引文引自哈布斯堡军事情报官 Armeeoberkommando, Quartiermeisterabteilung, Karton 2634, "Referat über die

ukr. Legion," Hptm. Kvaternik, K. u. k. AOK (Opabt.), 25 February 1918. 富有进取心的军事情报官柯瓦特尼克并未在意乌克兰军团的前身、1914年组建的塞契神枪手，而是在意由战俘组成的新团队。但这个团队迅速被德国人解散。

3. 关于德国人的优先考虑，请参阅 Mumm, cited in Eudin, "German Occupation," 93. 另可参阅 Mędrzecki, "Bayerische Truppenteile," 458. 关于油田，请参阅 Baumgart, *Deutsche Ostpolitik*, 123. 关于德意志帝国战争目标及行动的争论可见 Fischer, *Griff nach der Weltmacht*. A useful document collection is Feldman, *German Imperialism*.

4. 正式名称是乌克兰共和国。我把在俄罗斯帝国领土上创建的国家称为乌克兰人民共和国，以免混淆。

5. 此次召见可见 Wilhelm to Sheptyts'kyi, 19 February 1918, TsDIAL, 358/3t/166/15–16; 以及 Rutkowski, "Ukrainische Legion," 3. 双方对话可见 Wilhelm to Vasylko, 18 March 1918, TsDIAL, 358/3t/166/17–18 (emphasis in original). 关于王位，请参阅 The throne: IPH, 23 September 1947, TsDAHO 26/1/66498-fp/14 8980/I/47. 关于军团的创建，请参阅 Vasyl' Vyshyvanyi, "U.S.S. z vesny 1918 r. do perevorotu v Avstrii," 25 October 1920, HURI, Folder 2. 关于1918年以前的军团历史，请参阅 Popyk, *Ukraintsi v Avstrii*, 40–62.

6. 关于威廉的印象，请参阅 Vasyl' Vyshyvanyi, "U.S.S. z vesny 1918 r. do perevorotu v Avstrii," 25 October 1920, HURI, Folder 2.

7. 引文引自 Wilhelm is in Vasyl' Vyshyvanyi, "U.S.S. z vesny 1918 r. do perevorotu v Avstrii," 25 October 1920, HURI, Folder 2. 关于哥萨克，请参阅 "Memuary," TsDAVO 1075/4/18a/8.

8. 关于威廉对乌克兰化的评价可见 Wilhelm to Vasylko, 24 May 1918, TsDIAL 358/3t/166/21–22. 他的政策措施可见 Hirniak, *Polk. Vasyl' Vyshyvanyi*, 15. 政策措施的执行情况可见 Vasyl' Vyshyvanyi, "U.S.S. z vesny 1918 r. do perevorotu v Avstrii," 25 October 1920, HURI, Folder 2.

9. Sheptyts'kyi to Wilhelm, 13 June 1918, *Documents ruthéno-ukrainiens*, 13; Petriv, *Spomyny*, 550. 另可参阅 Onats'kyi, *Portrety v profil*; *Podvyzhnyky Chynu Naisviatishoho Izbavitelia v Ukraini*; 以及 Skrzypek, "Ukraińcy w Austrii," 381. fn. 47. On 关于乌克兰至圣救主会，请参阅 Houthaeve, *De Gekruisigde Kerk*, 323–324; Lavrdure, "Achille Delaere," 85–90; Turii, "Istorychnyi shlakh," 49–51; 以及 Bubnii, *Redemptorysty* 24–33. 早在20世纪初，比利时至圣救主会就在加拿大西部提供志愿服务，因为当地有乌克兰裔的东仪天主教移民，他们未能得到符合自身语言和习惯的宗教服务。这些至圣救主会成员开始学习乌克兰语，并把东仪天主教仪式转换为罗马天主教仪式。1910年，舍甫季茨基到访加拿大，并与至圣救主会成员会面，这些至圣救主会成员加入东仪天主教会，照顾生活在加拿大草原上的乌克兰人。舍甫季茨基对此印象深刻，并安排至圣救主会成员前往东加里西亚。邦内是于1913年前往加里西亚的第一批至圣救主会成员之一。与其他至圣救主会成员一样，邦内开始认同乌克兰民族。与威廉一样，邦内于1917年在利沃夫拜见舍甫季茨基。

10. "Memuary," TsDAVO 1075/4/18a/8; Tereshchenko and Ostashko, *Ukrains'kyi patriot*, 27.

11. 引文引自 Forgách to Burián, 22 June 1918, HHStA, Politisches Archiv X/

Russland, Liasse Russland XI d/8, Karton 154, p. 149; K. u. k. Ministerium des Äußern, Referat I, "Tagesbericht," 27 August 1918, in Hornykiewicz, *Ereignisse*, vol. 3, 352; KA, Oberkommando, Quartiermeisterabsteilung, 2626, Folder "Ukraine. Geheimakten," Nachrichtenabteilung an Ukr. Abt. des AOK, "Bericht über die ukr. Verhältnisse," 16 June 1918; K. u. k. Armeeoberkommando, Operations-Abteilung, Streng vertraulich, nicht für Deutsche, 30 June 1918, in Hornykiewicz, *Ereignisse*, vol. 3, 139.

12. Malynovs'kyi, "Arkhykniaz Vil'hel'm fon Habsburh," 30; Petriv, *Spomyny*, 537. 军团由一个骑兵团和一个步兵团组成。

13. 引文引自 Petriv, *Spomyny*, 546.

14. Hirniak, *Polk. Vasyl' Vyshyvanyi*, 27. See also Wilhelm to Vasylko, 24 May 1918, TsDIAL 358/3t/166/21-22.

15. 波尔波尚的计划可见 Petriv, *Spomyny*, 547. 关于威廉与卡尔的讨论，请参阅 HHStA, Politisches Archiv I 523, Liasse XL VII/12/d, 517, "Entwurf eines Allerhöchsten Telegramms an Seine k.u.k Hoheit Erzherzog Wilhelm," May 1918. 另可参阅 IPH, 23 September 1947, TsDAHO 26/1/66498-fp/148980/I/45; "Memuary," TsDAVO 1075/4/18a/9; 以及 Bihl, "Beitrage zur Ukraine-Politik," 55.

16. 关于哈布斯堡士兵的抢掠行径，请参阅 KA, Oberkommando, Quartiermeisterabsteilung, 2626, Folder "Ukraine. Geheimakten," Nachrichtenabteilung an AOK Ukraine, "Bericht über Ukraine," 15 June 1918. 关于以粮食支付，请参阅 Krauss, "Die Besetzung," 360. 农民的态度可见 KA, Oberkommando, Quartiermeisterabsteilung, 2626, Folder "Ukraine. Geheimakten," Nachrichtenabteilung an Ukr. Abt. des AOK, 6 October 1918. 关于协议，请参阅 *Deutsche Ukrainepolitik*, 139.

17. 关于绞刑，请参阅 KA, Armeeoberkommando, Operationsabteilung, Op. Akten, Karton 723, Evidenzgruppe "R," Telegram, 1 June 1918. 关于把铁路官员绑在铁轨上，请参阅 KA, Armeeoberkommando, Operationsabteilung, Op. Akten, Karton 724, Evidenzgruppe "R," Telegram, 5 July 1918. 炮兵事件可见 KA, Armeeoberkommando, Operationsabteilung, Op. Akten, Karton 724, Evidenzgruppe "R," Telegram, "Bericht fuer s.m.," 20 July 1918. 军事情报引文引自 KA, Oberkommando, Quartiermeisterabsteilung, 2626, Folder "Ukraine. Geheimakten," Chef des Generalstabes, "Lage in der Ukraine," 7 August 1918.

18. KA, Armeeoberkommando, Op. Abteiling, Op. Akten, Karton 723. Report from Odessa, "Bericht über die Niedermetzlung der Honvedhusaren bei Wladimirowka am 31/5[1918]," 21 June 1918. 我所指的无政府主义者是马克诺。

19. 哈布斯堡军官对乌克兰的态度可见 KA, Oberkommando, Quartiermeisterabsteilung, 2626, Folder "Ukraine. Geheimakten," Nachrichtenabteilung an Ukr. Abt. des AOK, "Bericht über die ukrainischen Verhältnisse," 26 June 1918; 以及 KA, Armeeoberkommando, Operationsabteilung, Op. Akten, Karton 724, Evidenzgruppe "R," Telegram, 5 July 1918. 另可参阅 KA, Armeeoberkommando, Operationsabteilung, Op. Akten, Evidenzgruppe "R," Karton 792, Telegram, 21 May 1918. 关于马克诺，请参阅 Dontsov, *Rik 1918*, 14. 关于司令官对威廉提出的问题，请参阅 Forgách to Burián, 16 June 1918, in Hornykiewicz, *Ereignisse*, vol. 3, 339. 呈交皇帝陛下的陈情书可见 Forgách to Burián, 24 June 1918, HHStA, Forgách to Burián, 24 June 1918, HHStA, Archiv X/Russland, Liasse Russland XI d/8, Karton 154, p. 141.

20. 关于这桩密谋的报告，请参阅 "Monarchistische Bewegung in der Ukraine,"

18 February 1918, PAAA R13461. 关于哈布斯堡目标的引文引自 Lersner to Auswärtiges Amt, 20 March 1918, PAAA R14363. 5月13日的引文引自 Stoltzenberg to Oberost, 13 May 1918, PAAA R14365. 德国关于把威廉作为酋长继承人的报告可见 Mumm to Chancellor Hertling, 13 May 1918, PAAA R14365.

21. 斯大林的电报可见 KA, Armeeoberkommando, Operationsabteilung, Op. Akten, Evidenzgruppe "R," 22 May 1918, Karton 793.

22. 把威廉视为幻想家可见 General Gröner to Mumm, 20 May 1918, PAAA 1918, PAAA 14374. 关于间谍报告，请参阅 "Protokol pro dii USS na terytorii Annins'koi volosti," Hetmanate, 26 June–9 July 1918, in Malynovs'kyi, "Arkhykniaz Vil'hel'm fon Habsburh," 37–38; Mumm to Hertling, 2 June 1918, PAAA Wien 342; 以及（最后三个问题）"L'Archiduc Wilhelm," Informer's Report, 1918, PAAA 14379.

23. 引文引自 Mumm to Chancellor Hertling, 7 July 1918, PAAA 14376. 另可参阅 Pelenski, "Hetman Pavlo Skoropadsky," 75. 斯科罗帕茨基的质疑可见 Skoropads'kyi, *Spohady*, 208; 另可参阅 Pressebericht der Press-Warte, 28 July 1918, PAAA 14366.

24. "Memuary," TsDAVO 1075/4/18a/9.

25. "Memuary," TsDAVO 1075/4/18a/9.

26. 关于威廉在军团的随从可见 Legionsrat to Auswärtiges Amt, 8 August 1918. 关于会面，请参阅 Niemann, *Kaiser und Revolution*, 36; Hussche to Auswärtiges Amt, 13 August 1918, PAAA 14379. 关于德国皇帝对威廉的印象可见 Wilhelm in Wilhelm II to Karl, 8 August 1918, PAAA 14379. 关于威廉与哈布斯堡王室成员的比较可见 Plessen to Gräfin Brockdorff, 8 August 1918, in Afflerbach, *Kaiser Wilhelm II als Oberster Kriegsherr*, 926.

27. Niemann, *Kaiser und Revolution*, 35–36; Burián, *Austria in Dissolution*, 352–355; Ludendorff, *General Staff*, 595; Strachan, *First World War*, 317–318; Rumpler, *Max Hussarek*, 50–55.

28. 德国人声称威廉在斯帕表露其建立王室的野心。德国外交官声称掌握了一封信函，在信中，威廉把自己形容为乌克兰的合格统治者。德国人声称掌握了威廉野心的证据，请参阅 Bussche to Berkheim, 14 August 1918, PAAA 14379; Forgách to Burián, 18 August 1918, in Hornykiewicz, *Ereignisse*, vol. 3, 347, citing Mumm.

29. Forgách to Burián, 11 August 1918, in Hornykiewicz, *Ereignisse*, vol. 3, 345. 关于威廉于9月返回，请参阅 Wilhelm's return in September, see Wilhelm to Shetyts'kyi (September 1918), TsDIAL, 358/3t/166/19–20. 关于人们对威廉建议重返基辅的反应，请参阅 Mumm to Auswärtiges Amt, 27 August 1918, PAAA R14380; Mumm to Auswärtiges Amt, 28 August 1918, PAAA R14380; Mumm to Auswärtiges Amt, 4 September 1918, PAAA R14382.

30. 关于领土吞并与种族清洗，请参阅 Geiss, *Der Polnische Grenzstreifen*, 125–146. 关于斯特凡的处境，请参阅 Paul von Hintze, Auswärtiges Amt, Telegram, 28 August 1918, PAAA Wien 342.

31. 关于对斯科罗帕茨基的承诺可见 Borowsky, *Deutsche Ukrainepolitik*, 264–265. On the concerns for Wilhelm's safety, see Trautmansdorff to Burián, 23 September 1918, in Hornykiewicz, *Ereignisse*, vol. 3, 358. 奥地利司令官是阿尔弗雷德·克劳斯。

32. 关于布尔什维克统治下的乌克兰，请参阅 Wilhelm to Tokary, 12 October 1918, HURI, Folder 1. 威廉被赶出奥地利占据的俄罗斯土地，该地变成奥地利行省。然而，正如乌克兰人所见，威廉仍在此地。奥地利境内的乌克兰王家行省包括东加里西亚和布科维纳。切尔诺夫策与利沃夫相去不远（铁路里程164英里）。威廉的命令是防范切尔诺夫策落入罗马尼亚手中，罗马尼亚基于种族背景提出对布科维纳的领土要求。在哈布斯堡王朝统治下，切尔诺夫策成为巨大的现代都市，而哈布斯堡王朝主导的现代化也意味着多元化。这座城市大概有七万名信奉罗马天主教、东仪天主教以及亚美尼亚天主教的信徒，以及犹太教信徒。这座城市不仅是乌克兰文化与罗马尼亚文化的中心，而且是意第绪文化的中心，以其杰出的德语大学而知名。

33. Wilhelm to Vasylko, 18 October 1918, TsDIAL 358/3т/166/23–24; Wilhelm to Sheptyts'kyi, 18 October 1918, TsDIAL 358/3т/166/23.

34. 关于以别人取代威廉，请参阅 Klimecki, *ukraińska wojna*, 47, 55. 卡尔的政令只能通行于奥匈帝国的奥地利部分，匈牙利政府在自治问题上完全不为所动。

35. Plaschka, Haselsteiner, and Suppan, *Innere Front*, vol. 2, 304, 316. 波兰外交部获得了上述政令的副本，请参阅 AAN MSZ 5350/254–257. 另可参阅 Ezherzog Wilhelm, 1 November 1918, "Dringend," *Documents ruthénoukrainiens*, 32; Vasyl' Vyshyvanyi, "U.S.S. z vesny 1918 r. do perevorotu v Avstrii," 25 October 1920, HURI, Folder 2; Klimecki, *Polsko-ukraińska wojna*, 68, 73, 91.

36. 塞尔维亚军队能够重新集结，是因为协约国军队迫使哈布斯堡王朝的盟友保加利亚退出战争。

37. 威廉的旅程可见 "Memuary," TsDAVO 1075/4/18a/9.

38. "Memuary," TsDAVO 1075/4/18a/11.

白色篇章：帝国掮客

1. 威廉当时所处的位置，请参阅 "Memuary," TsDAVO 1075/4/18a/11.

2. 请参阅 Żurawski vel Grajewski, *Sprawa ukraińska*; Pavliuk, *Borot'ba Ukrainy*.

3. 关于乌克兰的人格化，请参阅 *Documents ruthéno-ukrainiens*, 21. 关于波兰人的态度，请参阅 Tereshchenko and Ostashko, *Ukrains'kyi patriot*, 37. 另可参阅 Milow, *Die ukrainische Frage*, 312–313, 324.

4. 关于威廉的健康状况，请参阅 Rasevych, "Vil'hel'm von Habsburg," 217. 关于威廉被俘，请参阅 "Memuary," TsDAVO 1075/4/18a/11; IPH, 4 September 1947; TsDAHO 26/1/66498-fp/148980/I/20. 关于罗马尼亚人的要求，请参阅 HHStA, Archiv der Republik, F1, Karton 68, Rumänische Liquidierungskommission to Staatsamt für Äusseres, 10 June 1919. 此时的奥地利实际上被称为德意志人的奥地利。这段故事实际上更加复杂。罗马尼亚在战争结束前夕重返战场，并据此在巴黎和会上对哈布斯堡君主国提出狮子大开口的领土要求。与波兰类似，罗马尼亚只是战胜国有名无实的盟友。尽管罗马尼亚军队对于世界大战的胜利贡献甚微甚至毫无贡献，但罗马尼亚因为跻身战胜国之列而从哈布斯堡君主国获得大片领土。通过俘获前王朝的家族成员，罗马尼亚当局既让威廉感到难堪，又给新生的奥地利共和国出了难题。通过羁押威廉，罗马尼亚人声称威廉欠下债款，并要求奥地利给予补偿。在1918年11月的混乱局面中，威廉被切断了与其家族和宫廷的联系，实际上向哈布斯堡王朝设在切尔诺夫策的行省政府借了些钱。罗马尼亚夺取切尔诺夫策以及布科维纳其余地区后，回过头来要求威廉归还借款。尽管罗马尼亚士兵严密看管威廉，但罗马尼亚官员还是致信维也纳打听威廉的下落。这可能是明知故问，也可能是粗心大意，但确实让人哭笑不得。协约国这些相对弱小的盟友，因此在巴黎和会上再次蒙受被大国支配的屈辱。

5. Hirniak, *Polk. Vasyl' Vyshyvanyi*, 31.

6. 我把复杂的事件予以概括。请参阅 Bruski, *Petlurowcy*; Ullman, *Anglo-Soviet Relations*; Wandycz, *Soviet-Polish Relations*; Reshetar, *Ukrainian Revolution* Abramson, *Prayer for the Government*.

7. Tereshchenko and Ostashko, *Ukrains'kyi patriot*, 38–39

8. Wasserstein, *Secret Lives*, 1–127. On the Galician oil fields, see Frank, *Oil Empire*

9. Hull, *Entourage*, 269; Cavallie, *Ludendorff och Kapp*, 327; Evans, *Coming of the Third Reich*, 61, 177.

10. 关于希特勒的引文引自 Kellogg, *Russian Roots of Nazism*, 105. See Evans, *Coming of the Third Reich*, 67–68, 97; Cavallie, *Ludendorff och Kapp*, 329.

11. Wasserstein, *Secret Lives*, 163.

12. Henry Hellsen, "Kejser at Ukraine," *Berlinske Tidende*, 31 March 1920, 2. 引文引自 Onats'kyi, *Portrety v profil*, 135.

13. 细节可见 V. V. Biskupskii, in Williams, *Culture in Exile*, 100. 另可参阅 Rape, *Die österreichischen Heimwehren*, 246–248; Thoss, *Der Ludendorff-Kreis*, 444; Naczelne Dowództwo W.P., Oddział II, "Skoropadski i arcyksiążę 禧 Wilhelm," 1921, CAW I.303.4.2718/99.

14. 兄弟们的服役情况，请参阅 CAW, Teczka personalna, Leon Karl Habsburg: "Wniosek na odznaczenie 'Krzyże Walecznych' w mysl rozporządzenia ROP z dnia 11 sierpnia 1920 r.," Leon Habsburg, 3 September 1920; "Główna karta ewidencyjna," [1929]; CAW, Teczka personalna: Karol Habsburg, "Wniosek na o-dznaczenie 'Krzyż e Walecznych' w mysl rozporą dzenia ROP z dnia 11 sierpnia 1920 r.," Leon Habsburg, 11 April 1922; "Karta ewidencyjna," 1927. 威廉的服役情况，请参阅 "Notiz," Vienna, 17 August 1920, PAAA Wien 342; Auswärtiges Amt, Report on meeting with Larischenko, 26 August 1920, PAAA R84244. Lincoln: Wasserstein, *Secret Lives*, 175.

15. Badeni, *Autobiografia*, 11; Chłopczyk, "Alicja Habsburg," 29–31.

16. Stefan to "Kochany Hrabio" (Potocki?), 10 August 1920, APK-OŻ DDŻ 85.

17. Wilhelm, "Das Ukrainische Problem," *Neues Wiener Journal*, 9 January 1921.

18. Stefan, "Nadesłane," Żywiec, 31 January 1921, APK-OŻ DDŻ 754; Polizeidirektion Wien to Bundesministerium für Äusseres, 7 February 1921, in Hornykiewicz, *Ereignisse*, vol. 4, 284.

19. 关于对财产的主张，请参阅 HHStA, Fach 1, Karton 66, Folder "Erzherzog Karl Stefan," "Rozporządzenie Ministra Rolnictwa i Dóbr Państwowych w przedmiocie ustanowienia zarządu państwowego nad dobrami arcyksięcia Karola Stefana Habsburga z Żywca, położonemi na terytorjum b. zaboru austrjackiego," 28 February 1919, in *Monitor Polski*, 6 March 1919, Number 53. Worry: Stefan to [Potocki?], 10 August 1920, APK-OŻ DDŻ 85. Stefan: Stefan to Polish Council of Ministers, February 1922, APK-OŻ DDŻ 754. Propaganda: K. O. Habsburg, *Na marginesie sprawy Żywieckiej*, 18.

20. 关于对财产的安排，请参阅 Kancelarja Cywilna Naczelnika Państwa to Stefan, 26 August 1921, APK-OŻ DDŻ 757; "Informacja w sprawie dóbr Żywieckich," 1923, APK-ODDŻ 754; "Rozporządzenie," 24 August 1924, APK-OŻ DDŻ 755.

Italy: C. Canciani to Kloss, 6 July 1919, APK-OŻ DDŻ 757; "Akt darowizny," draft, September 1920, APK-OŻ DDŻ 757. "Dear Papa": Kloss in Rome to Stefan, 22 November 1921, APK-OŻ DDŻ 757.

21. Quotation is from Wilhelm, "Das Ukrainische Problem," *Neues Wiener Journal*, 9 January 1921. Tereshchenko and Ostashko, *Ukrains'kyi patriot*, 46; Bruski, *Petlurowcy*, 332–333.

22. 关于伪装，请参阅 Williams, *Culture in Exile*, 148. 关于交易，请参阅 Dashkevych, "Vil'hel'm Habsburg i istoriia," 65.

23. 关于德国人，请参阅 Naczelne Dowództwo W.P., Oddział II, "Skoropadski i arcyksiążę Wilhelm," 1921, CAW I.303.4.2718/102–104.

24. 关于民主，请参阅 Tereshchenko, "V'iacheslav Lypyns'kyi." 关于谣言，请参阅 MSZ, "Projekt Referatu 'Ukraina,'" November 1921, AAN MSZ 5354/671–681; Kellogg, *Russian Roots of Nazism*, 181. 关于玛丽亚，请参阅 Onats'kyi, *Portrety v profil*, 144. 关于领导者，请参阅 Polizeidirektion Wien to Bundesministerium für Äusseres, 7 February 1921, in Hornykiewicz, *Ereignisse*, vol. 4, 284. 关于流亡者，请参阅 Wilhelm to Tokary, 23 January 1921, HURI, Folder 1; Julius Lustig-Prean von Preansfeld, "Lebensskizzen der von 1870 bis 1918 ausgemusterten 'Neustädter,'" KA, Gruppe 1, Band 2, 536.

25. 关于语言及其流传，请参阅 Polizeidirektion Wien to Bundesministerium für Äusseres, 7 February 1921, in Hornykiewicz, *Ereignisse*, vol. 4, 284. 关于瓦良格人，请参阅 Dashkevych, "Vil'hel'm Habsburg i istoriia," 67; Tereshchenko, "V'iacheslav Lypyns'kyi." Ievhen Chykalenko's article was published in *Volia*, 23 April 1921.

26. 关于灾难，请参阅 Vivian, *Life of Emperor Charles*, 224. 另可参阅 Vasari, *Otto Habsburg*, 32–34; 以及 Cartledge, *Will to Survive*, 351–352.

27. Rape, *Die österreichischen Heimwehren*, 260–263.

28. 关于7月，请参阅 Nußer, *Konservative Wehrverbände*, 225; Rape, *Die österreichischen Heimwehren*, 263. 关于8月，请参阅 Vogt, *Oberst Max Bauer*, 340, 383. 关于现代君主，请参阅 Spectator, "Monarkhiia i respublika," *Soborna Ukraina*, 1 November 1921, 2. 关于政治活动，请参阅 Polizeidirektion Wien to Bundesministerium für Äusseres, 14 November 1921, in Hornykiewicz, *Ereignisse*, vol. 4, 307–308; IPH, 2 March 1948; TsDAHO 26/1/66498-fp/148980/I/118; Onats'kyi, *Portrety v profil*, 149. 尽管受到德国人资助，但威廉的报纸采取亲英立场。威廉曾经是水手，把乌克兰视为未来的海洋强国，他是说英语的亲英派，而且与英国王室有所交往（在当时，他是英国王位第358号顺位继承人）。

29. 有关奥夫鲍尔的建立可参阅 "Die Grundlage für die Statuten einer Gesellschaft m.b.H. des Wiederaufbaus der vom Weltkriege geschädigten Staaten," November 1920, BK 22/74, fiche 1, 18–20. 另可参阅 Fiutak, "Vasilij von Biskupskij," 以及 Baur, *Dierussische Kolonie*, 258, 267. 关于威廉与乌克兰企业联合会，请参阅 Vogt, *Oberst Max Bauer*, 383. 关于乌克兰企业联合会的运作，请参阅 Nußer, *Konservative Wehrverbände*, 226; 以及 Thoss, *Der Ludendorff-Kreis*, 446–447.

30. Onats'kyi, *Portrety v profil*, 150.

31. 关于鲁登道夫，请参阅 Georg Fuchs, "Zur Vorgeschichte der Nationalsozialistischen Erhebung," BA NS26, 38, 130. 关于武装，请参阅 "Nr. 282/21 von 11.IX. 1921," BHStA, Kriegsarchiv, 关于绿色国际，请参阅 UNR Mission in Hungary, to UNR Minister of Foreign Affairs, 12 December 1921, TsDAVO 3696/2/466/86;

Wilhelm, "Das Ukrainische Problem," *Neues Wiener Journal*, 9 January 1921. 关于训练，请参阅 Kellogg, *Russian Roots of Nazism*, 181. 关于祖国，请参阅 "Abschrift eines Briefes vom Führer der deutschen Kolonisten Dr. Jakob Flemmer an Obersten Wasyl Wyschywanij, Kischineff, 30 August 1921," BHStA, Kriegsarchiv, Kriegsarchiv, Bayern und Reich Bund 36.

32. 关于维也纳出版业，请参阅 *Wiener Mittag*, 2 September 1921. 关于法国人，请参阅 "Abschrift des Originalberichts der französischer Spionagestelle in Wien," 30 August 1921, BHStA, 关于俄国人，请参阅 Zolotarev, *Russkaia voennaia emigratsiia*, 446. 关于捷克人，请参阅 "Ruští monarchisté v Praze" [1921], AKPR, ič 276/k. 17. 关于波兰人，请参阅 Embassy in Copenhagen, "Informacje Embassy in Copenhagen, "Informacje rosyjskie z Berlina," 24 September 1921, AAN MSZ 5351 234.

33. 关于乌克兰人，请参阅 Directory Chief of Staff to UNR Ministry of Foreign Affairs, 17 September 1921, TsDAVO 3696/2/466/84; UNR MFA to Ambassador in Berlin, 16 November 1921, TsDAVO 3696/3/19/119; Bruski, *Petlurowcy*, 335–336.

34. Rape, *Die österreichischen Heimwehren*, 273; Tereshchenko and Ostashko, *Ukrains'kyi patriot*, 57.

35. Dowództwo Okręgu Korpusnego Nr. II w Lublinie, "Raport Ukraiński," Lublin, 19 April 1922, CAW I.303.4.6906. 关于提供支持，请参阅 Vertraulich Abschrift, 11 Febru 关于背信弃义，请参阅 Bauer in Vienna to Ludendorff, 3 February 1922, BK 22/77, fiche 1, 18. See also Sendtner, *Rupprechtvon Wittelsbach*, 462–463.

36. 鲁登道夫和休博纳-里克特，后者在暴动中被杀。

37. Bauer to Pittinger, 12 March 1922, BHStA, Kriegsarchiv, Bayern und Reich Bund 36.

紫色篇章：同好巴黎

1. Armie, *Maria Cristina de Habsburgo*, 200, 205; Brook-Shepherd, *The Last Empress*, 219.

2. 正是在这里，传统独裁观念与现代独裁观念会合了：在过渡时期，重建既存的政治秩序，建立个人统治的永恒国家。

3. C. Fuchs to Luise Engeler, 20 October 1931, BK 22/70, fiche 2, 62–63; Vogt, *Oberst Max Bauer*, 406–408; Wilhelm's letters to Piegl in BK 22/71, fiche 2.

4. Piegl to Wilhelm, 14 March 1929, BK 22/71, fiche 4, 138; Vogt, *Oberst Max Bauer*, 422, 432; Wasserstein, *Secret Lives*, 214ff.

5. J. Piegl to Wilhelm, 23 June 1927, BK 22/71, fiche 2, 42; Piegl to Wilhelm, 17 January 1928, ibid., 60, 102–103; Piegl to Wilhelm, 21 June 1928, BK 22/71, fiche 3, 102–103; Piegl to Pallin, 8 February 1929, BK 22/71, fiche 4, 131–132; Wilhelm to Piegl, 16 February 1929, ibid., 133. On Alfonso, see Gortazar, *Alfonso XIII*.

6. Wilhelm to Piegl, 25 May 1928, BK 22/71, fiche 2, 69.

7. 关于贷款，请参阅 "A.S. de l'archiduc Guillaume de Habsbourg," 2 August APP, BA/1680; Carl Schuloff, Vienna, 12 January 1934, copy of letter, APK-O Ż DDŻ 753. 关于兄弟们，请参阅 István Déak, who cites József Kardos, *Legitimizmus: legitimista politikusok Magyarországon a két világháború között*, Budapest: Korona, 1998, 280, 303, 571.

8. A. Bonnefoy-Sibour, Le Préfet de Seine-et-Oise to Ministre de l'Intérieur, 24 April 1929, AC, Fonds de Moscou, Direction de la Sûreté Générale, 19949484/154/9722.

9. 关于联系，请参阅 Wilhelm to Sheptyts'kyi, 14 February 1927, TsDIAL, 35

8/3t/166/26. 关于警察，请参阅 "A.S. de l'archiduc Guillaume de Habsbourg," 2 August 1935, APP, B A/1680. 关于旅行，请参阅 Wilhelm to Piegl, 2 June 1928, Wilhelm to Piegl, 9 June 1928, Piegl to Wilhelm, 13 June 1928, all in BK 22/71, fiche 3, 85–92.

10. 关于克罗尔，请参阅 "L'archiduc Guillaume de Habsbourg condamné par défaut à cinq années de prison," *Le Populaire*, 28 July 1935, 1, 2; Ostashko, "Pol's'ka viiskova spetssluzhba." See the records of transfers in APK-OŻ DDŻ 753, 894.

11. Romanov, *Twilight of Royalty*, 27; on polo, see Georges-Michel, *Autres personnalités*, 122.

12. Georges-Michel, *Autres personnalités*, 130–131. Sometimes a cigar is just a cigar.

13. Michel Georges-Michel, "Une histoire d'ancre sympathetique," *Le Jour*, 25 July 1934.

14. "A.S. de Couyba Paule et Guillaume de Habsburg," 23 January 1935, APP, B A/1680. Compare Brassaï, *Secret Paris*.

15. "A.S. de l'archiduc Guillaume de Habsbourg," 2 August 1935, APP, B A/1680.

16. 关于剪报可见 Raymonde Latour, "En regardant poser S.A.I. l'archiduc Guillaume Guillaume de Lorraine-Habsbourg," 28 October 1931, HURI, Folder 2. 关于灵性之爱与落魄友情，请参阅 Koven, *Sexual and Social Politics*, 276–277 and passim.

17. "A.S. de Couyba Paule et Guillaume de Habsburg," 23 January 1935, APP, B A/1680.

18. 关于卡约夫人，请参阅 Berenson, *Trial of Madame Caillaux*. 关于波莱特与卡约，请参阅 [Legionsrat] Wasserbäck, Osterreichische Gesandschaft, Pressedienst, Paris, to Eduard Ludwig, Vorstand des Bundespressediensts, Vienna, 22 December 1934, AR, Neue Politisches Archiv, AA/ADR, Karton 416, Folder: Liasse Personalia Geh. A-H. Monzie: "A.S. de Couyba Paule et Guillaume de Habsburg," 23 January 1935, APP, B A/1680; "Bericht in der Sache gegen Erzherzog Wilhelm und Paule Couyba" [August 1935], AR, Neue Politisches Archiv, AA/ADR, Karton 416, Folder: Liasse Personalia Geh. A-H.

19. 关于罗斯柴尔德，请参阅 "A.S. de Couyba Paule et Guillaume de Habsbsburg," 23 January 1935, APP, B A/1680; Germaine Decaris, "L'archiduc de Habsbourg-Lorraine est condamné par défaut à cinq ans de prison," *L'Oeuvre*, 28 July 1935, 1, 5; Georges Oubert, "La 'fiancée' de l'Archiduc Guillaume de Habsbourg est en prison depuis d'unmois," *Le Populaire*, 15 December 1934.

20. Préfecture de Police, Cabinet du Préfet, 7 July 1932, APP, B A/1680. 关于三次入籍申请的所有文件都在这份档案中。

21. 在20世纪初的巴黎，像威廉那样的男子，喜好结交女演员和其他名人，这实在是稀松平常之事。Compare Vicinus, "Fin-de-Siècle Theatrics," 171–173.

22. 关于国王们，请参阅 Mistinguett, *Queen of the Paris Night*, 60–63. Fridrich Wilhelm: "Friedrich Leopold, Kin of Kaiser, Dies," *New York Times*, 15 September 1931; "Potsdam Sale Fails to Draw High Bids," *New York Times*, 21 February 1931.

23. "Michael Winburn Dies; Paris Soap Firm Head," *New York Times*, 14 November 1930.

24. 引文引自 Michel Georges-Michel, "Ou l'Archiduc Guillaume unit Mlle Mistinguett et l'Archiduc Rodolphe" [summer 1932], HURI, 以及 Mistinguett, *Queen of the Paris Night*, 1.

注 释

25. Brook-Shepherd, *The Last Empress*, 215ff.

26. Andics, *Der Fall Otto Habsburg*, 67, 74; Vasari, *Otto Habsburg*, 150–151; Interview, *Die Presse*, 10 November 2007, 2.

27. Vasari, *Otto Habsburg*, 125–126.

28. 关于哈布斯堡家族的未来，请参阅 Binder, "Christian Corporatist State," 80. 关于城镇，请参阅 Vasari, *Otto Habsburg*, 109. Schuschnigg's predicaments are discussed in Goldinger and Binder, *Geschichte der Republik Österreich*.

29. 莱奥后来声称自己被逐出了家族。SS Rechtsabteilung, "Volkstumszugehörigkeit der Familie des verstorbenen Erzherzogs Leo Habsburg in Bestwin," Kattowitz, 19 April 1941, BA R49/37.

30. Freiherr von Biegeleben, Kanzlei des Ordens vom Goldenen Vlies, Vienna, 1 June 1934, 22 May 1934, 10 December 1934, APK-OŻ DDŻ 1. 关于利奥波德的出格行为，请参阅 Brook-Shepherd, *The Last Empress*, 243–244.

31. 关于那名厨师，可参阅 Chłopczyk, "Ostatni własciciele," 23.

32. Stefan Habsburg, "Mein Testament," 12 June 1924, APK-OŻ DDŻ 85; "Układ spadkowy," 4 May 1934, APK-OŻ DDŻ 753.

33. "Wykaz wypłaconych i przekazanych apanażów dotacji i spłaty na rach. Kasy Dworskiej," 15 May 1934, APK-OŻ DDŻ 894.

34. 关于慈善事业，请参阅 A.S. de l'archiduc Guillaume de Habsbourg, 2 August 1935, APP, B A/1680; Andrii Sheptyts'kyi to Ilarion Svientsits'kyi, 5 April 1933, in Diakiv, *Lysty Mytropolyta Andreia Sheptyts'koho*, 50. 关于乌克兰民族主义组织，请参阅 "Znany Wasyl Wyszywanyj," 1 July 1934, RGVA, 308k/7/32 2/4; Wilhelm to Oksana de Tokary, 20 November 1933, HURI, Folder 1. 另可参阅 IPH, 26 September 1947, TsDAHO 26/1/66498-fp/148980/I/54; Tereshchenko and Ostashko, *Ukrains'kyi patriot*, 58. Hitler: Winter, *Die Sowjet union*, 146.

35. Polish Ministry of Internal Affairs, Wydział Narodowosciowy, Komunikat Informacyjny, 7 June 1933, AAN MSW 1041/68; "Znany Wasyl Wyszywanyj," 1 July 1934, RGVA, 308k/7/322/4. 关于与帕涅的其他接触，零星分布于 *Zhyttia i smert' Polkovnyka Konovaltsia*.

36. 关于齐柏林与奥托，请参阅 "Pobyt Otty Habsburka v Berlíne," 6 February 1933, AUTGM, fond TGM, R-Monarchie, k. 1; IPH, 5 September 1947, TsDAHO 26/1/66498-fp/148980/I/27. 关于希特勒，请参阅 Wilhelm to Tokary, 8 August 1934, HURI, Folder 1. 关于维斯纳，请参阅 Wilhelm to Tokary in Paris, 21 December [1934?], HURI, Folder 1; Vasari, *Otto Habsburg*, 114.

37. Brook-Shepherd, *Uncrowned Emperor*, 83, 85.

38. Hendrix, *Sir Henri Deterding*; IPH, 14 April 1948, TsDAHO 26/1/66498-fp/148980/I/82.

39. 关于营救 "爱神" 号，请参阅 Schmidt-Brentano, *Die Österreichische Admirale*, 474. Rothschild: Ferguson, *World's Banker*, 971, 992.

40. 关于晚宴的偶遇，请参阅 "Bericht in der Sache gegen Erzherzog Wilhelm und Paule Couyba" [August 1935], AR, Neue Politisches Archiv, AA/ADR, Karton 416, Folder: Liasse Personalia Geh. A-H; "A.S. de Couyba Paule et Guillaume de Habsburg," 23 January 1935, APP, B A/1680; Germaine Decaris, "L'archiduc de Habsbourg-Lorraine est condamné par défaut à cinq ans de prison," *L'Oeuvre*, 28 July 1935, 1, 5.

41. Österreichische Gesandschaft, Paris, to [Generalsekretär] Franz Peter, Bundeskanzleramt, Vienna, 5 December 1934, AR, Neue Politisches Archiv, AA/ADR, Karton 416, Folder: Liasse Personalia Geh. A-H.

42. "Une escroquerie au rétablissement des Habsbourg," *Matin*, 15 December 1934. 关于诈骗，请参阅 [Legionsrat] Wasserbäck, Österreichische Gesandschaft,

Pressedienst, Paris, to Eduard Ludwig, Vorstand des Bundespressediensts, Vienna, 22 December 1934. 关于贵族，请参阅 Österreichische Gesandschaft, Paris, to Generalsekretär Franz Peter, Vienna, 28 December 1934. 关于公使馆，请参阅 Maurice Bourgain, Paris, to Légation d'Autriche, 26 June 1935, 上述三封信可见 AR, Neue Politisches Archiv, AA/ADR, Karton 416, Folder: Liasse Personalia Geh. A-H.

43. Burrin, *Fascisme, nazisme, autoritarisme*, 202, 209.

44. Georges Oubert, "La 'fiancée' de l'Archiduc Guillaume de Habsbourg est en prison depuis d'un mois," *Le Populaire*, 15 December 1934.

45. Ibid.

46. 关于欧根，请参阅 Bundeskanzleramt, Auswärtige Angelegenheiten, "Erzherzog Wilhelm," 15 July 1935; 关于科洛雷多，请参阅 Österreichische Gesandschaft, Paris, to Generalsekretär Franz Peter, Vienna, 28 December 1934; both in AR, Neue Politisches Archiv, AA/ADR, Karton 416, Folder: Liasse Personalia Geh. A-H. 关于退役老兵，请参阅 Union des Anciens Combattants de l'Armée de la Republique Ukrainniene en France to Georges Normand (Juge d'Instruction), 20 May 1935, HURI, Folder 1. 关于朋友们，请参阅 Tokary to Le Baron de Villanye, Hungarian Ambassador in Rome, 6 April 1935, ibid.

47. 至少在6月19日，他就已经在维也纳了。Wilhelm to Tokary, 19 June 1935, HURI, Folder 1.

48. 那场审判以一首歌作为开场。司法宫位于河心岛上，并非位于塞纳河的左岸或右岸。如果从左岸的参议院走到右岸的蒙马特高地，肯定会路过司法宫这座地标建筑，负罪之人晚上走过则倍觉沉重，快乐之人早上走过则倍感愉悦。仿佛冥冥中注定，在这次审判中首先得到维护的是新近亡故的参议员夏尔·库伊巴，即化名的酒廊歌手莫里斯·布凯，他曾经在这段路上走过许多次。主审法官允许其家族的代表律师做出特别的开审陈述。参议员库伊巴家族要求在法庭记录中澄清，被告人波莱特与库伊巴家族毫无关系。其代表律师引用了库伊巴或者说布凯最伟大作品中的几段歌词，并且在结束语中要求人们不要玷污"玛农"那完美无瑕的荣光。Germaine Decaris, "L'archiduc de Habsbourg-Lorraine est condamné par défaut à cinq ans de prison," *L'Oeuvre*, 28 July 1935, 1, 5.

49. "Bericht in der Sache gegen Erzherzog Wilhelm und Paule Couyba" [August 1935], AR, Neue Politisches Archiv, AA/ADR, Karton 416, Folder: Liasse Personalia Geh. A-H; Geo. London, "Il fallait d'abord faire manger le prince," *Le Journal*, 28 July 1935.

50. AP, D1U6 3068, case 299814, Seizième Chambre du Tribunal de Premier Instance de Département de la Seine séant au Palais de Justice à Paris, "Pour le Procureur de la République et Pour Paneyko Basile et Evrard Charles contre Couyba Paule et De Habsbourg-Lorraine Archiduc d'Autriche Guillaume François Joseph Charles"; "Bericht in der Sache gegen Erzherzog Wilhelm und Paule Couyba" (August 1935), AR, Neue Politisches Archiv, AA/ADR, Karton 416, Folder: Liasse Personalia Geh. A-H.

51. 关于她的男人，请参阅 Germaine Decaris, "L'archiduc de Habsbourg-Lorraine est condamné par défaut à cinq ans de prison," *L'Oeuvre*, 28 July 1935, 5.

52. 引文引自 "Bericht in der Sache gegen Erzherzog Wilhelm und Paule Couyba" [August 1935], AR, Neue Politisches Archiv, AA/ADR, Karton 416, Folder: Liasse Personalia Geh. A-H.

53. AP, D1U6 3068, case 299814, Seizième Chambre du Tribunal de Premier In-

stance de Département de la Seine séant au Palais de Justice à Paris, "Pour le Procureur de la République et Pour Paneyko Basile et Evrard Charles contre Couyba Paule et De Habsbourg-Lorraine Archiduc d'Autriche Guillaume François Joseph Charles."

54. Berenson, *Trial of Madame Caillaux*, 1–42.

55. Paneyko to L. Beberovich, 30 April 1935, HURI, Folder 1; [Österreichische Gesandschaft, Paris], July 1935, AR, Neue Politisches Archiv, AA/ADR, Karton 416, Folder: Liasse Personalia Geh. A-H. 这是典型的法国人对德国人的偏见，请参阅 Murat, *La loi du genre*, 294–295.

56. "L'archiduc Guillaume de Habsbourg est condamné par défaut à cinq années de prison," *Le Populaire*, 28 July 1935, 1, 2; *L'Oeuvre*, 28 July 1935, 1.

57. Geo. London, "Il fallait d'abord faire manger le prince," *Le Journal*, 28 July 1935.

58. Wilhelm to Tokary, 22 June 1935, HURI, Folder 1.

59. 关于捷克斯洛伐克，请参阅 Wilhelm to Tokary, 18 August 1935, HURI, Folder 1. 比利时媒体登载的那篇文章是由欧根撰写的。In July 1935: "Une Machination Bolchevique," AR, Neue Politisches Archiv, AA/ADR, Karton 416, Folder: Liasse Personalia Geh. A-H. 关于科诺瓦列茨谋杀案的认罪声明，请参阅 Sudoplatov and Sudoplatov, *Special Tasks*, 7–29.

60. "Les Habsbourgs vont-ils rentrer en Autriche?" *Le Figaro*, 4 July 1935, 1.

61. "A.S. de Couyba Paule et Guillaume de Habsburg," 23 January 1935, APP, B A/1680.

62. 关于世纪的论述，请参阅 Germaine Decaris, "L'archiduc de Habsbourg-Lorraine est condamné par défaut à cinq ans de prison," *L'Oeuvre*, 28 July 1935, 1, 5. 关于帽子，请参阅 Georges Claretie, "La fiancée d'un prétendant du trône d'Ukraine," *Le Figaro*, 28 July 1935, 1, 3.

63. 关于社会进步，请参阅 Weber, *Hollow Years*.

64. 引文引自 Germaine Decaris, "L'archiduc de Habsbourg-Lorraine est condamné par défaut à cinq ans de prison," *L'Oeuvre*, 28 July 1935, 1, 5.

褐色篇章：束棒贵族

1. 这件事情的复述建基于 Österreichische Gesandschaft, Paris, to Bundeskanzleramt, Auswärtige Angelegenheiten, Vienna, "Betrügerische Maneuver der im gegen Erzherzog Wilhelm verurteilten Mlle. Couyba," 19 May 1936, AR, Neue Politisches Archiv, AA/ADR, Karton 416, Folder: Liasse Personalia Geh. A-H.

2. Wilhelm to Tokary, 19 June 1935 and 27 November 1935, HURI, Folder 1.

3. *Folles de Luxes et Dames de Qualité*, Paris: Éditions Baudinière, 1931.

4. 关于猫，请参阅 Wilhelm to Tokary, 27 August 1935, HURI, Folder 1. 关于神经紧张，请参阅 Wilhelm to Tokary, 19 June 1935, HURI, Folder 1.

5. Compare [Wilhelm], Declaration to French Press, 1935, HURI, Folder 1 to "Une lettre de l'archiduc Guillaume Habsburg-Lorraine d'Autriche," *Le Figaro*, 13 August 1935, 3.

6. 关于人们的风评，请参阅 Gribble, *Life of the Emperor Francis-Joseph*, 279. 关于欧根回国，请参阅 "Viennese Hail Archduke," *New York Times*, 11 September 1934. 关于大致情形，请参阅 Hamann, *Die Habsburger*, 101.

7. 关于人人皆有需要，请参阅 Wilhelm to Tokary, 27 November 1935, HURI, Folder 1. 关于姓名，请参阅 Bundes Ministerium für Inneres, Abteilung 2, "Wilhelm Franz Josef Habsburg Lothringen," 29 November 1952, AR GA, 69.002/1955.

8. 关于训练，请参阅 Gauleitung Wien, Personalamt, to NSDAP, Gauleitung, 8

May 1940, AR GA, 170.606.

9. Freiherr von Biegeleben, Ordenskanzler, Kanzlei des Ordens vom Goldenen Vlies, Vienna, 26 March 1936, APK-OŻ DDŻ 1.

10. "Es existieren laut Inventar 89 Collanen des Ordend vom goldenen Vlies," Vienna, 26 May 1930, APK-OŻ DDŻ 1.

11. Wilhelm to Tokary, 27 August 1935, HURI, Folder 1; Wilhelm to Tokary, 18 October 1935, HURI, Folder 1.

12. Wilhelm to Tokary, 18 October 1935, HURI, Folder 1.

13. Wilhelm to Tokary, 7 October 1936, HURI, Folder 1.

14. Wilhelm to Tokary, 24 October 1936, HURI, Folder 1.

15. Wilhelm to Tokary, 27 November 1935, HURI, Folder 1. 关于贵族接受纳粹主义，请参阅 Burrin, *Fascisme, nazisme, autoritarisme.*

16. 关于4月，请参阅 Wilhelm to Tokary, 22 April 1936, HURI, Folder 2. 引文引自 Wilhelm to Tokary, 7 October 1936, HURI, Folder 2.

17. Goldinger and Binder, *Geschichte der Republik Österreich*, 246. 甚至无法指望右翼自卫民兵的忠诚，因为他们的代表被排除于政府之外。

18. 关于宿命，请参阅 Wilhelm to Tokary, 27 January 1937, HURI, Folder 2. 1934: Wilhelm to Tokary, 21 December 1934, HURI, Folder 1. 关于漫游，请参阅 Wilhelm to Tokary, helm to Tokary, 21 December 1934, HURI, Folder 1. Wandering: Wilhelm to Tokary, 18 October 1935, HURI, Folder 1.

19. Wilhelm to Albrecht, 15 July 1936, APK-OŻ DDŻ 894; Wilhelm to Negriusz, 31 October and 1 December 1936, APK-OŻ DDŻ 894.

20. Gauleitung Wien, Personalamt, to NSDAP, Gauleitung, 8 May 1940, AR GA, 170.606.

21. 波尔塔韦茨生平事迹的概述，请参阅 Kentii, *Narysy*, 30; Bolianovs'kyi, *Ukrains'ki viiskovi formuvannia*, 177; Torzecki, *Kwestia ukraińska*, 119, 125; Lacquer, *Russia and Germany*, 156. 关于信件，请参阅 Poltavets-Ostrianytsia to Hitler, 23 23 May 1935, BA R43I/155.

22. Wilhelm to Tokary, 25 February 1937, 19 March 1937, HURI, Folder 2.

23. Tokary to Wilhelm, 23 November 1937, HURI, Folder 2, "Trottel."

24. 关于文章，请参阅 "Habsburger Kriminalgeschichte," *Völkischer Beobachter*, 11 March 1937. 关于企业，请参阅 Wilhelm to Tokary, 19 December 1937, HURI, Folder 2. Grace. 关于固执，请参阅 Wilhelm to Tokary, 19 March 1937, HURI, Folder 2.

25. 引文引自 Wilhelm to Tokary, 27 January 1937, HURI, Folder 2.

26. 关于时代的论述，请参阅 Wilhelm to Tokary, 19 December 1937, HURI, Folder 2. 关于清算，请参阅 Wilhelm to Tokary, 19 December 1937, HURI, Folder 2. 关于治愈，请参阅 Tokary to Wilhelm, 2 March 1938, HURI, Folder 2. 关于威廉此时的心理状态，请参阅 Wilhelm to Tokary, 25 February 1937, HURI, Folder 2. 德国、意大利、日本于1942年1月18日签订军事协定。

27. See for example Hills, *Britain and the Occupation of Austria*, 18.

黑色篇章：对抗强权

1. Chałupska, "Księżna wraca"; Marcin Czyżewski, "Arcyksiężna przypilnuje dzieci," *Gazeta Wyborcza* (Katowice), 21 September 2001; Krzyżanowski, "Księżna arcypolskosci"; Badeni, *Autobiografia*, 75.

2. A. Habsburg, *Princessa och partisan*, 83.

3. 关于苏联的做法，经典著作有 Gross, *Revolution from Abroad*. 关于谋杀波兰军官，请参阅 Cienciala et al., *Katyń*. 关于德国占领初期，请参阅 Rossi-

no, *Hitler Strikes Poland*. 关于玛丽亚·克里斯蒂娜提到这两名教师的命运，请参阅 endnote 4. 德国吞并日维茨发生于9月6日。

4. 引文以及玛丽亚·克里斯蒂娜·哈布斯堡的回忆，引自 Bar, "Z Życia koła." Silver: "Vermerk," 19 May 1943, BA R49/38.

5. 关于亡国，请参阅 Sicherheitspolizei, Einsatzkommando z. b. V. Kattowitz, "Niederschrift," 16 November 1939, BA R49/38. 关于叛国，请参阅 Gestapo, Teschen, to Gestapo, Kattowitz, 8 December 1939, BA R49/38.

6. Dobosz, *Wojna na ziemi Żywieckiej*, 41–48.

7. IPH, 14 April 1948, TsDAHO 26/1/66498-fp/148980/I/143, 145; Gauleitung Wien, Personalamt, to NSDAP, Gauleitung, 8 May 1940, AR GA, 170.606.

8. Hirniak, *Polk. Vasyl' Vyshyvanyi*, 35; Wien Stadt und Landesarchiv, Meldezettel, "Habsburg-Lothringen," 1944, AR GA, 170.606.

9. "Entwurf," Saybusch, 22 October 1940, APK-OŻ DDŻ 1161; Finanzamt Kattowitz-Stadt, "Prüfungsbericht," 23 June 1941, APK-OŻ DDŻ 1160. 直到1941年，美元与马克还是可以兑换的。从1941年起，美元成为衡量物价指数的标准。人们可以用各种方法换算，没有哪种换算方法是完美的。本章要说明的是他们得到了很多钱。

10. 关于朋友，请参阅 Reichssicherheitsamt to Stab Reichsführer SS (Wolff), 25 May 1940, BA NS19/662 PK D 0279. Nordic race: A. Habsburg, *Princessa och partisan* 113–114.

11. 关于信件，请参阅 Botschafter v. Mackensen, 13 February 1940; Hermann Neumacher to Himmler, 19 June 1940, both at BA NS19/662 PK D 0279. 关于重新安置与啤酒厂的处置，请参阅 Dobosz, *Wojna na ziemi Żywieckiej*, 69–74; Spyra, *Browar Żywiec*, 61.

12. 关于活跃的角色，请参阅 "Schlußbericht," Kattowitz, 30 January 1941, BA R49/38. 关于信件，请参阅 Alice to Albrecht, 15 November 1941, BA R49/38.

13. 请参阅 A. Habsburg, *Princessa och partisan*, 122–123; Dobosz, *Wojna na ziemi Żywieckiej*, 102.

14. Alice to Albrecht, 15 November 1941, Gestapo translation, BA R49/38.

15. 关于莱奥，请参阅 Wilhelm to Tokary, 10 December 1937, HURI, Folder 2.

16. 关于威廉的女朋友，请参阅 Bundesministerium für Inneres, Abteiling 2, "Bericht: Wilhelm Franz Josef Habsburg-Lothr," 18 September 1947, AR GA, 69.00 2/1955.

17. 请参阅 Berkhoff, *Harvest of Despair*.

18. 关于发生在乌克兰的大屠杀，请参阅 Brandon and Lower, *Shoah in Ukraine*.

19. Hirniak, *Polk. Vasyl' Vyshyvanyi*; IPN, 19 August 1947, TsDAHO 263/1/66498-fp/148980/II/19. 关于纳粹领导层对待乌克兰的考虑尚有争议。罗森贝格对乌克兰问题的探索实际上是失败了，因为他要面对埃里克·科赫在乌克兰帝国行省的实际政策，以及希特勒的痴心妄想。

20. 关于诺沃萨德的过去，请参阅 IPN, 3 July 1947, TsDAHO 263/1/66498-fp/148980/I/224, 185, 236. Quotations are from Novosad, "Vasyl' Vyshyvanyi," 22–23; 另可参阅 Protokol Doprosa（关于二人的联合审讯），12 May 1948, TsDAHO 263/1/66498-fp/148980/II/195–211.

21. Novosad, "Vasyl' Vyshyvanyi," 23; Hills, *Britain and the Occupation of Austria*, 100–111; Beer, "Die Besatzungsmacht Großbritannien," 54.

22. 关于搬家，请参阅 WSL, Meldezettel, "Habsburg-Lothringen," 1944, AR GA, 170.606. 关于马斯，请参阅 IPH, 26 September 1947, TsDAHO 26/1/66498-fp/148980/I/58–59; IPH, 14 April 1948, TsDAHO 26/1/66498-fp/148980/I/150–154; Balfour and Mair, *Power Control*, 318. 我试图在法国和英国档案中寻找这

些名字，但一无所获，这里面可能存在几方面原因。我希望别人比我更幸运。威廉与英法两国于20世纪40年代的接触尚待发掘。威廉于20世纪30年代频繁前往伦敦，而且他于1935年被逐出法国也引起轩然大波，这意味着某种联系在当时便已存在。

23. 关于莉达，请参阅 IPN, 19 August 1947, TsDAHO 263/1/66498-fp/148980/II/21.

24. Novosad, "Vasyl' Vyshyvanyi," 25.

25. The Waffen-SS Galizien, IPN, 19 August 1947, TsDAHO 263/1/66498-fp/148980/II/23–26.

26. Rasevych, "Vil'hel'm von Habsburg," 220.

27. Gestapo, Kattowitz, Interrogation of Alice von Habsburg, Vistula, 27 January 1942, BA R49/38. See also Badeni, *Autobiografia*, 141.

28. Stab Reichsführer SS to Greifelt, Reichskommissar für die Festigung deutschen Volkstums, 1 December 1942, BA NS19/662 PK D 0279.

29. Chef der Sicherheitspolizei to Stabshauptamt des Reichskommissars für die Festigung deutschen Volkstums, 20 July 1942, BA R49/38.

30. A. Habsburg, *Princessa och partisan*, 169. 海德里希还是波希米亚–摩拉维亚帝国总督，这也是他被选为刺杀目标的原因之一。

31. Marie Klotilde Habsburg to Hitler, 29 May 1940, BA, R43II/1361.

32. Greifelt to Heydrich, 23 September 1941, BA R49/39; "Aktenvermerk," 26 June 1941, BA R49/39.

33. SS Rechtsabteilung, "Volkstumszugehörigkeit der Familie des verstorbenen Erzherzogs Leo Habsburg in Bestwin," Kattowitz, 19 April 1941, BA R49/37.

34. 关于玛娅，请参阅 Der Amtskomissar und k. Ortsgruppenleiter to the SS-SD Abschnitt Kattowitz, 2 August 1940, BA R49/37. 关于分类，请参阅 Bezirkstelle der Deutschen Volksliste to Zentralstelle der Deutschen Volksliste in Kattowitz, 19 November 1941, BA R49/37. 关于叛国，请参阅 "Vermerk zu einem Vortrag des SS-Gruppenführer Greifelt beim Reichsführer SS am 12 Mai 1943," BA NS19/662 PK D 0279; "Besitzregelung der Herrschaft Saybusch," 18 May 1943, BA R49/38.

35. Der Hauptbeauftrage "Eindeutschung von Polen," 13 August 1942, APK-OŻ DDŻ 1150.

36. "Aktenvermerk," 18 May 1944, BA NS19/662 PK D 0279.

37. "Angelegenheit Saybusch-Bestwin," 19 May 1944, BA NS19/662 PK D 0279.

38. 第一段引文引自 Gauleiter von Oberschlesien to SS Gruppenführer Greifelt, September 1944, BA NS19/662 PK D 0279. 关于地方当局，请参阅 Beauftragte für den Vierjahresplan to Reichskommissar für die Festigung deutschen Volkstums, 26 November 1943, BA R49/38; "Vermerk für SS Standartenführer Dr. Brandt," 18 November 1944, BA NS19/662 PK D 0279. 第二段引文引自 "Vermerk für SS Standartenführer Dr. Brandt," 18 November 1944, BA NS19/662 PK D 0279.

39. 指达豪集中营与毛特豪森集中营。在波兰这样的国家，集中营的存在并未妨碍苏联成为德国的合作者。在奥地利，美英两国也是如此，只不过他们更加小心翼翼。

40. IPH, 26 September 1947, TsDAHO 26/1/66498-fp/148980/I/59; IPH, 14 April 1948, TsDAHO 26/1/66498-fp/148980/I/28; IPN, 19 June 1947, TsDAHO 263/1/66498-fp/148980/I/216; IPH, 5 September 1947, TsDAHO 26/1/66498-fp/148980/I/39–40. Consult generally Müller, *Die Sowjetische Besatzung*, 39–89; Buchanon and Conway, *Political Catholicism in Europe*; Boyer, "Political Catholicism," 6–36.

41. Hirniak, *Polk. Vasyl' Vyshyvanyi*, 38–39.

42. Rauchensteiner, *Der Sonderfall*, 131.

43. 研究这一主题的学生应该知道，乌克兰民族主义组织中留下历史污点的是班德拉派，而当时乌克兰民族主义组织也正处于内讧之中。威廉的联系对象是乌克兰解放最高委员会，一名班德拉分子试图在该委员会之下创建一个统一的政治军事组织，这样民族主义者就能为战争结束做好准备。在本书中，我并未讨论乌克兰人的内讧。关于这个题目，请参考拙著《重构民族》，以及书中引用的关于乌克兰、波兰和其他议题的相关著作。

44. IPH, 11 November 1947, TsDAHO 26/1/66498-fp/148980/I/72–74.

45. 关于奥托，请参阅 *Uncrowned Emperor*, 176. 关于1946年的一系列事件，请参阅 IPN, 27 August 1947, TsDAHO 263/1/66498-fp/148980/II/30–38; IPN, 19 June 1947, TsDAHO 263/1/66498-fp/148980/I/204–206; IPN, 23 April 1948, Ts-DAHO 263/1/66498-fp/148980/II/146–147; Novosad, "Vasyl' Vyshyvanyi," 25. On 关于列别德的美国事业，请参阅 Burds, "Early Cold War."

46. IPN, 24 July 1947, TsDAHO 263/1/66498-fp/148980/II/1–5.

47. 请参阅 Snyder, "To Resolve"; Snyder, "The Causes"; 上述引文及观点，也可见诸下述段落。

48. Mackiewicz, *Dom Radziwiłłów*, 211; Hamann, *Die Habsburger*, 401. 蕾娜塔的丈夫希罗尼穆斯·拉齐维沃会说德语，他年轻时是亲德派，但在战争期间协助波兰人抵抗德国。战争结束后，他被苏联当局逮捕，并死于西伯利亚流放地。

橙色篇章：欧洲革命

1. Novosad, "Vasyl' Vyshyvanyi," 25; Vasyl Kachorovs'kyi, interrogation protocol, TsDAHO 263/1/66498-fp/148980/II/160–164; Rasevych, "Vil'hel'm von Habsburg," 220. 关于数字，请参阅 "Stalins letzte Opfer" and succeeding articles at www.profil.at. Kachorovs'kyi gave the name of his French contact as Boudier.

2. Bundes-Polizedirektion Wien to Bundesministerium für Inneres, "Habsburg-Lothringen Wilhelm Franz Josef; Information," 2 March 1952, AR GA, 69.002/1955. The Novosad quotation is from IPN, 19 August 1947, TsDAHO 263/1/66498-fp/148980/II/20.

3. 关于那次午餐，请参阅 Hirniak, *Polk. Vasyl' Vyshyvanyi*, 38. 警察记录引自 Bundes-Polizeidirektion Wien to Bundesministerium für Inneres, "Habsburg-Lothringen Wilhelm Franz Josef; Information," 2 March 1952, AR GA, 69.002/1955. Wilhelm on Kachorov'skyi: IPH, 11 November 1947, TsDAHO 26/1/66498-fp/148980/I/80.

4. 关于冷战起源的争议太过复杂，以下仅供参考。关于希腊–南斯拉夫–苏联危机，请参阅 Banac, *With Stalin against Tito*, 117–142. 关于美国对冷战的理解，请参阅 Gaddis, *United States*. 关于这几个月苏联政策的概述可见 Mastny, *Cold War*, 30–46.

5. Kryvuts'kyi, *De sribnolentyi Sian plyve*, 321–322; Novosad, "Iak zahynul," 57.

6. 狱友奥列斯特·马契尤科维奇的审讯记录 TsDAHO 26/1/66498-fp/148980/2/178.

7. 请参阅 Lymarchenko, "Postanovlenie," 29 May 1948, 以及 Tkach, "Akt," in Ts-DAHO 26/1/66498-fp/148980.

8. 关于奥地利，请参阅 Bundes Ministerium für Inneres, Abteilung 2, "Wilhelm Franz Josef Habsburg-Lothringen," 29 November 1952, AR GA, 69.002/1955.

9. 正是克里米季·舍甫季茨基，即威廉的保护人安德烈·舍甫季茨基的兄弟，他是一个使人着迷的人物。战后西乌克兰的历史在此无法详述。请参阅 Magocsi, *History of Ukraine*; Hrytsak, *Narys*; Yekelchyk, *Ukraine*. 关于苏联劳动营介绍可见 Applebaum, *Gulag*, and Khlevniuk, *History of the Gulag*. 关于发生在东加里西亚的大屠杀，请参阅 Pohl, *Nationalsozialistische Judenverfolgung*. 关于加里西亚历史面貌的消失，请参阅 Snyder, *Reconstruction of Nations*; Pollack, *Nach Galizien*.

10. 关于诺里尔斯克，请参阅 Kryvuts'kyi, *Za poliarnym kolom*, 39 for quotation, also 59–61, 204.

11. 关于斯瓦洛夫斯基，请参阅 *Die Musik in Geschichte und Gegenwart* or Baker's *Biographical Music Dictionary of Musicians*.

12. 关于奥地利民族认同的独立研究仍然有待开展。奥地利高层政治的经典著作是 Stourzh, *Um Einheit und Freiheit*. 关于中立，请参阅 Gehler, "From Non-Alignment to Neutrality." 关于文化，请参阅 Menasse, *Erklär mir Österreich*; 以及 Wagnleitner, *Coca-colonization and the Cold War*.

13. 威廉的姐姐蕾娜塔死于1935年，兄长莱奥死于1939年，兄长阿尔布雷希特死于1951年。姐姐梅希蒂迪丝在里约热内卢活到1966年，姐姐埃莉诺拉在维也纳活到1974年。

14. 关于民族团结，请参阅 Garton Ash, *Polish Revolution*. 关于1989年与1991年的关系可见 Kramer, "Collapse of East European Communism."

15. 请参阅 Badeni, *Autobiografia*. 关于司法诉讼的历史可见 *Gazeta Wyborcza* and *Rzeczpospolita*, as well as Spyra, *Browar Żywiec*, 73–75.

16. 关于克罗地亚，请参阅 Brook-Shepherd, *Uncrowned Emperor*, 193–194. 关于萨拉热窝，请参阅 *New York Times*, 7 April 1997, 6. 关于乌克兰，请参阅 Dashkevych, "Vil'hel'm Habsburg i istoriia," 68. 另可参阅 *Korespondent*, 15 June 2007.

17. 那些寻找哈布斯堡痕迹的人会发现：尤先科在维也纳就诊的私人医院，正是莱奥·冯·哈布斯堡于1937年就诊那家医院；而且那次袭击，如同威廉于1935年惹上的丑闻那样，损害了富有魅力的乌克兰领导人的形象。在2004年的革命者当中，与威廉的命运最为类似的可能是尤利娅·季莫申科。威廉曾经是红色王子，同情农民的大公；季莫申科曾经是天然气公主，学会亲近普通人的能源寡头。他们都因为穿着乌克兰的传统绣花衬衫而大放异彩，而季莫申科的衣着品位更加得到大众赞赏。更为详细的论述，请参阅 Garton Ash and Snyder, "Ukraine: The Orange Revolution." 另可参阅 Andrew Wilson: *Ukraine's Orange Revolution* and *Virtual Politics*.

18. 在1991年，乌克兰爱国者从欧洲或美国都只得到非常有限的支持。出于维持苏联现状的目的，美国总统乔治·布什发表了著名的"基辅鸡肉卷"的演讲。在20世纪40年代末和20世纪50年代初，有少数乌克兰民族主义者受雇于西方情报机构，但那只是杯水车薪、徒劳无功。唯一例外的统治范例则是威廉于1918年的占领政策。值得一提的还有亨里克·约塞夫斯基在两次大战之间、在波兰沃里尼亚地区推行的面向乌克兰人的宽容政策。请参阅 Snyder, *Sketches from a Secret War*. 关于乌克兰的政治选择，请参阅 Rudnytsky, *Essays*; Szporluk, *Russia*; 以及 Shevel, "Nationality in Ukraine."

19. 关于这段复杂的历史，请参阅 Martin, *Affirmative Action Empire*;

以及 Yekelchyk, *Stalin's Empire of Memory.*

20. Richard Pipes 在新版的《苏联之形成》中，提到他曾经忽略了哈布斯堡王朝对乌克兰民族建构的影响。关于苏联吞并西乌克兰的内在困境，请参阅 Szporluk, *Russia*, 259–276. 对民族认同最出色的界定可见 Golczewski, "Die ukrainische und die russische Emigration," 77: "Die Zugehörigkeit sagte weniger etwas über Ethnos, Sprache, Konfession, als über das Bekenntnis zu einer historisch-politischen Ordnungsmöglichkeit aus."

21. 关于维也纳与加里西亚的历史地位可见 Szporluk, "The Making of Modern Ukraine."

22. 关于奥托的引文引自 *Korespondent*, 15 June 2007.

23. 对这一时期的最好介绍可见 Judt, *Postwar.* 最有价值的著作另可参阅 Mazower, *Dark Continent*; 以及 James, *Europe Reborn.*

24. 早在1992年以前，我就曾经不合时宜地用过"欧洲联盟"这个术语，因为当时人们还在"欧洲联盟"与"欧洲共同体"这两个概念之间摇摆不定，实际上它们指的是同一个机构。

25. 在20世纪末21世纪初重归统一的德国，其领土面积仍然不及1938年德国的一半。关于欧洲联盟是否符合西德利益的更具批判性的观点，请参阅 Garton Ash, *In Europe's Name.*

26. 关于边界，请参阅 Ursula Plassnik's lunchtime remarks at the Kanzleramt, Vienna, 10 November 2007.

27. 关于威廉的愿望，请参阅 Wilhelm's desires: IPH, 5 September 1947, TsDAHO 26/1/66498-fp/148980/I/27; Julius Lustig-Prean von Preansfeld, "Lebensskizzen der von 1870 bis 1918 ausgemusterten 'Neustädter,'" KA, Gruppe 1, Band 2, p. 536. 我所指的犹太律法是《哈拉卡》。鲁德尼茨基的母亲是米莲娜·鲁德尼茨卡，乌克兰"五人团"之一，一位令人钦佩的国会议员、女权活动家和作家。她的母亲是奥尔加·斯皮格尔。

参考文献

已出版的一手文献
题词
Nietszche, Friedrich. "Nachgelassene Fragmente Frühjahr 1881 bis Sommer 1882." *Nietzsche Werke. Kritische Gesamtausgabe.* Berlin: Walter de Gruyter, 1973, Fünfte Abteilung, Zweiter Band, 411.

剧本
Des Kaisers Traum. Festspiel in einem Aufzuge von Christiane Gräfin Thun-Salm. Musik von Anton Rückauf. Vienna, 1908.

小说
Musil, Robert. *The Confusions of Young Törless*, trans. Shaun Whiteside. New York: Penguin, 2001.

Musil, Robert. *The Man without Qualities*, trans. Burton Pike and Sophie Wilkins. New York: Vintage, 1995.

报纸
Berlinske Tidende, 31 March 1920; *Die Neue Zeitung*, 3 December 1908; *Die Presse*, 10 November 2007; *Gazeta Wyborcza*, 1991–2005; *Korespondent*, 15 June 2007; *Le Figaro*, 4 July, 28 July, 13 August 1935; *Le Jour*, 25 July 1934; *Le Journal*, 28 July 1935; *Le Populaire*, 15 December 1934, 28 July 1935; *L'Oeuvre*, 28 July 1935; *Matin*, 15 December 1934; *Neues Wiener Journal*, 9 January 1921; *New York Times*, 14 November 1930, 21 February 1931, 15 September 1931, 11 September 1934, 17 December 1937, 7 April 1997; *Rzeczpospolita*, 1991–2005; *Soborna Ukraina*, 1 November 1921; *Völkischer Beobachter*, 11 March 1937; *Volksblatt*, 6 December 1908; *Wiener Abendpost*, 3 December 1908; *Wiener Bilder*, 9 December 1908; *Wiener Mittag*, 2 September 1921.

参考文献

已出版的二手文献

Abramson, Henry. *A Prayer for the Government: Ukrainians and Jews in Revolutionary Times, 1917–1920.* Cambridge, MA: Harvard University Press, 1999.

Afflerbach, Holger, ed. *Kaiser Wilhelm II als Oberster Kriegsherr im Ersten Weltkrieg.* Munich, Germany: R. Oldenbourg, 2005.

Andics, Hellmut. *Der Fall Otto Habsburg: Ein Bericht.* Vienna: Verlag Fritz Molden, 1965.

Antonoff, Anne Louise. "Almost War: Britain, Germany, and the Balkan Crisis, 1908–1909." PhD diss., Yale University, 2006.

Applebaum, Anne. *Gulag: A History.* New York: Doubleday, 2003.

Armie. *Maria Cristina de Habsburgo Reina de España.* Barcelona, Spain: Ediciones Maria Rosa Urraca Pastor, 1935.

Arz, Artur. *Zur Geschichte des Grossen Krieges 1914–1918.* Vienna: Rikola Verlag, 1924.

Badeni, Joachim. *Autobiografia.* Cracow, Poland: Wydawnictwo Literackie, 2004.

Balfour, Michael, and John Mair. *Four-Power Control in Germany and Austria.* London: Oxford University Press, 1956.

Banac, Ivo. *The National Question in Yugoslavia: Origins, History, Politics.* Ithaca, NY: Cornell University Press, 1984.

————. *With Stalin against Tito: Cominformist Splits in Yugoslav Communism.* Ithaca, NY: Cornell University Press, 1988.

Bar, Jacek. "Z Życia koła." Unpublished manuscript, available at http://www.przewodnicy.net/kpt/zycie04/04_10_20.html. 20 October 2004.

Bartovsky, Vojtěch. *Hranice: Statisticko-Topograficky a kulturny obraz.* Hranice: Nakladem Vojt. Bartovského, 1906.

Basch-Ritter, Renate. *Österreich auf allen Meeren: Geschichte der k. (u.) k. Marine 1382 bis 1918.* Graz, Austria: Verlag Styria, 2000.

Baumgart, Winfried. *Deutsche Ostpolitik 1918.* Vienna: R. Oldenbourg Verlag, 1966.

Baur, Johannes. *Die russische Kolonie in München 1900–1945.* Wiesbaden, Germany: Harrassowitz Verlag, 1998.

Bayer v. Bayersburg, Heinrich. *Österreichs Admirale.* Vienna: Bergland Verlag, 1962.

Beer, Siegfried. "Die Besatzungsmacht Großbritannien in Österreich 1945–1949." In *Österreich unter Alliierter Besatzung 1945–1955,* ed. Alfred Ableitinger, Siegfried Beer, and Eduard G. Staudinger, 41–70. Vienna: Böhlau Verlag, 1998.

Beller, Steven. "Kraus's Firework: State Consciousness Raising in the 1908 Jubilee Parade in Vienna and the Problem of Austrian Identity." In *Staging the Past: The Politics of Commemoration in Habsburg Central Europe, 1848 to the Present,* ed. Maria Bucur and Nancy Wingfield, 46–71. West Lafayette, IN: Purdue University Press, 2001.

Berenson, Edward. *The Trial of Madame Caillaux.* Berkeley: University of California Press, 2002.

Berkhoff, Karel C. *Harvest of Despair: Life and Death in Ukraine under Nazi Rule.* Cambridge, MA: Harvard University Press, 2004.

Bihl, Wolfdieter. "Beitrage zur Ukraine-Politik Österreich-Ungarns 1918." *Jahrbücher für Geschichte Osteuropas* 14 (1966): 51–62.

————. *Österreich-Ungarn und die Friedenschlüsse von Brest-Litowsk.* Vienna: Böhlau Verlag, 1970.

————. "Zur Tätigkeit des ukrainophilen Erzherzogs Wilhelm nach dem Ersten Weltkrieg." Sonderdruck aus *Jahrbücher für Geschichte Osteuropas.* Munich: Osteuropa-Institut, 1971.

红色王子

Binder, Dieter A. "The Christian Corporatist State: Austria from 1934 to 1938." In *Austria in the Twentieth Century*, ed. Rolf Steininger, Günter Bischof, and Michael Gehler, 72–84. New Brunswick, NJ: Transaction Publishers, 2002.

Binder, Harald. *Galizien in Wien: Parteien, Wahlen, Fraktionen und Abgeordnete im Übergang zur Massenpolitik.* Vienna: Verlag der Österreichischen Akademie der Wissenschaften, 2005.

Blanning, Tim. *The Pursuit of Glory: Europe 1648–1815.* New York: Penguin, 2007.

Bolianovs'kyi, Andrii. *Ukrains'ki viiskovi formuvannia v zbroinykh sylakh Nimechchyny (1939–1945).* Lviv, Ukraine: CIUS, 2003.

Borowsky, Peter. *Deutsche Ukrainepolitik 1918.* Lübeck, Germany: Matthiesen Verlag, 1970.

Boyer, John W. "Political Catholicism in Austria, 1880–1960." *Contemporary Austrian Studies* 13 (2004): 6–36.

Bożek, Gabriela, ed., Bożena Husar and Dorota Firlej, authors. *Żywieckie projekty Karola Pietschki.* Katowice, Poland: Sląskie Centrum Kultorowego, 2004.

Brandon, Ray, and Wendy Lower, eds. *The Shoah in Ukraine: History, Testimony, and Memorialization.* Bloomington: Indiana University Press, 2008.

Brassaï, *The Secret Paris of the 1930s.* New York: Pantheon Books, 1976.

Bridge, F. R., "The Foreign Policy of the Monarchy 1908–1918." In *The Last Years of Austria-Hungary: Essays in Political and Military History 1908–1918*, ed. Mark Cornwall. Exeter, UK: University of Exeter Press, 1990.

Brook-Shepherd, Gordon. *The Last Empress: The Life and Times of Zita of Austria-Hungary, 1892–1989.* New York: HarperCollins, 1991.

———. *Uncrowned Emperor: The Life and Times of Otto von Habsburg.* London: Hambledon and London, 2003.

Bruski, Jan Jacek. *Petlurowcy: Centrum Państwowe Ukraińskiej Republiki Ludowej na wychodŸstwie (1919–1924).* Cracow, Poland: Arcana, 2004.

Bubnii, Mykhailo. *Redemptorysty.* Lviv, Ukraine: Monastyr Sv. Alfonsa, 2003.

Buchanon, Tom, and Martin Conway, eds. *Political Catholicism in Europe.* New York: Oxford University Press, 1996.

Burds, Jeffrey. "The Early Cold War in Soviet West Ukraine." Carl Beck Papers, Pittsburgh, no. 1505, 2001.

Burián, Stephen. *Austria in Dissolution.* London: Ernst Benn, 1925.

Burrin, Philippe. *Fascisme, nazisme, autoritarisme.* Paris: Éditions du Seuil, 2000.

Cartledge, Bryan. *The Will to Survive: A History of Hungary.* London: Timewell Press, 2006.

Cavallie, James. *Ludendorff och Kapp i Sverige.* Stockholm: Almqvist & Wiksell International, 1993.

Chałupska, Anna. "Księżna wraca do Żywca." *Nad Sołą i Koszarową* 4, no. 11 (June 2001).

Chłopczyk, Helena. "Alicja Habsburg–Księżna–Partyzant." *Karta groni* 26 (1991): 28–36.

———. "Ostatni wlasciciele dóbr Żywieckich." Unpublished paper. Żywiec, 1986.

Cienciala, Anna, Natalia Lebedeva, and Wojciech Materski, eds. *Katyń: A Crime without a Punishment.* New Haven, CT: Yale University Press, 2007.

Clark, Christopher. *Iron Kingdom: The Rise and Downfall of Prussia, 1600–1947.* Cambridge, MA: Harvard University Press, 2006.

———. *Kaiser Wilhelm II.* London: Longman, 2000.

Cohen, Gary. *The Politics of Ethnic Survival: Germans in Prague, 1861–1914.* West Lafayette, IN: Purdue University Press, 2006.

Cornwall, Mark. *The Undermining of Austria-Hungary: The Battle for Hearts and Minds*. New York: St. Martin's, 2000.

Dashkevych, Iaroslav. "Vil'hel'm Habsburg i istoriia." *Rozbudova derzhavy* 1, no. 4 (2005): 57–69.

Deák, István. *Beyond Nationalism: A Social and Political History of the Habsburg Officer Corps 1848–1918*. New York: Oxford University Press, 1990.

Dedijer, Vladimir. *The Road to Sarajevo*. New York: Simon and Schuster, 1966.

Diakiv, Solomiia, ed. *Lysty Mytropolyta Andreia Sheptyts'koho do Ilariona Svientsits'koho*. Lviv, Ukraine: Ukrainski tekhnolohii, 2005.

Dickinger, Christiane. *Franz Josef I: Die Entmythisierung*. Vienna: Ueberreuter, 2002.

Dobosz, Stanisław. *Wojna na ziemi Żywieckiej*. Żywiec, Poland: Gazeta Żywiecka, 2004.

Documents ruthéno-ukrainiens. Paris: Bureau Polonais de Publications Politiques, 1919.

Dontsov, Dmytro. *Rik 1918*. Toronto: Homin Ukrainy, 1954.

Eudin, Xenia Joukoff. "The German Occupation of the Ukraine in 1918." *Russian Review* 1, no. 1 (1941), 90–105.

Evans, R. J. W. *Rudolf II and His World*. London: Thames and Hudson, 1997.

Evans, Richard J. *The Coming of the Third Reich*. New York: Penguin, 2003.

Feldman, Gerald. *German Imperialism 1914–1918: The Development of a Historical Debate*. New York: John Wiley & Sons, 1972.

Ferguson, Niall. *The World's Banker: The History of the House of Rothschild*. London: Weidenfeld and Nicolson, 1998.

Fischer, Fritz. *Griff nach der Weltmacht*. Düsseldorf, Germany: Droste, 1961.

Fiutak, Martin. "Vasilij von Biskupskij und die russische politische Emigration in München." Master's thesis, Ludwig-Maximilians-Universität, 2004.

Frank, Alison Fleig. *Oil Empire: Visions of Prosperity in Austrian Galicia*. Cambridge, MA: Harvard University Press, 2005.

Freud, Sigmund. *Introductory Lectures on Psychoanalysis*. New York: Norton, 1966.

Gaddis, John Lewis. *The United States and the Origins of the Cold War*. New York: Columbia University Press, 2000.

Garton Ash, Timothy. *In Europe's Name: Germany and the United Continent*. London: Jonathan Cape, 1993.

_____. *The Polish Revolution: Solidarity*. New Haven, CT: Yale University Press, 2002.

Garton Ash, Timothy, and Timothy Snyder. "Ukraine: The Orange Revolution." *New York Review of Books*, 28 April 2005, 28–32.

Gay, Peter. *Freud, Jews, and Other Germans*. New York: Oxford University Press, 1978.

Gehler, Michael. "From Non-Alignment to Neutrality? Austria's Transformation during the First East-West Détente, 1953–1958." *Journal of Cold War Studies* 7, no. 4 (2005): 104–136.

Geiss, Imanuel. *Der Polnische Grenzstreifen 1914–1918*. Lübeck, Germany: Matthiesen, 1960.

Gellner, Ernest. *Language and Solitude: Wittgenstein, Malinowski, and the Habsburg Dilemma*. Cambridge: Cambridge University Press, 1998.

Georges-Michel, Michel. *Autres personnalités que j'ai connues, 1900–1943*. New York: Brentano, 1943.

_____. *Folles de Luxes et Dames de Qualité*. Paris: Editions Baudinière, 1931.

_____. *Gens de Théâtre que j'ai connus*. New York: Brentano's, 1942.

Glassheim, Eagle. *Noble Nationalists: The Transformation of the Bohemian Aristocracy*. Cambridge, MA: Harvard University Press, 2005.

Golczewski, Frank. "Die ukrainische und die russische Emigration in Deutschland." In *Russische Emigration in Deutschland 1918 bis 1941*, ed. Karl Schlögel. Berlin: Akademie Verlag, 1995, 77–84.

Goldinger, Walter, and Dieter A. Binder. *Geschichte der Republik Österreich 1918–1938*. Oldenbourg, Germany: Verlag für Geschichte und Politik, 1992.

Gortazar, Guillermo. *Alfonso XIII, hombre de negocios*. Madrid: Alianza Editorial, 1986.

Grelka, Frank. *Die ukrainische Nationalbewegung unter deutscher Besatzungsherrschaft 1918 und 1941/1942*. Wiesbaden, Germany: Harrassowitz Verlag, 2005.

Gribble, Francis. *The Life of the Emperor Francis-Joseph*. New York: Putnam's Sons, 1914.

Gross, Jan. *Revolution from Abroad: The Soviet Conquest of Poland's Western Ukraine and Western Belorussia*. Princeton, NJ: Princeton University Press, 2002.

Grossegger, Elisabeth. *Der Kaiser-Huldigungs-Festzug, Wien 1908*. Vienna: Verlag der Österreichischen Akademie der Wissenschaften, 1992.

Gumbrecht, Hans Ulrich. *In 1926: Living at the Edge of Time*. Cambridge, MA: Harvard University Press, 1997.

Habsburg, Alice. *Princessa och partisan*. Stockholm: P. A. Norstedt & Söners Förlag, 1973.

Habsburg, Elisabeth. *Das poetische Tagebuch*. Vienna: Verlag der Österreichischen Akademie der Wissenschaften, 1984.

Habsburg, Karol Olbracht. *Na marginesie sprawy Żywieckiej*. Lviv: privately printed, 1924.

Halpern, Paul G. "The Cattaro Mutiny, 1918." In *Naval Mutinies of the Twentieth Century*, ed. Christopher M. Bell and Bruce A. Ellman. London: Frank Cass, 2003, 54–79.

Hamann, Brigitte. *Kronprinz Rudolf: Ein Leben*. Vienna: Amalthea, 2005.

―――. *The Reluctant Empress: A Biography of Empress Elisabeth of Austria*. Berlin: Ellstein, 1996.

Hamann, Brigitte, ed. *Die Habsburger*. Munich, Germany: Piper, 1988.

Healy, Maureen. *Vienna and the Fall of the Habsburg Empire*. New York: Cambridge University Press, 2004.

Hendrix, Paul. *Sir Henri Deterding and Royal Dutch Shell: Changing Control of World Oil 1900–1940*. Bristol, UK: Bristol Academic Press, 2002.

Herodotus. *The History*, trans. Henry Clay. Buffalo, NY: Prometheus Books, 1992.

Hills, Alice. *Britain and the Occupation of Austria, 1943–1945*. New York: St. Martin's Press, 2000.

Himka, John-Paul. *Religion and Nationality in Western Ukraine: The Greek Catholic Church and the Ruthenian National Movement in Galicia, 1867–1900*. Montreal, QC: McGill University Press, 1999.

Hirniak, Nykyfor. *Polk. Vasyl' Vyshyvanyi*. Winnipeg, MB: Mykytiuk, 1956.

Hornykiewicz, Teofil, ed. *Ereignisse in der Ukraine 1914–1923*. Vols. 3–4. Philadelphia, PA: Lypynsky East European Research Institute, 1968–1969.

Houthaeve, Robert. *De Gekruisigde Kerk van de Oekraïne en het offer van Vlaamse missionarissen*. Moorslede, Belgium: R. Houthaeve, 1990.

Hrytsak, Iaroslav. *Narys istorii Ukrainy*. Kiev, Ukraine: Heneza, 1996.

Hull, Isabel. *Absolute Destruction: Military Culture and the Practices of War in Imperial Germany*. Ithaca, NY: Cornell University Press, 2004.

参考文献

_____. *The Entourage of Kaiser Wilhelm II, 1888–1918*. Cambridge: Cambridge University Press, 1982.

Husar, Bożena. "Żywieccy Habsburgowie." In *Kalendarz Żywiecki 1994*, 65. Żywiec, Poland: Gazeta Żywiecka 1993.

Hyla, Bogumiła. "Habsburgowie Żywieccy w latach 1895–1947." In *Karta groni*, (1991): 7–27.

Ivanova, Klimentina, ed. *Stara bulgarska literatura*. Vol. 4. Sofia, Bulgaria: Bulgarski pisatel, 1986.

James, Harold. *Europe Reborn: A History, 1914–2000*. Harlow, UK: Pearson, 2003.

Jászi, Oskar. *The Dissolution of the Habsburg Monarchy*. Chicago: University of Chicago Press, 1929.

Jelavich, Charles. *South Slav Nationalism: Textbooks and Yugoslav Union before 1914*. Columbus: Ohio State University Press, 1990.

Judson, Pieter M. *Guardians of the Nation: Activists on the Language Frontiers of Imperial Austria*. Cambridge, MA: Harvard University Press, 2006.

Judt, Tony. *Postwar: A History of Europe since 1945*. New York: Penguin, 2005.

Kakowski, Aleksander. *Z Niewoli do Niepodległosci*. Cracow, Poland: Platan, 2000.

Kellogg, Michael. *The Russian Roots of Nazism: White Émigrés and the Making of National Socialism, 1917–1945*. Cambridge: Cambridge University Press, 2005.

Kentii, A. V. *Narysy istorii Orhanizatsii Ukrains'kykh Natsionalistiv*. Kiev, Ukraine: NAN Ukrainy, 1998.

Khlevniuk, Oleg V. *The History of the Gulag: From Collectivization to the Great Terror*. New Haven, CT: Yale University Press, 2004.

Killem, Barbara. "Karel Havliček and the Czech Press before 1848." In *The Czech Renascence of the Nineteenth Century*, ed. Peter Brock and H. Gordon Skilling, 113–130. Toronto, ON: University of Toronto Press, 1970.

King, Jeremy. *Budweisers into Czechs and Germans: A Local History of Bohemia, 1848–1914*. Princeton, NJ: Princeton University Press, 2002.

Klimecki, Michał. *Polsko-ukraińska wojna o Lwów*. Warsaw: Wojskowy Instytut Historyczny, 1997.

Knežević, Jovana. "The Austro-Hungarian Occupation of Belgrade during the First World War." PhD diss., Yale University, 2004.

Kořalka, Jiří. *Češi v Habsburské ríse a v Evropě*. Prague, Czech Republic: Argo 1996.

Koselleck, Reinhart. *Futures Past: On the Semantics of Historical Time*. Cambridge, MA: MIT Press, 1985.

Koven, Seth. *Sexual and Social Politics in Victorian London*. Princeton, NJ: Princeton University Press, 2004.

Kramer, Mark. "The Collapse of East European Communism and the Repercussions within the Soviet Union." *Journal of Cold War Studies* 5, no. 1 (2003), 3–16; 5, no. 4 (2003), 3–42; 6, no. 4 (2004), 3–64; 7, no. 1 (2005), 3–96.

Krauss, Alfred. "Die Besetzung der Ukraine 1918." In *Die Militärverwaltung in den von den Österreichischen-Ungarischen Truppen Besetzen Gebieten*, ed. Hugo Kerchnawe, Rudolf Mitzka, Felix Sobotka, Hermann Leidl, and Alfred Krauss. New Haven, CT: Yale University Press, 1928.

Kryvuts'kyi, Ivan. *De sribnolentyi Sian plyve . . .* Kiev, Ukraine: Brama, 1999.

_____. *Za poliarnym kolom: Spohady viaznia Hulah Zh–545*. Lviv, Ukraine: Poltava, 2001.

Krzyżanowski, Piotr. "Księżna arcypolskosci." *Wprost*, 11 January 2004.

红色王子

Kuhnke, Monika. "Polscy Habsburgowie i polska sztuka." *Cenne, bezcenne/utracone*, March–April 1999.

Kursell, Otto v. "Erinnerungen an Dr. Max v. Scheubner-Richter." Unpublished manuscript, BA. Munich, Germany, 1966.

Lacquer, Walter. *Russia and Germany*. Boston: Little, Brown, 1965.

Laverdure, Paul. "Achille Delaere and the Origins of the Ukrainian Catholic Church in Western Canada." *Australasian Canadian Studies* 24, no. 1 (2006): 83–104.

Liulevicius, Vejas. *War Land on the Eastern Front: Culture, National Identity, and Occupation in World War I*. Cambridge: Cambridge University Press, 2000.

Lubomirska, Maria. *Pamiętnik*. Poznań, Poland: Wydawnictwo Poznańskie, 1997.

Lucey, Michael. *Never Say I: Sexuality and the First Person in Colette, Gide, and Proust*. Durham, NC: Duke University Press, 2006.

Ludendorff, Erich. *The General Staff and Its Problems*. Vol. 2. London: Hutchinson & Co., n.d.

MacKenzie, David. *Apis: The Congenial Conspirator*. Boulder, CO: East European Monographs, 1985.

Mackiewicz, Stanisław. *Dom Radziwiłłów*. Warsaw: Czytelnik, 1990.

Magocsi, Paul Robert. *A History of Ukraine*. Toronto: University of Toronto Press, 1996.

Majchrowski, Jacek M. *Ugrupowania monarchystyczne w latach Drugiej Rzeczypospolitej*. Wrocław, Poland: Ossolineum, 1988.

Malynovs'kyi, B. V. "Arkhykniaz Vil'hel'm fon Habsburh, Sichovi Stril'tsi ta 'Zaporozhtsi' u 1918 r." *Arkhivy Ukrainy* 1–6 (1997).

Markovits, Andrei, and Frank Sysyn, eds. *Nationbuilding and the Politics of Nationalism*. Cambridge, MA: Harvard University Press, 1982.

Markus, Georg. *Der Fall Redl*. Vienna: Amalthea, 1984.

Martin, Terry. *The Affirmative Action Empire: Nations and Nationalism in the Soviet Union, 1923–1939*. Ithaca, NY: Cornell University Press, 2001.

Mastny, Vojtech. *Cold War and Soviet Insecurity: The Stalin Years*. New York: Oxford University Press, 1996.

Mayer, Arno J. *The Persistence of the Old Regime: Europe to the Great War*. New York: Pantheon Books, 1981.

Mazower, Mark. *Dark Continent: Europe's Twentieth Century*. New York: Knopf, 1999.

Mędrzecki, Włodzimierz. "Bayerische Truppenteile in der Ukraine im Jahr 1918." In *Bayern und Osteuropa*, ed. Hermann Bayer-Thoma, 442–458. Wiesbaden, Germany: Harrassowitz Verlag, 2000.

Menasse, Robert. *Erklär mir Österreich*. Vienna: Suhrkamp, 2000.

Michalski, Krzysztof. *Płomień wiecznosci: Eseje o myslach Frydyryka Nietzschego*. Cracow, Poland: Znak, 2007.

Miller, Aleksei. *Imperiia Romanovykh i natsionalizm*. Moscow: Novoe Literaturnoe Obozrenie, 2006.

Milow, Caroline. *Die ukrainische Frage 1917–1923 im Spannungsfeld der europäischen Diplomatie*. Wiesbaden, Germany: Harrassowitz Verlag, 2002.

Mistinguett. *Mistinguett: Queen of the Paris Night*. London: Elek Books, 1954.

Monitor Polski, 6 March 1919, Number 53.

Mosse, George. *The Fascist Revolution: Towards a General Theory of Fascism*. New York: Howard Fertig, 1999.

参考文献

Müller, Wolfgang. *Die Sowjetische Besatzung in Österreich 1945–1955 und ihre politische Mission.* Vienna: Böhlau Verlag, 2005.

Murat, Laure. *La loi du genre: Une histoire culturelle du "troisième sexe."* Paris: Fayard, 2006.

Niemann, Alfred. *Kaiser und Revolution.* Berlin: August Scherl, 1922.

Novosad, Roman. "Iak zahynul Habsburh-Vyshyvanyi." *Zona* 10 (1995): 56–58.

———. "Vasyl' Vyshyvanyi, Iakyi ne stav korolom Ukrainy." *Ukraina* 26 (1992): 22–25.

Nußer, Horst G. W. *Konservative Wehrverbände in Bayern, Preußen und Österreich 1918–1933.* Munich, Germany: Nußer Verlag, 1973.

Onats'kyi, Ievhen. *Portrety v profil.* Chicago: Ukrainian-American, 1965.

Ostashko, Tetiana. "Pol's'ka viiskova spetssluzhba pro ukrains'kyi monarkhichnyi rukh." *Ucrainika Polonika* 1 (2004): 240–256.

Owen, Charles. *The Maltese Islands.* New York: Praeger, 1969.

Palmer, Alan. *Twilight of the Habsburgs: The Life and Times of Emperor Francis Joseph.* New York: Atlantic Monthly Press, 1994.

Pavliuk, Oleksandr. *Borot'ba Ukrainy za nezalezhnist' i polityka SShA, 1917–1923.* Kiev, Ukraine: KM Akademia, 1996.

Pelenski, Jaroslaw. "Hetman Pavlo Skoropadsky and Germany (1917–1918) as Reflected in His Memoirs." In *German-Ukrainian Relations in Historical Perspective,* ed. Hans-Joachim Torke and John-Paul Himka. Edmonton, AB: CIUS, 1994.

Perotti, Eliana. *Das Schloss Miramar in Triest (1856–1870).* Vienna: Böhlau Verlag, 2002.

Petriv, Vsevolod. *Viis'kovo-istorychni pratsi. Spomyny.* Kiev, Ukraine: Polihrafknyha, 2002.

Pipes, Richard. *The Formation of the Soviet Union.* Cambridge, MA: Harvard University Press, 1997.

Plaschka, Richard Georg, Horst Haselsteiner, and Arnold Suppan. *Innere Front: Militärassistenz, Widerstand und Umsturz in der Donaumonarchie 1918.* Munich, Germany: R. Oldenbourg Verlag, 1974.

Podvyzhnyky Chynu Naisviatishoho Izbavitelia v Ukraini. Ternopil, Ukraine: Monastyr, Uspennia Presviatoi Bohorodytsi, 2004.

Pohl, Dieter. *Nationalsozialistische Judenverfolgung in Ostgalizien 1941–1944: Organisation und Durchführung eines staatlichen Massenverbrechens.* Munich, Germany: R. Oldenbourg Verlag, 1996.

Pola: Seine Vergangenheit, Gegenwart und Zukunft. Vienna: Carol Gerold's Sohn, 1887.

Pollack, Martin. *Nach Galizien: Von Chassiden, Huzulen, Polen und Ruthenen: Eine imaginaire Reise durch die verschwundene Welt Ostgaliziens und der Bukowina.* Vienna: C. Brandstätter, 1984.

Polski Słownik Biograficzny. Vol. 9. Wrocław, Poland: Polska Akademia Nauk, 1960–1961.

Popyk, Serhii. *Ukraintsi v Avstrii 1914–1918.* Kiev, Ukraine: Zoloti Lytavry, 1999.

Rak, Jiří. *Byvali Čechové: České historické myty a stereotypy.* Prague, Czech Republic: H & H, 1994.

Rape, Ludger. *Die Österreichischen Heimwehren und die bayerische Recht 1920–1923.* Vienna: Europaverlag, 1977.

Rasevych, Vasyl'. "Vil'hel'm von Habsurh-Sproba staty ukrains'kym korolom." In *Podorozh do Evropy,* ed. Oksana Havryliv and Timofii Havryliv, 210–221. Lviv, Ukraine: VNTL-Klasyka, 2005.

Rauchensteiner, Manfried. *Der Sonderfall: Die Besatzungszeit in Österreich 1945 bis 1955*. Vienna: Verlag Styria, 1979.

Redlich, Joseph. *Emperor Francis Joseph of Austria*. New York: Macmillan, 1929.

Remak, Joachim. "The Healthy Invalid: How Doomed the Habsburg Empire?" *Journal of Modern History* 41, no. 2 (1969): 127–143.

Reshetar, John. *The Ukrainian Revolution*. Princeton, NJ: Princeton University Press, 1952.

Roberts, Mary Louise. *Civilization without Sexes: Reconstructing Gender in Postwar France, 1917–1927*. Chicago: University of Chicago Press, 1994.

Romanov, Alexander. *Twilight of Royalty*. New York: Ray Long and Richard R. Smith, 1932.

Ronge, Max. *Kriegs- und Industriespionage*. Zurich: Amalthea, 1930.

Rossino, Alexander. *Hitler Strikes Poland: Blitzkrieg, Ideology, and Atrocity*. Lawrence: University of Kansas Press, 2003.

Rudnytsky, Ivan. *Essays in Modern Ukrainian History*. Edmonton, AB: CIUS, 1987.

Rumpler, Helmut. *Max Hussarek: Nationalitäten und Nationalitätenpolitik im Sommer des Jahres 1918*. Graz, Austria: Verlag Böhlau, 1965.

Rusniaczek, Jerzy. "Jak powstał zamek w Żywcu." *Karta groni* (1991): 37–51.

Rutkowski, Ernst. "Ukrainische Legion." Unpublished manuscript, in the author's possession. Vienna, 2005.

Ryan, Nellie. *My Years at the Austrian Court*. London: Bodley Head, 1916.

Schmidt-Brentano, Antonio. *Die Österreichische Admirale*. Osnabrück, Germany: Biblio Verlag, 1997.

Schorske, Carl E. *Fin-de-Siecle Vienna: Politics and Culture*. New York: Vintage, 1981.

Sendtner, Kurt. *Rupprecht von Wittelsbach: Kronprinz von Bayern*. Munich, Germany: Richard Pflaum, 1954.

Senecki, Ireneusz, and Dariusz Piotrowski. "Zbiory malarstwa w pałacu Habsburgów w Żywcu." *Gronie* 1, no. 25 (2006): 58–60.

Shanafelt, Gary W. *The Secret Enemy: Austria-Hungary and the German Alliance*. Boulder, CO: East European Monographs, 1985.

Shevel, Oxana. "Nationality in Ukraine: Some Rules of Engagement." *East European Politics and Societies* 16, no. 2 (2002): 386–413.

Skoropads'kyi, Pavlo. *Spohady*. Kiev, Ukraine: Knyha, 1995.

Skrzypek, Józef. "Ukraińcy w Austrii podczas wojny i geneza zamachu na Lwów." *Niepodległość* 19 (1939): 27–92, 187–224, 349–387.

Snyder, Timothy. "The Causes of Ukrainian-Polish Ethnic Cleansing, 1943." *Past and Present* 179 (2003): 197–234.

_____. *The Reconstruction of Nations: Poland, Ukraine, Lithuania, Belarus, 1569–1999*. New Haven, CT: Yale University Press, 2003.

_____. *Sketches from a Secret War: A Polish Artist's Mission to Liberate Soviet Ukraine*. New Haven, CT: Yale University Press, 2005.

_____. "'To Resolve the Ukrainian Problem Once and for All': The Ethnic Cleansing of Ukrainians in Poland, 1943–1947." *Journal of Cold War Studies* 1, no. 2 (1999): 86–120.

Sondhaus, Lawrence. *The Habsburg Empire and the Sea: Austrian Naval Policy, 1797–1866*. West Lafayette, IN: Purdue University Press, 1989.

_____. *The Naval Policy of Austria-Hungary, 1867–1914: Navalism, Industrial Development, and the Politics of Dualism*. West Lafayette, IN: Purdue University Press, 1994.

参考文献

Sonnenthal, Hermine von, ed. *Adolf von Sonnenthals Briefwechsel*. Stuttgart, Germany: Deutsche Verlags-Anstalt, 1912.

Spector, Scott. "Where Personal Fate Turns to Public Affair: Homosexual Scandal and Social Order in Vienna 1900–1910." *Austria History Yearbook* 38 (2007): 15–24.

_____. "The Wrath of the 'Countess Merviola': Tabloid Exposé and the Emergence of Homosexual Subjects in Vienna in 1907." *Contemporary Austrian Studies* 15 (2006): 31–46.

Spyra, Adam. *Browar Żywiec 1856–1996*. Żywiec, Poland: Unigraf, 1997.

Stevenson, David. *Cataclysm: The First World War as Political Tragedy*. New York: Basic Books, 2004.

Stourzh, Gerald. *Um Einheit und Freiheit: Staatsvertrag, Neutralität, und das Ende der Ost-West-Besatzung Österreichs 1945–1955*. Vienna: Böhlau, 1998.

Stoye, John. *The Siege of Vienna*. London: Collins St. James's Place, 1964.

Strachan, Hew. *The First World War*. New York: Penguin, 2005.

Sudoplatov, Pavel, and Anatoli Sudoplatov. *Special Tasks: The Memoirs of an Unwanted Witness, a Soviet Spymaster*. Boston: Little, Brown, 1994.

Suleja, Włodzimierz. *Orientacja Austro-Polska w latach I Wojny Swiatowej*. Wrocław, Poland: Wydawnictwo Uniwersytet Wrocławskiego, 1992.

Szporluk, Roman. "The Making of Modern Ukraine: The Western Dimension." *Harvard Ukrainian Studies* 25, nos. 1–2 (2001): 57–91.

_____. *Russia, Ukraine, and the Breakup of the Soviet Union*. Stanford, CA: Hoover Institution, 2000.

Tanner, Marie. *The Last Descendant of Aeneas: The Hapsburgs and the Mythic Image of the Emperor*. New Haven, CT: Yale University Press, 1993.

Taylor, A. J. P. *The Habsburg Monarchy, 1809–1918: A History of the Austrian Empire and Austria-Hungary*. London: Macmillan, 1941.

Tereshchenko, Iu. I., and T. S. Ostashko. *Ukrains'kyi patriot z dynastii Habsburhiv*. Kiev, Ukraine: NAN Ukrainy, 1999.

Tereshchenko, Iurii. "V'iacheslav Lypyns'kyi i Vil'hel'm Habsburg na politychnykh perekhrestiakh." *Moloda Natsiia* 4 (2002), 91–126.

Thoss, Bruno. *Der Ludendorff-Kreis 1919–1923: München als Zentrum der mitteleuropäischen Gegenrevolution Zwischen Revolution und Hitler-Putsch*. Munich, Germany: Kommissionsbuchhandlung R. Wölfle, 1977.

Thun-Salm, Christiane, and Hugo von Hoffmansthal. *Briefwechsel*, ed. Renate Moering. Frankfurt, Germany: S. Fischer, 1999.

Torzecki, Ryszard. *Kwestia ukraińska w polityce Trzeciej Rzeszy*. Warsaw: Książka i Wiedza, 1972.

Tunstall, Graydon A., Jr. "Austria-Hungary." In *The Origins of World War I*, ed. Richard F. Hamilton and Holger H. Hertwig, 112–149. Cambridge: Cambridge University Press, 2003.

Turii, Oleh. "Istorychnyi shlakh redemptoristiv skhidnoi vitky na ukrainskoi zemli." In *Redemptorysty: 90 lit v Ukraini*, ed. Iaroslav Pryriz. Lviv, Ukraine: Misia Khrysta, 2003.

Tylza-Janosz, Marta. "Dobra czarnieckie i porąbczanskie Habsburgów Żywieckich w XIX i XX wieku." Master's thesis, Akademia Pedagogiczna, Cracow, Poland, 2003.

Ullman, Richard. *Anglo-Soviet Relations 1917–1920*. 3 vols. Princeton, NJ: Princeton University Press, 1961–1973.

Unowsky, Daniel. *The Pomp and Politics of Patriotism*. West Lafayette, IN: Purdue University Press, 2005.

Vasari, Emilio. *Dr. Otto Habsburg oder die Leidenschaft für Politik*. Vienna: Verlag Herold, 1972.

Vicinus, Martha. "Fin-de-Siecle Theatrics: Male Impersonation and Lesbian Desire." In *Borderlines: Genders and Identities in War and Peace, 1870–1930*, ed. Billie Melman, 163–192. New York: Routledge, 1998.

Vivian, Herbert. *The Life of the Emperor Charles of Austria*. London: Grayson & Grayson, 1932.

Vogelsberger, Hartwig A. *Kaiser von Mexico*. Vienna: Amalthea, 1992.

Vogt, Adolf. *Oberst Max Bauer: Generalstaboffizier in Zwielicht 1869–1929*. Osnabrück, Germany: Biblio Verlag, 1974.

Vushko, Iryna. "Enlightened Absolutism, Imperial Bureaucracy and Provincial Society: The Austrian Project to Transform Galicia, 1772–1815." PhD diss., Yale University, 2008.

Vyshyvanyi, Vasyl. "U.S.S. z vesny 1918 r. do perevorotu v Avstrii," 1920. Typescript at HURI.

Wagnleitner, Reinhold. *Coca-colonization and the Cold War: The Cultural Mission of the United States in Austria after the Second World War*. Chapel Hill: University of North Carolina Press, 1994.

Wandycz, Piotr. *The Lands of Partitioned Poland*. Seattle: University of Washington Press, 1979.

_____. *Soviet-Polish Relations, 1919–1921*. Cambridge, MA: Harvard University Press, 1969.

Wasserstein, Bernard. *The Secret Lives of Trebitsch Lincoln*. New Haven, CT: Yale University Press, 1988.

Weber, Eugen. *The Hollow Years: France in the 1930s*. New York: Norton, 1996.

Wheatcroft, Andrew. *The Habsburgs: Embodying Empire*. London: Penguin, 1996.

Wiggermann, Frank. *K.u.k. Kriegsmarine und Politik: Ein Beitrag zur Geschichte der italienischer Nationalbewegung in Istrien*. Vienna: Österreichische Akademie der Wissenschaften, 2004.

Williams, Robert C. *Culture in Exile: Russian Émigrés in Germany, 1881–1941*. Ithaca, NY: Cornell University Press, 1972.

Wilson, Andrew. *Ukraine's Orange Revolution*. New Haven, CT: Yale University Press, 2005.

_____. *Virtual Politics: Faking Democracy in the Post-Soviet World*. New Haven, CT: Yale University Press, 2005.

Wingfield, Nancy. *Flag Wars and Stone Saints: How the Bohemian Lands Became Czech*. Cambridge, MA: Harvard University Press, 2007.

Winter, Eduard. *Die Sowjetunion und der Vatikan, Teil 3: Russland und das Papsttum*. Berlin: Akademie-Verlag, 1972.

Yekelchyk, Serhy. *Stalin's Empire of Memory: Russian-Ukrainian Relations in Soviet Historical Memory*. Toronto, ON: University of Toronto Press, 2004.

_____. *Ukraine: The Birth of a Modern Nation*. Oxford: Oxford University Press, 2007.

Zacek, Joseph. "Metternich's Censors: The Case of Palacky." In *The Czech Renascence of the Nineteenth Century*, ed. Peter Brock and H. Gordon Skilling, 95–112. Toronto, ON: University of Toronto Press, 1970.

Zalizniak, Mykola. "Moia uchast u myrovykh perehovorakh v Berestiu Litovs'komu." In *Beresteis'kyi Myr: Spomyny ta Materiialy*, ed. Ivan Kedryn, 51–81. Lviv-Kiev: Kooperatyvna Nakladna Chervona Kalyna, 1928.

参考文献

Zeman, Z. A. B. *The Breakup of the Habsburg Empire: A Study in National and Social Revolutions.* London: Oxford University Press, 1961.

Zhyttia i smert' Polkovnyka Konovaltsia. Lviv, Ukraine: Chervona kalyna, 1993.

Zolotarev, V. A., et al., eds. *Russkaia voennaia emigratsiia: Dokumenty i materialy.* Moscow: Geiia, 1998.

Żurawski vel Grajewski, Przemysław Piotr. *Sprawa ukraińska na konferencji pokojowej w Paryżu w roku 1919.* Warsaw: Semper, 1995.

索　引

(索引中的页码为本书页边码)

Achilles, 51, 52, 54
Adriatic Sea, 1, 28, 29, 35, 62, 74, 272; control of, 13, 34; map of, 32; sailing on, 30, 31
Albrecht, Archduke, 2, 4, 5, 190, 198, 205, 207; biographical sketch of, 281; birth of, 38, 289; citizenship and, 267; death of, 267, 291; education of, 46; emigration of, 237; German invasion and, 206, 209; imprisonment of, 225, 228, 291; liberation and, 231; marriage of, 133, 134, 135, 136; photo of, 41; Poland and, 137, 205, 208, 237, 271; race issue and, 224; suit against, 211; Wilhelm and, 166, 215, 232
Albrecht, Archduke (field marshal), 33–34, 42; biographical sketch of, 281
Alfonso XIII, King, 47, 258, 290; assassination attempts on, 78–79; Bauer and, 150; biographical sketch of, 281; in Paris, 154; Wilhelm and, 149, 150, 151
Amiens, Battle of (1918), 113
Anschluss, 142, 202–203, 204, 231, 290
Anti-Semitism, 144, 216, 226
Apis, Colonel, 78
Arcimboldo, 75
Arkan the Tiger, death threat by, 254
Aspern, 33, 243, 244
Aufbau, 143

Auschwitz, deaths at, 227
Austria-Hungary, 291, 293
Austria-Hungary-Poland, creation of, 92–93
Austrian Empire, 293
Austrian identity, 201, 264
Austro-Marxists, 71–72
Austro-Polish solution, 86, 87
Authoritarianism, 173, 201, 254

Babyi Iar, murders at, 216
Baden, 210, 241, 242
Badeni, Joachim (Kazimierz), 252; biographical sketch of, 284
Badeni, Ludwik, 133
Ballets Russes, 154
Battle Group Archduke Wilhelm, 101, 102, 111, 118
Bauer, Max, 131, 142, 146, 148; biographical sketch of, 285; Lincoln and, 128, 151; putsch and, 129; Spanish army and, 150
Bavaria, 129, 142, 233, 234; communist revolution in, 126; nationalists/counterrevolutionaries in, 128–129
Beer Hall Putsch, 147
Belvedere Palaces, 221
Berlin, 86, 92, 96, 98, 99, 100, 112, 114, 121; putsch in, 128–129
Berlin Wall, 251
Bismarck, Otto von, 18, 19, 261

Black Hand, 78
Blue Mosque, 53
Bolbochan, Petro, 108
Bolshevik Revolution (1917), 3, 96, 122, 290
Bolsheviks, 110, 117, 124, 128, 130, 135, 138, 142–147, 151, 159, 204; Habsburgs and, 173, 244; overthrow of provisional government by, 96; peace with, 99, 112; Poland and, 132; revisionism and, 126; Ukraine and, 96, 97, 99, 109, 116, 139, 140, 145, 146
Bonne, François-Xavier, 105, 122, 137, 266; biographical sketch of, 285
Border Control Corps, 205–206
Bosnia and Herzegovina, 26, 77, 253; annexation of, 73, 74, 78, 290; Habsburg repression in, 80
Boukay, Maurice. See Couyba, Charles
Bourbon-Parma, Sixtus of, 162
Bourbon-Parma, imposter princess of, 183, 184, 185
Bourbons, 12
Bourgeois, Jeanne. See Mistinguett
Bouvier, Jacqueline, 59
Bread Peace (1918), 97, 98, 99, 108, 109, 122, 137
Brier, Jacques, 230, 233, 234
Bukovina, 89, 116, 118, 168, 253
Byron, Lord, 53

Čabrinović, Nedeljko, 78
Café Reichsrat, 131, 148
Caillaux, Henriette: trial of, 158–159, 176–177
Caillaux, Joseph, 158, 159, 177
Casper, Mizzi, 36
Carpathian Mountains, 58, 67, 69, 236; fighting in, 84
Cathedral of St. Nicholas, 47
Catholic Church, 39, 42, 105
Central Bath House, Ludwig Viktor at, 37
Central Powers, 96, 108; terrorism against, 109
Cer, Battle of, (1914), 81
Chanel, Coco, 181
Chiang Kai-Shek, 151

Chotek, Sophie, 77, 78, 79; biographical sketch of, 284
Christian Social Party, 163
Churchill, Winston, 154, 220, 231, 232
Chykalenko, Ievhen, 140
Cieszyn, Albrecht at, 209, 212
Citizenship, 131, 136–137, 159–160, 246, 267; honorary, 197
Cleveland, Grover, 34
Cold war, 1, 242, 248, 250; map of Europe during, 243
Colloredo, Count, 169, 174
Communism, 96, 124, 126, 128, 143, 144, 201, 229, 232, 240, 243; collapse of, 251, 253, 256, 259, 291; opposition to, 173–174; Red Army and, 230; Ukrainians and, 257, 267
Communist Manifesto (Marx and Engels), 143
Communist Party of Austria, 229, 232
Communists. See Bolsheviks
Compromise of 1867, 22, 289
Concentration camps, 216
Confusions of Young Törless, The (Musil), 64
Congress of Berlin (1878), 289
Congress of the Automobiles of Our Friends, 57
Congress of Vienna (1814–1815), 13, 16, 27, 289
Constitutional laws, 25, 289
Corfu, trip to, 51–52
Cossacks, 67, 103, 107; Free, 142–143, 146, 199, 244–245; Ukrainian history and, 102
Court Opera, 7, 8–9, 26, 29, 245, 249
Couyba, Charles, 157–158
Couyba, Paulette, 158, 159, 161, 184, 188, 191; betrayal by, 172, 174, 179, 180, 187; biographical sketch of, 285; case against, 175–177, 290; defense strategy of, 176–177; fraud by, 175, 176, 177, 179, 187; Hémard and, 171–172; Wilhelm and, 157, 169, 181
Cracow, 7, 57, 60, 133, 209
Croatia, 253, 254; European Union and, 262, 271
Cyril and Methodius, 39, 74

Czartoryski, Olgierd, 61, 62, 87, 237; biographical sketch of, 284; marriage of, 60; photo of, 61

Czechoslovakia, 125, 179, 206, 215, 248, 250, 259, 262; communist coup in, 261; democracy in, 168; destruction of, 204, 261; Habsburg restoration and, 180; Hungarian restoration and, 141; invention of, 260; sovereignty of, 253; Ukrainians in, 145

Czechs: national movement, 24; negotiations with, 23; protesting by, 26

Dachau, 203

De Monzie, Anatole, 159, 169

De Rivat, Countess, 184, 185

Democracy, 36, 143, 194, 254, 258, 260

Deterding, Henri, 170, 171, 172

Diaghilev, Serge, 154

Diplomacy, 12, 48, 60

Directory, 123, 124

Dollfuss, Engelbert, 163, 164; biographical sketch of, 285

Don Fernando de Borbón y de Madan, duke of Durcal, 156; biographical sketch of, 282

Duchy of Warsaw, 16, 42

Eastern Front, map of, 85

Edward VII, King, 160

Eleanora von Habsburg, 38, 57, 71, 210–211, 237; biographical sketch of, 281; education of, 46; marriage of, 61–62, 62–63, 136; payment for, 212; photo of, 41, 63; suit by, 211

Elisabeth, Empress, 36, 53; assassination of, 37, 290; biographical sketch of, 281; palace for, 51–52

Emperor's Dream, The (play), 9–14, 20, 25–26, 29, 54, 68, 193

Engels, Friedrich, 143

Enghien-les-Bains, Wilhelm in, 152, 153, 160

Entente Powers, 73, 130, 135

Eros (yacht), 170

Esterhazy, Moríc, 152, 153, 166

Esterhazy, Thomas, 152, 153, 166

Établissements Pernod, 170, 172

Ethnic cleansing, 247, 291

Eugen, Archduke, 174–175, 180; biographical sketch of, 281–282; command for, 83; help from, 188–189; Teutonic Knights and, 34

Eulenberg, Philipp von, 65

Eulenberg Affair, 65

European Coal and Steel Community, 257, 291

European identity, 264

European Parliament, 253, 291

European unification, 262, 263, 264

European Union: accession to, 6, 261–262, 271, 291; Habsburgs and, 263, 264, 265; map of, 263; Poland and, 258, 259, 262; Ukraine and, 257, 258

Famine, Great Ukrainian, 167

Fascism, 148, 217, 245, 250, 261; aristocratic, 204; Ukrainians and, 257; Wilhelm and, 194, 195–196, 204

Fascist Italy, 173, 271, 272

Fatherland Front, 163, 194, 196, 197, 203, 290; Habsburg restoration and, 164; Schuschnigg and, 202; successor to, 230; Wilhelm and, 189

February Revolution (1917), 93

Ferdinand II of Bourbon, 34

Ferdinand Karl, 37

Figl, Leopold, 230

First Balkan War (1912), 74, 290

First World War, 3, 5, 113, 121, 122, 127, 131, 132; national unification and, 260; outbreak of, 80–81, 83

Fleming, Ian, 250

Ford, Henry, 170

Fourteen Points, 116–117, 125

Franco-Prussian War (1870), 18

Frank, Hans, 200, 208, 209, 215; biographical sketch of, 285

Franz Ferdinand von Habsburg, Crown Prince, 37, 47, 90, 254; assassination of, 79, 80, 290; Balkans and, 40, 74; biographical sketch of, 282; in Sarajevo, 77, 78; Ukrainian question and, 70; unpopularity of, 38, 73

Franz Josef von Habsburg, 14, 27, 34, 60,
62, 71, 88, 93; biographical sketch of,
282; birth of, 289; celebration of, 7–9,
249, 290; death of, 89–90, 91, 290;
Habsburg-German disagreements and,
87; Hungarians and, 21–22; marriage
of, 36–37; motto of, 265; national
policies of, 22–23; nationalism and, 14,
16, 20; naval reform and, 31; October
Diploma and, 21; Polish unification
and, 60; progressive laws and, 25;
Rudolf death and, 36; rule of, 6, 7, 20,
35, 72–73, 289; slapping by, 38;
Ukrainian question and, 70; voting
rights and, 25; world power and,
18–19; youth of, 16, 19
Free Cossacks, 142–143, 146, 199,
244–245
French Communist Party, 172–173
French Revolution, 5, 12, 13
Freud, Sigmund, 64, 90–91
Friedrich, Archduke, 14; biographical
sketch of, 282; command for, 34, 83,
84
Friedrich Leopold von Hohenzollern,
17–18, 160, 161
From the Homeland (Aus der Heimat
ballet), 26

Galicia, 22, 24, 27, 42, 49, 57, 70, 74,
103; control of, 122; described,
54–55; division of, 236, 237; fighting
in, 84, 86, 88; map of, 55; Poland
and, 47, 50, 54, 93, 119, 135, 143,
236; rebellion in, 28; Russian
invasion of, 82; Soviet Union and,
233, 235, 236; Ukrainians and, 68,
81, 84, 88, 90, 91, 97, 144, 145;
Wilhelm in, 59, 66, 67
Generalgouvernement, 208, 210, 227
Georges-Michel, Michel, 161, 170, 184,
185, 187; biographical sketch of,
285; Wasserbäck and, 186; Wilhelm
and, 154–155, 156, 178
German Eighth Army, 82
German unification, 16, 17, 18, 26, 73,
260, 261, 289
Germany, 16, 17, 19, 24, 28, 168;
communist revolution and, 128;
declaration of war by, 80; declaration

of war on, 206; foreign policymaking
in, 86; Habsburg alliance with, 36,
43, 73, 82, 87, 96; leadership of, 31;
nationalism and, 27; nationalists/
counterrevolutionaries in, 129; naval
power of, 43, 73; peacemaking and,
95; potential Austrian merger with,
162, 163; stab in the back theory and,
128; surrender of, 240, 264; Treaty of
Versailles and, 127–128; Ukrainian
position of, 200. *See also* Nazis
Gestapo, 1, 208; Albrecht and, 209,
210, 211, 213, 214, 215, 225; Alice
and, 212, 213, 214, 215, 224
Globalization, 30, 262, 264
GoldenEye (film), 250
Golden Fleece, 30, 52, 271. *See also*
Order of the Golden Fleece
Gongadze, Georgii, 255
Gorbachev, Mikhail, 251, 291
Göring, Hermann, 226
Great Depression, 183, 196
Great Terror, 290
Greece, 53, 258; sailing around, 51–52
Greek Catholic Church, 27, 70, 93,
105, 111, 256
Greek wars of independence, 53
Green International, 144
Gulag, 246, 247, 248

Habsburg. *See individuals by first name*
Habsburg, Alice Ancarkrona, 132, 166,
205, 212, 217, 221, 227, 229;
biographical sketch of, 284; death of,
250; emigration of, 237; exile of,
213; German invasion and, 206, 214,
215; imprisonment of, 225, 228;
liberation and, 231; marriage of, 133,
134, 136; photo of, 134, 213; Poland
and, 237; race issue and, 224;
Wilhelm and, 217
Habsburg Europe, map of, 15, 23
Habsburg family, portrait of, 41, 58
Habsburg-Lorraine, 278–279, 294. *See
also individuals by first name*
Habsburg navy, 31, 35, 43, 141;
Mexican debacle and, 33
Habsburg restoration, 176; Bolsheviks
and, 173; opposition to, 180;
promotion of, 185; Wilhelm and, 6,

162–163, 164, 165, 168, 169, 170, 172, 177, 178–179, 197, 198, 200, 201

Habsburgs: Austria-Hungary and, 22; Bolsheviks and, 244; crownlands/power/wealth of, 20–21; decadence of, 75; end of, 5; European alliance system and, 73; European Union and, 263, 264, 265; German minority and, 87; Hohenzollerns and, 17–18; military power of, 265; nationalism and, 21, 26, 87; Nazis and, 163; reputation for, 190; rule of, 7–8, 9; sea power and, 29, 30, 31, 33, 34, 35, 43; Ukraine and, 69–70, 91, 99–100, 108, 109, 140, 248

Hagia Sofia, 53

Heimwehr, 163, 164

Heineken, 252, 253, 269, 270

Hémard, André, 170–171, 176; Couyba and, 171–172

Hetmanate, 101, 108, 110, 114, 139

Heydrich, Reinhard, 224

Himmler, Heinrich, 224, 225, 226; biographical sketch of, 285

Hindenburg, Paul von, 82, 95, 96, 116; biographical sketch of, 285

Hitler, Adolf, 163, 167, 168, 169, 183, 198, 199, 200, 201, 240, 243, 255, 261, 290; Anschluss and, 202–203; fascism and, 194, 195, 196; Munich and, 129; National Socialism of, 173; opposing, 1, 212, 225, 226, 237; Otto and, 162; putsch and, 128, 147; race issue and, 228; rule of, 5; Schuschnigg and, 202; Stalin and, 204, 228; Ukrainians and, 215, 216; ultimatum by, 204; Żywiec estate and, 226

Hofmannsthal, Hugo von, 265

Hohenzollerns, Habsburg rivalry with, 17–18

Holocaust, 216, 236, 237, 249, 291

Holy Roman Empire, 5, 9, 11, 16, 30–31, 119, 209; end of, 289

Homosexuality, 71, 154, 156, 186, 190; military and, 64–66

Honcharuk, Major, 242

Honvéd, 293

Horthy, Miklós, 126, 141; biographical sketch of, 285–286

Hrushevsky, Mykhailo, 266; biographical sketch of, 286

Hulai Pole, 109, 110

Hungarian rebellion (1848), 22

Hungarian revolution (1956), 250

Hungary, 10, 11, 20, 22, 41, 147, 215, 240, 261; border for, 126–127; communist revolution in, 126; restoration in, 141, 162; self-determination and, 121; sovereignty of, 253

Hutsuls, 67

Huzhkovsky, Kazimir, 88, 90, 137, 266; biographical sketch of, 286

Illyria, Kingdom of, 16

Imperial and Royal Army, 293

Imperial and Royal Yacht Squadron, 34

Imperial Council, 293

Imperial War Harbor, 43

Infante Fernando, 151, 152; biographical sketch of, 282

Interwar Europe, map of, 155

Iraq invasion, 265

Iron Curtain, 232, 249, 259

Italian unification, 19, 31, 54, 260, 289

Italy, 26, 35, 118, 185, 188, 194, 196, 203; declaration of war by, 82; imperialism of, 19; monarchical legitimacy for, 163; nationalism and, 27; Venice and, 31; war with, 21. See also Fascist Italy

Jadwiga, 41

Jagiellonians, 10, 41

Jason and the Argonauts, 52, 54

Jews, 22, 68, 100, 102, 109, 127, 128, 198, 209, 237; deportation of, 203, 210, 247; flight of, 204; murder of, 216, 227; pogroms against, 124, 135; Ukraine and, 144

Josef, Emperor, 11–12

Juan Carlos, King, 258

Kachorovsky, Vasyl, 239–240, 241, 242

Kafka, Franz, 293, 295

Kagan, Robert, 265

Kamianets Podils'kyi, 123; murders at, 216

Karl, Emperor, 151, 152, 183, 294;
accession of, 290; biographical sketch
of, 282; death of, 149, 162; eastern
policy of, 112; Hungary and, 141;
parliament and, 92, 117; peace and,
113; Sarajevo and, 79–80; Stefan
and, 115; Ukraine and, 90, 93, 101,
140; Wilhelm and, 89–90, 92, 93, 95,
101, 102, 108, 110–111, 111–112,
116, 118, 119, 142, 146–147, 200;
Wilson's demands and, 117;
withdrawal of, 119
Karl Ludwig, Archduke, 37;
biographical sketch of, 282
Karl Stefan, 252, 271; biographical
sketch of, 282
Karl von Habsburg, Archduke, 33, 34,
244, 294; motto of, 14
Khrushchev, Nikita, 235
Kiev, 1, 6, 96, 97, 166, 199, 254, 255,
257; diplomats in, 99, 100; founding
of, 140; German occupation of, 99;
Polish army in, 129; Ukrainian
revolution in, 256; Wilhelm in, 114,
244, 245
Kloss, Alfons, 137, 210–211, 237;
biographical sketch of, 284; marriage
of, 61–62, 136
Konovalets, Ievhen, 167, 180
Kosovo, Battle of (1389), 77
Kosovo Field, 77
Kristallnacht, 203, 290
Kroll, Constant, 153, 191
Kuchma, Leonid, 255

Landwehr, 293
Larischenko, Eduard, 118, 123, 125,
132, 153, 191; biographical sketch of,
286; monarchist propaganda and, 139
Le Figaro, 158, 188
Le Populaire, 174, 177
Lebed, Mykola, 234; biographical
sketch of, 286
Lenin, Vladimir, 96, 124, 132
Leo Karl Maria Cyril-Methodius, 40,
137, 166, 190, 204, 215;
biographical sketch of, 282; birth of,
39; death of, 225, 237, 271;
education of, 46, 71, 83; marriage of,
134; nationality of, 227; photo of, 41

Leo VII, Pope, 39
Leopold, Archduke: Order of the
Golden Fleece and, 165
Leopold II von Habsburg, 34
Lincoln, Trebitsch, 131, 142, 151;
biographical sketch of, 286; lives of,
127, 128; putsch and, 129; White
International and, 130, 132
L'Oeuvre, 178
Lošinj, 47, 48, 51, 58, 66, 270, 272, 290;
described, 44; palace on, photo of, 45
Louis the Jagiellonian, 10
Ludendorff, Erich, 95, 130, 142;
biographical sketch of, 286; Karl and,
116; Lincoln and, 128; Poland and,
96; putsch and, 128; Tannenberg and,
82; Wilhelm and, 144, 146
Ludwig Viktor, Archduke, 37;
biographical sketch of, 282
Lviv, 7, 84, 91, 105, 117, 118, 122,
239, 254; pogrom in, 144; Polish
occupation of, 120; Wilhelm in, 93,
243–244, 272

Maas, Paul, 221, 223, 230
Madrid, 47, 162; Wilhelm in, 149, 150,
151, 152, 153, 198
Mahler, Gustav, 249
Malta, 53–54, 258
Man without Qualities, The (Musil),
72–73, 293, 295
Maria Christina, Queen, 47, 60, 152;
biographical sketch of, 282; Spanish
marriage of, 34; Wilhelm and, 149;
Zita and, 149
Maria Krystyna Habsburg, 1, 2, 6, 205,
208, 225, 232, 252; beauty pageant
winners and, 270; biographical sketch
of, 283; German invasion and, 206,
207; liberation and, 231; Poland and,
269–270
Maria Theresia, Empress, 11, 12, 18,
289, 294
Maria Theresia von Habsburg,
Archduchess, 45–46, 56, 71, 83, 209;
biographical sketch of, 283; children
of, 38, 40–41, 59; death of, 290;
Franz Josef celebration and, 8–9;
marriage of, 19, 34, 35, 289; photo
of, 41; Polish citizenship for,

136–137; Redl Affair and, 66;
Ukrainian and, 67
Marie Antoinette (Maria Antonia),
11–12, 289
Marne, Battle of the (1914), 82
Marshall Plan, 242
Marx, Karl, 143
Mata Hari, 267
Matthias Corvinus, 10
Maximilian, Archduke, 34; biographical
sketch of, 283; execution of, 33, 35,
37, 289; Horthy and, 141; naval
reform and, 31; Spanish Habsburgs
and, 33
Maximilian II, Arcimboldo and, 75
Mechtildis von Habsburg, 38, 61, 237;
biographical sketch of, 283;
education of, 46; marriage of, 60, 62;
photo of, 41, 61; Poland and, 137
Melnyk, Andrii, 167
Metternich, Klemens von, 13, 16, 289
Mexican Empire, 33
Ministry for the Strengthening of
Germandom, 224
Ministry of State Security, 244
Miramar, described, 31
Mistinguett, 160, 161, 178, 181;
biographical sketch of, 286
Mohács, Battle of (1526), 10, 289
Montenegro, Ottoman Empire and, 74
Montjoye, Maja, 134, 225–226, 237;
biographical sketch of, 284
Morgan, A. J. P., 170
Mouvement Républicaine Populaire,
230, 257
Mozart, Wolfgang Amadeus, 11
Munich, 131, 142, 146, 234; nationalists/
counterrevolutionaries in, 129
Musil, Robert, 64, 72–73, 293, 295
Mussolini, Benito, 167, 185, 194, 195,
290; Brenner Pass and, 196; cult of,
150; fascist movement and, 147;
Habsburg restoration and, 162–163;
Italian fascism of, 173; Otto and,
162–163; Wilhelm and, 169; Zita
and, 162–163

Nando. See Infante Fernando
Napoleon Bonaparte, 12–13, 16, 30, 33,
42, 169–170

Napoleon III, 19
Napoleonic Wars, 5, 13
Nation-states, 2, 119, 259, 260
National identity, 54, 125, 148, 167,
201, 210, 249, 250, 259, 264
National liberation, 17, 27, 50, 82, 104,
271
National Socialism, 146, 173, 199;
rejection of, 224; Wilhelm and,
214–215
National unification, 18, 21, 39, 44,
259, 262; First World War and, 260;
Second World War and, 261
Nationalism, 3, 5, 14, 16, 20, 22, 25,
27, 40, 44, 54, 62, 68, 69, 86, 199,
201–202; German, 17; Habsburgs
and, 21, 26, 87; Italian, 31;
nightmares of, 19; Ottoman, 52–53;
risks/opportunities of, 17; royal, 2;
Serbian, 78; Ukrainian, 100,
216–217, 248, 266, 267
Nazi Europe, map of, 220
Nazi-Soviet nonaggression pact, 207,
232, 239, 291
Nazis, 1, 4, 5, 147, 148, 169, 183, 194,
197, 198, 210, 212, 245, 261, 272;
Austria and, 249–250; Dollfuss and,
164; Habsburgs and, 163;
legalization of Austrian, 202;
Wilhelm and, 200. See also Germany
Néchadi, Maurice, 157, 188
Nicholas II, Tsar, 91
Nin, Anaïs, 267
Novara (ship), 33
Novosad, Roman, 217, 218, 222, 223,
239, 240, 244, 245, 249; betrayal of,
241; biographical sketch of, 286;
disappearance of, 242; imprisonment
of, 247–248; intelligence work by,
233; interrogation of, 242, 247; Lida
and, 234–235; photo of, 218;
Wilhelm and, 219, 220–221, 242
Nuptial imperialism, 11, 12, 13, 19, 21,
91

Obama, Barack, 268
October Diploma, 21, 289
Oil Pipe Lines of Galicia, 127
Olesnytsky, Ievhen, 90
Omega watch, story about, 250

Operation Otto, 203
Orange Revolution, 258, 265, 291;
    democracy and, 257; Habsburgs and,
    255–256
Order of St. George, 191, 193, 199
Order of St. Gregory, 193
Order of the Golden Fleece, 4, 8, 27,
    28, 52, 83, 165; founding of, 289;
    Wilhelm and, 83, 189, 190, 191–192,
    192, 193
Organization of Ukrainian Nationalists,
    222, 232, 233, 234, 236; Wilhelm
    and, 167, 223
Orthodox Church, 39, 105, 247
Otto Franz von Habsburg, 79, 189–190;
    biographical sketch of, 283;
    indiscretions of, 37–38
Otto von Habsburg: biographical sketch
    of, 283; de Monzie and, 169; death
    threat against, 254; defeat of, 204; on
    Europe/Ukraine, 257; European
    Parliament and, 291; European Union
    and, 258; Hitler and, 162; honorary
    citizenship for, 197; multinational
    federation and, 231; Mussolini and,
    162–163; Order of the Golden Fleece
    and, 189, 190; Schuschnigg and, 165,
    204; Wilhelm and, 166–167,
    168–169, 189, 192, 193, 197, 201
Ottokar, 9
Ottoman Empire, 12, 40, 51; decline of,
    39, 47, 53, 70, 73; Habsburgs and,
    18; nationalism and, 52–53; Poland
    and, 123; siege by, 10–1 1, 18

Paderewski, Ignacy, 122
Palais de Justice, 175, 177
Paneyko, Vasyl, 174, 175, 176, 177,
    179, 188, 191; betrayal by, 172, 186,
    187; biographical sketch of, 286;
    restoration and, 168
Paris, 122, 152, 162, 169, 183, 187,
    188, 191, 235, 270; flight from,
    178–179; revolution in, 16;
    Ukrainians in, 153, 174; Wilhelm in,
    153–160, 172, 254, 304
Paris peace talks, 121, 122, 129, 130,
    141, 151–152
Parker, 170, 171, 172. See also
    Paneyko, Vasyl

Pélissier, Jean, 233
People's Party (Volkspartei), 229, 230,
    231, 232
Petriv, Vsevolod, 106–107, 108, 266
Philip II, King, 14, 52
Picasso, Pablo, 170
Piedmont-Sardinia, Kingdom of, 19
Piegl, Josef, 150, 151
Piłsudski, Józef, 115, 119, 124;
    biographical sketch of, 286–287
Pittinger, Otto, 142, 146
Pittinger Organization, 142
Place de Révolution, 12
Place de Vendôme, 169–170
Podjavori, described, 44
Pogroms, 124, 135, 144
Poland, 1, 2, 22, 28, 49, 54, 60; borders
    of, 136; communism in, 232, 243;
    creation of, 260; division of, 42, 43,
    204, 207; European Union and, 258,
    259, 262; Galicia and, 47, 50, 54, 93,
    119, 135, 143, 236; German position
    on, 86–87, 92, 95, 96; Habsburgs and,
    10, 136; independence of, 5, 6, 41, 76,
    215, 253; interests of, 136; invasion of,
    205–206, 215; liberation of, 212, 217;
    loyalty to, 4; map of, 101, 208;
    Napoleon and, 16; nationalism and,
    27; occupation of, 207–211, 212, 214,
    215, 228; privatization in, 252–253;
    ruling, 3; Ukrainian card and, 122;
    Ukrainian National Republic and, 124,
    125, 130, 145; unification of, 261;
    Vienna siege and, 10–11
Poland, Kingdom of, 89, 98, 119;
    proclamation of, 87, 88, 290
Poles: deportation of, 236; ethnic
    cleansing of, 291; Ukrainians and,
    67, 68, 69, 75, 76, 81, 135
Polish Army, 124, 129, 132, 134;
    Albrecht/Leo and, 132; Ukrainian
    National Republic and, 129
Polish-Bolshevik War, 131, 133, 139
Polish crownlands, 81, 92, 135
Polish Home Army, 214, 229
Polish Legions, 81–82, 115
Polish partitions, 41, 289
Polish question, 42, 43, 63; resolving,
    81; Ukrainian question and, 86
Polish Regency Council, 92

Polish Renaissance, 56
Polish Republic, Żywiec castle and, 120
Poltavets-Ostrianytsia, Ivan, 199, 200;
    biographical sketch of, 287
Popular Front, 173, 174, 193, 194;
    creation of, 290; rise of, 183
Pragmatic Sanction, 11, 18, 294
Prague Spring (1968), 250
Primo de Rivera, Miguel, 150
Princip, Gavrilo, 79, 80
Principality of Ukraine (Fürstentum
    Ukraina), 89, 98
Privatization, 251, 252, 253, 254
Prokop, Myroslav, 223; biographical
    sketch of, 287
Prokopovych, Anna (Lida Tulchyn),
    222, 223, 233, 234–235, 240;
    biographical sketch of, 287
Prussia: German unification and, 19;
    leadership by, 31; tax system by, 18;
    war with, 19, 21
Pula, 30, 31, 34, 38, 40, 49
Putsch, 128–129, 147, 169

Race, 197, 228, 238; bureaucracy of,
    226
Radziwiłł, Hieronymus, 60, 87, 127,
    154; biographical sketch of, 284;
    marriage of, 59
Réal Madrid, 154
Red Army, 1, 96, 97, 129, 130, 132,
    145, 222, 232; communism and, 230;
    invasion by, 206–207; Poland and,
    131; revisionism and, 126; Ukraine
    and, 123–124, 240; in Vienna, 229;
    in Żywiec, 228
Redl, Alfred, 66, 81
Redl Affair, 66
Reich Security Main Office, 227
Reichskommissariat Ukraine, 216
Renata, Archduchess, 38, 60, 137, 237;
    biographical sketch of, 283;
    education of, 46; marriage of, 59, 62;
    photo of, 41, 63
Renata, Princess, 231, 237; biographical
    sketch of, 283
Renner, Karl, 229
Revisionism, 125, 129, 130, 142, 147,
    194; Bolsheviks and, 126; Wilhelm
    and, 126–127

Revolutions of 1848, 17, 22, 30, 31, 34,
    245, 289
Rhineland, remilitarization of, 196
Ritz, 152; intrigue at, 169–171
Roman Empire, 9
Romanovs, fall of, 91, 95
Romer, Count, 227
Roosevelt, Theodore, 25
Rosenberg, Alfred, 199
Rothschild, Maurice de, 159, 170, 171
Rowntree, B. Seebohm, 127
Royal Air Force, 214, 221
Royal Dutch Shell, 170
Royal Navy, blockade by, 82
Rudnytsky, Ivan, 266
Rudolf, Archduke, 14, 35–36; Balkans
    and, 40; biographical sketch of, 283;
    death of, 36, 37, 38, 289
Rudolf, Emperor, 11, 13, 14, 20, 25, 29,
    289; Emperor's Dream and, 9–10;
    Habsburg dynasty and, 110
Rupprecht von Wittselsbach, Crown
    Prince, 129
Russian Empire, 16, 17, 24, 39, 43;
    border with, 47; collapse of, 3, 290;
    invasion of, 13; Redl Affair and, 66;
    Ukraine and, 69–70, 248. See also
    Soviet Union
Russian Second Army, 82
Ryan, Nellie, 45

Sachsenhausen, 203
St. George's Cathedral, photo of, 94
St. Stephen's Cathedral, 134
Sarkozy, Nicolas, 268
Scheubner-Richter, Max Erwin, 143
Schiller, Friedrich, 18
Schuman, Robert, 257
Schuschnigg, Kurt von, 164–165, 203;
    biographical sketch of, 287; Otto
    and, 165, 204; ultimatum for, 202
Schutzbund, 164
Second Balkan War (1913), 74, 290
Second World War, 1, 245, 269, 272,
    291; Austria and, 248; national
    unification and, 261
Secret Independence Organization, 214
Self-determination, 117, 121, 122, 125,
    251, 259; national, 147–148; practice/
    principle of, 148; Ukrainian, 92

Serbia, 39, 40, 253; concerns about, 26; Habsburg offensive in, 81; Ottoman Empire and, 74; proposed annexation of, 78; rise of, 28; rule of, 53; ultimatum to, 80; war against, 74, 75, 81, 82, 118

Sheptytsky, Andrii, 70, 93, 95, 122, 167, 191, 266; biographical sketch of, 287; photo of, 94; Wilhelm and, 96, 105, 137, 192

Sich, 102, 103, 104, 106, 111

Sienkiewicz, Henryk, 67

Skoropadsky, Pavlo, 101, 130; biographical sketch of, 287; coup against, 106, 119, 120; monarchism of, 139; Wilhelm and, 111, 116, 137–139, 199

Slovenia, European Union and, 262

SMERSH, 228, 241

Social Democrats, 126, 131, 163, 164, 197, 229, 230, 231, 290

Solferino, Battle of (1859), 19

Solidarity, 250, 251, 291

Soviet counterintelligence, 1, 228, 235, 241

Soviet Ukraine, 167, 192, 216, 236, 243, 247, 256, 260, 267; famine in, 145; Ukrainian nationalists and, 240

Soviet Union, 159, 168, 173, 179, 199, 204, 219, 233, 239, 246, 258, 261; collapse of, 251, 253, 256, 260, 291; destruction of, 200, 201; espionage and, 245, 250; Galicia and, 233, 235, 236; invasion by, 207; invasion of, 216, 240; Marshall Plan and, 242; Polish-Ukrainian cooperation against, 190; Ukraine and, 215, 235, 236, 248, 254, 267. See also Russian Empire

Spanish army, reform of, 150

Spanish Civil War, 290

Special Operations Executive, 220

Springtime of Nations. See Revolutions of 1848

SS, 211, 216, 224, 225, 226

Stalin, Joseph, 1, 5, 30, 50, 110, 168, 173, 180, 199, 237, 239, 246, 255; Balkans and, 243; death of, 291; Hitler and, 204, 228; Poland and, 207

Stalingrad, 222

Stefan von Habsburg: Austro-Polish solution and, 96; Balkans and, 40; biographical sketch of, 283; birth of, 6, 18, 33, 289; brewery of, 55–56; castles of, 54–56; children of, 38–39, 40–41, 46, 58–59; children's education and, 33–34, 46, 48, 64; citizenship and, 131; death of, 166, 190, 290; diplomacy of, 43, 60; Emperor's Dream and, 25–26, 29; Franz Josef celebration and, 8–9; Habsburg-German disagreements and, 87; Horthy and, 141; marriage of, 19, 35; national unification and, 259; nationalism and, 2, 5, 40; naval service and, 43, 44; Order of the Golden Fleece and, 52; photo of, 41; Polish citizenship for, 136–137; Polish interests of, 27, 28, 42, 49–50, 53, 76, 86, 87–88, 92, 114, 115, 119, 120, 133, 150; Polish question and, 42, 43, 63; portrait of, 115; Rothschilds and, 170; sailing with, 30, 38, 47, 48–49, 51, 54; Ukrainian question and, 69; villa of, 44, 270; wartime service of, 83; Wilhelm break with, 134–136, 137, 290; youth of, 19

Straussberg, liberation of, 228

Suez Canal, 30

Swarowsky, Hans, 218, 247

Swinburne, Lucienne, 161

Terrorism, 78, 109, 264

Teutonic Knights, 34, 188

The Trial (Kafka), 295

Thirty Years' War (1618–1648), 289

Tokarzewski-Karaszewicz, Jan (Tokary), 200, 266; biographical sketch of, 287; Wilhelm and, 167, 190–191, 192, 194, 195, 197, 201

Tokarzewski-Karaszewicz, Oksana, 167

Treaty of Brest-Litovsk (1918), 96, 98. See also Bread Peace

Treaty of Rome (1957), 291

Treaty of Versailles (1919), 127–128, 142

Treblinka, deaths at, 227

Trieste, 30, 31, 47

Trojan War, 51, 52

Trotsky, Lev, 124

Truman, Harry, 242

Tulchyn, Lida. *See* Prokopovych, Anna
Tuscany, 19

Ukraine: Bolsheviks and, 96, 97, 99,
109, 116, 139, 140, 145, 146; borders
of, 136; Christian schism and, 105;
conquest of, 91; creation of, 260;
German position on, 99, 100, 112,
138, 144; Habsburgs and, 69–70, 76,
81, 91, 92, 95, 97, 99–100, 101, 103,
104, 108, 109–110, 122, 140, 248;
independence of, 5, 6, 76, 91, 96, 101,
138, 146, 167, 215, 253, 254;
interests of, 92, 136; liberation of, 89,
238; map of, 101; Nazis and, 198;
occupation of, 215, 216, 217; peace
treaty with, 112; revisionists and, 127;
Russian Empire and, 69–70, 248; self-
determination and, 121, 122; Soviet
Union and, 215, 235, 236, 248, 254,
267; Wilhelm and, 4, 98, 123, 132
Ukrainian, 92, 107, 294; Polish and, 68,
76; speaking, 69; studying, 70
Ukrainian Central Council, 91, 96
Ukrainian crownlands, 81, 90, 92, 109,
117, 135
Ukrainian Empire, 195
Ukrainian General Council, 138, 139
Ukrainian identity, 68, 105, 125, 167, 250
Ukrainian independence, 96, 103, 147,
246, 251, 253, 254–255, 256, 272,
291; Wilhelm and, 118, 119; Wilson
and, 117
Ukrainian Legion, 81–82, 101, 102,
103, 106, 117, 210; Wilhelm and,
104, 200
Ukrainian monarchy, 137; Wilhelm and,
138, 140, 143
Ukrainian National Council, 81
Ukrainian National Republic, 96, 100,
137, 138, 139; army of, 124;
destruction of, 290; Habsburgs and,
146; Poland and, 115, 124, 125, 129,
130, 145; recognition of, 97, 98, 99,
290; rivals of, 123–124; Wilhelm
and, 97, 98, 116, 123, 125, 131, 135,
137, 144, 145, 146, 216, 244
Ukrainian nationalism, 248, 266;
communism and, 267; promotion of,
100; Soviets and, 216–217

Ukrainian nationalists, 195, 216,
222–223, 234; flight of, 239;
resistance by, 232, 233, 236–237;
Soviet counterintelligence and, 235;
Soviet Ukraine and, 240
Ukrainian Order, 193
Ukrainian question, 69, 70, 84, 88,
142–143, 236; Polish question and,
86; resolving, 81, 93
Ukrainian Sich Marksmen, 103
Ukrainian Truth, 255
Ukrainians, 6, 8, 16, 17, 22, 23, 28, 68;
Bolsheviks and, 99, 145, 146;
collaboration by, 216, 217;
democracy and, 255, 257, 260;
deportation of, 236; ethnic cleansing
of, 291; execution of, 82; Poles and,
67, 68, 69, 75, 76, 81, 135; religion
of, 207; socialist program and, 72;
war crimes and, 216; Wilhelm and,
75, 84, 88, 89, 90, 93, 96, 98, 104,
105–106, 107, 124, 139, 142–143,
167, 191, 192, 193, 195, 199, 200,
217, 238, 244
Ukrainization, 118, 255–256, 259
Uniate Church, 105. *See also* Greek
Catholic Church

Varangians, 140
Vasyl Vyshyvanyi Square, 272
Vasylko, Mykola, 90, 97, 137, 266;
biographical sketch of, 287–288
Venice, 47; loss of, 31
Verlaine, Paul, 158
Vetsera, Mary, 36
Vienna, 1, 7, 8, 16, 24, 26, 34, 37, 62,
70, 77, 86, 88, 91, 93, 96, 98, 99,
215, 218, 222, 225, 234, 239, 242,
244, 247, 248; music of, 249;
occupation of, 228, 229, 231, 232,
241, 249; pogroms in, 203; putsch in,
169; siege of, 10–11, 18, 52, 289;
social season in, 79; socialism in,
164; strike in, 97, 164; Ukrainians in,
92, 139, 153, 197, 222, 235;
Wilhelm in, 71–72, 89, 112,
130–131, 135, 141, 150, 165, 175,
187, 188, 221, 224, 231, 238
Vienna Philharmonic, 235
Viennese police, 239, 241

Volia (newspaper), 140
Vorokhta, 67
Vyshyvanyi, Vasyl, 95, 108, 148, 155, 175, 189, 219, 271, 272–273. *See also* Wilhelm von Habsburg

Wagons-Lits company, 185
War of 1866, 18, 21–22, 31, 43, 261
Warsaw, 119, 125, 179, 206, 227, 272; counterattack at, 132; German occupation of, 86; Red Army at, 131, 132; Ukrainians at, 135
Wasserbäck, Dr., 181, 184, 185, 186, 187
West Ukrainian National Republic, 118, 138; declaration of, 117; defeat of, 124, 290
White Army, 124
White International, 130, 131, 142, 151, 290; collapse of, 132
White Russians, 130
Wiener-Neustadt, 144; Wilhelm at, 70–71, 210, 221
Wiesner, Friedrich von, 150–151, 169, 197–198; biographical sketch of, 288; Habsburg restoration and, 198
Wilhelm I von Hohenzollern, Emperor, 18
Wilhelm II von Hohenzollern, Emperor, 36, 42, 95; biographical sketch of, 284; homosexual scandal and, 65; Wilhelm von Habsburg and, 92, 112, 113, 114
Wilhelm von Habsburg: arrest of, 242, 245, 250, 258, 291; biographical sketch of, 283–284; birth of, 6, 40–41, 290; case against, 175–177; citizenship and, 131, 159–160, 246, 267; conviction of, 244–245; death of, 6, 245, 246, 258, 259, 267, 291; described, 3–4; education of, 46, 48, 88, 192–193, 290; Franz Josef celebration and, 8, 9; homosexuality and, 64–65, 270; identities of, 127, 148, 167, 238; illness of, 88–89, 116, 117, 118, 122–123, 125, 210, 242, 244, 246; interrogation of, 242, 244, 246; payment for, 212; peasant property and, 105–106; photo of, 41, 58, 63, 65, 103, 202; Poland and, 42,

43, 87–88, 124; political career of, 270; popularity of, 106, 111; risks for, 270; sailing with, 30, 48–49; scandal of, 172–173, 174, 177–178, 180, 183, 186, 188, 189, 212, 254; sentence of, 176; Stefan break with, 134–136, 137, 290; suit by, 211; trial of, 290; Ukrainian interests of, 28, 50, 67–70, 72, 75, 76, 84, 89, 90, 92, 95, 96, 102, 105–106, 110, 112, 114, 120, 145, 150, 168, 204, 217, 219, 223, 224, 246–247, 259, 267, 271; wartime service of, 75, 83; wedding photographs and, 62–63; youth of, 29, 46–47, 50, 54, 58, 59, 63–64
Wilson, Woodrow: biographical sketch of, 288; Fourteen Points of, 116–117, 125; self-determination and, 121; Ukraine and, 122
With Fire and Sword (Sienkiewicz), 67

Yugoslav succession, wars of, 262, 265, 291
Yugoslavia, 74, 78, 259, 263, 265, 271; destruction of, 262; founding of, 260; Habsburgs and, 40
Yushchenko, Viktor, 255

Zaporizhian Corps, 106, 107, 111
Zita, Empress, 80, 141, 174, 180, 183, 186, 250, 253, 271; betrayal of, 179; biographical sketch of, 284; Habsburg restoration and, 162–163, 165, 168, 169, 172, 179; Maria Christina and, 149; Mussolini and, 162; Wilhelm and, 149, 150, 166–167, 181, 189, 190
Żywiec, 57, 165, 205, 215, 224, 236; annexation of, 208, 209; German invasion and, 206, 207, 209, 213; Jews in, 210; liberation of, 228; racial policy in, 227
Żywiec brewery, 211; Heineken and, 253; legal contestation of, 252, 291; production at, 214
Żywiec estate, 54–55, 59, 60, 63, 68, 134, 135, 136, 205, 206, 213, 269, 272; confiscation of, 120, 226, 228; photo of, 56, 57

图书在版编目（CIP）数据

红色王子：一位哈布斯堡大公的秘密人生／（美）蒂莫西·斯奈德（Timothy Snyder）著；黎英亮，冯茵译．－－北京：社会科学文献出版社，2020.11

书名原文：The Red Prince：The Secret Lives of a Habsburg Archduke

ISBN 978 - 7 - 5201 - 6831 - 1

Ⅰ.①红⋯　Ⅱ.①蒂⋯ ②黎⋯ ③冯⋯　Ⅲ.①欧洲 - 历史 - 研究　Ⅳ.①K500.7

中国版本图书馆 CIP 数据核字（2020）第 117895 号

审图号：GS（2020）4739 号。 书中地图系原书插附地图。

红色王子

一位哈布斯堡大公的秘密人生

著　　者／〔美〕蒂莫西·斯奈德（Timothy Snyder）
译　　者／黎英亮　冯　茵

出 版 人／谢寿光
组稿编辑／董风云
责任编辑／沈　艺

出　　　版／社会科学文献出版社·甲骨文工作室（分社）（010）59366527
　　　　　　　地址：北京市北三环中路甲 29 号院华龙大厦　邮编：100029
　　　　　　　网址：www. ssap. com. cn
发　　　行／市场营销中心（010）59367081　59367083
印　　　装／三河市东方印刷有限公司

规　　　格／开本：889mm × 1194mm　1/32
　　　　　　　印张：13.125　字数：283 千字
版　　　次／2020 年 11 月第 1 版　2020 年 11 月第 1 次印刷
书　　　号／ISBN 978 - 7 - 5201 - 6831 - 1
著作权合同
登 记 号／图字 01 - 2017 - 7148 号
定　　　价／79.00 元

本书如有印装质量问题，请与读者服务中心（010 - 59367028）联系